로르샤하 해석 입문

John E. Exner, Jr. 저

김영환 · 김지혜 · 박은영 · 홍상황 공역

학지사

역 · 자 · 서 · 문

　로르샤하는 결코 쉬운 검사는 아니다. 질문지형 성격검사와 비교할 때 로르샤하는 매우 어려운 검사임에 틀림없다. 로르샤하를 실시하는 것이 쉽다고 생각하는 사람이 있을 수 있으나 사실은 그렇지 않다. 검사를 실시하는 사람은 검사과정에서 나타나는 여러 행동과 상호작용에 대해 정확하게 관찰할 수 있어야 하고, 기호화하는 범주와 기호화에 적용하는 기준에 대해 정확하게 이해하고 있어야 한다. 그렇지 않을 경우 로르샤하를 제대로 실시하기란 매우 어렵다. 기호화해야 할 범주도 매우 다양할 뿐만 아니라 기호화에 적용하는 기준을 제대로 알고 있다고 하더라도 실제로 많은 경험이 없이는 정확하게 채점하기 어렵다. 해석도 채점과 마찬가지로 많은 수련과 경험이 필요하다. 이러한 점들을 고려할 때 로르샤하 검사는 실시, 채점, 해석 등 어느 하나도 쉬운 것이 없는 매우 복잡하고 까다로운 검사이다.

　역자들이 이번에 번역한 책은 Exner(2000)의 *A Primer for Rorschach Interpretation*이다. 이 책은 『로르샤하 종합체계 워크북』(Exner, 2001)과 『로르샤하 종합체계』(Exner, 2003)에 근거하여 새로운 해석적 규칙과 전략을 소개하고 있다. 저자는 이 책에서 심리적 특징이나 기능과 관련 있는 군집자료에 포함되어 있는 여러 가지 변인들을 몇 가지 사례를 통해서 하나씩 순서대로 검토하여 해석하는 방법과 전략을 제시하고 있다. 따라서 이 책은 사례를 통해 로르샤하 해석과정을 구체적으로 분명하게 밝혀 주고 있다. 로르샤하에 대한 풍부한 경험이 없는 사람이더라도 책 내용을 꼼꼼히 읽어 보면 어려움 없이 이해할 수 있는 책으로, 로르샤하에 관심이 있는 사람이면 반드시 읽어야 할 중요한 저서로 생각된다.

　로르샤하 종합체계에서 해석은 경험적 연구결과를 중시하고 있고 결과를 통합할 때 관련 있는 해석적 논리와 전략을 강조하고 있다. 그리고 개인의 심리적 특징과 관련 있거나 의미 있는 군집자료에 근거를 두고 해석하는 절차를 적용하고 있다. 따라서 각 군집에 초점을 두고 검토한 후 관련 결과를 종합하는 과정을 통해서 해석하고 있다. 각 군집을 관련 있는 심리적 특징과 결부지어 해석하기

4

위해서는 군집의 변인들을 정해진 순서에 따라 단계별로 진행하면 된다. 군집에 관한 변인을 보면 먼저 복잡하다는 생각이 들 것이다. 그러나 채점자가 정확하게 기호화하고 채점계열을 정확하게 기재하고 빈도 자료와 여러 가지 비율과 백분율 및 유도된 변인을 정확하게 계산하여 기록하였다면 특정 군집에 관한 변인을 정해진 순서에 따라 단계별로 진행하는 것은 매우 기계적인 과정이다.

번역을 잘하려면 역자는 저자가 사용한 외국어에 능통해야 하고 책의 내용과 관련된 지식이 풍부해야 하며 글을 쓰는 재주가 있어야 한다. 흔히 번역된 책을 읽으면서 차라리 원본을 읽는 것이 더 낫겠다는 생각이 들 때가 자주 있다. 이럴 경우 번역에 문제가 있다고 보아야 할 것이다. 번역이 잘되었다면 번역본을 읽더라도 잘 이해할 수 있어야 한다. 번역본을 읽어도 이해가 잘 안 되거나 원본과 대조해야 할 필요를 느낀다면 그 번역은 문제가 있는 것이다. 불행하게도 역자들은 번역할 수 있는 자질을 다 갖추지 못했다는 점을 솔직히 시인할 수밖에 없다. 혹시 책을 읽다가 이해가 잘 되지 않거나 문제가 있다고 생각될 경우 번거롭겠지만 꼭 원본과 대조해 주시기를 부탁드린다.

번역하고 교정하는 동안에 주변에 있는 많은 사람들의 도움을 받았다. 이들의 이름을 일일이 거명할 수 없으나 도움을 주신 분들께 지면을 빌려 감사드리는 바이다. 그리고 해야 할 일이 너무 많은데도 불구하고 이 책을 번역하는 과정에서 처음부터 끝까지 큰 관심을 기울여 주신 학지사 김진환 사장님께 감사드린다.

2008년 6월
역자 대표

1970~1973년 사이에 로르샤하 종합체계를 구성하기 위한 요소들에 대해 첫 결정을 내릴 때 아무도 로르샤하 모델을 변화시킬 필요가 있다는 생각에 대해 크게 주의를 기울이지 않았다. 변화시키는 과정은 상당한 시간이 걸렸지만 비교적 간단하였다. 이 당시에 존재하는 다른 로르샤하 모델이나 체계에서 가장 좋은 요소들을 통합시켰고 기존의 문헌들에서 지지되고 있는 새로운 변인과 결과들을 포함시켰다. 이렇게 한 데에는 경험적 근거가 있고 쉽게 배울 수 있으면서도 표준화된 방식으로 적용될 수 있는 접근방식을 만들어 내는 데 목적이 있었다.

이따금 그런 초기의 결정들을 떠올려 보면 연구진들이 참으로 순진했고 낙관적이었다는 생각이 든다. 종합체계가 처음으로 출판되었던 1974년이 얼마 지나지 않아서 로르샤하의 험난한 현실에 부딪히게 되었다. 분명히 우리의 과제는 미완성 상태였다. 의도한 것은 아니었지만 특수점수와 관련된 문제를 언급하지 않았던 것이다. 우리가 선택했던 변인들 중에는 본래의 목적을 달성하지 못한 것도 있었고, 얼마 되지 않는 사례에 근거해서 결정했기 때문에 이후에 잘못된 것으로 밝혀진 결과도 있었다. 또한 제기된 많은 의문들도 해결되지 않고 남아 있었다.

그 후 몇 년 동안 많은 새로운 연구들이 진행되었고 정기적으로 종합체계에 새로운 내용이 첨가되거나 수정해야 할 부분들이 보고되었다. 『로르샤하 종합체계 워크북』 5판(1976), 『로르샤하: 종합체계』 2권(1978)과 3권(1982) 및 1권의 개정판(1986)이 출판되었다. 그러나 여전히 종합체계는 완벽하지 않았고 연구가 계속 진행되었다. 1990년대에 종합체계 1~3권이 모두 개정되었지만 그렇다고 연구를 끝낼 수는 없었다. 새로운 변인들이 발견되었고 새로운 해석 규칙과 전략들이 보완되었다. 그 결과 새로운 질문들이 제기되었다.

연구와 출판 작업을 오래 진행시켜 오면서 로르샤하에 대한 새로운 문제점과 의문들 때문에 상당한 좌절을 맛보기도 하였고 때로는 쓸데없는 일을 하는 것이 아닌가 하는 생각도 하였다. 그렇지만 다행스럽게도 그러한 경험들은 새로운 발견을 통해 생기는 흥분 때문에 쉽게 잊힐 수 있었다. 대부분의 경우 작업에 참여했던 사람들의 열정 덕분으로 프로젝트가 계속 진행되었고, 로르샤하는 정말 훌륭한 검사이고 수검자에 관한 많은 정보를 다룰 수 있다는 인식도 지속되었다. 다른 여느 검사와 마찬가지로 로르샤하 검사도 제한점이 있기는 하지만 전반적으로 숙련된 검사자의 경우 다른 검사들에서 쉽게 얻을 수 없는 수검자에 대한 상당히 많은 정보를 수집할 수 있다.

로르샤하 활용에 필요한 기술을 개발하는 데 관심이 있는 연구자들도 로르샤하를 사용하는 것이 어렵다고 인정한다. 로르샤하는 복잡한 검사이고 몇 시간 집중해서 배운다고 익힐 수 있는 검사도 아니다. 심리검사를 배운 학생이라면 누구나 채점기준과 씨름을 하고 반응 축어록을 받아 적느라고 고생했던 것을 떠올리면서 씁쓸해할 것이다. 그렇지만 이런 것들은 기계적인 문제로, 훈련을 통해서 해결할 수 있는 것들이다. 어느 정도의 지적 수준만 있다면 검사를 정확하게 실시하고 채점할 수 있을 것이다. 정말 중요한 것은 검사자료를 정확하게 해석하는 것이다.

로르샤하 자료를 다룰 때 적용해야 할 원리와 규칙들은 매우 많을 뿐만 아니라 규칙들이 명확하게 구분되는 것도 아니다. 단일 변인에 관한 자료도 다른 변인과 관련지어서 살펴보아야 여러 가지 의미를 도출할 수 있다. 로르샤하를 해석할 때는 기본적인 상식이 필요하다. 개인에 대한 정보에서 점차적으로 발전시켜야 하는 논리적 연역과정과 귀납과정이 필요하다.

과거 로르샤하 해석원리는 종합체계를 다룬 세 권의 책에 연구자료와 더불어 흩어져 있었다. 물론 연구결과들이 해석 규칙이나 원리를 이해하는 데 도움이 되기는 하였지만 해석과정을 익히려고 하는 초보자들에게는 불필요한 어려움을 주기도 하였다. 물론 종합체계를 지지하고 근거가 되는 많은 연구결과들이 있어서 종합체계, 특히 1권을 완성하는 데는 도움이 되었지만 로르샤하 초보자들에게는 너무나 많은 양의 정보로 부담이 되었을 수 있다.

연구결과들은 분명히 중요하고 무시해서는 안 된다. 그러나 로르샤하 해석을 배우는 것이 매우 어렵다는 점을 고려하면 로르샤하를 해석하는 데 필요한 기본 개념과 그 적용원리를 잘 정리해서 제시하는 것이 필요하다. 이러한 점에서 보다 실제적인 작업을 하게 되었다. 이 책에서는 가급적이면 관련 연구들을 덜 언급하였고 표도 많이 생략하였다. 해석하는 과정에서 필요한 기본요건들을 찾아내고 연구결과들을 통합할 때 필요한 논리와 전략들을 강조하였다.

로르샤하 해석은 자료군집을 다루는 것이며, 각 군집은 수검자의 심리적 특성과 관련이 있다. 즉, 각각의 군집자료들을 개별적으로 다룬 후에 그 결과를 조직화하는 작업이다. 이 책을 통해 초보자들은 로르샤하 해석원리를 보다 쉽게 익힐 수 있고, 숙련가들은 구체적인 원리나 규칙을 찾아보고자 할 때 편리하게 참고할 수 있는 자료가 되기를 바란다.

이 책에 제시된 자료들은 종합체계와 종합체계의 활용을 다룬 최근의 연구결과들이다. 최근에 종합체계에 포함된 새로운 변인들도 있고, 이전에 구조적 요약에서 다뤄진 변인들 중에서 제외된 것들도 있다. 이는 많은 새로운 연구결과들에 근거해서 종합체계를 새롭게 수정한 결과이다. 많은 사람들이 로르샤하의 발전과 수정 작업에 참여해 주었다. 그들에게 감사의 마음을 전한다. 창조적인 제안과 철저한 토의, 그리고 자료를 끊임없이 신중하게 검토해 준 Thomas Boll, S. Philip Erdberg, Mark Hilsenroth, Gregory Meyer, William Perry, Donald Viglione 에게 큰 도움을 받았다. 이들의 성실함과 노력은 대단히 자극적이었고 생산적이었다. 또한 Karen Rogers와 Phil Erdberg에게도 감사를 전한다. 이들은 초고를 읽고 많은 제안을 해 주었다. 독자들이 이 책을 쉽게 이해할 수 있다면 이는 순전히 이들의 노력의 결과일 것이다.

JEE

Asheville, NC

September, 2000

차 례

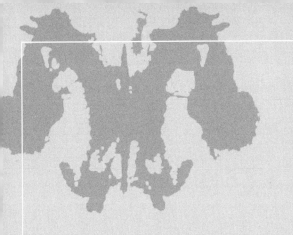

일반적 지침

제1장
일반적 지침

로르샤하를 해석하는 데 있어서 단순하게 할 수 있는 부분도 있지만, 전반적인 해석과정은 단순하지도 기계적이지도 않다. 로르샤하 해석과정은 상당히 복잡하고 많은 노력이 필요한 경우가 대부분이다. 해석과정은 논리적으로 개념화하는 복잡한 과정이고, 그렇지 못할 경우 의미 있는 결론에 도달하는 것은 불가능하다. 또한 로르샤하를 해석하려면 많은 자료를 통합해야 하기 때문에 많은 노력이 필요하다. 그렇지만 로르샤하를 공부하는 사람이 다음의 세 가지 기본적 요건들을 갖추고 있다면, 해석순서에 따라 체계적으로 의문을 제기하고 결과를 개념적으로 조직화하는 과정이 그리 어렵지 않을 것이다.

1. 기본적 요건

로르샤하를 해석하기 위해서는 먼저 사람과 성격의 개념에 대하여 잘 이해하는 것이 필요하다. 이 말은 로르샤하 자료를 어떤 한 가지 성격이론의 맥락 내에서 해석해야 한다는 의미는 아니다. 그렇게 할 경우 아마도 오류를 범할 수밖에 없을 것이다. 로르샤하에 근거한 결론은 궁극적으로 성격에 관한 다양한 이론적 모형 중 어떤 한 가지 모형으로 해석할 수 있지만, 이렇게 하기 전에 먼저 로르샤하 자료를 타당성이 입증된 결과에 맞춰 해석해야 한다.

해석할 때는 항상 개인을 독특한 존재로서 이해하는 데 도움이 되는 방향으로 진행해야 한다. 다른 말로 표현하면 해석자는 어떤 사람도 정확하게 같을 수는 없다는 것을 인식하고, 가능한 한 수검자의 개별성을 밝히기 위해 사고, 감정, 자아상, 통제 등과 같은 특징에 관한 결과들을 통합해야 한다는 것이다.

두 번째로 로르샤하를 해석하기 위해서는 정신병리와 부적응에 관한 지식이 필요하다. 이것은 단순히 진단적 명칭을 알거나 정상 및 이상과 같은 개념이 개인의 자산과 약점을 밝히는 분명한 기준이 된다는 소박한 가정을 의미하는 것은 아니다. 오히려 정신병리와 부적응을 이해함으로써 성격특성이 어떻게 약점이 되고 약점들이 어떻게 다양하게 결합되어 내적, 외적 부적응을 가져오게 되는지를 이해해야 한다는 것이다.

세 번째 요건은 해석자는 검사 자체에 대해 이해해야 한다는 것이다. 로르샤하는 표준화된 방법으로 실시할 경우 수검자로 하여금 일련의 반응을 하도록 해서 순차적인 문제해결과정을 촉진시키는 10개의 잉크반점으로 이루어져 있다. 반응은 기호화되거나 채점되고, 계열적으로 정리되고, 이를 통해 여러 가지로 계산되고, 세 개의 상호관련이 있는 자료 세트로 형성된다. 세 가지 상호 관련 있는 세트는 (1) 검사자가 제시하는 질문에 답하거나 반응을 할 때 수검자가 사용하는 용어, (2) 반응 자체와 반응의 기호화나 채점에 반영되는 반응계열, (3) 60개가 넘는 변인에 대한 자료, 비율, 백분율, 지표에서 도출된 최소 100개 변인들의 빈도표로 구성되어 있다. 이러한 세 개 자료 세트는 로르샤하를 해석하는 데 근간이 되고, 개인의 심리에 대해 타당하고 유용한 기술을 하는 데 필요한 풍부한 정보를 제공해 준다.

2. 로르샤하의 유용성

로르샤하를 사용하는 것이 왜 번거로운가? 개인을 타당하고 유용하게 기술할 수 있는 평가방법은 여러 가지가 있으며, 로르샤하에 근거한 개인에 대한 기술은 매우 포괄적일지라도 잉크반점에 대한 반응에서 나온 간접적인 행동표본에 근거한 기술에 불과하다. 따라서 결과와 결론은 다분히 추론적이다. 자세한 면접을 통한 기술이나 다른 심리검사에서 얻은 결과나 의미 있는 사람의 관찰에 근거한 기술과 비교할 때, 로르샤하 자료에 근거해서 추론한 기술은 과연 어떠한 가치가 있을까?

이 질문에 대한 대답은 로르샤하를 옹호하는 사람들이 기대하는 만큼 분명하지 않다. 실제로 로르샤하 결과는 어떤 평가장면에서는 가치가 적거나 없을 수 있다. 이런 경우는 평가자나 의뢰하는 사람이, 수검자가 보이는 증상과 이에 대한 적절한 치료 간에 '분명한 관계'(hardwired relationship)가 있다는 것을 확신하는 경우이다. 또한 평가목적이 진단적 명칭을 선택하는 것일 때에도 마찬가지다. 로르샤하 결과가 이런 결정을 하는 데 도움이 될 수도 있으나 이럴 경우 시간 낭비이고 다른 평가방법을 사용하는 것이 더 효율적이고 진단적 명칭을 선택하는 목적을 달성하는 데 더 유리할 것이다.

로르샤하에 근거한 해석은 개인에 대한 이해를 통해 치료방법을 선택할 때, 혹은 개인에 대한 다른 중요한 결정을 할 때 가장 유용하다. 로르샤하 반응은 광범위한 심리적 작용과 경험에 의해 생겨나는 것이기 때문에 적절하게 사용한다면 로르샤하만큼 개인의 독특성을 포착할 수 있는 평가절차는 없을 것이다.

또한 로르샤하 반응을 생성하는 기전과 경험은 친구나 친척이 관찰할 수 있는 행동 혹은 면접 시 나타내는 행동을 유발하기도 한다. 의미 있는 다른 사람의 관찰이나 긴 시간 동안 이루어지는 면접에서 얻어진 한 개인에 대한 기술은 정확할 수 있지만, 이러한 기술은 관찰된 행동을 유발한 심리적 기전에 관한 정보를 주지는 않는다. 로르샤하는 이런 종류의 정보를 포함하고 있다.

로르샤하 과제는 잉크반점을 보는 것과 같은 다소 비일상적 상황에서 일련의 의사결정을 자극하는 성질이 있다. 이런 의사결정을 할 때 많은 심리적 특성이 작용한다. 따라서 로르샤하 반응은 개인이 일상생활에서 어떤 의사결정을 내릴 때처럼 개인의 특징을 반영하는 경향이 있다. 이러한 많은 성격특징들은 일상적인 행동관찰에서 쉽게 드러나지 않는다. 관찰은 심리적 과정의 산물, 즉 행동에 초점을 둔다. 반면에 로르샤하 결과들은 주로 행동을 발생시키는 과정을 반영한다.

이러한 맥락에서 볼 때 로르샤하 해석은 개인의 심리적 조직과 기능에 초점을 둔다. 또한 로르샤하 해석은 행동보다 개인의 심리적 구조나 성격을 더 강조한다. 심리적 구조나 성격에 대한 정보는 개인의 증상을 찾아내는 것보다 너 중요한 정보이고, 두 사람이 동일한 증상을 나타내더라도 병인론적 문제가 다르다는 것을 밝혀내는 데 도움이 되는 정보이다. 왜 로르샤하가 번거로운가? 독특한 심리적 존재로서 한 개인에 대한 이해(picture)가 치료계획이나 다른 의사결정에 도움이 되어 개인의 안녕에 크게 기여할 수 있다면 로르샤하를 실시하고 채점하고 해석하는 데 드는 시간은 분명히 그만한 값어치가 있다.

3. 해석절차를 위한 지침

해석자가 해석의 절차와 목표에 대해 정확히 인식하고 있으면 해석과정을 쉽게 진행시킬 수 있다. 절차와 목표에 대해 잘 알고 있으면 해석자가 잘못된 가정이나 결론을 내릴 수 있는 여러 가지 실수를 방지하는 데 도움이 된다. 여러 가지 요소들에 대해 잘 알고 있어야 하고 이러한 요소들 각각은 정보를 통합하는 데 도움이 된다. 검사상황의 성격에 대한 이해, 자료의 통합에 관한 감각, 자료를 검토하는 순서, 가설을 형성하는 원리에 대해 잘 알고 있어야 한다.

수검자와 검사상황

해석은 해석자가 수검자와 검사와 관련된 상황에 대한 정보를 가지고 있을 때 대부분 쉽게 진행된다. 완전히 맹목적인 분석(blind analysis)은 흥미로운 학문적 훈련이고 이를 통해 어느 정도는 타당한 결과를 얻을 수도 있지만, 실제 평가 장면에서 수검자의 연령, 성별, 결혼 상태, 교육적 배경과 같은 기본적인 정보와 검사장면에 대한 정보는 결과를 보다 의미 있는 방식으로 쉽게 통합할 수 있도록 하는 근거가 된다.

때때로 검사를 실시한 상황이 수검자가 반응을 선택하고, 반응을 설명하는 방식에 영향을 줄 수 있다. 그렇다고 수검자의 검사동기나 수검태세가 현저하게 검사자료를 변화시킨다는 것을 시사하는 것은 아니다. 실제로 이런 경우는 드물다. 그럼에도 불구하고 검사를 받는 동안에 수검자의 수검태세에 대해 알면 해석자가 특정 결과를 명확하게 해석하는 데 많은 도움이 된다.

예컨대, 대부분의 수검자가 혼자서 해결할 수 없는 어떤 문제를 경험하기 때문에 혼란스럽거나 불편한 상태일 때 로르샤하 검사를 받게 되는 경우가 많다. 이런 상황에서 로르샤하 검사를 받는 대부분의 성인들은 '조심스럽게 개방하는' 경향이 있고, 특히 평가절차에 대한 정보를 제공해 주면 검사나 검사상황에 대하여 비일상적 태세를 보이지는 않을 것이다. 그러나 일반적으로 검사나 검사상황에 관한 수검자의 태세가 도움을 요청한 성인 환자에게 기대할 수 있는 것과는 크게 다를 수 있는 상황이 있다.

고통을 경험하고 있는 아동은 보통 검사상황을 불신하거나 두려워하기 때문에 고통을 받고 있는 성인보다 더 방어적으로 될 때가 있다. 이러한 방어는 유형적 (stylistic)[1] 현상으로 검사자료에서 나타날 수 있다. 따라서 해석자는 이 유형적 특징이 상황적 요소인지, 개인의 성격구조에서 핵심적 요소인지를 결정하기 위해 고심해야 할 때가 많다.

마찬가지로 살인으로 기소되어 있고 금치산자로 판정받기를 희망하는 사람과 회사에서 승진을 추구하는 사람의 수검태세는 매우 다를 것이다. 전자의 경우 반응이 자주 과도하게 윤색되는 반면에 후자는 매우 조심스럽고 관습적인 것처럼 보이려고 노력할 것이다. 또한 정신적 외상 때문에 법적인 문제가 있는 사람과 자녀양육권을 찾으려는 부모의 검사에 대한 태도도 크게 다를 것이라고 기대할 수 있다.

보통 검사에 대한 이러한 다양한 태세는 전반적인 자료 세트를 근본적으로 변화시키지는 않지만, 로르샤하의 모든 자료가 다 정적인 성격특징을 나타내는 것도 아니다. 때때로 어떤 특정 상황은 수검자가 다른 상황과는 다르게 반응하도록 할 수 있다. 따라서 해석자는 이러한 차이를 잘 찾아낼 수 있어야 한다.

---

1) 역주: Wiggins(1962)가 전략적(strategic), 방법적(method), 유형적(stylistic) 변량요소라는 3가지 반응유형의 요소를 구분한 데서 기인함. 전략적 변량은 검사의 변별목적과 직접 관련이 있고, 방법적 변량은 문항을 진술하는 방식, 반응형태, 채점방향과 같은 검사도구의 구조적 측면의 영향을 받고, 유형적 변량은 검사 자체와는 무관하지만 묵종 태세나 사회적 바람직성과 같이 일관성 있게 나타나는 반응경향을 말함. 그래서 성격 측정과 평가에서 다양한 구성개념의 성격이 전략적 변인의 영향을 반영하는지 아니면 유형변인을 반영하는지에 대해서는 많은 논쟁이 있다.

누적된 연구결과를 참고하면 해석자가 상황적이거나 일시적인 특징과 개인의 심리에서 더 지속적이거나 안정적인 특징을 구별하는 데 도움이 된다. 그러나 해석자가 검사를 수행하는 장면과 상황에 대해 잘 알 수 있을 때만 명확하게 구분할 수 있다.

이탈원리

해석과정은 보통 단위적 방식(molecular manner)으로 시작한다. 즉, 변인들의 군집에서 각각의 자료점수 자체를 검토하고 몇 가지 다른 변인들과의 관계를 검토한다. 이러한 단위적 접근을 하면 단순하고 구체적인 가설을 형성하는 데 도움이 된다. 대부분의 가설들은 이탈원리(deviation principle)를 적용해서 설정한다. 즉, 규준이 되는 자료를 가지고 있으며, 거기서 이탈된 정도를 근거해서 가설을 설정한다.

이탈원리를 사용해서 가설을 설정하는 것은 검사자료의 해석에 대한 표준적인 보편적 접근이고 로르샤하 해석에서 상당한 가치가 있다. 그러나 이 접근은 해석적 결론을 너무 단순화시키거나 심지어 해석적 결론을 잘못 유도할 수 있는 절차이기도 하다. 어떤 한 변인이 이탈되어 있을 때 성급하게 결론을 내리려는 유혹도 받을 수 있다.

예컨대, 한 성인 프로토콜의 구조적 자료에서 4개의 COP 반응이 나타났다고 가정해 보자. 이는 비환자 성인의 중앙치 및 최빈치와 비교할 때 높은 빈도로 생각된다. COP 반응은 좋은 반응으로 여겨지고 있고 반응기록에서 4개로 나타나고 있으므로 해석자는 아마 수검자가 매우 긍정적으로 다른 사람과 상호작용하고 쉽게 상호작용하는 사람이라고 가정할 수 있을 것이다. 이 가정은 사실일 수도 있지만 사실이 아닐 수도 있으므로 너무 단정적이고 성급하게 결론 내려서는 안 된다.

일부 해석자들이 이탈에 너무 치중하게 되는 것은 쉽게 이해할 수 있다. 이탈에 너무 치중하게 되는 가장 공통적인 원인은 출판된 규준자료와 참고자료에 지나치게 의존하기 때문이다. 규준 또는 참고자료는 검사자료의 이해와 활용에는 매우 중요한 것은 사실이므로 현명하게 적용해야만 도움이 된다. 이러한 자료들은 개인의 고유한 특징을 밝히는 데 사용할 수 있는 기본적 자료이기는 하지만, 이들 자료들을 맹목적으로 따르거나 매우 구체적이고도 인과적으로 적용할 경우 오히려 잘못된 해석적 가정을 유도할 수 있다.

규준자료를 잘못 사용하고 이탈결과(deviation finding)를 편협하거나 구체적인 방식으로 적용하는 경향은 로르샤하 변인들 각각은 상이한 특징과 관련이 있다는 것을 주장하는 수많은 타당화 연구에서도 많이 찾아볼 수 있다. 이런 연구결과들은 변인을 단일 맥락에서 해석할 수 있다는 생각을 유도한다. 불행하게도 어떤 해석자는 이런 생각에 얽매이고 심리적 특성과 작용에 존재하는 많은 상호작용을 무시하는 경향이 있다.

상호관계를 간과하고 단일 변인에만 근거해서 해석적 가정을 형성하게 되면 가설이 오류일 가능성은 항상 존재한다. 왜냐하면 이러한 해석적 전략을 취하게 되면 이탈에 근거한 가설이 수용되거나 기각되거나 수정되는 것과 직접적 관련이 있는 부가적인 자료를 무시하게 되기 때문이다. 변인들을 상호 관련지어서 가설을 설정하지 못하면 개인에 대한 단편적인 상을 유도할 수밖에 없게 된다. 즉, 개인의 심리적 조직을 포착하지 못하게 되고 심지어는 잘못되거나 왜곡된 결론에 도달하게 된다.

예컨대, 해석자는 4개의 COP가 있어서 개인이 매우 긍정적으로 그리고 쉽게 다른 사람과 상호작용할 가능성이 높다고 가정할 수 있다는 것은 이미 앞에서 언급하였다. 이런 가정은 일부의 협력적 운동반응에 관한 연구결과와 일치한다. 그러나 다음과 같은 경우를 가정해 보자: (1) 4개의 COP 반응 중 3개의 반응은 특수점수 공격운동(AG)으로 채점되었다. (2) 4개의 COP 반응 중 2개는 M-로 채점되었다. (3) 프로토콜에서 모든 인간운동 내용은 (H)나 (Hd)이다. 이러한 3가지 부가적인 자료가 있을 경우 앞에서 설정한 가정을 그대로 받아들이기 어렵게 된다. 다시 말하면 COP 반응이 4개로 높다는 것도 중요하지만 어떠한 논리적 가설을 설정하기 전에 여러 가지 많은 부가적인 점수들을 모두 검토할 필요가 있다는 것이다.

자료를 유용하게 해석하기 위해서는 이탈가설을 현명하게 사용하고 성급하게 결론을 내리는 것을 피해야 한다. 자료를 전반적으로 검토하여 결과를 보완하게 되면 초기 해석과정에서 설정한 단순한 가설들은 더 폭넓어지고 정확해진다. 그리고 이러한 과정을 통해 궁극적으로는 수검자의 특이성을 더 잘 포착할 수 있게 된다.

자료의 통합

해석자는 항상 자료의 통합에 관심을 기울여야 한다. 해석과정 동안 해석자는 프로토콜의 축어록이 사실적으로 잘 기록되어 있는지 그리고 반응의 기호화가 정확한지에 대해서도 의문을 가지고 확인하여야 한다.

특히 구조적 자료를 검토할 때 더 관심을 기울이는 것이 중요하다. 구조적 자료는 각각의 반응을 기호화시켜서 도출한 것이므로 전적으로 기호화의 정확성이 매우 중요하다. 모든 해석자는 반응을 정확하게 기호화하고, 채점계열을 정확히 기재하고, 빈도 자료를 정확하게 기록하고, 많은 비율과 백분율 및 유도된 변인을 정확하게 계산하는 것이 매우 중요하고 이를 아무리 강조해도 지나치지 않다는 것을 항상 의식하고 있어야 한다. 따라서 이러한 과정과 관련해서 다소 회의적인 태도를 가지는 것은 해석과정에서 매우 중요하게 작용할 수 있다.

로르샤하에는 결코 있어서는 안 되는 실수도 있다. 검사자는 수검자가 반응한 언어표현의 축어적인 기록에 실패해서는 안 된다. 마찬가지로 채점계열을 정확하게 기재하고, 빈도를 정확하게 확인해서 기록하고, 여러 가지 계산에 있어서도 실수를 범해서는 안 된다. 의도하지는 않지만 불가피하게 일어나는 다른 실수도 있다. 이런 실수는 반응을 채점하거나 기호화할 때 일어나는 오류들이다. 매우 신중한 검사자라도 가끔 실수를 범할 수 있다.

채점이나 기호화하는 과정에서 누락(omission)과 작위성(commission)이라는 두 가지 오류 중 하나를 범할 수 있다. 숙련된 채점자가 범하는 가장 공통적인 오류는 복잡한 혼합반응에서 하나의 결정인을 포함시키지 않거나, 쌍 기호화에 실패하거나, P 반응을 체크하지 않거나 또는 이차적 내용을 무시하는 것과 같은 누락 오류이다.

덜 숙련된 채점자도 누락 오류를 범하지만 이들은 작위성 오류를 더 자주 범한다. 예컨대, 작위성 오류는 하향원리(step-down principle)를 무시하거나, CF 대신 C로 기호화하거나, 수검자의 의도가 분명하지 않을 때 Y 결정인 대신 C'로 채점하거나, 나쁜 Z 점수를 선택하거나, 반응이 실제로 FD일 때 V로 기호화하거나, 논리적 오류나 이상한 단어를 포함하고 있는 반응에 대해 나쁜 결정적 특수점수를 선택하는 것 등이다.

다행스럽게도 구조적 요약은 많은 다양한 자료에서 생성된다. 반응을 채점할 때 오류는 바람직한 것은 아니지만 보통 한두 개의 실수가 있더라도 구조적 자료의 '해석적 의미'가 변화되는 것은 아니다. 왜냐하면 한두 개의 오류가 있더라도 빈도, 비율, 백분율 등의 값이 극적으로 변화되는 것도 아니고 이들과 관련되어 있거나 이들에서 도출된 해석적 가정을 변화시키는 것도 아니기 때문이다. 그렇지만 하나의 오류만 있더라도 근본적으로 해석에 영향을 미치는 상황은 분명히 있다.

예컨대, 카드 VI에 대한 평범반응에서 FT나 TF 반응이 나타났는데, 이를 정확하게 기호화하지 못하면 구조적 자료에서 T=0이 된다. T 값이 0이라는 것은 일반적으로 대인관계 군집에서 규준에서 벗어난 이탈된 값이다. 또한 T는 D 점수와 관련이 있는 es와 Adjes[2] 값의 계산에 반영되는 변인이다. 이러한 예는 하나의 실수가 경우에 따라서는 해석적 가설을 설정할 때 한 가지 이상의 오류를 야기하는 파급 효과를 나타낼 수 있다는 것을 보여 준다. 카드 I에 대한 다음 반응을 고려해 보자.

반응	질문
주변이 온통 연기로 둘러싸인 막대기에 한 여자가 묶여 있다.	검: (반응반복) 수: 여자는 여기 가운데 손을 위로 들어올리고 있고 이 부분은 어둡다. 마치 여자 주변에 연기가 피어오르는 것처럼. 검: 피어오른다고요? 수: 불길이 위로 솟아오르는 것 같고, 여자는 여기 서 있고, 무력하게, 마치 잔 다르크(Joan of Arc)처럼, 불로 보이지는 않아요. 연기 같아요.

---

2) 역주: es=FM+m+SumC'+SumT+SumY+SumV

Adjes는 m과 Sum Y에서 각각 1을 뺀 모든 m과 Sum Y값을 더해서 es에서 빼면 된다.

이 반응의 기호화는 대부분 매우 간단하다. 그러나 이 반응은 수검자의 의도를 분명하게 알 수 없는 단어를 포함하고 있고 두 가지 가능한 채점 중에서 하나를 선택할 필요가 있다. 이 경우 '어둡다'는 단어가 사용된 방식이 중요하고 채점자는 YF나 C'F 중 어느 것이 정확한지 여부에 대해 심사숙고해야 한다. 정확한 채점은 아래와 같다.

$$W + M^p.m^p.YFu \quad H,Fi,Ay \quad 4.0 \quad MOR,PHR$$

밝다 또는 어둡다는 말이 사용된 의도가 분명하지 않을 때 음영확산의 기호화가 더 적절하다는 규칙을 무시할 경우 어떤 채점자는 YF 대신에 C'F를 선택하는 오류를 범할 수 있다. 다음과 같은 정확한 구조적 자료에서 이러한 오류가 일어났다고 가정해 보자.

EB = 5 : 2.5	EA = 7.5		FC : CF + C = 3 : 1
eb = 6 : 5	es = 11	D = −1	SumC' : WSumC = 2 : 2.5
	Adjes = 10	AdjD = 0	
FM = 5	C' = 2	T = 1	
m = 1	V = 0	Y = 2	

단지 하나의 채점오류가 여러 가지 변인의 값을 변화시킬 수 있다. 이런 변화는 다음과 같은 자료 세트에서 분명하게 나타난다.

EB = 5 : 2.5	EA = 7.5		FC : CF + C = 3 : 1
eb = 6 : 5	es = 11	D = −1	SumC' : WSumC = **3** : 2.5
	Adjes = **11**	AdjD = **−1**	
FM = 5	C' = **3**	T = 1	
m = 1	V = 0	Y = **1**	

정확한 자료 세트의 해석: 문제의 반응이 정확하게 채점되었다면 자료 세트에서 다음과 같은 가정을 설정해야 한다. 첫째, EA 값과 관련지어 볼 때 D 점수 −1과

AdjD 점수 0은 자극과부하 상태를 일으키는, 상황과 관련된 스트레스가 있다는 것을 시사한다. 둘째, D 값이 마이너스이기 때문에 과부하 상태는 잠재적으로 충동성을 유발할 수 있다.

셋째, EB(5 : 2.5)는 내향성을 시사하고 있으므로 충동성이 평상시 관념유형에 영향을 미칠 가능성이 높다. 즉, 어떤 사고유형은 덜 분명하거나 단편적일 수 있고 일부의 의사결정은 평소보다 매우 성급하게 이루어질 수 있다. 이러한 가설들은 다른 결과들과 함께 신중하게 평가해야 하겠지만, 궁극적으로 이들 가설은 상황적 스트레스 문제에 대한 개입을 추천하는 근거로 활용될 수 있다.

부정확한 자료 세트의 해석: 부정확한 자료 세트에서 도출된 해석적 가설은 매우 다를 수 있다. 상황적 스트레스에 대해서는 언급하지 않게 될 것이다. 반면에 D와 AdjD 점수가 모두 −1이기 때문에 과부하 상태는 상황적인 것보다 만성적인 것으로 가정할 수 있다. 이것은 스트레스에 대한 내성을 제한하고, 복잡하거나 요구적인 상황에서 효율적으로 기능하는 개인의 능력을 감소시키고, 관념적·행동적 충동성의 가능성이 분명하게 있다는 것을 지적하는 것이다.

EB(5 : 2.5), C' 반응 수의 증가, SumC' : WSumC에서 좌항 값이 더 높다는 사실과 관련지어 볼 때 과부하의 원천은 감정을 겉으로 표현하는 것에 대해 지나치게 조심하는 경향과 감정을 내재화하려는 경향과 관련된 문제를 포함할 것이라고 쉽게 가정할 수 있다. 또한 감정을 드러내서 표현하지 않고 억제하려는 경향은 긴장과 불안을 야기할 수 있고 때로는 우울감이 동반된 심한 심리적 불편감을 유발할 수 있다고 가정할 수 있다.

특히 스트레스 내성과 관련지어 볼 때 이러한 종류의 정서적 억제와 내재화하려는 경향은 흔히 신체적 증상을 유발하는 원인이 될 수 있다고 가정하는 것이 논리적일 것이다. 이런 잘못된 가정도 다른 자료에 비추어 신중하게 평가할 수 있지만, 최종 건의사항에서는 정서를 처리하는 데 있어서 만성적인 어려움이 있다는 점에 초점을 두고 개입할 필요가 있다고 지적할 수 있을 것이다.

최소기준충족현상(The Barely Yield Phenomenon): 해석자는 자료가 가까스로 겉으로 드러나는 중요한 결과를 나타낼 경우 특히 조심해야 한다. 예컨대, 위의 예에서 정확한 자료 세트와 같은 자료에서 해석자는 어느 하나의 Y 반응이 부정확하게 채점되었다면 AdjD[3]는 −값을 가질 것이라는 점을 재빨리 알아차려야 한다. 바꾸어 말하면 AdjD는 '겨우' 0이다.

마찬가지로 위의 부정확한 자료 세트가 제시되었다면 민감한 해석자는 EA 값이 1점 높거나 Adjes 값이 1점 적었다면 AdjD 점수가 0이 된다는 점을 알아야 한다. 또한 SumC' : WSumC의 비율에서 좌항의 값이 중요한 의미가 있는 것처럼 보일 수 있으나 단지 .5점 높다는 것에 주목해야 한다. 해석자가 이러한 작은 차이에 대해 의식하게 되면 이들 변인과 관련된 항목을 포함하는 반응을 채점하는 데 있어서 조심스럽게 검토하게 될 것이다.

위의 예에서 부정확한 자료 세트의 경우 먼저 EA 값에 초점을 두어야 할 것이고 특히 무채색으로 채점된 4개 반응에 초점을 두어야 할 것이다. 분명한 문제는 기호화가 정확한지 여부이다. FC 중 하나를 CF로 채점하는 것이 정확하다면 SumC' : WSumC 비율의 해석은 바꾸어야 하고, FC 중 2개를 CF로 기호화하는 것이 정확하다면 두 개의 D 값은 모두 변경되어야 할 것이다. 반대로 CF로 채점된 반응이 실제로는 FC라면 D 값과 SumC' : WSumC 비율에서 도출된 가정을 더 의미 있게 통합해야 할 것이다.

최소기준충족현상에 의해 생긴 두 번째 문제는 회색-흑색 반응과 음영으로 기호화된 반응과 관련이 있다. 이 경우 정확한 기호화는 T를 포함하고 Y는 포함하지 않는다는 것을 확인하기 위해 재질반응을 검토해야 한다. 3개의 C' 반응에 대해서도 동일한 문제를 제기해야 하고 Y 반응은 C'가 아니라는 것을 확실히 하기 위해 검토해야 한다. 앞의 예에서처럼 C' 기호가 부정확하게 기록되었다면 이러한 오류를 찾아내고, 오류에 따른 자료도 수정하고, 최초의 가정도 바꾸어야 한다.

프로토콜의 여러 반응에 대한 기호화를 검토할 때 시간이 그렇게 많이 걸리는 것은 아니다. 아마도 숙련된 검사자라면 몇 분 걸리지 않을 것이고 초보자라 하더라도 그렇게 많은 시간이 걸리지 않을 것이다. 해석을 진행하기 전에 모든 반응의 기호화를 검토해 보는 것이 현명한 방법이다. 이는 기호화된 채점을 반박하기 위한 것이 아니라 단순히 누락이나 작위적 오류가 일어나지 않았다는 것을

---

3) 역주: EA-Adjes을 구하여 D 점수 환산표에 적용시켜 구함. 제시된 정확한 자료의 경우 7.5-10=-2.5이고 -2.5~+2.5 범위이면 D 점수는 0이다.

확인하기 위한 것이다.

아무리 숙련된 검사자라고 하더라도 자신의 채점에 대해 과신해서는 안 된다. 프로토콜을 해석하는 사람이 검사를 실시하고 채점한 사람과 동일인이 아니라면 모든 반응의 기호화를 검토하는 것이 특히 중요하다. 이렇게 조심스럽게 검토하면 프로토콜에 기록되어 있는 자료들의 명료성을 평가하고 질문단계에서 한두 가지 부가적인 질문을 할 필요가 있었는지도 밝히고 반응영역 기록지의 유용성을 평가할 수 있는 기회가 된다.

해석과정 동안에 각 반응의 기호화를 점수계열에 정확하게 기재하였는지 또는 다양한 비율, 백분율 등의 계산이 정확한지에 대해서도 의문을 제기할 수 있을 것이다. 해석하는 동안 원래 프로토콜에서부터 점수계열이나 구조적 요약을 번갈아 자주 살펴볼 필요가 있다.

원래의 프로토콜에서부터 시작해서 점수계열이나 구조적 요약을 번갈아서 살펴보는 것은 어느 카드에서 P 반응이 나타나고, 어느 영역에서 S 반응이 나타나고, 반사반응의 내용은 무엇이고 또는 특수반응으로 기호화된 DR의 성격은 무엇인지와 같은 의문이 있을 때 필요하다. 이러한 의문은 해석을 정교화할 뿐만 아니라 심하게 편협하거나 구체적인 해석적 가정을 피하는 데도 도움이 된다.

군집별 해석

검사자료의 대부분은 군집으로 분류된다. 이들 군집은 <표 1>과 같다. 첫 7개 군집은 사람들의 기본적 특징에 관한 것이고 해석과정 동안에 항상 각 군집에 대한 자료를 검토해야 한다. 여덟 번째 군집인 상황 관련 스트레스는 상황과 관련된 스트레스가 검사결과에서 분명하게 나타날 경우에만 검토한다. 어떤 변인은 한 개 이상의 군집에서 나타날 수 있다. 이것은 어떤 변인이 한 개 이상의 심리적 특징이나 작용과 관련이 있을 수 있기 때문이다.

예컨대, 마이너스 반응은 중재와 자기지각에 다 관련이 있다. 마찬가지로 어떤 운동 내용은 자기지각과 대인지각에 다 관련이 있다. 높은 Lambda는 통제, 정서, 처리, 중재, 관념 등과 관련이 있고 과경계지표는 처리활동, 관념, 자기지각, 대인지각과 관련이 있다.

<표 1> 여러 심리적 특징과 관련된 군집

요소나 기능	변인
감정적 특징	DEPI, CDI, EB*(extratensive style), Lambda, EBPer, eb(right side value [Sum C'+SumT+SumV+SumY]), SumC' : WSumC, Afr, 2AB+(Art+ Ay). CP, FC : CF+C, Pure C (frequency & quality), S, Blends, Col- Shad Blends, Shading Blends
통제능력 스트레스 내성	D Score, Adj D Score, CDI, EA(SumM, WSumC), EB, Lambda, es & Adj es(FM, m SumT, SumV, SumC', SumY)
인지적 중재	R, Lambda, OBS, XA%, WDA%, X-%, FQ-, S-, (review minus an- swers for homogeneity & levels of distortion) P, FQ+, X+%, Xu%
관념	EB*(introversive style), Lambdam, EBPer, a : p, HVI, OBS, MOR eb(left side value [FM+ml]), Ma : Mp, 2Ab+(Art+Ay), Sum6, WSum 6, Quality 6 of special scores, MQ, Quality of M responses
정보처리	Lambda, EB, OBS, HVI, Zf, W : D : Dd, Location Sequencing, W : M, Zd, PSV, DQ, DQ Sequencing
대인지각	CDI, HVI, a : p, Fd, SumT, Sum Human Contents, H, GHR, PHR, COP, AG, PER, Isolation Index, Content of M & FM Responses that Contain a Pair
자기지각	OBS, HVI, Fr+rF, 3r+(2)/R, FD, SumV, An+Xy, MOR, Pure H : Nonpure H, Codings for Human Content response, Content of all Minus, MOR, Human, & Movement responses
상황 관련 스트레스	D Score, Adj D Score, EA, EB (zero values), m, SumY, SumT, SumV, Blend Complexity, Col-Shd & Shd Bl (m & Y), Pure C, M, M-, M noform

주: EB는 EA가 3.5보다 크고, EA<10이거나 EA≥10일 경우 EB의 한쪽 항은 다른 쪽 항보다 2점 이상 높을 때만 유형적이다.

어떤 변인이 한 개 이상의 군집에 나타난다는 사실은 그 변인이 포함되어 있는 각각의 군집에서 항상 의미 있는 값이 된다는 것을 의미하지는 않는다.

예컨대, MOR 값이 0이거나 1이라면 이 결과는 자기지각에 관한 자료를 평가할 때 해석자에게 유용하고 중요하지만 관념에 관한 자료를 검토할 때는 적합하지 않을 것이다. 반대로 MOR 값이 3보다 크다면 해석자는 이 자료를 두 번 사용할 것이다. 즉, 한 번은 자기상의 부정적인 특징을 검토할 때 사용하고 다른 한 번은 사고를 평가할 때 사용할 것이다. 왜냐하면 MOR 값의 상승은 자신에 대한 부정적 태도를 의미하고 이러한 태도는 동시에 사고에 영향을 미칠 수 있는 뚜렷한 비관적 태세를 유발시킬 수 있기 때문이다.

따라서 어떤 한 변인은 한 군집에서는 값이 이탈되었을 때만 결과에 영향을 주지만, 다른 군집에서는 그 값에 관계없이 결과에 영향을 줄 수 있다.

체계적 처리

로르샤하 프로토콜을 해석할 때는 당연히 세 가지 일반적 범주의 자료들을 모두 고려해야 한다: 구조적 자료, 점수계열, 언어적 표현(verbalization). 심리측정적 맥락에서 볼 때 구조적 자료는 로르샤하의 'hard data'를 구성하는 것으로 볼 수 있고 구조적 자료는 기본적인 해석적 가설을 형성하는 데 가장 유용하다고 가정하는 것이 합리적이다. 그러나 이렇게 설정한 가설 중 일부는 너무 일반적이거나 편협하거나 잘못된 것일 수 있다. 구조변인을 살펴볼 때에는 다음 구조변인을 다루기에 앞서, 이전 점수계열이나 언어적 자료를 다시 살펴봐야 하는 경우도 종종 있다.

<표 2>는 각 군집에 대한 자료를 기록하는 순서이다. 어떤 군집에서 한 가지 자료군에서 다른 자료군으로 전환시키는 것이 체계적인 해석순서의 한 부분이 된다. 그리고 해석자가 다소 불분명한 결과에 직면했을 때 한 자료군에서 다른 자료군으로 전환시킬 수 있다.

<표 2> 각 군집에서 변인을 검토하는 순서

통제와 스트레스 내성
- Step 1: Adjusted D Score and CDI
- Step 2: EA
- Step 3: EB and Lambda
- Step 4: es and Adj es
- Step 5: eb

상황 관련 스트레스
- Step 1: es와 Adj es와 관련된 D 점수
- Step 2: D와 Adj D 점수의 차이
- Step 3: m과 Y
- Step 4: T, V+3r+(2)/R in relation to History

- Step 5: D 점수(re Pure C, M−, M no form)
- Step 6: Blends
- Step 7: Color−shading & Shading−Blends

정동적 특징
- Step 1: DEPI & CDI
- Step 2: EB & Lambda
- Step 3: EBPer
- Step 4: eb의 우항 및 우항과 관련된 변인
- Step 5: SumC' : WSumC
- Step 6: 정서비

Step 7: 주지화지표
Step 8: 색채투사
Step 9: FC : CF+C
Step 10: Pure C
Step 11: 공간반응
Step 12: Blends(Lambda & EB)
Step 13: m & Y blends
Step 14: Blend complexity
Step 15: Color shading blends
Step 16: Shading blends

정보처리

Prerequistes(L, EB, OBS, HVI)
Step 1: Zf
Step 2: W : D : Dd
Step 3: Location Sequencing
Step 4: W : M
Step 5: Zd
Step 6: PSV
Step 7: DQ
Step 8: DQ Sequencing

중재

Prerequistes (R, OBS, L)
Step 1: XA% & WDA%
Step 2: FQnone
Step 3: X-%, FQ 빈도, S- 빈도
Step 3a: Homogeneity issues
Step 3b: Minus distortion levels
Step 4: Populars
Step 5: FQ+ 빈도
Step 6: X+% & Xu%

관념

Step 1: EB & Lambda
Step 2: EBPer
Step 3: a : p
Step 4: HVI, OBS, MOR
Step 5: eb의 좌항
Step 6: Ma : Mp

Step 7: 주지화지표
Step 8: Sum6 & WSum6
Step 9: Quality 6 Spec Scores
Step 10: M Form Quality
Step 11: M 반응의 질

자기지각

Step 1: OBS & HVI
Step 2: 반사반응
Step 3: 자기중심성지표
Step 4: FD & Vista (in relation to History)
Step 5: An+Xy
Step 6: Sum MOR
Step 7: H : (H)+Hd+(Hd) & 인간내용 반응의 기호화에 대한 검토
Step 8: Search for projections in:
Step 8a: 마이너스반응
Step 8b: MOR반응
Step 8c: M과 인간내용반응
Step 8d: FM과 m반응
Step 8e: embellishments in other responses

대인지각

Step 1: CDI
Step 2: HVI
Step 3: a : p 비율
Step 4: 음식반응
Step 5: Sum T
Step 6: Sum Human Contents & Sum Pure H
Step 7: GHR : PHR
Step 8: COP & AG 빈도와 기호화
Step 9: PER
Step 10: 고립지표
Step 11: Contents of M & FM responses with pairs

종합적이고 의미 있게 검사결과를 해석하려면 한 자료군에서 다른 자료군으로 융통성 있게 옮겨갈 필요가 있다. 예컨대, 어떤 특징들을 계열화시키면 흔히 구조적 자료에서 도출된 가설을 검증하거나 명료화시키거나 확장할 수 있는 정보들을 얻을 수 있다. 때로는 특이하게 계열화시킬 때도 새로운 가설이 도출되는 효과가 나타날 수 있다. 마찬가지로 언어적 자료는 가설을 명료화시키거나 새로운 가설을 도출하는 데 필요한 풍부한 원천적 자료를 제공해 준다.

해석의 기초가 되는 잠정적 가설

해석할 때는 전체적인 상을 형성할 수 있도록 단위적 체계(molecular frame-work)를 사용해서 진행한다. 각 군집의 다양한 요소들을 검토함으로써 일련의 가설을 설정한다. 처음에는 가설이 단순하고 상당히 일반적이다. 그러나 해석단계가 진행되면 새로운 가설이 첨가되고, 검토하는 어떤 특징을 점점 더 정확하게 기술해 주는 일련의 진술이 형성된다. 때로는 해석순서의 한 단계에서 도출된 가설이 다른 가정과 차이가 있는 것처럼 보일 수도 있으나, 어떤 가설이든 재검토해서 생성된 다른 가정과 일치하지 않는다고 해서 기각해서는 안 된다. 전형적으로 확연한 차이가 있을 경우 검사결과를 요약하는 동안에 절충된다.

각 자료군집에서 만들어진 가정의 수는 자료의 풍부성과 해석자의 연역적 기술에 따라 다양할 것이다. 하나의 군집에서 나온 결과가 한 가지 특징에 대한 평범한 가정에 불과할 수도 있다. 이러한 가정도 전체적인 상(picture)의 일부이기 때문에 결과 통합에 중요하고 때때로 더 독특하거나 극적인 자료에서 생겨난 다른 가설을 고려하게 만드는 역할을 할 수도 있다.

어떤 단일 가설은 의심스럽거나 신뢰할 수 없는 것일 수 있다. 따라서 제대로 해석하기 위해서는 부적절하게 기술되어 있거나 무시할 수도 있는 문제를 밝히고 명료화시키는 방식으로 순차적으로 가설을 축적해 나가고 조직화해야 한다.

<표 2>에 나열되어 있는 모든 단계는 잠정적 가정을 도출할 때 필요한 근거가 되고 결과가 특이하지 않거나 극적이지 않기 때문에 다룰 필요가 없을 때 특히 중요하다. 이탈적이거나 극적인 결과는 일반적으로 어떤 분명한 정보를 나타내 주기 때문에 흥미롭고 항상 가정을 설정하게 만든다. 예컨대, 한 가지 반사

반응이나 다중 재질반응 또는 '부패한 상태에 있는 신체 일부분'과 같은 반응은 모두 중요한 정보를 전달하고, 분명히 해석자가 어떤 가설을 형성하기에 충분한 반응이다. 그러나 이들 결과가 반드시 어떤 의미를 나타내 주는 것은 아니다. 이러한 반응의 완전한 의미는 평범하거나 공통적인 반응을 포함하는 다른 모든 자료들을 관련지어 볼 때에만 판단할 수 있다. 전형적으로 이탈되지 않은 결과는 개인의 전체적인 상을 형성하는 데 있어서 이탈에 근거한 결과만큼 중요하거나 더 중요할 수 있다.

예컨대, 아래에 제시된 정보처리와 관련 있는 자료 세트를 고려해 보자. 이 자료는 22개의 반응프로토콜에서 나온 것이다. 이 자료에서 현저하게 이탈되어 있거나 극적인 것은 없다. 그럼에도 불구하고 이 자료들은 개인에 관한 중요한 정보를 제공하고 있고 <표 2>에 제시된 순서에 따라 검토할 때 여러 가지 유용한 가정을 형성할 수 있다.

26세 남성의 처리 관련 변인

EB = 5 : 2.5	Zf = 12	Zd = +0.5	DQ+ = 7
L = 0.67	W : D : Dd = 7 : 13 : 2	PSV = 0	DQv/+ = 0
HVI = NO	W : M = 7 : 5		DQv = 0
OBS = NO			

반응영역과 DQ 계열

I : Wo.Do.Ddo	VI: Do.D+
II: D+.DSo	VII: D+.Wo
III: D+.Ddo	VIII: W+.Do
IV: Wo.Do.Do	IX: Wo.D+
V: Wo	X: W+.Do.Do

처리군집을 해석할 때는 자료를 반응유형이나 반응 세트의 맥락에서 검토하기 위한 사전 정보가 필요하다. 이러한 이유 때문에 EB, Lambda, HVI, OBS도 제시하였다. 자료는 이 남성이 관념유형(EB)이고 Lambda는 .67이라는 것을 지적한다. 이러한 결과들 중 그 어떤 것도 처리활동에서 비일상적인 특징이 있을 것이라는 것을 시사하지는 않는다. 마찬가지로 OBS와 HVI는 모두 부적이고, 이는 수검자가 새로운 정보를 처리할 때 완벽성을 추구하거나 과도하게 신중하다고

믿을 이유가 없다는 것을 지적한다.

Zf는 기대범위 내에 있고 이것은 수검자가 대부분의 성인들처럼 자주 입력 정보를 조직화하려고 노력한다는 것을 시사한다. W : D : Dd의 비율은 7 : 13 : 2인데, 이는 수검자가 정보를 처리하는 방식이 경제적이라는 것을 지적하는 것으로 생각된다. 그러나 반응영역 계열을 검토해 보면 수검자가 처리전략을 결정하는 데 있어서 경제성이 의미 있는 요소라고 믿을 만한 이유가 없다는 것을 알 수 있다. 7개의 W 반응 중 6개는 첫 번째 반응이고 7개 중 4개는 W 반응을 형성하기 위해 상당한 노력이 필요한 반점(VII, VIII, IX, X)에서 일어났다. W : M의 비율이 7 : 4인데, 이는 수검자가 내향적인 사람에게서 기대되는 것과 같은 처리목표를 설정한다는 것을 시사하는 것이다.

Zd 점수가 +0.5이고 PSV가 없다는 것은 탐색전략이 효율적일 수 있다는 것을 지적한다. DQ+ 값이 7이고 이와 더불어 반응들이 7개의 다른 반점에 분포되어 있다는 것은 수검자의 조직활동이 비교적 현학적인 경향이 있고 대부분의 성인과 유사하다는 것을 시사한다.

이러한 결과를 검토한 뒤에 미숙한 해석자는 단순히 이 사람의 처리활동에는 문제될 것이 없다고 결론을 내릴 수 있고 보고서에서도 처리활동의 효과에 대해서 언급할 것이다. 이러한 진술은 정확하다고 하더라도 개인의 가능한 자산에 관한 정보를 무시했기 때문에 적절하지 않을 것이다. 수검자가 복잡성에 대해 지나치게 관여하거나 회피하는 것으로 보이지 않는다는 사실이 중요하다. 또한 수검자가 대부분의 사람과 같이 조직화하려고 노력하고 겉으로 보이기에는 경제적이지만 매우 현학적인 방식으로 행동한다는 사실은 이 수검자에게 중요한 자산일 수 있다.

더욱이 '문제될 것이 없다'는 진술은 부정확할 수 있다. 몇 가지 가능한 이유가 있겠지만, 인지활동과 관련 있는 다른 두 군집인 중재와 관념군집의 자료를 검토하기 전에는 아무것도 입증할 수 없다.

예컨대, 중재변인의 자료에서 프로토콜이 6개의 마이너스 반응을 포함하고 있고 6개 중 5개 반응이 카드 I, IV, VIII, IX, X의 첫 번째 반응에서 일어났다고 가정하자. 그리고 5개 반응은 모두 W이다. 이러한 결과는 W : D : Dd 자료와 W : M 비율에서 도출된 가설을 재평가하고 수정할 필요가 있다는 것을 나타낸다.

또는 7개의 DQ+ 반응 중 4개가 특수점수 FABCOM을 포함하고 있다고 가정해 보자. 이럴 경우 개인이 매우 현학적인 방식으로 조직화한다는 것을 시사하는 가정은 수정하거나 폐기할 필요가 있을 수 있다.

위에 제시한 예는 군집을 하나씩 검토해서 설정한 가정을 조직화하고 자산과 약점을 모두 강조하는 결과들을 요약하는 과정이 중요하다는 것을 나타내 주고 있다. 그러나 결과 요약은 잠정적인 것으로 간주해야 한다. 결과를 요약함으로써 군집의 모든 자료에서 나온 결과들을 반영하는 일련의 가정을 형성할 수 있지만, 다른 군집에서 나온 결과로 인해 그 가정을 수정할 수도 있기 때문에 잠정적인 것으로 간주해야 한다.

한 군집을 검토할 때 해석자는 모든 자료들을 체계적으로 탐색하였고 지나치게 결과를 단순화시키지 않았다는 것을 확신할 수 있어야 한다. 어떤 사람이 이런 또는 저런 특징을 가지고 있다는 것을 아는 것만으로는 불충분하다. 오히려 하나의 군집 내에서 검토할 때의 목표는 해당 군집과 관련 있는 심리작용이라는 측면에서 관심 있는 특징의 개념화에 초점을 두는 것이다. 달리 표현하면 다음과 같은 두 가지 의문을 포함해야 한다 : (1) 개인에게 이런 특징을 나타나게 하는 성격특성은 무엇인가? (2) 이런 특징이 개인의 심리에서 다른 특징과 어떻게 상호작용하거나 관련을 맺고 있는가?

4. 군집탐색의 순서

해석은 모든 자료를 검토할 때까지 한 군집, 한 군집씩 진행하지만 군집을 검토하는 순서가 항상 같은 것은 아니다. 12개 핵심변인별로 군집을 검토하는 가장 좋은 순서는 우선순위를 설정할 때 밝혀 두었다.

실제로 하나의 핵심변인이 있다는 것은 두 가지 또는 세 가지 군집자료를 결합하면 개인의 핵심적인 심리적 특징에 대한 매우 많은 정보를 얻을 수 있다는 것을 지적하는 것이다.

일반적으로 군집들은 개인을 기술할 때 상당히 강조해야 할 특징이다. 이들은 성격구조에서 우세한 요소이고 심리적 조직화에도 중요한 영향을 준다. 또한 이들은 다른 특성들을 조직화시키는 방식에도 의미 있는 영향을 주고 보통 개인의 심리적 기능에 대한 방향성을 부여한다. 따라서 어떤 자료군집을 출발점으로 사용할 것인지를 결정하는 것은 궁극적으로 만들어지는 기술적 진술체계의 핵심을 형성하기 때문에 중요하다.

12개의 핵심변인과 적용해야 할 해석적 탐색전략은 <표 3>과 같다. 이 표는 우선순위에 따라 나열되어 있다. 정적인 첫 번째 핵심변인은 반응기록의 해석순서를 규정해 준다.

<표 3> 핵심변인에 근거한 해석적 탐색전략

정적 변인	전형적인 군집탐색 순서
PTI>3	관념>중재>처리>통제>정서>자기지각>대인지각
DEPI>5 and CDI>3	대인지각>자기지각>통제>정서>처리>중재>관념
DEPI>5	정서>통제>자기지각>대인지각>처리>중재>관념
D<Adj D	통제>상황적 스트레스>(나머지 탐색순서는 다음 정적인 핵심변인이나 제3변인의 목록에서 밝혀야 한다)
CDI>3	통제>정서>자기지각>대인지각>처리>중재>관념
Adj D is Minus	통제>(나머지 탐색순서는 다음 정적인 핵심변인이나 제 3변인의 목록에서 밝혀야 한다)
Lambda>.99	처리>중재>관념>통제>정서>자기지각>대인지각
Fr+rF>0	자기지각>대인지각>통제>(나머지 탐색순서는 다음 정적인 핵심변인이나 제3변인의 목록에 따라 선택해야 한다)
EB is Introversive	관념>처리>중재>통제>정서>자기지각>대인지각
EB is Extratensive	정서>자기지각>대인지각>통제>처리>중재>관념
p>a+1	관념>처리>중재>통제>자기지각>대인지각>정서
HVI Postivie	관념>처리>중재>통제>자기지각>대인지각>정서

12개 핵심변인을 검토하면 두 가지 종류의 특징이 반영되어 있다는 것을 알 수 있다. 6개 변인(PTI>3, DEPI>5 & CDI>3, DEPI>5, D 점수<Adj D 점수, CDI>3, Adj D 점수<0)은 성격구조와 관련이 있지만 이들 변인은 정신병리나 잠재적 장애의 가능성에 더 초점을 두고 있다. 나머지 6개 변인은 더 기본적인 성격유형을

포함하고 각각은 성격조직과 기능의 핵심을 형성할 수 있다.

　대부분의 해석순서는 간단하지만 첫 번째 정적인 핵심변인을 사용해서 전체 해석순서를 결정할 수 없는 경우도 있고 전체 해석순서를 결정하기 전에 이후에 나타나는 핵심변인이나 제3의 변인을 사용해야 하는 경우도 있다.

　<표 3>에 제시된 각각의 순서는 경험적, 논리적으로 발전된 것이다. 검토하는 처음의 두세 군집이 개인의 핵심적 특징에 대해 가장 많은 정보를 나타내 준다는 의미에서 경험적이다. 그리고 이러한 순서들은 새로운 결과와 이미 발전시킨 결과들을 통합시킬 수 있도록 계열이 계획되었다는 의미에서 논리적이다.

　12개의 탐색전략은 완전히 독립적인 것이 아니라는 점을 기억하는 것이 중요하다. 처리, 중재, 관념과 같은 인지활동에 관한 세 군집은 서로 관련이 있기 때문에 반드시 동일한 순서로 해석할 것이 아니고 항상 연계해서 해석해야 한다. 마찬가지로 자기지각과 대인지각도 역시 상호 관련이 있기 때문에 항상 연계해서 해석해야 한다.

5. 출발점으로서 제3의 변인

　어떤 프로토콜은 정적인 핵심변인을 포함하지 않을 수 있다. 이럴 경우 제3의 변인 중에서 정적인 결과를 나타내는 것을 선택해서 출발점을 삼을 수 있다. <표 4>는 정적인 핵심변인이 하나도 없을 경우 초기 해석적 탐색유형을 결정하기 위해 가장 자주 사용되는 제3변인의 목록이다.

　핵심변인과 달리 제3변인의 예언력은 크지 않다. 제3의 변인들은 어떤 군집이 개인에 대한 가장 의미 있는 정보를 포함하고 있는지를 밝혀 주는 경향이 있지만 이후의 어떤 군집이 가장 적절한 부가적인 정보를 포함하고 있는지를 나타내 주지는 않는다.

　따라서 <표 4>에 제시되어 있는 제3변인에 대한 탐색순서는 해석을 시작하기 위한 지침으로 생각해야 한다. 이 탐색순서를 반드시 지켜야 하는 것으로 생각해서는 안 된다. 이와는 다른 순서가 더 적합하다고 생각되는 상황이 있으면 제시되어 있는 탐색유형을 수정할 수 있다.

<표 4> 제3변인에 근거한 탐색전략

정적인 변인	전형적인 군집탐색 순서
OBS Positive	처리＞중재＞관념＞통제＞정서＞자기지각＞대인관계 지각
DEPI＝5	정서＞통제＞자기지각＞대인관계 지각＞처리＞중재＞관념
EA＞12	통제＞관념＞처리＞중재＞정서＞자기지각＞대인관계 지각
M－＞0 or Mp＞Ma or Sum6 Spec Sc＞5	관념＞중재＞처리＞통제＞정서＞자기지각＞대인관계 지각
Sum Shad＞FM＋m or CF ＋C＞FC＋1 or Afr＜.46	정서＞통제＞자기지각＞대인관계 지각＞처리＞중재＞관념
X－%＞20%, Zd＞＋3.0 or ＜－3.0	처리＞중재＞관념＞통제＞정서＞자기지각＞대인관계지각
3r＋(2)/R＜.33	자기지각＞대인관계 지각＞정서＞통제＞처리＞중재＞관념
MOR＞2 or AG＞2	자기지각＞대인관계 지각＞통제＞관념＞처리＞중재＞정서
T＝0 or ＞1	자기지각＞대인관계 지각＞정서＞통제＞정보처리＞중재＞관념

6. 결과의 통합

로르샤하의 한 가지 고유한 전형적인 특징은 보편적 결과와 개별적 결과에 근거해서 개인에 대해 기술한다는 것이다. 이렇게 하면 개인의 어떤 특이성을 포착할 수 있다. '할 수 있다'는 말을 강조하는 것은 개인의 독특성을 충분히 밝히지 못하는 부족한 해석적 요약을 할 수도 있기 때문이다. 때로는 자료가 매우 부족하기 때문에 이러한 결과가 나타날 수도 있다. 그러나 이런 경우 대부분은 해석자가 결과를 통합하는 데 실패하고 단순히 각각의 군집별로 결과를 요약하여 진술하기 때문이다.

해석자는 결과를 개념적으로 통합하기 위해 노력해야 한다. 즉, 이용 가능한 전체 정보에 근거해서 어떤 가설이나 결론을 내리기 위해서는 각각의 군집에서 나온 결과와 다른 군집에서 나온 결과를 통합해야 한다.

얻어진 가정과 결론은 개인의 수많은 심리적 특성들 간의 상호관계를 신중하게 검토해서 논리적으로 통합해야 한다. 이렇게 통합하는 것이 항상 쉬운 일은 아니다. 이 장의 앞부분에서 개인에 대한 이해와 성격에 대한 관점이 로르샤하 해석자의 중요한 선행요건이라고 밝혀 둔 것은 이 때문이다.

실제로는 전체 해석과정에서 개념적으로 통합시키는 과정을 밟아야 한다. 이러한 개념적 통합은 해석자가 각 군집에 관한 자료를 철저하게 검토하고 관련이 있는 성격적 특징이나 심리적 작용을 연구함으로써 가능하다. 군집 내뿐만 아니라 군집 간에 결과를 모으게 되면 개인에 대한 상이 점차 분명해지고, 이러한 과정을 통해 해석자는 개인의 특징들을 반응유형, 통제, 방어전략, 인지활동, 자기이미지, 대인관계 태세와 같은 넓은 체계에서 개념화할 수 있게 된다.

최종적인 기술을 하기 위해서는 정적인 결과와 부정적인 결과를 통합하는 지식이 필요하고, 결과를 통합시키는 과정에서 한 명의 독특한 개인에 대한 전반적인 묘사가 점차적으로 발전되어야 하고 제안된 평가목적을 달성할 수 있어야 한다. 해석은 많은 시간이 드는 과정일 수 있으나 실제 시간은 해석기술이 발전되면 상당히 줄어든다. 실제로 해석자가 준전문가 수준에 도달하면 대부분의 로르샤하는 90분 내외에 정확하고 철저하게 해석할 수 있다.

다음의 장들은 군집해석 전략에 초점을 두었다. 변인들을 다루는 순서와 적용되는 해석적 규칙을 자세하게 다룰 것이다. 마지막 장에서는 다양한 군집에서 발전된 가정과 결론을 개인에 대한 종합적 기술로 통합시키는 방법을 설명할 것이다.

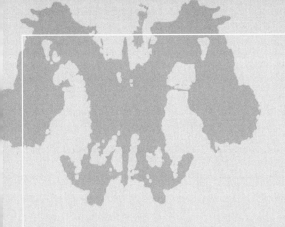

제**2**장

통제와 스트레스 내성

제2장
통제와 스트레스 내성

    군집자료 내에서 해석적 관련성을 최대화시키기 위해서는 군집의 검토 순서를 알아야 하는데, 대부분은 일정한 순서를 따르게 된다. 그러나 다음과 같은 두 가지 이유 때문에 통제에 관한 군집부터 시작하는 것이 적절한 것으로 생각된다. 첫째, 통제에 관한 문제는 핵심변인에서 도출된 대부분의 탐색전략 초기에 나타난다. 아마도 둘째 이유가 더 중요한데, 통제와 가용자원의 개념은 흔히 다른 심리적 특성들을 다룬 연구와 직접적인 관련이 있다. 이러한 점은 특히 해석자가 수검자의 정서적, 관념적 기능을 이해하려고 노력할 때 잘 나타난다.

1. 통제의 개념

    심리학에서 통제에 관한 문제는 실험정신병리학의 일부 연구들을 제외하면 체계적인 연구주제가 되지 못했다. 그러나 대부분의 실험정신병리학에 관한 연구들은 고전적, 도구적 조건형성에 관한 문제에 초점을 두고 있다. 연구결과들은 일반적으로 자아의 기능과 이차과정에 대한 정신분석학적 모형 또는 욕구감소나 평형성(homeostasis)을 중요시하는 성격모형에서 다루고 있는 통제에 관한 대부분의 이론적 개념과는 간접적으로만 관련이 있을 수 있다.

    반면에 정서적 충동성에 관한 연구는 많고 연구들에서 충동적인 사람은 통제력이 부족하다고 시사되고 있다. 불행하게도 이러한 연구들에서 충동성이라는 용어는 매우 애매하게 사용되고 있고 충동적 행동을 규정하는 데 사용된 준거로는 흔히 통제된 충동적 행동과 통제되지 못한 충동적 행동을 구별하지 못하고 있다.

예컨대, 중요한 충동적인 행동에 포함되는 어린 아동의 분노발작이나 충동성 범죄(crimes of passion)는 자주 볼 수 있는 행동이다. 충동성 범죄는 아마도 이변성(lability)이 나타나는 대부분의 예들을 포함할 것이다. 이변성이란 정서가 지배적이고 정서가 행동을 결정하는 경우를 말한다. 반면에 대부분의 분노발작행동은 이변성의 결과는 아니다. 대부분의 분노발작행동은 의미 있는 인물의 행동에 영향을 미치는 방식으로 학습된, 통제된 행동이다.

일반적으로 통제라는 개념은 '어떤 상황적 요구에 대응하기 위해 의사결정을 내리고 신중하게 행동할 수 있는 능력'으로 정의할 수 있다. 실제로 통제란 조직화와 행동의 방향성을 유지할 수 있는 개인의 능력을 말한다. 그러나 통제력이란 양자택일 식의 개념으로 보아서는 안 된다. 통제력은 변할 수 있고 통제력 자체는 주어진 상황의 성격에 따라 감소할 수도 있고 증가할 수도 있다. 이런 특징은 사람들의 감정과 사고를 검토해 보면 잘 알 수 있을 것이다.

거의 대부분의 사람들은 즐거움, 흥분, 두려움, 염려, 당황, 분노 등과 같은 감정표현이 상황에 적절하지 않고 기대된 것보다 더 강하거나 극적으로 나타나서 당황스러웠던 경험이 있을 것이다. 그 순간에는 전형적으로, 일시적으로 통제가 결여된 것이 아니라 덜 효율적인 반응이 나타난 것이라고 볼 수 있다. 또한 대부분의 사람들은 자신의 감정이 너무 강해서 이성이 감정에 압도당하고 전혀 통제되지 않는 것으로 보이는 행동을 한 경우도 기억할 수 있을 것이다.

마찬가지로 사고는 일반적으로 잘 조직화되어 있고 목적지향적이다. 그러나 거의 모든 사람들은 주의집중하거나 주의초점을 유지하기 어려웠던 순간들을 경험했을 것이고 자신의 생각이 뒤죽박죽이 되고 목적도 없는 것처럼 보였던 경우도 기억해 낼 수 있을 것이다. 이런 경우들은 사고의 통제가 약화되고 관념활동의 방향성이 떨어진 경우이다. 실제로 내적 또는 외적 자극에 의해서 생긴 사고는 비합리적이거나 논리적 관련이 없는 사고를 유발시킬 수도 있다.

대부분의 통제실수는 보다 강렬하고 덜 통제된 감정표현과 안도감, 만족감이 번갈아 나타나는 평형욕구(homeostatic need)와 관련이 있다. 마찬가지로 집중력을 유지한 사고가 방해를 받고 백일몽을 꾸는 것처럼 벗어나거나 심지어 논리적 관련이 없어지게 될 때, 보다 더 정확하게 관념적 초점을 유지하려는 데서 생기는 단조로움이나 스트레스에서 벗어나려는 즐거운 도피가 일어나게 된다.

감정이나 사고 통제의 오류가 생길 때 그 이유를 밝히는 것은 개인의 심리를 이해하는 데 있어서 매우 중요하다. 때로는 오류가 심리적으로 허용되는 경우도 있다. 다른 말로 표현하면 어떤 사람은 오류를 막을 수 있을 정도의 충분한 통제력을 가지고 있으나 다양한 여러 이유 때문에 통제하지 못했을 수 있다는 것이다. 반대로 통제력이 매우 제한되어 있는 사람도 있다. 이들은 일시적이든 만성적이든 간에 통제하기가 어렵고 감정과 사고에 대한 통제 상실이 자주 일어날 수 있다. 결국 이들은 자기 자신의 제한된 능력의 희생자가 되는 것이다.

2. 통제능력에 대한 로르샤하 지표

개인의 통제능력을 기술하기 위해 로르샤하를 사용할 때 해석자는 매우 조심스럽게 판단해야 하고 단일 자료에서 가정을 형성하거나 결론을 도출하려고 시도해서는 안 된다. 군집에서 D, Adj D, EA, es, Adj es, CDI와 같은 변인들은 중요한 정보를 제공한다. 하지만 단일 변인에서 도출한 핵심적인 해석적 가정은 다른 대부분의 변인이나 다른 모든 변인에서 나타난 결과와 일치해야 한다.

예컨대, 조정된 D 점수(Adj D)는 아마도 상황적 요청이나 스트레스 상황에서 통제를 유지할 수 있는 능력에 대한 가장 직접적인 단일 로르샤하 지표이고 조정된 D 점수의 값은 매우 중요하다. 하지만 이 지표만 검토할 경우 통제력에 대한 정보는 비교적 적고 심지어는 스트레스 내성에 대한 잘못된 정보를 제공할 수도 있다.

가끔 EA, EB, Adj es와 같은 변인의 값은 통제와 스트레스 내성을 폭넓게 이해하는 데 많은 도움이 된다. 또 다른 예로 Lambda 또는 CDI 값도 통제와 스트레스 내성에 관한 가정을 형성하는 데 중요하다.

개념적 가정

이미 언급한 바와 같이 통제능력이란 상황적 요청을 해결하기 위해 신중한 행동을 계획하고 수행하는 데 있어서 가용자원을 동원할 수 있는 개인의 능력을 말한다. 여기서 중요한 개념상의 문제는 자원이라는 개념을 포함한다는 것이다. 자원이라는 개념은 폐쇄된 에너지 체계와 동일한 것일까? 아마도 아닐 것이다. 그렇다면 자아강도와 동일한 개념인가? 동일한 개념은 아니라고 하더라도 어떤 관련성은 있을 수 있다.

자아강도란 행동을 선택하고 행동의 방향을 설정하는 동안에 개인의 욕구와 가치 및 현실을 조정해야 하는데, 이때 필요한 정신적 활동(이차과정 활동)의 효율성으로 생각할 수 있다. 자아강도가 약하거나 제한될 경우 내적 갈등을 처리하는 데 실패하고 행동을 선택할 때 외적 현실에 비중을 두고 고려하지 못하기 때문에 적응문제나 정신병리가 나타날 것으로 생각할 수 있다. 따라서 자아강도는 정신병리의 가능성과 직접적 관련이 있다.

가용자원은 잠정적인 정신병리와 관련이 적거나 관련이 없다. 가용자원이란 단순히 발달된 인지능력의 합을 말하는 것이고 감정을 확인하고 활용하는 방식을 포함한다. 자원이 제한되어 있다고 해서 반드시 적응문제나 정신병리가 초래되는 것은 아니다. 마찬가지로 자원이 풍부하다고 해서 반드시 잘 적응하고 정신병리가 없다는 것도 아니다. 심각한 장애가 있는 사람들도 때로는 풍부한 가용자원을 가지고 있고 더 제한된 자원을 가지고 있는 많은 사람들도 자신의 환경에 매우 효과적으로 적응할 수 있다.

지능과 가용자원 간에는 중간 정도의 상관이 있다. 지적 제한이 있는 사람은 지능이 보통이나 보통 이상인 사람보다 가용자원이 적다. 그러나 반대는 성립하지 않는다. 지능이 보통 이상인 사람들과 비교할 때 지적 능력이 보통인 사람들도 때로는 비슷하거나 심지어 더 많은 가용자원을 가지고 있다.

자원과 행동을 통제하기 위한 개인의 능력이 직접적인 관련이 있다는 것은 사실인 것 같다. 행동이 생산적이거나 적응적이든 아니든 간에 가용자원이 많으면 많을수록 행동을 형성하고 행동의 방향을 결정하기는 더 쉽다.

통제와 관련해서 두 번째 중요한 개념은 자극요구(stimulus demand)이다. 자극

요구는 통제를 개념화할 때 매우 중요한 개념이다. 왜냐하면 논리적으로 요구수준이 요구를 해결하기 위해 사용할 수 있는 자원의 수준을 초과하면 어떤 종류의 심리적 혼란이 일어날 수 있기 때문이다. 이럴 경우 통제가 감소되거나 상실된다. 개인에 대한 요구는 외적 또는 내적으로 생길 수도 있지만, 그 영향은 항상 내적인 것이고, 개인이 주도하는 것도 아니고 반드시 통제하는 것도 아닌 정신적·정서적 활동이다.

이런 종류의 정신활동은 직접적인 주의초점이 되는 것은 아니다. 이런 정신활동은 개인의 행동을 촉진시키는 관념적 신호체계처럼 어떤 기능을 자극하는 경향이 있는 더 말초적인 과정이다. 대부분의 경우 이런 정신활동은 유용한 경고기능을 하지만, 이들 정신활동이 지나치게 과도하거나 너무 다양할 경우 방해하는 힘으로 작용할 수 있다.

또한 요구에 의해 생성된 정서적 활동도 촉진적 역할을 한다. 정서적 활동은 다양한 원인에 의해 발생한다. 일부의 정서적 활동은 분명히 욕구 때문에 생겨난다. 다른 정서적 활동들은 감정이 공공연하게 또는 충분히 표현되지 않고 오히려 억제되고 내재화된 경우에 나타날 수 있다. 또 다른 정서적 활동은 자기상이나 자존감에 대한 반복적인 생각의 결과일 수 있다.

가용자원을 이해하는 데 필요한 세 번째로 중요한 개념은 스트레스 내성에 관한 것이다. 스트레스 내성은 통제력과 직접적인 관련이 있다. 실제적으로 스트레스 내성은 통제력의 부산물이다. 따라서 통제력이 증가하면 스트레스를 견딜 수 있는 능력도 역시 증가한다. 반대로 통제력이 제한되면 스트레스에 대한 개인의 내성도 역시 감소한다. 이와 관련된 문제들은 통제군집에 대한 검토를 진행하면 더 분명해질 것이다.

사전탐색 문제

해석순서에서 통제군집을 제일 먼저 검토하기로 하였다면 이는 어느 정도의 통제문제가 있다는 것을 시사하는 첫 번째 정적인 핵심변인(정적인 CDI, D<Adj D, 마이너스 Adj D)이 있기 때문이다. 이 첫 번째 정적인 핵심변인이 있을 경우 통제군집을 검토하면 다음과 같은 문제에 답할 수 있다: (1) 문제의 근원과 사전

탐색에 의한 가정의 타당성, (2) 문제의 만성화, (3) 그 문제가 이전부터 형성되어 있는 자원을 사용하는 패턴이 해체되어서 생긴 정도.

해석적 탐색순서에서 통제군집이 첫 번째로 탐색해야 할 군집이기 때문에 이러한 의문점을 제기할 수 있다. 해석순서에서 통제군집이 첫 번째로 검토하는 군집이 아닐 때는 아무런 선입견 없이 탐색할 수 있다. 이때는 통제와 스트레스 내성에 관한 어떤 비일상적 특징이 있는지를 결정해야 한다.

일상적으로 군집 내에 있는 모든 변인들의 값은 평균범위에 속할 것으로 기대한다. 수검자가 어린 아동일 경우는 예외지만 두 가지 D 점수는 보통 그렇듯이 0일 것으로 기대한다. EA, Adj es, es의 값은 평균범위이고 eb에 속하는 변인들도 비일상적인 점수는 없고 CDI 값은 4보다 작을 것으로 기대한다.

관찰된 점수와 기대한 점수가 일치한다면 결론은 매우 간단하다. 즉, 그 수검자는 대부분의 다른 사람들과 같은 정도의 통제력과 스트레스에 대한 내성을 가지고 있고 또한 대부분의 다른 사람들과 동일한 수준의 가용자원을 가지고 있는 것으로 볼 수 있다. 반면에 어떤 값이 기대된 점수와 다를 때는 어떤 의미 있는 결론을 형성하기 전에 변인들 간의 관계를 조심스럽게 검토해야 하고, 이 때문에 해석은 더 복잡해진다. 해석순서에서 어떤 군집이 첫 번째든 아니든 간에 탐색절차는 동일하다.

사례 1, 2에는 두 명의 성인 프로토콜에서 나타난 통제군집 변인들의 자료가 제시되어 있는데, 이들 자료를 체계적으로 검토하여 통제에 관한 해석적 가정을 형성하는 데 포함되어 있는 귀납적–연역적 논리를 설명할 것이다. 자료가 해결해야 할 문제와 관련이 있으면 각 탐색단계에서 제시할 것이다.

사례 1은 32세 남성으로 주기적인 우울에피소드가 있어서 외래치료를 받기 전에 평가하였다. 2년제 대학을 졸업하고 현재 슈퍼마켓 매니저로 일하고 있다. 6년 전에 결혼했고 31세 된 그의 부인은 시간제 비서로 일하고 있다. 이 부부에게는 3, 5세 된 두 딸이 있다. 수검자의 보고에 따르면 우울에피소드는 약 2년 전부터 나타났고 보통 한 번 발생하면 1~2주가량 지속되었다. 평가를 의뢰한 정신과 의사는 양극성 장애일 가능성이 있다고 하였다.

사례 1. 32세 남성의 통제관련 변인

EB = 4 : 7.0	EA = 11.0	D = 0	CDI = 3
eb = 6 : 5	es = 11 Adj es = 10	AdjD = 0	L = 0.72
FM = 4 m = 2	C' = 3 T = 1 V = 0 Y = 1		

사례 2는 28세 남성으로 30일 동안 진행되는 입원환자 물질남용 프로그램에 참여하기 전에 실시하는 사전검사의 일부로 검사를 받았다. 항공기술자로 일하다가 정직되었고 그 후 정신과 의사의 추천으로 프로그램에 참여하게 되었다. 직장에서 코카인을 사용하는 것이 적발되어 정직되었는데, 직무수행에 대한 최종결정은 노조와의 계약에 따라 평가와 치료가 끝난 뒤에 내리게 되어 있었다. 독신이고 2년제 공과대학을 마쳤다. 이 남성은 6년 동안 항공사에서 일했고 항상 좋은 평가를 받았다. 여러 해 동안 약물을 가볍게 사용했다는 것을 시인했고 지난 2년간 가끔 더 많이 사용했다고 진술했다. 그리고 약혼한 여성과 헤어지고 난 후 우울증 때문에 약물을 복용하게 되었다고 하였다.

사례 2. 28세 남성의 통제관련 변인

EB = 0 : 7.0	EA = 7.0	D = −1	CDI = 3
eb = 6 : 4	es = 10 Adj es = 10	AdjD = −1	L = 0.78
FM = 5 m = 1	C' = 2 T = 1 V = 0 Y = 1		

두 수검자는 다 외향성이다. 그래서 평균범위와 비교할 필요가 있을 때 외향적 성인의 규준자료를 사용할 것이다. 이렇게 하는 이유는 내향성과 외향성 성인의 규준자료는 많은 변인들에서 유의미한 차이가 있고 이런 차이 때문에 전체 비환자 성인표본에 대한 규준을 참조점수로 사용하는 것이 불가능하기 때문이다.

3. 해석순서

첫 단계에서는 Adj D 점수와 CDI에 초점을 둔다. 앞서 지적한 바와 같이 Adj D는 전형적으로 개인의 통제능력에 관한 가장 직접적인 정보를 제공해 주기 때문이다. 그러나 Adj D 값이 기대된 범위(0)에 해당하나 그 이상이라고 하더라도 CDI 점수가 기준을 만족시키는 점수(positive)[1]이면 Adj D의 타당성에 의문을 제기할 수 있다.

1단계: Adj D와 CDI

Adj D 점수와 CDI 값을 살펴봄으로써 통제와 스트레스 내성에 관한 사전 정보를 얻을 수 있다.

- 잠정적 결과 1: 만약 Adj D=0이고 CDI<4라면 보통 개인의 통제능력과 스트레스에 대한 내성은 대부분의 사람들과 유사하다고 가정할 수 있다. 2단계로 진행.

  ▌사례 1의 자료에 대해 적용한 결과: Adj D=0이고 CDI=3이다. 따라서 이 수검자의 통제능력은 대부분의 성인들과 같다고 가정하는 것이 적절하다. ▌

- 잠정적 결과 2: 만약 Adj D=0이고 CDI가 4 또는 5라면 개인의 성격은 기대할 수 있는 것보다 다소 덜 성숙되어 있다는 것을 시사한다. 이럴 경우 일상생활에서 직면하는 문제에 대한 대응력이 취약한 경향이 있다. 이런 취약성은 보통 대인관계에서 나타나고 이런 문제가 나타날 때 통제와 관련된 문제도 쉽게 나타날 수 있다.
- 잠정적 결과 3: 만약 Adj D가 +범위라면 그 수검자는 대부분의 사람들보다 스트레스에 대한 내성이 강하고 CDI 값과 상관없이 통제와 관련된 문제를 경험할 가능성은 더 적다는 것을 나타낸다. Adj D 값이 +범위라고 해서 개인이 반드시 잘 적응하고 있다는 것을 지적하는 것은 아니다. 이것은 단순히 행동을

---

[1] 역주: 원서에서 positive는 기준을 만족시키는, 일치하는, 해당하는 등의 여러 의미로 사용되고 있어서 문장에 따라 해석을 달리하였다. CDI 특수지표의 경우 제시되는 기준 중 4개 또는 5개 이상이 만족되면 체크하게 되어 있는데, 이때 positive라고 한다.

자신의 의지대로 통제하는 능력이 더 크다는 것을 시사하는 것이다. 2단계로 진행.

- **잠정적 결과 4:** Adj D＝-1일 경우 수검자는 만성적으로 과도한 자극을 받고 있는 상태라고 가정할 수 있다. 따라서 수검자의 통제력과 스트레스를 효율적으로 다루는 능력은 CDI 값과 상관없이 기대할 수 있는 것보다 낮다. 이들은 심사숙고하지 않고 결정하거나 행동하고 충동적인 경향도 있다. 또한 이들은 스트레스를 받게 되면 통제와 관련된 문제에 더 취약하거나 더 혼란스러워질 수 있다. 그러나 구조화되어 있고 분명한 상황에서는 그러한 문제가 거의 일어나지 않을 것이다.

　심각한 심리적 문제가 없다면 이런 사람들은 보통 친숙한 환경과 요구와 기대가 일상적이고 예측이 가능한 환경에서는 정확하게 기능한다. 요구와 기대가 수검자에게 익숙해진 수준 이상으로 증가하면 통제력 상실의 위험은 더 증가한다. 2단계로 진행.

> ▌**사례 2의 자료에 대해 적용한 결과:** Adj D＝-1, CDI＝3이다. 따라서 이 수검자는 일종의 과부하된 상태에 있고 통제력은 아마 제한되어 있을 수 있다고 가정하는 것은 합리적이다. 특히 수검자가 처한 상황이 잘 구조화되어 있지 않을 경우 더 그럴 것이다. ▌

- **잠정적 결과 5:** Adj D＜-1일 경우 수검자는 CDI 값에 상관없이 스트레스를 받으면 통제력을 상실하고 혼란을 경험할 위험이 매우 높다고 가정할 수 있다. Adj D＜-1인 수검자는 과거에 이미 잘못된 판단, 정서적 혼동, 비효율적인 행동 등을 했을 가능성이 높다. 이들은 만성적으로 관념적·정서적 과부하에는 취약하지만, 전형적으로 매우 구조화되어 있고, 일상적인 환경에서는 장기간 정확하게 기능하고, 이런 상황에서는 어느 정도 통제감을 유지할 수 있다. 주: 어떤 경우 개인력 정보를 살펴보면 교육적 또는 직업적 성공처럼 상당한 노력이 요구되는 영역에서 의미 있는 성취를 이루었다는 정보를 찾아볼 수 있을 것이다. Adj D 점수가 마이너스 범위이거나 특히 Adj D＜-1인 사람들 중에 성취수준이 매우 높은 사람은 극히 드물다. 만약 중요한 성취력이 있는

사람의 기록에서 Adj D 점수가 마이너스이고 마이너스 Adj D 점수가 타당할 경우 현재 어떤 혼란을 경험하고 있다고 가정하는 것이 합리적이다.

2단계: EA

Adj D 점수의 신뢰성을 평가하기 위해 EA를 검토한다. 앞에서 언급한 바와 같이 EA는 가용자원의 생생한 지표로서 이 군집에서 중요한 변인이다. 그러나 높은 Lambda 또는 비일상적인 EB 자료 때문에 잘못 해석될 수 있다(이 문제는 3단계에서 검토할 것이다). 그래서 Adj D 값이 0이라면 EA는 적어도 평균범위일 것이라고 기대된다. Adj D가 +범위라면 EA는 평균보다 높을 것이라고 기대된다. 이럴 경우 가용자원이 풍부하다는 것을 반영하는 것이지만, 그렇다고 해서 반드시 적응을 잘하거나 심리적 조직이 더 효율적이라는 것을 의미하지는 않는다. 가용자원이 풍부하다는 것과 그 자원이 어떻게 사용되는가 하는 것은 완전히 다른 문제이다.

사례 1. 32세 남성의 통제관련 변인

EB = 4 : 7.0	EA = 11.0	D = 0	CDI = 3
eb = 6 : 5	es = 11 Adj es = 10	AdjD = 0	L = 0.72
FM = 4 m = 2 C' = 3 T = 1 V = 0 Y = 1			

사례 2. 28세 남성의 통제관련 변인

EB = 0 : 7.0	EA = 7.0	D = −1	CDI = 3
eb = 6 : 4	es = 10 Adj es = 10	AdjD = −1	L = 0.78
FM = 5 m = 1 C' = 2 T = 1 V = 0 Y = 1			

• 잠정적 결과 1: 성인과 청소년은 7~11, 10~12세 아동은 6~10, 10세 이하는 4~9로 EA가 평균범위라면 Adj D는 0일 것으로 예상된다. Adj D=0이면 통제 능력과 스트레스 내성이 신뢰할 만하고 타당하게 반영되어 있다고 본다. 3단계로 진행.

▌**사례 1의 자료에 대해 적용한 결과:** EA 11은 성인에게서 기대되는 범위의 상한값에 해당된다. 따라서 1단계에서 세웠던 가정을 반박하거나 수정할 이유가 없다고 생각된다. ▌

- **잠정적 결과 2:** EA 값이 평균범위이고 Adj D 점수가 +범위이라면 이러한 값은 비일상적이고 Adj es가 기대된 값보다 낮다는 것을 나타낸다. Adj es는 내적 자극요구에 관한 정보를 제공하고 일반적으로 상황적 스트레스 요인에 적응할 경우 Adj es는 es보다 약 1점 정도 낮을 것으로 기대될 수 있다. 전형적인 경우 Adj es는 EA 값에서 −2.5~+2.5 범위에 있을 것이다. 따라서 EA 값이 단지 평균범위에 있는 사람의 Adj D 값이 기대보다 높다는 것은 잘못된 것일 수 있고 4단계에서 es와 Adj es에 초점을 두고 더 검토할 필요가 있다. 3단계로 진행.
- **잠정적 결과 3:** EA 값이 평균범위 또는 그 이상이고 Adj D 값이 마이너스 범위라면 이는 Adj es 값이 기대 이상으로 높다는 것을 나타내는 비일상적 결과이다. Adj es는 상황과 관련된 어떤 스트레스 요인 때문에 조정해서 산출한다는 점을 기억하는 것이 중요하다. 그러므로 Adj es에서 기대하지 않은 상승은 4단계에서 평가해야 할 것이고 그때까지 Adj D의 신뢰성에 관한 결론은 보류한다. 3단계로 진행.

▌**사례 2의 자료에 대해 적용한 결과:** Adj es는 10인 반면에 EA 값은 7이다. 이는 성인에게서 기대되는 것보다 약간 더 높다. 1단계에서 설정한 가정은 4, 5단계에서 Adj es에 관한 자료를 검토할 때 수정할 필요가 있을 수 있다. ▌

- **잠정적 결과 4:** EA 값이 평균범위를 초과한다면 Adj D는 +범위로 기대된다. 이럴 경우 통제능력과 스트레스 내성을 신뢰할 만하고 타당하게 나타내 주는 지표라고 본다.
- **잠정적 결과 5:** EA 값이 평균범위보다 높고 Adj D가 0일 때 Adj es가 기대 이상으로 높다라면 통제능력이 최근에 나타난 것보다 더 크다는 것을 지적하는 것일 수 있다. 이럴 가능성은 4단계에서 신중하게 검토해야 한다. 3단계로 진행.

- 잠정적 결과 6: EA가 평균(대부분의 성인은 6.5 이하)보다 의미 있게 낮을 경우 가용자원이 더 많이 제한되어 있다는 것을 시사한다. 마이너스 범위의 Adj D 는 기대하지 못했던 것은 아니다. 어린이는 예외지만 Adj D 점수가 0 또는 이보다 크다면 EA 값이 낮은 사람은 복잡한 사회생활에서 불가피하게 겪게 되는 많은 일상적 스트레스에 대해서도 만성적으로 쉽게 혼란을 경험할 가능성이 있는 사람처럼 잘못 해석될 수 있다. 이런 사람들도 잘 구조화되어 있고 모호성이 없는 상황에서는 매우 효율적으로 기능한다. 3단계로 진행.

3단계: EB와 LAMBDA

이 단계는 EB 양쪽 항(SumM: Weighted Sum Color)의 값을 검토하면서 시작한다. EB를 구성하는 어느 쪽의 값이 0일 경우 EA(SumM+WSumC) 값의 신뢰성에 의문을 품을 수 있다. 이런 결과는 전형적으로 스트레스 상황에서 혼란을 일으키는 원인으로 작용하는 비일상적인 정서적 문제가 있다는 징후이거나 어떤 종류의 심리적 혼란의 결과일 수 있다. 어느 경우든 Adj D 점수의 타당성에 대해 심각한 의문을 제기해야 한다.

이 단계에서는 Lambda의 값도 검토해야 한다. Lambda는 기록에서 순수한 F 반응의 비율이다. 일반적으로 순수한 F 반응은 자극을 단순히, 그리고 경제적으로 다루는 성향을 나타낸다. 순수한 F 반응은 심리적으로 자극장면의 복잡성과 모호성을 무시하고, 그러한 특징이 처리되었다고 하더라도 가장 기본적이거나 분명한 특징만을 처리하려는 전략을 사용하고 있다는 것을 반영한다. 이러한 경향은 성인보다 아동에게 더 자주 나타나지만 모든 사람들은 때때로 이러한 경향을 나타낸다.

이런 경향은 연령에 상관없이 일종의 회피로 볼 수 있다. 따라서 문제는 그런 회피반응이 일어났는가가 아니라 얼마나 자주 일어났는가 하는 점이다. 보통 Lambda 값은 1.0보다 작을 것이다. 그러나 Lambda 값이 1.0 또는 그 이상일 경우(특히 성인의 Lambda 값이 1.2보다 크고 7세 이상의 아동의 경우 1.3보다 크다면) 기본적으로 회피적 반응유형이나 검사를 받는 동안에 나타날 수 있는 상황적 방어를 나타낸다.

상황과 관련해서 나타나는 높은 Lambda와 특성적인 회피적 반응유형과 관련이 있는 Lambda를 구별할 수 있는 완벽한 지침은 없다. 일반적으로 높은 Lambda가 검사를 받는 동안에 어떤 형태의 상황적 방어를 나타낼 경우 보통 반응 수(R)가 17보다 적고 EA는 3.5 이하일 것이다. 흔히 EB는 적어도 어느 한쪽 값이 0일 것이다. 전형적으로 높은 Lambda(L>0.99)가 회피유형을 나타낼 경우 EA는 최소한 4.0은 될 것이고 또는 EA가 4.0보다 적다면 수검자의 전체 반응 수는 16보다 많을 것이다.

짧은 프로토콜에서 Lambda 값이 0.99보다 크고 EA 값이 4.0 이하로 나타날 때 해석자는 EA의 신뢰성과 타당성에 의심을 가져 보아야 한다. 이럴 경우 Adj D 점수의 타당성에 대해서도 의문을 가져야 한다. 자료가 이렇게 나타난다면 통제력을 정확하게 기술하는 것은 무의미할 수 있다.

반대로 1.0보다 높은 Lambda 값이 회피유형을 반영한다면 수검자는 자극장면의 복잡성을 무시할 수 있거나 복잡하고 모호한 요소가 나타나는 것을 부인할 수 있을 때는 항상 자극장면을 단순화시키려는 뚜렷한 경향을 발전시켜 왔다는 것을 의미한다.

어떤 경우 이러한 회피유형은 통제력과 관련이 있을 수 있다. 성공적으로 회피할 수 있을 때조차도 개인이 무시하거나 부인함으로써 복잡성과 모호성을 회피하는 과정은 자극에 압도당할 가능성을 근본적으로 감소시키는 것이므로 간접적인 통제유형이라 할 수 있다.

반면에 자극장면이 내재적으로 복잡하고 모호하기 때문에 회피유형이 성공적이지 않다면 그런 상황은 정확한 통제력의 범위를 넘어서는 요구를 부과시키는 위험이 있다. 왜냐하면 상황의 어떤 측면을 회피하려는 유형적 경향(stylistic tendency)은 그런 측면에 반응해야 한다는 측면과는 상치되기 때문이다.

사례 1. 32세 남성의 통제관련 변인

EB = 4 : 7.0	EA = 11.0	D = 0	CDI = 3
eb = 6 : 5	es = 11 Adj es = 10	AdjD = 0	L = 0.72
FM = 4 m = 2	C' = 3 T = 1 V = 0 Y = 1		

- **잠정적 결과 1:** EB의 두 항이 모두 0보다 크고 Lambda의 값이 1.0보다 작으면서 EA의 값이 3.5보다 크면 또는 Lambda의 값이 .99보다 크면서 EA의 값이 6.0보다 크면 EA 값은 신뢰할 수 있고 Adj D에서 도출한 통제 추정치는 타당할 가능성이 높다. 4단계로 진행.

  ┃사례 1의 자료에 대해 적용한 결과: EB는 4 : 7이고 Lambda가 .72이다. 1단계에서 만든 가정을 반박하거나 수정할 근거가 있어 보이지는 않는다. ┃

- **잠정적 결과 2:** EB의 두 항이 다 0보다 크고 EA가 4.0보다 작다면 EA는 Lambda의 값이 0.99보다 작을 경우 신뢰할 수 있다. 하지만 Adj D는 신뢰할 만하지 않기 때문에 4, 5단계에서 es와 Adj es에 관한 자료에 비추어 매우 조심스럽게 검토해야 한다. 4단계로 진행.

- **잠정적 결과 3:** EB의 두 항이 모두 0보다 크고 성인의 경우 EA가 3.5보다 크지만 6.5보다 작거나 어린 수검자의 경우 평균보다 낮고 Lambda가 1.0 이상이면, EA 값을 신뢰할 수 있지만 Adj D 점수는 오류일 수 있다. 0보다 큰 Adj D 점수는 타당하지 않고 단지 Adj es가 매우 낮기 때문일 수 있다. Adj D가 0보다 클 경우 5단계에서 es에 대해 신중히 평가한 후 통제능력과 관련된 가설을 다시 수정해야 한다.

- **잠정적 결과 4:** EB 두 항의 합이 EA 값 4.0보다 작고 Lambda가 1.0 이상이라면 EA 값은 타당하다고 보지 않아야 한다. 특히 전체 반응 수가 17개 미만일 경우 더 그렇다. 이럴 경우 D나 Adj D 점수 또는 EA를 근거로 통제에 관한 가설을 설정하는 것은 현실적이지 않다. 따라서 통제를 합리적이고 정확하게 평가하고 기술하려는 시도는 포기해야 하고 해석자는 다른 자료군집으로 진행해야 한다.

- **잠정적 결과 5:** EB의 M 값이 0이고 WSum C값이 3.5보다 크다면 Lambda 값에 관계없이 수검자는 감정에 압도되어 있다고 결론을 내리는 것이 합리적이다. 일반적으로 정서적 홍수(emotional flooding)는 만성적이지 않고 특성과 관련 있는 과정도 아니다. 오히려 비일상적으로 강한 정서를 효율적으로 처리하지 못해서 발생하는 것이다.

  이러한 감정강도가 파괴적이고 일종의 이변성(lability)을 띠게 될 때 강한 정서가 유발되고 압도적이게 된다. 이런 정서는 다른 때와는 다른 행동을 유발시킨다. 이런 행동은 일종의 해소형태(form of release)를 띠게 되고 이런 행동이 일어난 뒤에는 전형적으로 어떤 형태의 심리적 재구성이 일어난다.

정서적 홍수는 사고에도 주요한 영향을 미친다. 특히 의사결정을 내리는 동안에 정확한 주의와 주의집중을 유지하기 위해 필요한 관념활동(ideational activity)을 지연시킨다. 따라서 이럴 경우 관념적 또는 행동적 충동성이 나타날 가능성이 의미 있게 증가한다.

이러한 결과가 나타날 때(positive) Adj D 점수를 통제능력의 타당한 지표로 보기 어렵다. 따라서 Adj D 점수 또는 EA 값을 보고 발전시킨 가정은 폐기해야 하고 통제에 관한 자료의 탐색을 중지해야 한다.

최근의 통제능력은 기껏해야 위험한 상태라고 결론을 내리는 것이 합리적이다. D 점수는 최근의 통제능력에 대한 생생한 지표일 수도 있지만 때로는 그렇지 못할 수도 있다. D 점수는 Lambda가 1.0보다 작고 EA 값이 5.0보다 크지 않다면 D는 어떤 해석적 가치가 있다고 생각해서는 안 된다.

정서적 홍수에 관한 문제는 정서에 관한 군집을 검토할 때 더 상세하게 언급할 것이므로 통제와 관련된 진술을 할 때 정서적 홍수의 문제를 자세히 설명할 필요는 없다. D 점수가 Adj D 점수보다 작을 경우는 이미 앞에서 언급되었을 수 있다.

사례 2. 28세 남성의 통제관련 변인

EB = 0 : 7.0	EA = 7.0	D = −1	CDI = 3
eb = 6 : 4	es = 10 Adj es = 10	AdjD = −1	L = 0.78
FM = 5 m = 1	C' = 2 T = 1 V = 0 Y = 1		

사례2의 자료에 대해 적용한 결과: EB는 0 : 7.0이다. EA 점수가 7.0으로 평균보다 낮다는 것은 최근의 정서적 홍수 때문이라고 가정하는 것이 현실적이다. 따라서 Adj D 점수와 EA 값은 전형적인 통제능력에 관한 가설을 도출할 수 있는 근거로 사용될 수 없고 통제관련 변인은 더 이상 검토할 이유도 없다. 이 결과는 일반적으로 통제능력과 관련된 정보를 제공하

는 자료가 최근에 일어난 어떤 강한 정서적 문제에 의해 희석되었으므로 수검자의 일상적 통제능력에 관한 어떤 결론을 내리는 것은 불가능하다는 것을 의미할 수 있다. 최근에 수검자의 통제능력이 붕괴되었다고 결론을 내리는 것은 타당하다. 실제로 D=-1이고 정서적 홍수를 나타내는 증거가 있다는 것을 고려할 때 수검자는 앞에서 언급한 정서적 문제 때문에 과부하된 상태에 있고 이로 인해 최근에 충동적이기 쉬운 상태에 있다고 결론을 내리는 것은 합리적인 것으로 보인다.

• 잠정적 결과 6: SumC의 값이 0이고 M 값이 3보다 크다면 Lambda 값에 관계없이 수검자는 감정을 억제시키거나 차단하는 데 상당한 에너지를 투입하고 있다고 가정하는 것이 합리적이다. 이럴 경우 일반적으로 보통 사람들은 자신이 가용할 수 있는 자원보다 더 많은 자원을 필요로 하고 자극 과부하와 이에 따른 장애에 대한 취약성은 상당히 높다.

　이런 결과가 나타날 경우 Adj D 점수는 전형적인 통제능력에 대한 타당한 지표가 아니다. 따라서 Adj D 점수나 EA의 값을 보고 발전시킨 가정은 모두 폐기해야 한다. 대안적으로 최근에 통제능력이 무너졌다고 가정하는 것은 합리적이다. D 점수는 최근의 통제능력을 그대로 지적해 주는 것일 수도 있으나 그렇지 않을 수도 있다. D 점수는 Lambda가 1.0보다 작고 EA가 5.0보다 크지 않다면 해석적 가치가 있다고 간주해서는 안 된다. 이럴 경우 통제에 관한 자료를 검토하는 것을 중단해야 한다. 정서적 억제(emdtional constriction)의 문제는 정서에 관한 군집을 검토할 때 다룰 것이다. 그렇지만 D 점수가 Adj D 점수보다 작을 경우 더 앞에서 논의할 수도 있다.

4단계: Adj es

　앞에서 언급한 바와 같이 Adj D(EA-Adj es) 점수가 0이나 +에 속할 경우 EA 값이 평균이나 평균 이상이기 때문이 아니라 Adj es의 점수가 예상 밖으로 낮기 때문인 경우도 있다. 마찬가지로 Adj D 점수가 마이너스 범위인 것은 일상적인 수준보다 매우 복잡한 요구가 기대 이상으로 지속되고 있기 때문일 수도 있고,

또는 기존의 상태와는 매우 다른 양상을 유발하는 황폐화시키는 상태(deteriorative state)를 나타내는 징후일 수도 있다.

- **잠정적 결과 1:** Adj es 값이 예상되는 범위(보통 5~9이고 12세 이하일 경우 이보다 약간 낮다)이고 EA의 신뢰성을 의심할 만한 의미 있는 결과가 없다면 Adj D 점수는 신뢰할 수 있고 통제능력과 스트레스 내성의 타당한 지표라고 결론을 내릴 수 있다. 5단계로 진행.

사례 1. 32세 남성의 통제관련 변인

EB = 4 : 7.0	EA = 11.0	D = 0	CDI = 3
eb = 6 : 5	es = 11 Adj es = 10	AdjD = 0	L = 0.72
FM = 4 m = 2 C' = 3 T = 1 V = 0 Y = 1			

- **잠정적 결과 2:** Adj es 값이 기대했던 것보다 더 크고 EA의 신뢰성을 의심할 만한 의미 있는 결과가 없다면 Adj D 점수는 수검자의 통제능력과 스트레스 내성에 대한 보수적 추정치이거나 과소추정치로 볼 수 있다. 높은 Adj es 값은 어떤 비일상적인 심리적 복잡성이 있을 가능성을 시사한다. 이럴 가능성은 5단계에서 조심스럽게 평가해야 한다. 5단계로 진행.

  ▌**사례 1의 자료에 대해 적용한 결과:** Adj es=10은 성인에게 기대하는 값보다 약간 높다. 이 값은 Adj D 점수에서 도출가정, 즉 수검자의 통제능력은 대부분의 다른 성인과 같다는 가정이 지나치게 보수적이거나 잘못된 것일 수 있다는 의문을 제기해 준다. ▌

- **잠정적 결과 3:** Adj es가 기대했던 값보다 낮다면 Adj D 값은 수검자의 통제능력과 스트레스 내성을 과도하게 추정한 것일 수 있다. 이럴 가능성은 특히 Adj D 점수가 0보다 클 경우 더 맞다. 이 가능성은 5단계에서 조심스럽게 평가해야 한다. 5단계로 진행.

5단계: eb

이 단계에서는 eb 값과 보통 스트레스와 관련이 없으나 Adj es의 계산에 포함되는 변인(FM, SumC', SumT, SumV)의 값에 대해 검토한다. 이 단계는 빈번한 요구(demand)를 촉발시키는 심리적 활동을 평가하는 것이 목적이다. 문제는 이러한 변인들 중의 어떤 변인의 비일상적인 값이 Adj es 값에 영향을 주어서 잘못된 Adj D 점수를 만들어 내는지를 아는 것이다.

- **잠정적 결과 1**: eb에서 좌항이 우항보다 클 것으로 기대된다. 우항이 더 크고 es 값이 4 이상이라면 수검자는 어떤 불편을 경험하고 있다고 가정할 수 있다. 이것은 Adj D 점수에는 영향을 미치지 않을 수 있다. 그러나 노련한 해석자는 통제와 스트레스 내성에 관한 결론을 내릴 때 이 점을 고려할 것이다.

- **잠정적 결과 2**: FM이 5보다 크다면 수검자는 아마 평소보다 더 예측이 불가능하고 분산된 유형의 사고를 경험할 것이다. 보통 이러한 관념활동 자체는 일상적인 수준보다 더 충족되지 못한 요구가 있을 때 생겨난다. 이러한 요구들은 욕구와 관련 있는데, 신중한 사고유형을 방해하고 때로는 집중력과 주의력을 손상시킨다.

- **잠정적 결과 3**: FM 값이 2보다 작다면 개인의 욕구상태가 일상적인 방식으로 경험되지 않거나 또는 욕구상태가 대부분의 사람들보다 더 성급하게 작동하고 있다는 것을 시사한다.

- **잠정적 결과 4**: SumC'의 예상치는 0 또는 1이다. C'의 값이 2보다 클 경우 수검자가 밖으로 표현하고 싶은 감정을 과도하게 내재화하고 있다는 것을 지적하는 것이다. 이러한 심리적 과정은 불안, 슬픔, 긴장, 걱정 등을 포함하는 주관적 불편을 초래할 수 있고 신체적 증상을 야기할 수도 있다.

사례 1. 32세 남성의 통제관련 변인

EB = 4 : 7.0	EA = 11.0	D = 0	CDI = 3
eb = 6 : 5	es = 11 Adj es = 10	AdjD = 0	L = 0.72
FM = 4 m = 2	C' = 3 T = 1 V = 0 Y = 1		

▌**사례 1의 자료에 대해 적용한 결과:** 기록에는 3개의 C가 있고 이로 인해 Adj es가 보통보다 약간 높게 나타났다. 이 시점에서 감정을 내재화하려는 경향을 검토할 필요는 없다. 이 문제는 정서와 관련 있는 군집자료를 검토할 때 자세히 다루게 될 것이다. 이 시점에서 문제는 C' 반응의 상승이 Adj D 값의 오류를 초래했는지 여부이다. 이 사례의 경우 그런 것 같지 않다. C' 반응이 1이나 2로 감소한다면 Adj es도 역시 9나 8이 될 것이고 Adj D=0이 될 수도 있을 것이다. C' 반응이 전혀 나타나지 않는다면 그 결과 Adj es 값은 7이 되고 Adj D=+1이 된다. 그러나 이러한 가정은 특히 5명의 성인 중 4명 이상이 적어도 1개의 C' 반응을 한다는 사실에 비춰 볼 때 매우 위험한 가정이다. ▌

- **잠정적 결과 5:** SumV 값이 0보다 크다면 수검자는 대부분의 다른 사람들보다 자기상의 부정적 특징에 초점을 둔 자기검열적 행동(self inspecting behavior)을 많이 하고 있다는 것을 시사한다. 이런 유형의 검열을 하게 되면 불편감과 자기비하를 경험하게 되고 우울과 자기파괴적 사고의 전조가 된다.

  이 경우 대부분 지속적인 자기비하가 나타난다. 그러나 한 가지 또는 그 이상의 차원(Vista)반응은 죄책감이나 수치심 때문에 상황적으로 촉발될 수 있다는 것을 시사하는 증거가 있다. 프로토콜에서 차원반응이 나타나면 해석자는 그 반응이 상황적으로 촉발된 것인지를 결정하기 위해 최근의 생활사(history)를 조심스럽게 검토할 필요가 있다. 최근의 생활사적 경험 때문에 나타났을 가능성이 있다면 해석자는 V 반응이 없을 경우 Adj D 값에 영향을 미칠 정도로 Adj es 값이 바뀌었는지도 계산해 보아야 한다. Adj D 값이 바뀔 수 있다면 통제에 관한 결론을 요약할 때는 대안적인 진술을 포함시켜야 한다.

- **잠정적 결과 6:** SumT 값이 1보다 크다면 경험된 정서적 박탈(emotional deprivation)이 있다는 신호이다. 대부분의 경우 이런 경험은 상황과 관련이 있을 수 있고 수검자의 최근 생활사를 자세히 검토함으로써 쉽게 확인할 수 있다. 생활사에서 이런 경험이 확인될 경우 Adj D 점수는 잘못되었을 수 있다. 즉, 경험된 정서적 박탈은 최근에 정서적으로 중요한 대상의 상실과 같은 상황과 관련된 문제를 반영할 수 있다. 생활사가 실제로 이런 경험을 지지한다면 해석자는

Adj D 값에 변화가 있었는지 결정하기 위해 T 값을 1로 가정하여 Adj es를 계산해야 한다. Adj D 값이 변할 경우 통제에 관한 결론을 요약할 때는 원래 Adj D 점수와 변화된 Adj D 점수에서 유도한 가정을 모두 포함시켜야 한다.

최근의 생활사에서 상실 경험이 지적되지 않는다면 정서적 박탈이나 고독감은 그 근원이 오래된 것이고 대인관계에서 경험된 과도한 친밀욕구 때문일 수 있다고 가정하는 것이 더 현명할 것이다. 이때는 Adj es나 Adj D 값을 다시 계산할 필요는 없다.

4. 통제에 관한 결과 요약

통제와 관련된 결과는 전체적인 성격 기술에서 적절하게 기술하면 되고 한두 문장으로 요약할 수도 있다. 일반적으로 Adj D 값이 0이거나 0보다 크고 D 점수와 차이가 없고(다음 장을 참고) CDI에 체크되지 않을 때는 그렇게 기술하면 된다. 주기적인 우울에피소드 때문에 외래치료를 받기 전에 평가된 32세의 남성을 다룬 사례 1을 예로 들 수 있다.

사례 1에서 수검자를 기술하는 데 포함시킬 수 있는 통제와 관련된 결과는 간단하다: '통제나 스트레스 내성과 관련된 뚜렷한 문제는 없는 것 같다. 대부분의 성인과 마찬가지로 가용할 수 있는 자원이 많은 것으로 보이고(2단계) 대부분의 성인과 동등한 정도의 통제능력을 가지고 있다(1단계). 실제로 수검자는 기대할 수 있는 것보다는 더 많은 자극요구를 경험하고 있으나 이것이 통제능력에 뚜렷한 영향을 미치지는 않는 것으로 보인다(5단계).'

다른 사례의 결과들은 특정 평가문제에 더 적절할 수 있고 성격의 기술과 진단, 소인 또는 치료계획에 관한 의문에 더 많이 도움이 될 것이다. 사례 2가 여기에 해당된다. 사례 2의 수검자는 항공기술자로 직장에서 정직당한 뒤에 입원환자 물질남용 프로그램에 참여하고 있는 28세 된 남자이다.

통제와 관련된 결과들은 수검자가 과부하된 상태에 있고 통제능력과 스트레스에 대한 내성은 상당히 제한되어 있다는 것을 지적하고 있다(1단계). 이런 경향은 특히 친숙하지 않거나 복잡한 상황에서 더 현저하게 나타날 것이다. 또한 일반

성인에게 기대할 수 있는 것보다 더 많은 자극요구를 경험하고 있다는 것을 시사하는 증거도 있다(2단계). 그러나 이러한 결과 기술은 어쩌면 잘못된 것일 수 있다. 왜냐하면 다른 자료들은 그가 최근에 경험한 정서에 압도되어 있다는 것을 지적하기 때문이다(3단계). 이러한 강한 감정은 매우 파괴적이고 사고를 방해하고 충동적 행동을 야기할 수 있다. 분명한 것은 수검자의 최근 통제능력은 매우 낮다. 그러나 최근에 경험하고 있는 정서적 혼란이 없어진다면 평상시와 같은 통제능력을 회복할 수도 있을 것이라고 기술하는 것은 비현실적이다. 10~14일 후에 다시 검사해서 이 문제를 분명히 밝혀야 할 것이다.

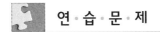

연 · 습 · 문 · 제

여기 세 가지 사례의 통제에 관한 자료들이 있다. 사례마다 간단한 생활사에 관한 정보를 제시하였다. 각 사례에서 통제군집의 해석단계를 연습할 수 있는 기회를 제공하기 위해 일련의 문제들을 제시하였다. 사례마다 문제의 형식은 다르다. 필요할 때 빨리 참고할 수 있도록 아래에 D 점수 환산표를 제시했다. 세 사례에 대한 해답은 이 장의 끝부분에 제시하였다.

<표 5> EA-es, D 점수 환산표

(EA-es)의 값	D 점수
+13.0 ~ +15.0	+5
+10.5 ~ +12.5	+4
+8.0 ~ +10.0	+3
+5.5 ~ +7.5	+2
+3.0 ~ +5.0	+1
−2.5 ~ +2.5	0
−3.0 ~ −5.0	−1
−5.5 ~ −7.5	−2
−8.0 ~ −10.0	−3
−10.5 ~ −12.5	−4
−13.0 ~ −15.0	−5

　　사례 3. 이 사례는 11년 전에 결혼했고 8세 된 딸과 5세 된 아들이 있는 35세 된 여성이다. 남편은 36세로 제조업체에서 감독자로 일하고 있다. 그녀는 19세에 2년제 대학에 입학하여 1학년을 마친 후에 첫 아이가 태어날 때까지 8년간 중간 사무직으로 일했다. 그 후 직장에 다니지는 않았으나 둘째가 학교에 입학하게 되자 직업을 가질 것을 고려하는 중이다.

사례 3. 35세 여성의 통제관련 변인

EB = 5 : 3.0	EA = 8.0	D = −1	CDI = 2
eb = 5 : 6	es = 11 Adj es = 9	AdjD = 0	L = 0.58
FM = 4 m = 1	SumC' = 2 SumT = 1	SumV = 0 SumY = 3	

1. 1단계에서 기술한 잠정적 결과 중에서 사례 3의 결과와 일치하는 결과는 어느 것인가?

2. 2단계에서 기술한 잠정적 결과 중에서 사례 3의 결과와 일치하는 결과는 어느 것인가?

3. 3단계에서 기술한 잠정적 결과 중에서 사례 3의 결과와 일치하는 결과는 어느 것인가?

4. 4단계에서 기술한 잠정적 결과 중에서 사례 3의 결과와 일치하는 결과는 어느 것인가?

5. 5단계에서 기술한 잠정적 결과 중에서 사례 3의 결과와 일치하는 결과는 몇 번인가?

6. 반응채점을 재검토해야 할 변인이 있는가? 있다면 어느 변인이고 그 이유는?

　　사례 4. 19세 된 미혼남성으로 남매 중 둘째이다. 아버지는 45세로 자동차 페인트 가게, 어머니는 43세로 세탁소에서 일하고 있다. 누나는 21세로 간호사이다. 1년 전에 고등학교를 졸업하였다. 성적은 평균 정도였고 미식축구부에서 전위 공격수로 2년간 활동하였다. 백화점의 재고물품실에서 5개월간 일했고 최근 군 입대를 하였다. 현재 기본 훈련을 받고 있는 중이다.

사례 4. 19세 남성의 통제관련 변인

EB = 1 : 5.0	EA = 6.0	D = 0	CDI = 3
eb = 2 : 2	es = 4 Adj es = 3	AdjD = +1	L = 1.45
FM = 1 m = 1	SumC' = 0 SumT = 0	SumV = 0 SumY = 2	

1. 1단계에서 도출할 수 있는 가정들 중 이 사례에 가장 적합한 가정은 무엇인가?
   (1) 대인관계 영역에 문제가 있고 이로 인해 통제능력에 영향을 받을 수 있을 것이다.
   (2) 같은 연령대에서 기대되는 것보다 수검자의 통제능력과 스트레스 대처능력이 부족하다.
   (3) 통제능력과 스트레스 내성이 대부분의 성인과 비슷할 것이다.
   (4) 대부분의 성인보다 통제문제를 덜 경험할 것이다.

2. 2단계의 결과를 두고 볼 때 1단계에서 제시한 가정에 꼭 추가해야만 하는 것은 무엇인가?
   (1) 이런 문제들은 매우 비구조화된 상황에서만 발생할 것이다.
   (2) 이것은 잘못된 가정이다. 왜냐하면 그의 자원은 대부분의 성인들에 비하여 부족하기 때문이다.
   (3) 이것은 잘못된 가정이다. 왜냐하면 그는 복잡한 상황을 잘 다루지 못하기 때문이다.
   (4) 그는 다른 사람들한테 거절당하면 쉽게 혼란감을 경험할 가능성이 매우 높다.

3. 3단계의 결과에 비춰 보았을 때 다음 중 정확한 기술은 어떤 것인가?
   (1) EA 값은 신뢰할 수 없다.
   (2) Lambda 값을 고려해 볼 때 EA 값에 의문을 제기해야 한다.
   (3) Adj D 점수는 타당하지 않다.
   (4) 수검자가 너무 방어적이었기 때문에 EA 값은 타당하지 않다.

4. 4, 5단계의 결과를 모두 고려하여 가장 적절하게 요약한 것은 어느 것인가?

(1) 성인에게 기대되는 것보다 자원이 부족하지만 복잡한 상황을 피하고 욕구를 즉각적으로 해소시킴으로써 통제력을 적절히 유지하고 있다.

(2) 대부분의 성인에게 기대되는 것보다 통제력이 우수하다. 왜냐하면 복잡한 상황을 쉽게 피하는 경향이 있기 때문이다.

(3) 성인에게 기대되는 것보다 자원이 부족하기 때문에 통제력의 심각한 결함을 나타내기 쉽다.

(4) 통제력과 스트레스에 대한 내성이 대부분의 성인과 유사한 수준이다.

사례 5. 31세 된 여성으로 경제학과를 졸업하였고 현재 통신회사의 중간관리직에서 일하고 있다. 8년간의 결혼생활을 하다가 10개월 전에 이혼하였다. 3개월 전 이혼판결에서 자녀양육권과 관련된 판결에서 패소하여 6세 된 딸에 대한 양육권은 33세의 전남편에게 있다.

사례 5. 31세 여성의 통제관련 변인

EB = 5 : 3.5	EA = 8.5		D = -1	CDI = 3
eb = 6 : 7	es = 13	Adj es = 12	AdjD = -1	L = 0.33
FM = 6 m = 0	SumC' = 2	SumT = 2	SumV = 1	SumY = 2

1. 해석상 매우 중요하기 때문에 반응의 채점을 다시 살펴봐야 할 변인은 어떤 것인가?

2. 통제군집의 1, 2, 3단계의 해석과정을 거쳤을 때 다음 중 가장 적합한 가정은 어느 것인가?

(1) EA는 신뢰할 수 있고 Adj D 점수도 타당하다.

(2) EA는 신뢰할 수 있지만 Adj D 점수가 타당한지 여부는 4, 5단계를 거친 다음 알 수 있다.

(3) EA의 신뢰성에 의문을 가질 만한 근거가 있다. 따라서 Adj D 점수의 타당성은 4, 5단계의 해석과정이 끝난 다음에야 알 수 있다.

(4) EA와 Adj D 점수가 모두 신뢰할 만하지 못하므로 이 자료에서는 통제와 관련된 어떤 의미 있는 결론도 내릴 수 없다.

3. 이 사례에서 5단계의 결과 중에서 Adj D 점수에 대한 최종적인 평가를 하는 데 가장 중요한 잠정적 결과는 어느 것인가?

(1) 1 & 5

(2) 2 & 5

(3) 1 & 6

(4) 2 & 6

(5) 5 & 6

4. 이 사례에 대한 모든 해석단계를 마친 후에 내린 결론 중 가장 적절한 것은?

(1) 대부분의 성인보다 통제능력과 스트레스에 대한 내성이 부족하다. 왜냐하면 수검자는 만성적인 과부하 상태에 놓여 있기 때문이다. 그녀가 내린 결정 중 일부는 충동적인 성향으로 인해 심사숙고하지 않고 내린 결정일 것이다.

(2) 평상시 수검자의 통제능력과 스트레스에 대한 내성이 대부분의 성인과 비슷하다. 그렇지만 현재 양육권 문제로 인하여 죄책감과 정서적 상실감을 느끼고 있고 이로 인해 정서적 과부하 상태가 초래되었다. 그 결과 통제력이 상당히 약화되었고 충동잠재력이 나타나고 있다.

(3) 현재 일반적인 성인에 비해 통제능력과 스트레스 내성이 부족하다. 사실상 수검자는 정서적 과부하 상태에 놓여 있고 그 결과 적절한 사고를 하기 어렵고 충동적이기 쉽다. 이런 상태가 보다 장기적인 성격적 특성인지, 최근 양육권 문제에 의한 것인지를 결정하기는 어렵다. 정서적 외로움과 자신에 대한 불만족감이 이번 사건으로 촉발되기는 하였지만 이는 보다 장기적인 특징일 가능성도 있다. 이혼 이전의 행동양상에 대한 정보가 있다면 현재 나타나는 제한점들이 지속적인 것인지 여부를 평가하는 데 도움이 될 것이다.

해 답

사례 3.

1. 1 Adj D 점수는 0이고 CDI는 2이다.

2. 1 EA는 8이고 Adj D는 0이다.

3. 1 EB는 5 : 3.0이고 Lambda는 0.58이다

4. 1 Adj es는 9이고 이것은 평균범위이다.

5. 1 eb의 우항 값이 좀 더 높다.

6. Y Adj es가 맞는지를 확인해야 한다. 만일 Y 반응의 하나가 C'이라면 Adj es는 평균범위일 것이다. 만일 두 개의 Y 반응이 C'으로 채점된다면 Adj D는 -1이 될 것이다.

사례 4.

1. (4) Adj D는 +1이다.

2. (2) EA는 6이다. 만일 c를 선택했다면 2단계의 목적을 무시하고 Lambda 값에 지나치게 영향을 받은 것이다. 또한 높은 Lambda 값은 개인이 복잡성을 얼마나 효과적으로 다룰 수 있는가와 관계가 없다는 것을 명심해야 한다.

3. (3) 만일 Adj es가 지나치게 낮다면 EA 값이 6일 때 Adj D 값은 +범위일 수 있다.

4. (1) EA는 불과 6이지만 회피하는 행동도 통제하려는 행동의 한 형태이다. 게다가 FM 반응이 단지 하나인 것은 그가 욕구 또는 요구문제를 신속히 해결한다는 것을 시사한다.

사례 5.

1. C' T, V, Y 모두 중요하다. 만일 C' 반응이 실제 Y라면 Adj D는 0일 것이다. 반대로 Y 반응이 C'이라면 마이너스 Adj D의 의미는 더욱 커진다. T와 V 반응은 상황과 관련 있기 때문에 매우 중요하다. Adj es를 다시 계산하는 것은 과거사에 비추어 볼 때 알맞은 것 같다.

2. (2) EB로부터의 자료는 EA가 신뢰할 수 있고 평균범위에 있지만 Adj D는 마이너스 값이다. 이것은 Adj es 값이 비일상적으로 높다는 것을 의미한다. 그러므로 Adj D에 관한 결론은 Adj es에 영향을 주는 변인을 평가할 때까지 보류해야 한다.

3. (5) 가설 1(distress의 존재)과 2(상승된 FM)는 모두 분명하고 어느 한쪽도 Adj es를 다시 계산할 필요는 없다. 5(VIsta) 또는 6(T)의 결과가 정적이라면

그리고 과거사가 이를 지지해 준다면 다시 계산하는 것이 적절하다.

4. (3) 만일 (2)를 선택했다면 V 또는 T 점수 상승이 상황적 요인 때문인지 아니면 만성적이고 지속적인 정서적 특징 때문에 나타난 것인지를 쉽게 구별할 수 없다는 점을 고려하지 못했기 때문이다. 이러한 점에서 (3)과 같은 결론을 내릴 때는 신중해야 하고 부가적인 생활사 자료를 더 검토할 필요가 있다.

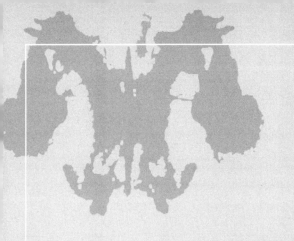

제**3**장
상황과 관련된 스트레스

제3장
상황과 관련된 스트레스

로르샤하 검사를 받는 사람들, 특히 정신건강 관련 기관에서 로르샤하 검사를 받는 수검자들 대부분은 스트레스를 경험하고 있을 가능성이 있다. 전형적으로 이런 스트레스는 상당 기간 지속되고 자료의 다양한 군집을 검토해 보면 그 결과가 분명하게 나타난다. 하지만 어떤 경우 스트레스는 보다 최근의 특정 사건 때문에 생긴 것일 수 있다. 이를 상황적 스트레스라 한다.

상황적 스트레스는 실패, 실망, 정서적 상실, 의사결정에 대한 갈등 등과 같은 다양한 개인적 외상에서 비롯될 수 있다. 일반적으로 개인적 외상은 잘 적응하고 있는 사람에게도 상당한 심리적 불편을 야기한다. 상황적 스트레스 경험이 만성적 스트레스에 부가된다면 이 스트레스 경험은 기존의 불편감을 더 확대시킬 것이고 때로는 심리적 붕괴(psychological havoc)를 가져올 수도 있다. 기존의 여건이 어떻든 간에 상황과 관련된 스트레스 경험은 항상 심리적 기능에 영향을 준다.

대부분의 경우 생활사를 잘 청취하면 상황과 관련된 스트레스를 밝힐 수 있고 이런 생활사 정보는 로르샤하 결과를 적절한 관점에서 검토하는 데 필요한 근거를 제공해 준다. 그러나 어떤 경우 생활사가 모호하거나 불완전하거나 파악하기 어려울 수 있다. 이럴 경우 해석은 더 어려워질 수 있다. 생활사와 관계없이 해석자는 로르샤하 자료가 상황적 요인에 귀인시킬 수 있는 어떤 결과를 포함하고 있는지를 결정하는 책임이 있다. 이런 결과가 나타나는 것은 때때로 다양한 군집의 자료에서 도출한 결론과 매우 관련이 있을 수 있다. 실제로 상황적 스트레스 효과에 관한 정보를 간과한다면 다양한 군집의 자료를 해석하는 동안에 잘못된 결론을 발전시킬 위험이 있다. 왜냐하면 상황적 스트레스와 관련된 결과는 상황 적 스트레스의 영향을 고려하기 위한 맥락에서 잘 나타나지 않기 때문이다.

1. 상황적 스트레스와 관련 있는 로르샤하 자료

원래 로르샤하 자료에서 상황과 관련 있는 스트레스는 D 점수의 값에 나타나 는 차이를 통해 검토한다. 즉, D 값은 Adj D 값보다 작게 나타나야 한다. D 점수 의 값 간에 차이가 있을 때 상황적 스트레스와 관련이 있거나 관련이 있을 수 있는 변인들에 대해 체계적인 탐색을 시작한다. 이미 언급한 바와 같이 Adj D 점수는 전형적인 또는 일상적인 통제능력을 잘 나타내 주는 지표이다. 반면 D 점수는 최근의 통제능력과 스트레스 내성능력을 지적하는 것이다. 이들 두 D 점수의 값이 차이가 있을 때 개인의 통제능력을 감소시키고 평소보다 낮은 스 트레스 내성의 원인이 되는 어떤 상황이나 여건이 있다고 가정하는 것이 논리 적이다.

이와 관련된 모든 변인들(D, Adj D, m, SumY, Blend complexity, Color-shading Blends, SumT, SumV, Pure C, M-, Formless M)은 상황적 스트레스와 관련이 있을 수 있으나 다른 심리적 특성들과도 관련이 있다. 이러한 변인들은 해석과정에서 하나 이상의 군집에서 검토해야 한다. 그러나 이런 변인들을 하나의 변인집단으 로 평가하는 것은 어떤 해석순서에도 포함되어 있지 않다.

예컨대, 이와 관련된 변인의 일부는 통제관련 군집에서 나온 것이고 이는 이미 앞에서 다루었다. 다른 변인들은 정서, 관념, 자기지각, 대인관계 지각에 관한 군집에서 제시될 것이다. 이런 변인은 제3의 핵심변인이 정적(D<AdjD)일 때만 집단적으로 검토한다. 왜냐하면 이런 결과는 상황과 관련된 스트레스가 있다는 것을 의미하고 상황적 스트레스 상태의 영향에 관한 중요한 정보를 밝혀줄 수 있기 때문이다.

사전탐색

해석적 탐색의 주요 목적은 세 가지이다: (1) D 점수의 차이가 상황적 스트레스를 반영하고 잘못된 결과가 아니라는 것을 확인하고, (2) 스트레스 경험의 양을 평가하고 가능한 한 현실적으로 스트레스 경험을 기술하고, (3) 다른 결과들을 명료화시키고, 상황적 경험이 다양한 군집의 결과가 시사하는 심리적 특징에 미치는 효과를 밝히는 데 도움이 되는 개념적 틀을 만들어 내는 데 목적이 있다.

사례 6, 7, 8은 3명의 성인 프로토콜에서 상황적 스트레스와 관련 있는 변인자료만을 발췌한 것이고, 이를 사용해서 다양한 해석적 탐색단계를 설명할 것이다. 각 사례는 다루려는 문제와 관련이 없으면 각 단계 앞에서 제시할 것이다.

사례 6. 24세 여성의 상황적 스트레스 자료

EB = 5 : 3.0	EA = 8.0	D = −1		BLENDS
eb = 7 : 4	es = 11 Adj es = 10	AdjD = 0		M.FC = 1
				M.CF = 1
FM = 5 m = 2	C' = 2 T = 1 V = 0 Y = 1			FM.FT = 1
				FM.FC' = 1
Pure C = 0	M− = 0 MQnone = 0 Blends = 5			m.CF = 1

사례 6. 이 자료는 의료기관에서 일주일에 두 번씩, 저녁에 자원봉사를 하는 24세 여성의 자료이다. 한 연구 프로젝트에서 통제집단으로 로르샤하 검사를 받는 것에 동의하였다. 두 형제 중 첫째이고 부모는 모두 생존해 있다. 직계가족 중 정신과적 병력을 가진 사람은 없다. 그녀는 2년 전에 결혼했고 남편은 25세의 컴퓨터 프로그래머이다. 그녀는 2년제 대학을 졸업했고 최근 변호사 사무실에서 비서로 일하고 있다. 간단하게 생활사를 살펴본 결과 최근에 상황적 스트레스 경험을 확인할 수 있는 정보는 없었다.

사례 7. 29세 여성의 상황적 스트레스 자료

EB = 4 : 7.0	EA = 11.0		D = −1	BLENDS
eb = 6 : 8	es = 14 Adj es = 11		AdjD = 0	M.CF = 1
				M.FD = 1
FM = 4 m = 2	C' = 1 T = 2 V = 2 Y = 3			FM.Fr.CF = 1
		$(3r+(2)/R) = .48$		FM.FT = 1
				m.CF = 1
Pure C = 1	M − = 0 MQnone = 0 Blends = 7			CF.YF = 1
				FC.FC' = 1

사례 7. 이 자료는 29세 여성의 것으로, 최근 들어 남편이 이혼소송을 제기하였고 5세 된 아들의 양육권 분쟁도 같이 진행되고 있다. 그녀는 7년 전에 결혼했다. 18세 때 고등학교를 졸업했고, 21세에 간호사가 되었고, 23세 때 간호학 학위를 받았다. 지난 5년 동안 신경과와 신경외과에서 간호사와 전문적 보조원의 지도 감독자로 일했다.

유치원에 다니는 그녀의 아들은 지난 4년 동안 주간 교육센터에 다녔다. 약 6개월 전에 남편은 아내가 함께 일하는 별거 중인 의사와 부정을 저지른 사실을 알고는 집에서 나갈 것을 요구하였다. 그래서 그녀는 별거한 뒤에 혼자 아파트에 살고 있다. 아들은 주중에는 아버지와 할머니와 함께 지내고 주말에는 그녀와 함께 지냈다. 이혼 조정은 남편이 이혼소송을 낸 후 각자의 변호사가 동의한 결과이다.

최근 그녀는 지지적 심리치료를 받기로 결심하였는데, 이혼소송과 양육권 분쟁(그녀는 공동 양육권을 원하고 있으나 남편은 자기 양육권을 주장)으로 인해 생기는 스트레스 때문에 지지적 정신치료를 받기로 결정하였다.

양육권과 관련해서 남편은 아들이 며칠마다 거주지를 옮기도록 강요하는 것은 바람직하지 않다고 주장하였다. 남편은 그녀의 정서적 생활(emotional life)이 불안정한 상태라고 불평하였고 더 나아가 전일제 근무를 하고 있으므로 장기간 동안 주거 양육권을 주장하는 것은 논리적으로 적절하지 않다고 주장하였다. 양쪽 변호사의 합의에 따라 이들 부모에게 로르샤하를 포함한 심리학적 평가를 실시하였다.

사례 8. 44세 남성의 상황적 스트레스 자료

			BLENDS
EB = 6 : 5.5	EA = 11.5	D = −2	M.CF.FC' = 1
eb = 8 : 9	es = 17 Adj es = 14 AdjD = 0		M.FD = 2
			M.CF = 1
FM = 5 m = 3	C' = 4 T = 1 V = 2 Y = 2		FM.FC' = 1
	(3r + (2)/R) = .28)		m.CF = 2
			FC.FY = 1
Pure C = 0	M− = −1 MQnone = 0 Blends = 9		CF.FD = 1

사례 8. 44세의 이 남자는 지난 9년 동안 홍보/마케팅 부서의 중간 간부로 일해 왔다. 22세에 전문대를 졸업하고 큰 전기회사에 영업사원으로 입사했다. 그의 보고에 따르면 영업사원으로서는 성공적이었으나 직무에 따른 부담감이 싫어서 30세 때 마케팅 부서로 옮겼다. 자신의 일을 좋아했으나 승진 기회가 제한적이었고 35세가 되어서야 최근의 지위에 오르게 되었다고 하였다.

결혼한 지 16년 되었고 13세, 10세, 7세 된 3명의 딸이 있다. 43세인 부인도 역시 전문대학을 졸업하였고 직장을 가진 적은 없었다. 그는 부부 문제는 없다고 하였다. 최근 들어 두 번째 승진에서 탈락하였고 이로 인해 매우 혼란스럽고 우울하다고 하였다. 그는 자신의 일을 성공적으로 잘 수행했고 부당한 대우를 받았다고 느끼고 있었다. 다른 회사에서 직장을 구하는 것이 어렵다는 것을 인정하지만 현재의 직책을 계속 맡고 싶은 마음도 없다고 하였다. 심리치료를 받겠다는 결정과 함께 평가를 실시하였다.

D 점수에 차이가 있을 때의 기본가정

이미 앞서 언급한 바와 같이 D 값이 Adj D 값보다 작을 때 내릴 수 있는 기본가정은 이와 관련 있는 변인집단을 해석하는 데 필요한 기회가 된다. 즉, '수검자는 상황과 관련된 어떤 종류의 스트레스로 인해 자극요구의 증가를 경험하고 있다. 그리고 그 결과로 인해 의사결정이나 행동이 평소처럼 잘 조직화되지 않을 수 있다.'고 가정한다.

두 번째 가정이나 가설은 D 점수가 마이너스 범위에 있을 경우이다. 즉, '수검자는 최근 과부하된 상태에 있고 이로 인해 평소보다 더 충동적일 수 있다.'고 가정한다.

점수에 대한 사전탐색

1장에서 강조한 것과 같이 나타난 결과를 반박해 보는 것이 현명하다. 특히 D 점수를 검토할 때 중요하다. D 점수는 EA-es 차이를 표준점수로 변환하여 계산하는데 단지 1점 차이 때문에 더 낮은 범위에 해당할 수 있다. 예컨대, EA가 9이고 es가 12일 경우 3점 차이로 D 점수는 -1이 된다. 역으로 차이가 2점이었다면 D 점수는 0이 되었을 것이다. 마찬가지로 EA가 10.5이고 es가 15라면 D 점수는 -1이 될 것이고 es가 16이었다면 D 점수는 -2가 되었을 것이다. 예리한 해석자는 항상 이러한 1점 현상(one point phenomena)에 민감할 것이고 es와 Adj es를 계산하는 데 사용된 값들이 정확한지 검토하기 위해 m, Y, C' 변인을 포함하는 반응의 기호화를 재검토할 것이다.

근소한 차이가 있는 사례(marginal cases)에서 상황적 스트레스와 관련 있는 변인들을 다룰 때 D 점수에 관한 자료를 체계적으로 검토하는 것이 중요하다. 이는 해석순서에서 첫 번째 단계이고 D 점수 간의 1점 차이를 상황적 스트레스의 타당한 지표로 볼 수 있는지에 초점을 두게 된다. 이러한 의문을 해결하는 것은 항상 간단한 것은 아니다.

2. 해석순서

1단계: D, EA, es, Adj es 및 생활사

결과가 오류긍정일 가능성을 고려하기 위해 EA-es와 EA-Adj es 간의 차이와 관련해서 D 점수를 검토한다. 여기서는 한 가지 반응의 채점이 D 점수 차이를 나타내게 했는지를 고려해야 한다.

- **잠정적 결과 1**: D 점수가 Adj D 점수보다 작고 es와 Adj es 간의 차이는 2점 이상이다. 이런 결과와 일치할 경우(positive) D 점수 간 차이가 오류긍정일 가능성은 적다. 2단계로 진행.

> **사례 7, 8의 자료에 대해 적용한 결과**: 각 사례에서 es와 Adj es 간의 차이는 3점이다.

- **잠정적 결과 2**: D 점수가 Adj D 점수보다 작고 es는 Adj es보다 단지 1점 더 크다. 즉, es는 m 값이나 SumY의 값에서 단지 1점만을 빼어 조정한다. D 점수에서 차이는 es와 Adj es 간의 근소한 차이 때문에 생겨나기 때문에 D 점수 간의 차이에서 설정한 기본가정이 맞는지를 검토하기 위해서는 한두 가지 문제를 고려해야 한다.

  첫 번째는 es와 Adj es 간에 차이를 내게 한 반응의 기호화와 관련이 있다. 즉, m과 Y 결정인을 포함하고 있는 반응의 채점을 검토해야 한다. 어떤 반응이 부정확하게 채점되었다면 es와 Adj es 간에는 차이가 없을 수 있다. 따라서 D 점수 간의 차이도 없을 수 있다. 이런 점이 사실로 입증되었을 경우 상황적 스트레스가 있다는 가설은 정확하지 않고 상황적 스트레스와 관련된 변인에 대한 탐색은 중단해야 한다.

- **잠정적 결과 2a**: m과 Y 결정인의 채점이 정확하다면 기본가정이 맞는지를 검토하기 위해서는 상황적 스트레스를 유발할 수 있는 환경에 대한 정보를 알아보기 위해 최근의 생활사에 초점을 두어야 한다. 전형적으로 생활사를 검토하면 다음과 같은 3가지 결과 중 하나가 도출될 것이다.

(1) 생활사가 정확하고 수검자에게 스트레스로 작용한 최근의 상황을 설명해 준다. 이럴 경우 D 점수의 차이에 근거해서 설정한 가설은 더 확고해진다. 그리고 D가 마이너스 범위라면 잠재적 충동성향에 관한 두 번째 가정도 유지된다. 이 계열에 대한 탐색을 계속해야 한다. 2단계로 진행.

(2) 생활사에 대한 정보가 너무 작고 부정확해서 근본적으로 최근의 스트레스 경험에 관한 유용한 정보를 제공하지 못한다. 이럴 경우 기본가정과 두 번째 가설은 잠정적인 것으로 보류해야 하고 그 계열에 대한 탐색을 진행한

다. 때때로 그 계열에서 다른 변인에 대한 자료(특히 SumT의 값이나(1 이상) SumV의 값(0 이상)이 기대 이상으로 상승할 경우)는 상황적 스트레스가 있을 가능성을 지지하는 것이다. 이런 자료를 그 계열에서 발견할 수 없다면 기본가정을 최종 결론에 포함시킬지 여부는 해석자가 결정해야 한다. 아마도 대부분의 경우 포함시키지 않는 방향으로 결정할 것이다. 만약 포함시키는 방향으로 결정한다면 '경험할 수도 있다'와 같이 매우 시사적인 용어로 표현해야 한다. 그러나 충동성에 관한 언급을 포함시키는 것은 현명하지 않을 것이다.

(3) 생활사에 대해 자세히 조사했으나 상황적 스트레스 경험에 관한 정보는 없다. 이럴 경우 해석자는 상황적 스트레스에 관한 기본가정에 대해서는 매우 보수적이어야 하고 충동성에 대한 두 번째 가정에 대해서는 더 보수적이어야 한다. 실제로 그 계열에서 다른 자료를 대충 검토하고 SumT나 SumY에서 예상치 이상의 값이 나타나지 않는다면(즉, 정상에서 벗어나는 값이 없다면) 해석자가 판단해야 한다. 어떤 해석자는 아마 두 가지 가정을 모두 폐기하고 그 계열에 대한 탐색을 중단하고 다른 군집자료에 대해 탐색하는 것이 최선이라고 결정할 수 있다. 다른 해석자는 그 자료를 더 고수하고 결과에 포함시키기를 원할 수 있다. 해석자가 이런 전략을 선택한다면 결과는 가장 보수적인 방식으로 진술해야 한다.

▌**사례 6의 자료에 대해 적용한 결과:** 사례 6은 잠정적 결과 2, 2a와 모두 일치한다. D 점수는 EA와 es 간의 차이가 −3.0이기 때문에 Adj D 점수보다 1점 작고 D와 Adj D의 값이 같아지는 ±2.5 범위보다 0.5점 더 높다. 실제로 2개의 m이 있기 때문에 D 점수 간에 차이가 나타났다. es를 조정하기 위해 두 번째 m을 제외시키면 Adj D는 0이 된다. 어느 한 개의 m 채점이 오류라면 D 점수 간의 차이는 없게 될 것이다. 두 개의 m 결정인이 정확하게 채점되었다면 초점을 생활사로 돌려야 한다. 수검자는 연구에 자발적으로 참여한 사람이다. 간략하게 생활사를 청취한 결과 상황적 스트레스의 증거는 없고 그 계열에서 상황적 스트레스와 일치하는 자료(SumT=1, SumV=0)도 없다. 이 사례는 아마도 오류긍정 사례인 것으로

생각된다. 해석자는 상황적 스트레스에 관한 기본가정을 기각하고 다음 변인군집으로 진행하거나 최소한 전체 기록을 모두 검토할 때까지 이 가정을 보류해야 할 것이다. ▮

2단계: Adj D-D

스트레스의 크기를 예비적으로 추정하기 위해 D 점수와 Adj D 점수 간의 차이를 검토해야 한다.

사례 7. 29세 여성의 상황적 스트레스 자료

EB = 4 : 7.0	EA = 11.0	D = −1	BLENDS
eb = 6 : 8	es = 14 Adj es = 11	AdjD = 0	M.CF = 1
			M.FD = 1
FM = 4 m = 2	C' = 1 T = 2 V = 2 Y = 3		FM.Fr.CF = 1
	(3r + (2)/R) = .48)		FM.FT = 1
			m.CF = 1
Pure C = 1	M− = 0 MQnone = 0 Blends = 7		CF.YF = 1
			FC.FC' = 1

- **잠정적 결과 1:** 보통 D 점수와 Adj D 점수 간의 차이는 1점이 될 것이고 이는 상황적 스트레스의 영향이 가벼운 정도에서 중간 정도의 범위라는 것을 시사한다. D 점수 간의 1점 차이는 어떤 심리적 혼란이 있다는 신호이지만 반드시 심리적 붕괴를 나타내는 것은 아니다. 3~7단계에서 자료를 검토할 때 이 문제를 더 자세하게 다룰 것이다. 3단계로 진행.

▮ **사례 7의 자료에 대해 적용한 결과:** Adj D 점수는 0이고 D 점수는 −1이다. 어떤 심리적 혼란이 있을 수 있다. ▮

사례 8. 44세 남성의 상황적 스트레스 자료

EB = 6 : 5.5	EA = 11.5	D = −2	BLENDS
eb = 8 : 9	es = 17 Adj es = 14	AdjD = 0	M.CF.FC' = 1
			M.FD = 2
FM = 5 m = 3	C' = 4 T = 1 V = 2 Y = 2		M.CF = 1
	(3r + (2)/R) = .28)		FM.FC' = 1
			m.CF = 2
Pure C = 0	M − = −1 MQnone = 0 Blends = 9		FC.FY = 1
			CF.FD = 1

• **잠정적 결과 2**: D 점수의 값이 1점 이상 크고 Adj D 점수보다 작다면 보통 상당한 스트레스 경험이 있다는 것을 말한다. 이때의 스트레스 경험은 전형적으로 일상적인 사고와 행동유형을 상당히 방해한다. 3~7단계에서 자료를 검토할 때 이 문제를 더 자세하게 다룰 것이다. 3단계로 진행.

▌**사례 8의 자료에 대해 적용한 결과**: Adj D 점수는 0이고 D 점수는 −2이다. 심리적 혼란이 심하고 어느 정도 심리적 작용이 와해되었을 가능성이 높다. ▌

3단계: m과 SumY

상황적 스트레스는 개인의 사고와 감정에 다양한 영향을 미칠 수 있다. 때때로 특정 사고와 행동에 더 큰 영향을 줄 수 있다. 스트레스가 사고나 감정에 미치는 스트레스의 영향은 m이나 SumY의 값의 크기에 그대로 반영되고 D 점수가 Adj D 점수보다 낮다는 것은 이 두 값 중 한 값이나 두 값이 모두 상승되어 있기 때문이다. 이 단계는 이들 변인의 값이 개인의 최근 심리적 상태를 이해하는 데 유용할 수 있는 정보를 제공하는지를 결정하는 데 목적이 있다.

m 변인은 주의의 초점이 되지 않은 어떤 형태의 잠입적 관념과 관련이 있다. 이런 관념이 증가할 경우 주의와 집중력을 방해하는 경향이 있고 판단력을 흐리게 할 수 있다. SumY 변인은 무력감이나 반응능력의 결함 때문에 생기는 감정과 관련이 있다. 이런 감정이 강해질 경우 보통 두려움, 불안이나 슬픔이 나타나고

매우 혼란스러울 수 있다.

상황적 스트레스가 정서보다 사고에 더 영향을 미치거나 반대로 사고보다 정서에 더 영향을 미친다면 이런 결과는 스트레스의 결과에 대한 이해뿐만 아니라 스트레스의 영향을 다루기 위한 개입전략을 수립할 때 매우 중요할 수 있다.

- **잠정적 결과 1**: m 값이나 SumY 값이 다른 한 값보다 3배 이상 크지 않다면 스트레스의 심리적 결과는 사고와 정서에 다 영향을 미칠 정도로 확산되는 경향이 있다. 이 두 변인 중 어느 한 값이 2점 이상으로 상승한다면 비록 어느 한 값이 다른 값보다 3배 이상 높지 않다고 하더라도 개인에 대해 기술할 때 언급할 가치가 있을 수 있는, 스트레스가 주는 영향에 대한 어떤 단서가 될 수 있다. 4단계로 진행.

  ┃ **사례 7, 8의 자료에 대해 적용한 결과**: 사례 7은 2개의 m과 3개의 Y 반응이 있는 반면에 사례 8에는 3개의 m과 2개의 Y가 있다. 따라서 두 사례 모두 스트레스의 결과가 확산되어 있다고 가정하는 것은 합리적이다. 그리고 이러한 변인 점수의 상승은 개인에 대한 기술에서 언급할 가치가 있다. 사례 7에서 3개의 Y 반응은 무력감을 강하게 시사하는 반면에 사례 8에서 3개의 m은 상당한 정도로 주의력과 집중력이 영향을 받고 있다는 것을 지적하는 경향이 있다. ┃

- **잠정적 결과 2**: m 값이 SumY 값보다 3배 이상 더 크다면 스트레스가 관념에 더 큰 영향을 줄 가능성이 있다. 이 결과로 주의력과 집중력이 손상되기 쉽다. 4단계로 진행.
- **잠정적 결과 3**: SumY 값이 m 값보다 3배 이상 더 크다면 스트레스는 정서에 더 큰 영향을 미치기 쉽다. 이럴 경우 개인이 설명하기 어려운 불안, 긴장, 불편의 경험이 있을 가능성이 상당히 높다. 4단계로 진행.

4단계: Adj D, D, SumT, SumV

Adj D 점수와 D 점수의 차이는 SumT와 SumV 값에 비추어 재고해야 한다. 두 가지 D 점수는 표준편차에 근거한 표준점수이고 이 두 점수 간의 차이 자체는 단지 상황적 스트레스의 영향에 대한 대략적인 추정치를 제공할 뿐이다. SumT와 SumY의 부수적인 자료는 두 가지 D 점수 간의 차이에서 도출된 가설을 더 확증하거나 수정할 필요가 있을 때 중요한 정보원이 된다.

일반적으로 재질과 차원(vista) 변인은 안정적이고 특성 같은 현상과 관련이 있다고 생각된다. 따라서 이들 변인은 es를 조정하는 데 항상 포함시키지는 않는다. 그렇지만 때로는 SumT와 SumV의 값이 상황적이거나 상태와 같은 현상을 반영할 수도 있다. 그러므로 어느 한 값이 기대했던 것보다 더 높은지를 결정하기 위해 SumT와 SumV의 값을 검토할 필요가 있다. 그리고 어느 한 값이 기대했던 것보다 높을 경우 높은 점수가 상황과 관련이 있는지를 확인하기 위해 생활사를 검토할 필요가 있다.

- 잠정적 결과 1: SumT의 값이 1보다 크지 않고 SumV의 값이 0보다 크지 않거나 또는 SumV가 0보다 크지만 자기중심성 지표($3r+(2)/R$)가 0.32보다 크지 않다면 D 점수 간의 차이를 재고할 이유는 없다. 5단계로 진행.
- 주의: 자기중심성 지표의 절단점수인 0.33은 15세 이상의 수검자에게만 적용할 수 있다. 더 어린 수검자에게 적용하는 절단점수는 다음과 같다: 14세=.37, 12~13세=.38, 9~11세=.45, 8세=.48, 5~7세=.52.

사례 8. 44세 남성의 상황적 스트레스 자료

			BLENDS
EB = 6 : 5.5	EA = 11.5	D = −2	
eb = 8 : 9	es = 17 Adj es = 14 AdjD = 0		M.CF.FC' = 1
			M.FD = 2
FM = 5 m = 3	C' = 4 T = 1 V = 2 Y = 2		M.CF = 1
	($3r+(2)/R$) = .28		FM.FC' = 1
			m.CF = 2
Pure C = 0	M− = −1 MQnone = 0 Blends = 9		FC.FY = 1
			CF.FD = 1

▌**사례 8의 자료에 대해 적용한 결과:** SumT 값은 1이다. SumV의 값은 2이
지만 자기중심성 지표는 .33보다 작다. D 점수의 차이를 재고할 필요는
없다. ▌

• **잠정적 결과 2:** SumT의 값이 1보다 크거나 또는 SumV의 값이 0보다 크고 자기
중심성 지표의 값이 .33 이상이라면(아동의 경우 조정된 값) D 점수는 잘못된
것일 수 있다. 어느 경우든 D 점수에 대해 재고해 볼 필요가 있다. 이렇게
결정할 경우 생활사를 고려해야 한다.

예컨대, SumT의 값이 2이거나 2 이상이라면 경험하고 있는 상황적 스트레스
는 최근의 정서적 상실과 관련이 있을 가능성이 매우 높다. 이런 문제는 최근
의 생활사를 통해 확인해야 한다. 생활사를 조사한 결과 최근의 뚜렷한 정서적
상실이 나타나지 않는다면 SumT 변인에 근거한 D 점수 차이를 재고할 필요는
없다.

마찬가지로 자기중심성 지표가 .33 이상인 기록에서 1개 이상의 SumV 값은
어떤 상황적 스트레스가 최근에 나타난 죄책감이나 양심의 가책과 관련이 있
다는 것을 시사한다. 이런 문제는 최근의 생활사를 통해 확인해야 한다. 생활
사에서 죄책감이나 양심의 가책을 지적하는 분명한 증거가 없다면 SumV 변인
에 근거한 D 점수의 차이에 대해 재고할 필요는 없다.

생활사를 조사한 결과 SumT와 관련해서 최근에 정서적 상실이 있거나
SumV와 관련해서 최근에 죄책감이나 양심의 가책으로 발전될 수 있는 사건이
있다는 것이 확인되면 D 점수 간의 차이를 재고해야 한다.

각 변인에서 기대치보다 높은 점수를 Adj es 값에서 뺐을 경우 Adj D 점수가
높아지는지 여부를 알아보려면 EA −Adj es 공식을 재검토하면 된다. 위에서
언급한 바와 같이 SumT와 SumV의 기대치는 각각 1과 0이다.

예컨대, D 점수 간의 차이를 재고하는 어떤 프로토콜이 두 개의 재질반응을
포함하고 차원반응은 없다면 초과한 1점을 Adj es에서 빼고 Adj D를 다시 계산
할 수 있다. 마찬가지로 재고하고자 하는 프로토콜이 3개의 재질반응과 2개의
차원반응을 포함하고 있다면 Adj es에서 4점을 빼고 Adj D를 다시 계산할 수
있다.

사례 7. 29세 남성의 상황적 스트레스 자료

EB = 4 : 7.0	EA = 11.0	D = −1	BLENDS
eb = 6 : 8	es = 14 Adj es = 11 AdjD = 0		M.CF = 1
			M.FD = 1
FM = 4 m = 2	C' = 1 T = 2 V = 2 Y = 3		FM.Fr.CF = 1
	(3r + (2)/R) = .48)		FM.FT = 1
			m.CF = 1
Pure C = 1	M− = 0 MQnone = 0 Blends = 7		CF.YF = 1
			FC.FC' = 1

대부분 사례에서 Adj es에서 1점이나 2점을 빼더라도 Adj D 값은 변하지 않을 것이다. 그러나 어떤 사례에서는 D 점수의 차이가 증가할 수 있다. 이럴 경우 2단계에서 발전시킨 가설을 변경해야 한다. 가설을 변경시키는 정도는 생활사를 조사한 결과 최근의 정서적 상실이 확인되고 이것이 SumT에 반영되었거나 죄책감이나 양심의 가책이 있어서 SumV가 문제가 될 경우에 따라 다르다.

그러나 생활사를 검토한 결과 이런 문제에 의심의 여지가 없다면 D 점수 간에 증가된 차이를 분명하게 반영하는 방식으로 가설을 다시 진술해야 한다. 반면 생활사를 검토한 결과 이런 문제가 불확실하다면 2단계에서 발전된 가설은 단순히 더 시사적인 진술로 보완시켜야 한다.

▎**사례 7의 자료에 대해 적용한 결과:** 이 수검자의 프로토콜에서 자기중심성 지표 .48과 더불어 SumT는 2이고 SumV는 2이다. 생활사를 살펴보면 이 두 변인이 기대치보다 높은 값을 나타내는 상황적 근거가 있다는 것을 알 수 있다. 결혼생활이 파탄에 이르는 과정에 있고 아들과의 만남도 제한되어 있고 의사와의 관계도 불확실하다는 사실은 정서적 상실에 대한 증거일 수 있다. 결혼생활의 파탄과 아들과의 분리를 초래하는 혼외정사가 있었다는 사실은 죄책감과 양심의 가책이 있을 가능성을 시사한다. 따라서 D 점수 간의 1점 차이는 Adj es에서 3점을 빼서(11−3=8) 재고해야 한다. 이런 결정이 타당하다면 Adj D 점수는 +1이 될 것이고 이에 따라 D 점수 간의 차이는 2점이 될 것이다. 정서적 상실, 죄책감과 그에 따른 후회경험이 있을 수 있다는 생활사적 증거는 매우 강력하지만 반드시 확

실한 것은 아니다. 따라서 2단계에서 언급된 원래 1점 차이에서 도출된 가설을 유지해야 하지만 보충할 필요가 있다. 이럴 경우 다음과 같이 진술하는 것이 최선일 것이다. (2단계의 결과)에서처럼 '이 결과는 수검자가 현재 어떤 심리적 혼란의 원인이 될 수 있는 상황적 스트레스를 경험하고 있다는 것을 시사한다(3단계에서 보완). 이 혼란의 일부는 결혼생활의 파탄과 관련된 상실감 및 자책감과 관련이 있을 수 있다. 이런 가정이 사실이라면 심리적 혼란은 때때로 어떤 장애를 야기하는 원인이 될 수 있다. 특히 복잡하고 친숙하지 않은 상황에 처했을 경우 그럴 가능성은 증가할 수 있다.'

5단계: D 점수

자극 과부하의 문제와 충동적일 가능성을 알아보기 위해 D 점수를 검토하고 적절할 경우 순수 C, M−, 형태가 없는 M에 관한 보조적인 자료를 검토한다.

- **잠정적 결과 1:** D 점수가 0이거나 0보다 크다면 상황적 스트레스의 영향은 아마 적당할 것이다. 그렇지만 D가 Adj D보다 작다는 사실은 다음과 같은 기본가설을 지지한다: (1) 어떤 상황적 스트레스가 있다, (2) 수검자의 스트레스 내성은 평소보다 낮고 전형적인 통제능력은 평소보다 덜 강할 수 있다. D 점수가 0이거나 0보다 크기 때문에 통제력이 상실되어 충동적일 수 있다는 두 번째 가설을 지지해 주는 증거는 없다.

  D 점수가 0이거나 0보다 클 경우 순수 C 반응이 있다는 것은 충동성을 반영하는 것은 아니다. 오히려 어떤 경우 가용한 자원이 감정조절에 사용되지 않는다는 신호이다. 이 문제는 정서에 관한 군집을 검토할 때 다루게 될 것이다. 마찬가지로 M− 반응이 있거나 D 점수가 0이거나 0보다 클 경우 형태가 없는 M 반응은 처한 상황 때문에 관념적 통제가 상실되었다는 것을 지적하는 것은 아니다. 이런 반응은 관념에 관한 군집을 검토할 때 다루게 될 것이고 사고에 대한 의문을 유발시키는 반응이다. 6단계로 진행.

사례 7. 29세 여성의 상황적 스트레스 자료

				BLENDS	
EB = 4 : 7.0	EA = 11.0		D = −1		
eb = 6 : 8	es = 14 Adj es = 11		AdjD = 0	M.CF	= 1
				M.FD	= 1
FM = 4 m = 2	C' = 1 T = 2 V = 2 Y = 3			FM.Fr.CF	= 1
	(3r + (2)/R) = .48			FM.FT	= 1
				m.CF	= 1
Pure C = 1	M− = 0 MQnone = 0 Blends = 7			CF.YF	= 1
				FC.FC'	= 1

사례 8. 44세 남성의 상황적 스트레스 자료

				BLENDS	
EB = 6 : 5.5	EA = 11.5		D = −2		
eb = 8 : 9	es = 17 Adj es = 14		AdjD = 0	M.CF.FC'	= 1
				M.FD	= 2
FM = 5 m = 3	C' = 4 T = 1 V = 2 Y = 2			M.CF	= 1
	(3r + (2)/R) = .28			FM.FC'	= 1
				m.CF	= 2
Pure C = 0	M− = −1 MQnone = 0 Blends = 9			FC.FY	= 1
				CF.FD	= 1

• **잠정적 결과 2**: D 점수가 마이너스일 경우 수검자는 쉽게 효율적으로 반응할 수 있는 수준보다 더 많은 내적 요구를 경험하는 과부하 상태에 있다. 그 결과 통제력이 감소하고 의사결정을 내리거나 행동을 수행하기 어려울 수 있고 충동적인 성향이 나타난다.

이런 결과에 해당할 경우(positive) 순수 C 반응, M−, 형태가 없는 M 반응이 있다는 것은 매우 중요하다. D 점수가 마이너스일 때 1개 또는 1개 이상의 순수 C 반응이 있다는 것은 충동성이 정서적 표현에 나타나기 쉽다는 것을 시사한다. 이와 마찬가지로 D 점수가 마이너스일 때 M−나 형태가 없는 M 반응이 있다는 것은 과부하 상태 때문에 관념적 통제가 손상되었을 가능성을 의미한다.

• **잠정적 결과 2a**: D 점수가 −1이라면 수검자는 친숙한 환경과 특히 잘 구조화되

고 정리된 상황에서는 정확하게 기능한다고 기대할 수 있다. 반면에 상황이 더 복잡하고 모호하게 될수록 장애와 충동적 사고나 행동에 대한 취약성은 증가한다. 이런 취약성은 EA가 기대된 범위 이하로 떨어짐에 따라 현저하게 증가한다.

D 점수가 −1인 프로토콜에서 순수 C 반응이 있다는 것은 정서적 충동성이 나타날 가능성이 높다는 것을 시사하고 이 충동성은 보통 잘 통제되지 않은 행동에서 나타난다. D 점수가 −1일 때 M−와 형태가 없는 M 반응이 있다는 것은 상황적 스트레스가 판단을 흐리게 하거나 기이한 사고를 생성할 수 있다는 잠정적 가설을 설정할 수 있다. 이 가설은 관념에 관한 군집을 검토하는 동안에 자세하게 평가할 것이다. 6단계로 진행.

▌**사례 7의 자료에 대해 적용한 결과:** D 점수가 −1인 것은 수검자가 구조화되어 있고, 친숙한 상황에서는 정확하게 기능하지만, 복잡하거나 모호한 상황에서는 덜 효율적일 수 있다는 것을 시사한다. 이럴 경우 수검자는 충동적인 사고와 행동에 취약하다. 수검자의 반응기록에서 1개의 순수 C 반응이 있으나 M−나 형태가 없는 M 반응은 없다. 이런 결과는 충동성이 나타날 경우 행동의 효율성과 관계없이 정서가 통제되지 않고 감정이 행동을 주도하는 경향이 있는 이변적 에피소드가 나타날 가능성은 높을 것이다. ▌

• **잠정적 결과 2b:** D 점수가 −1보다 작다면 수검자는 통제문제가 있을 가능성이 매우 높다고 가정하는 것은 합리적이다. EA 값과 관련 없이 심리적 장애를 나타낼 위험성은 높고 이러한 수검자는 관념적, 행동적 충동성에 매우 취약하다. 매우 구조화되어 있고 일상적인 상황이 아닐 경우 정확하고 효율적으로 기능할 수 없게 된다. D 점수가 −3, −4 등으로 점점 작아지게 되면 이러한 문제는 거의 기하학적인 비율로 증가한다. 6단계로 진행.

▌**사례 8의 자료에 대해 적용한 결과:** D 점수는 상당한 과부하가 있고 지속적인 통제문제가 있을 가능성을 지적하는 −2이다. 수검자의 전반적인 기

능은 아마 평소보다 일관성이 낮을 것이고 쉽게 충동적이기 때문에 의사 결정을 할 때 심사숙고하지 않을 수 있고 행동의 수행도 효율적이지 않을 수 있다. 순수 C 반응이나 형태가 없는 M 반응은 없지만 M− 반응은 1개가 있다. 이는 충동성이 나타날 때 관념적 통제가 어려울 것이고 잘못된 판단과 의사결정을 하게 될 가능성이 있다는 것을 시사한다. 이럴 가능성은 관념에 관한 자료를 검토할 때 더 자세하게 다룰 필요가 있다.

사례 7. 29세 여성의 상황적 스트레스 자료

			BLENDS	
EB = 4 : 7.0	EA = 11.0	D = −1		
eb = 6 : 8	es = 14 Adj es = 11	AdjD = 0	M.CF	= 1
			M.FD	= 1
FM = 4 m = 2	C' = 1 T = 2 V = 2 Y = 3		FM.Fr.CF	= 1
	(3r + (2)/R) = .48		FM.FT	= 1
			m.CF	= 1
Pure C = 1	M− = 0 MQnone = 0 Blends = 7		CF.YF	= 1
			FC.FC'	= 1

사례 8. 44세 남성의 상황적 스트레스 자료

			BLENDS	
EB = 6 : 5.5	EA = 11.5	D = −2		
eb = 8 : 9	es = 17 Adj es = 14	AdjD = 0	M.CF.FC'	= 1
			M.FD	= 2
FM = 5 m = 3	C' = 4 T = 1 V = 2 Y = 2		M.CF	= 1
	(3r + (2)/R) = .28		FM.FC'	= 1
			m.CF	= 2
Pure C = 0	M− = −1 MQnone = 0 Blends = 9		FC.FY	= 1
			CF.FD	= 1

6단계: m이나 Y 변인이 부가된 혼합반응

혼합반응은 심리적 복잡성에 관한 대략적인 지표를 제공해 준다. 이 단계에서는 상황적 스트레스로 인해 자극요구가 더 크게 증가하였고 그로 인해 심리적 복잡성이 의미 있게 증가되었는지를 확인한다. 이를 위해 단순한 계산을 해야 하는 다음의 두 단계가 필요하다.

첫 단계는 프로토콜에서 단지 m 또는 Y 변인이 부가되어 생긴 혼합반응의 개수를 센다. 보통 M.FY, m.CF, CF.YF 등과 같은 두 가지 변인을 포함하는 혼합반응으로 나타나지만 때로는 M.m.YF 또는 m.CF.YF와 같이 m과 Y가 함께 나타나는 세 가지 변인을 포함하는 혼합반응일 수 있다.

두 번째 단계에서는 기록에서 전체 혼합반응의 백분율이 m과 Y 변인만으로 구성되어 있는지를 밝히기 위해 계산한다.

- **잠정적 결과 1**: m 또는 Y 변인이 부가되어 생긴 혼합반응의 수가 0보다 크지만 전체 혼합반응 수의 20% 미만이라면 스트레스 때문에 심리적 복잡성이 증가한 정도는 매우 가벼운 정도라고 가정할 수 있다. 7단계로 진행.
- **잠정적 결과 2**: m 또는 Y 변인이 부가되어 생긴 혼합반응의 수가 전체 혼합반응에서 20~30%라면 상황적 스트레스 때문으로 인해 심리적 복잡성이 의미 있게 증가한 정도는 중간 정도라고 가정할 수 있다.

  D 점수가 마이너스 범위에 있다는 것은 과부하된 상황에서 증가한 심리적 복잡성이 충동적 행동의 잠재성도 증가시키기 때문에 매우 중요하다. 7단계로 진행.

  ▎**사례 7의 자료에 대해 적용한 결과**: 기록에는 7개의 혼합반응이 포함되어 있고 m과 Y 변인이 부가되어 생긴 혼합반응(m.CF & CF.YF)은 2개이다. 이는 전체 혼합반응 수의 29%에 해당한다. 따라서 수검자의 심리적 복잡성은 상황적 스트레스 때문에 중간 정도로 증가했고 이런 증가로 인해 충동성 잠재성도 증가하는 경향이 있다고 가정해야 한다. ▎

- **잠정적 결과 3**: m이나 Y 변인만이 부가되어 생긴 혼합반응의 수가 전체 혼합반응 수의 30% 이상이라면 스트레스로 인해 심리적 복잡성이 상당히 증가되었다고 가정할 수 있다. 크게 증가된 심리적 복잡성은 심리적 혼란(disorganization)에 대한 개인의 취약성을 증가시키는 경향이 있기 때문에 매우 중요하다. 이 취약성은 D 점수가 마이너스 범위인 수검자에게 특히 부정적인 영향을 끼친

다. 왜냐하면 심리적 혼란의 가능성은 충동적 행동에 대한 잠재성이 증가함에 따라 급등하기 때문이다. 7단계로 진행.

▌**사례 8의 자료에 대해 적용한 결과:** 기록에는 9개의 혼합반응이 포함되어 있고 이 중 2개의 m.CF와 1개의 FC.FY는 상황과 의미 있는 관계가 있는 것으로 보인다. 이 3개의 혼합반응은 전체 혼합반응의 삼분의 일에 해당 되고 평소보다 훨씬 높은 심리적 복잡성을 나타낸다. 이렇게 가중된 복잡 성은 심리적 혼란의 가능성과 충동성에 대한 잠재성을 증가시킨다. ▌

7단계: 색채음영 혼합반응

흔히 개인이 감정 때문에 혼란스러워질 수 있다는 정보는 개인의 심리를 이해 하는 데 매우 중요하다. 색채음영반응은 FC.FY, CF.FC', Ma.FC.FV와 같은 유채색 결정인과 무채색 또는 음영 결정인을 포함하는 혼합반응인데, 이러한 반응은 감정 에 대한 일종의 혼란(confusion)이나 양가감정의 징후를 나타내 주는 것이다.

대부분의 사람들은 흔히 자신의 감정에 대해 혼란을 경험하고 프로토콜에서 1개의 색채음영 혼합반응이 나타나는 것은 이상한 것이 아니다. 그렇지만 1개보 다 많은 색채음영 혼합반응은 비일상적 결과이다. 상황적 스트레스가 있을 경우 스트레스의 경험이 감정에 대한 혼란을 일으키거나 증가시킬 수 있는지 확인하 는 것은 중요하다. 이를 위해 다음의 두 단계를 거쳐야 한다.

첫째, 해석자는 어떤 색채음영 혼합반응이 단지 유채색 결정인과 CF.C'F, FMa.FC, FC.FV 등과 같은 재질이나 전경 또는 무채색 결정인이 결합되어 생겨난 것인지를 결정하기 위해 혼합반응의 목록을 검토해야 한다. 이런 유형의 색채음 영 혼합반응은 기존에 존재하는 감정에 관한 혼란이나 양가감정의 가능성을 지 적하는 것이다.

둘째, 해석자는 색채음영 혼합반응이 단지 유채색 결정인과 Mp.FC.FY, ma.CF.YF, FC.YF 등과 같은 Y 결정인이 결합되어 생겨난 것인지를 확인하기 위해 혼합반응의 목록을 검토해야 한다. 이런 유형의 색채음영 혼합반응은 감정 에 관한 상황적 혼란의 가능성을 시사하는 것이다.

- **잠정적 결과 1:** 혼합반응의 목록에 유채색과 T, V 또는 C' 결정인이 결합되어 생긴 색채음영 혼합반응은 없지만 유채색과 Y 결정인이 결합되어 생긴 색채음영 혼합반응을 포함하고 있다면 스트레스 상황이 정서적 혼란을 유발시켰다고 가정할 수 있다. 해석순서에서 다음 군집으로 진행.
- **잠정적 결과 2:** 혼합반응 목록이 유채색과 T, V 또는 C' 결정인이 결합되어 생긴 혼합반응이 적어도 1개는 포함되어 있고 또한 유채색과 Y 결정인이 결합되어 생긴 1개의 색채음영 혼합반응을 포함하고 있다면 감정에 대한 혼란이 이미 존재하고 있고 상황적 스트레스로 인해 혼란이 더 증가되었다고 가정할 수 있다. 해석순서에서 다음 군집으로 진행.

사례 7. 29세 여성의 상황적 스트레스 자료

			BLENDS	
EB = 4 : 7.0	EA = 11.0	D = −1		
eb = 6 : 8	es = 14 Adj es = 11 AdjD = 0		M.CF	= 1
			M.FD	= 1
FM = 4 m = 2	C' = 1 T = 2 V = 2 Y = 3		FM.Fr.CF	= 1
	(3r + (2)/R) = .48		FM.FT	= 1
			m.CF	= 1
Pure C = 1	M− = 0 MQnone = 0 Blends = 7		CF.YF	= 1
			FC.FC'	= 1

사례 8. 44세 남성의 상황적 스트레스 자료

			BLENDS	
EB = 6 : 5.5	EA = 11.5	D = −2		
eb = 8 : 9	es = 17 Adj es = 14 AdjD = 0		M.CF.FC'	= 1
			M.FD	= 2
FM = 5 m = 3	C' = 4 T = 1 V = 2 Y = 2		M.CF	= 1
	(3r + (2)/R) = .28		FM.FC'	= 1
			m.CF	= 2
Pure C = 0	M− = −1 MQnone = 0 Blends = 9		FC.FY	= 1
			CF.FD	= 1

▌**사례 7, 8의 자료에 대해 적용한 결과:** 사례 7에는 2개의 색채음영 혼합반응(CF.FY, FC.FC')이 있다. 이러한 두 반응 중 첫 번째 반응은 상황과 관련이 있고 상황적 스트레스가 감정에 대한 혼란을 증가시켰다는 것을 시사한다. 사례 8에도 역시 2개의 색채음영 혼합반응(M.CF.FC', FC.FY)이 있다. 이러한 두 반응 중 두 번째 반응은 아마도 상황과 관련이 있을 것이다. 사례 8과 사례 7의 결과는 정서적 혼란의 증가를 지적하고 있다는 점에서는 유사하지만 사례 8의 경우 D 점수가 −2이기 때문에 이 결과는 더 중요하다. 달리 표현하면 장애와 충동성에 대한 잠재성은 아마 정서적 혼란에 의해 상당히 증가될 것이다. ▌

- **잠정적 결과 3:** 유채색 결정인과 T, V 또는 C 결정인이 결합되어 있는 색채음영 혼합반응은 없으나 유채색과 Y 결정인이 결합되어 생긴 색채음영 혼합반응이 1개 이상 포함되어 있다면 스트레스 상황이 상당한 정서적 혼란을 일으켰다고 가정할 수 있다. 만약 D 점수가 마이너스 범위라면 감정에 대해 부과된 혼란은 장애와 충동성의 가능성은 크게 증가시킨다.
- **잠정적 결과 4:** 혼합반응 목록에 유채색 결정인과 T, V 또는 C 결정인이 결합되어 있는 혼합반응이 적어도 1개는 있고 유채색 결정인과 Y 결정인이 결합되어 생긴 색채음영 혼합반응이 1개 이상이라면 상황적 스트레스가 근본적으로 기존에 존재하고 있는 정서적 혼란을 더 증가시킨다고 가정할 수 있다. D 점수에 상관없이 가중된 감정혼란은 심리적 장애의 에피소드에 대한 취약성을 증가시킨다. D 점수가 마이너스 범위일 경우 이러한 정도의 혼란은 충동적일 가능성을 현저하게 증가시킨다.

3. 상황적 스트레스에 관한 결과 요약

일반적으로 상황적 스트레스가 있다는 것을 의미하는 결과가 있으면 통제와 스트레스 내성과 관련지어 살펴보아야 한다. 그렇지만 어떤 경우 결과가 불분명할 수 있다. 이럴 경우 해석자가 수검자에 대한 보고서를 작성할 때 이 문제를 어떻게 기술하는 것이 최선인지에 대한 판단을 내려야 한다. 예컨대, 연구의 통제집단 피험자로 자원한 여성을 다룬 사례 6의 자료는 D 점수 간 차이는 잘못된 결과일 수 있다는 것을 시사한다. 이 피험자에 대한 기술이 필요하거나 피험자가 환자로서 검사를 받게 되었다면 상황적 스트레스에 대해 매우 조심스럽게 진술해야 한다: '통제와 스트레스 내성에 대한 능력은 일반적으로 대부분의 성인과 유사하다. 그러나 그녀는 이러한 능력을 약간 감소시키는 원인이 될 수 있는 상황과 관련 있는 가벼운 스트레스를 경험하고 있을 수 있다.'

　다른 사례의 경우 자료는 더 분명하고 개인에 대해 더 자세하게 진술할 수 있다. 이혼과 양육권 분쟁에 관여된 29세 여자를 다룬 사례 7이 좋은 예이다. 이 여자의 기록에 나타난 결과는 다음과 같이 요약할 수 있다: '일반적으로 통제능력과 스트레스에 대한 내성은 대부분의 성인과 같다. 그러나 이런 능력은 최근 상황적 스트레스 때문에 상당히 제한되어 있다(2단계). 어느 정도의 심리적 동요와 충동적 성향에 대한 잠재성이 뚜렷하게 지적되고 있다(2, 4단계). 그녀는 자신이 처한 상황에 대해 다소의 무기력감을 느끼고 있는 것으로 보인다(3단계). 또한 분명히 외로움을 느끼고 결혼생활의 해체와 관련된 죄책감과 가책을 경험하고 있는 것으로 보인다(4단계). 구조화되어 있고 친숙한 상황에서는 정확하게 기능할 수 있으나 복잡하거나 모호한 상황에서는 아마도 매우 효율적으로 기능할 수 없을 것이다. 실제로 수검자는 자신의 감정에 압도당하기 쉽고 이럴 경우 행동이 얼마나 효율적인지 또는 비효율적인지에 상관없이 감정이 행동을 주도할 것이다(5단계). 상황적 스트레스로 인한 또 다른 결과로 심리적 복잡성이 중간 정도로 증가하고 자신의 감정에 대한 혼란이 장기간 지속될 것이다(6, 7단계).'

　마케팅 부서의 관리자인 44세 남자를 다룬 사례 8에 대한 요약은 상당히 다를 수 있다: '그의 통제능력과 스트레스에 대한 내성은 대부분의 성인과 같다. 그러나 이러한 능력은 상황과 관련된 스트레스 때문에 상당히 제한적이다. 이로 인해서 심리적 작용이 붕괴될 위험성과 충동적 성향이 생겨날 것이다(2단계). 이러한 심리적 붕괴가 정서와 사고에 다 영향을 미칠 정도로 확산되는 경향이 있을 수 있지만(3단계), 일부의 결과는 스트레스가 의사결정에도 중요한 영향을 미치고 잘못된 판단을 야기할 수도 있다는 것을 지적하고 있다(5단계). 또한 스트레스 상황이 그를 평소보다 더 심리적으로 복잡하게 만드는 원인으로 작용한다(6단계). 그리고 스트레스가 기존에 존재하고 있는 감정에 대한 혼란을 악화시켰다고 생각할 이유도 있다. 이러한 점은 심리적 혼란과 충동성에 대한 잠재성을 증가시킬 가능성이 높다(7단계).'

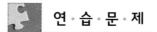

연·습·문·제

다음에는 두 개의 사례를 통해 상황적 스트레스에 관한 자료를 제시하였다. 사례별로 생활사를 제시하였고 2장에서와 마찬가지로 각 사례에 대해 단계별 질문을 제시하였다. 해답은 이 장의 끝부분에 있다.

사례 9의 생활사: 22세 된 여성으로 중소은행 신용부서 관리자의 보조관리자로 일하고 있다. 21세 때 규모가 큰 주립대학에서 경제학을 전공하고 졸업한 이후 약 1년간 이 일을 해 왔다. 18세의 남동생은 예술대학 1학년에 재학 중이다.

수검자의 아버지는 49세로 소매 아울렛의 관리자이다. 아버지는 회복단계에 있는 알코올 중독자로 6년간 단주하였고 정기적으로 AA에 참여하고 있다. 35~38세 때 음주문제가 심각했는데 이 기간 동안 어머니와 3년째 별거를 하였다. 별거하기 시작했을 때 수검자는 9세였다. 별거 기간 중 자녀들은 어머니와 생활했고 주말에 아버지를 방문하였다. 아버지가 알코올 재활프로그램에 참여하고 난 후 재결합하였다. 어머니는 46세이고 대기업 비서실의 매니저로 일하고 있다.

발달사를 보면 특별하게 심하게 다쳤거나 많이 아팠던 경험은 없었다. 체중과 신장도 대체적으로 평균 정도로 현재 약 160cm, 55kg이다. 초경은 13세에 있었고 규칙적이었다. 17세 때 고등학교를 졸업하였고 평균학점은 B였고 그해 가을에 대학에 진학하였다. 대학 때 성적은 보통 C와 B 학점을 많이 받았다.

고등학교 때 꾸준히 데이트를 했고 여자 농구부원으로 활동했다. 17세 때 지속적으로 만났던 남자친구와 첫 성관계를 가졌다. 대학시절에도 몇 명의 남자와 만났고 그들과 성관계를 가지기도 했다. 4학년 때 한 살 많은 같은 과 남자친구와 약혼하였고 남은 학기 동안 동거하였다. 그는 최근에 대학원 1학년 과정을 이수하였다. 수검자는 졸업 후 바로 결혼할 것으로 기대했으나 일단은 남자친구가 최소한 대학원 1학년은 마친 후에 결혼하는 것으로 미뤄 놓았다고 했다.

수검자는 약 5개월 전 쯤에 임신한 사실을 알게 되었다. 수검자는 아이를 낳고 싶었으나 남자친구가 재촉하여 임신 7주째에 낙태수술을 하기로 결정했다. 그런 결정을 한 지 얼마 되지 않아서 남자친구는 다른 여자와 사귄다고 하여 동거생활을 정리하기로 했다.

수검자가 치료를 요청하면서 더불어 평가를 실시하게 되었다. 남자친구와 헤어진 후 계속 우울하고 수면문제가 있고 일에 흥미가 없어졌고 친구들에게도 자신의 이야기를 하기 싫다고 하였다.

사례 9. 22세 여성의 상황적 스트레스 자료

			BLENDS	
EB = 4 : 7.0	EA = 11.0	D = 0	M.FV	= 1
eb = 4 : 9	es = 13 Adj es = 8	AdjD = +1	M.CF	= 2
			m.CF	= 1
FM = 1 m = 3	C' = 2 T = 2 V = 1 Y = 4		m.YF	= 1
	(3r + (2)/R) = .21		FC.FC'	= 1
			FT.FY	= 1
Pure C = 1	M − = 0 MQnone = 0 Blends = 8		C.Y	= 1

1. 2, 3단계에 적용해 볼 때 다음 가설 중 이 사례에 가장 적합한 것은 무엇인가?

(1) 스트레스로 인한 영향이 상당하여 일상적인 사고와 행동에 중대한 지장이 초래되고 있다.

(2) 스트레스로 인한 영향이 중등도에 속하지만 때때로 더욱 중대한 지장을 초래하여 예상보다 더욱 심각한 붕괴를 초래할 수도 있다.

(3) 중등도 수준에 속하는 스트레스로 인하여 정서적 상실감과 외로움 등을 경험하고 있다. 이런 스트레스가 때때로 심리적 기전에 부정적 영향을 미칠 수도 있지만 붕괴될 정도는 아니다.

(4) 수검자가 경험하고 있는 스트레스의 영향이 중등도이지만 정서적 상실과

죄책감을 모두 포함하고 있으므로 상당히 심각해질 수도 있겠다.

2. 4단계의 결과에 근거한 가정 중 가장 적절한 것은 무엇인가?

　　⑴ 현재 처해진 상황이 스트레스에 대한 내성을 현저하게 떨어뜨렸고 수검자
　　　는 분명히 충동성 삽화를 경험할 가능성이 높다.

　　⑵ 통제능력이 상당히 저하되었고, 충동성 삽화에 취약해져 있으며, 이는 감
　　　정적인 측면으로 드러날 수 있겠다.

　　⑶ 수검자가 경험하는 스트레스의 영향은 중등도 수준이지만 때때로 더욱
　　　심각해질 수 있다. 왜냐하면 정서적 상실과 죄책감을 모두 포함하기 때문
　　　이다.

　　⑷ 통제능력은 적절하게 유지되고 있지만 때때로 강한 죄책감이 정서적으로
　　　충동적이게 만들 수 있다.

3. 3단계의 잠정적 결과들 중 이 사례에 해당하는 것은 무엇인가?

4. 6단계의 결과에 근거한 가정 중 가장 적합한 것은 무엇인가?

　　⑴ 상황적 스트레스로 인해서 심리적 복잡성이 상당히 증가되었고 이로 인
　　　해 판단력이 손상되었다.

　　⑵ 상황적 스트레스로 인해 심리적 복잡성이 상당히 증가되었고 그 결과 평
　　　상시보다 혼란감을 경험할 위험이 더욱 높아졌다.

　　⑶ 상황적 스트레스가 심리적 복잡성을 다소 증가시켰고 이는 충동성을 다
　　　소 증폭시킬 수 있다.

　　⑷ 평상시보다 심리적으로 더 복잡하지는 않다.

5. 7단계의 결과에 근거한 가정 중 가장 옳은 것은 무엇인가?

　　⑴ 상황적 스트레스로 인해서 상당한 감정적 혼란을 경험하고 있고 이로 인
　　　해 쉽게 충동적인 반응을 할 수 있다.

　　⑵ 상황적 스트레스는 사전에 있던 감정에 대한 혼란감을 증폭시켰다.

　　⑶ 상황적 스트레스가 최근의 정서적 상실에 대해 양가적으로 만들었다.

　　⑷ 상황적 스트레스가 자신의 감정에 대해 약간의 혼란을 느끼도록 만들었다.

사례 10의 생활사: 29세 남성으로 가족치료사가 평가를 의뢰하였다. 가족치료사는 변호사가 추천하여 이 남성과 부인을 대상으로 부부치료를 하고 있다. 이 남성은 부인과 두 번 별거했다가 재결합한 후 치료에 참가하겠다고 동의하였다. 이들은 6년 전에 결혼하였고 3세 된 딸 한 명이 있다.

약 2년 전, 생활비 문제로 심하게 다투고 부인을 몇 차례 폭행한 이후 처음으로 별거를 하였다. 그는 술을 마시기는 했으나 취하지는 않았다고 하였으며 이 점에 대하여는 부인도 인정하였다. 수검자에 따르면 '아내가 했던 말 중 몇 마디' 때문에 이성을 잃은 것이지, 부인에게 상처를 주고자 한 것은 아니라고 하였다. 그렇지만 부인은 몇 가지 물건을 챙겨서 아이를 데리고 친정으로 가 버렸다. 남편은 주로 장인을 설득하고 수차례 부인에게 사과한 끝에 2주 후 재결합하였다.

이번 평가를 받기 6주 전쯤에 또다시 별거하게 되었고 이번에도 신체적 폭력을 행사하였다. 처음에는 딸에 대한 훈육 방법을 가지고 논쟁을 시작했으나 점차 격해지고 폭력도 개입되었다. 부인도 자신이 남편에게 언어적 폭력을 행사했음을 시인하였고 남편은 그러한 점 때문에 부인을 때렸다고 말하였다. 부인이 큰 소리를 질러 이웃에서 그들이 다투는 것을 알 정도였다. 이웃이 경찰에 신고하였고 경찰이 도착했을 때 부인의 코와 입에서는 피가 많이 흐르고 있었고 옷도 찢겨져 있었다. 수검자는 체포되어 밤새 유치장에 있었지만 부인이 다음 날 또다시 짐을 싸서 집에서 나온 후 남편에게 책임을 물을 생각이 없다고 하여 풀려 나왔다.

이 남성은 자신이 참을성이 부족하고 화를 잘 참지 못하는 것을 인정하였다. 그는 18세에 고등학교를 졸업하고 곧바로 대학에 입학하였다. 처음에는 공학을 전공했으나 2학년 때 경영학으로 전공을 바꾸었다. 3학년 때 학점이 좋지 않아 학교를 그만두고 취업하기로 하였다. 중소규모 화물 회사의 사무장으로 약 5년간 일하였다. 수검자는 매일 맥주 몇 잔씩 마셔 왔지만 알코올 남용 수준은 아니라고 하였다. 대학 1학년 때 마리화나를 복용한 경험이 있었지만 약물사용을 부인하였다.

치료자는 이 남자가 개인치료와 더불어 부부치료를 하면 더 많은 효과를 거둘 것인지에 대해 관심을 갖게 되었고 정서적 통제능력, 부인에 대한 신체적 학대를 반복할 가능성에 초점을 두고 수검자의 성격에 대한 종합적인 평가를 하기 원하였다.

사례 10. 29세 남성의 상황적 스트레스 자료

EB = 2 : 8.0	EA = 10.0	D = −1		BLENDS
eb = 9 : 5	es = 14 Adj es = 11	AdjD = 0		FM.FC = 1
				FM.CF = 1
FM = 5 m = 4	C' = 2 T = 1 V = 1 Y = 1			FM.FD = 1
	(3r + (2)/R) = .37)			FM.FC' = 1
				m.C = 1
Pure C = 2	M − = 0 MQnone = 0 Blends = 7			m.CF = 1
				CY = 1

1. 2, 4단계에 근거한 가정들 중 이 사례에 가장 적절한 것은 어느 것인가?

(1) 수검자가 경험하고 있는 상황적 스트레스는 그의 사고와 행동에 매우 파괴적인 영향을 주고 있다.

(2) 수검자가 경험하고 있는 상황적 스트레스는 죄책감과 후회를 포함하고 있을 것이고 이는 사고와 행동에 다소 파괴적인 영향을 줄 수 있을 것이다.

(3) 수검자가 경험하는 스트레스에는 강한 정서적 상실감을 포함하고 있기 때문에 예상보다 더 파괴적일 수 있다.

(4) 상황과 관련된 스트레스를 경험하고는 있지만 사고와 행동에 대한 영향은 극히 적다.

2. 5단계에 근거한 가정 중 이 사례에 맞는 것은 어느 것인가?

(1) 과부하 상태로 인해 충동적일 위험이 높고 이럴 경우 정서적인 측면에서 드러날 수 있다.

(2) 수검자의 통제력이 평상시보다는 약하지만 충동적일 위험성은 나타나지 않는다.

(3) 과부하 상태로 인해 충동성 위험이 높고 이럴 경우 사고에 대한 통제력을 잃을 수 있다.

(4) 충동적일 수 있지만 자기 이미지가 심각하게 손상되지 않는다면 대부분의 상황에서 통제력을 상실하지는 않고 스트레스에 대한 내성이 잘 유지되고 있다.

3. 3단계에 근거한 가정 중에 이 사례에 가장 적절한 것은 어느 것인가?

　(1) 긴장과 불안을 경험할 가능성이 높다.

　(2) 현저한 외로움을 경험하고 있을 것이다.

　(3) 죄책감이나 후회로 인해 때때로 압도당할 수 있을 것이다.

　(4) 주의력과 집중력이 종종 손상될 수 있다.

4. 6단계에 근거한 가정 중 이 사례에 가장 적합한 것은 어느 것인가?

　(1) 수검자는 붕괴될 위험이 있다. 왜냐하면 상황적 스트레스로 인해 심리적 복잡성이 상당히 증가된 것으로 나타났기 때문이다.

　(2) 붕괴될 위험이 다소 높다. 왜냐하면 상황적 스트레스의 결과로 심리적 복잡성이 다소 증가된 것으로 나타났기 때문이다.

　(3) 상황적 스트레스로 인해서 심리적 복잡성이 증가되기는 했으나 붕괴될 위험이 높지는 않다.

　(4) 상황적 스트레스로 인해서 심리적 복잡성이 증가되기는 했으나 추가적인 스트레스에 대한 내성이 그다지 영향받지는 않았다.

5. 7단계에 근거한 가정 중 이 사례에 가장 적합한 것은 어느 것인가?

　(1) 그는 이미 자신의 감정에 대하여 양가감정이 있었으며 이는 상황적 스트레스로 인해 더욱 증가되었다.

　(2) 그가 감정적으로 혼란스럽다는 것을 시사하는 면은 없다.

　(3) 상황적 스트레스로 인해서 감정에 대한 다소의 혼란감을 경험하고 있는 것 같다.

　(4) 상황적 스트레스가 매우 심각한 수준의 감정에 대한 혼란감을 야기하였다.

해 답

사례 9.

1. (3)　D 점수 간의 차이가 1점이고 이는 중 정도의 영향이 있다는 것을 지적한다. D 점수가 0이고 Adj D가 +1이므로 붕괴될 가능성이 낮다.

2. (3)　D 점수가 Adj D 점수보다 낮아서 통제능력이 저하되있을 수는 있지만 그

래도 D 점수가 -범위이다.

3. 1   m=3, SumY=4이다.

4. (2)   8개의 혼합반응 중 4개가 m, Y 변인으로 구성되어 있다.

5. (2)   1개의 색채음영 혼합반응(FC.FC')은 기존에 존재하는 양가감정을 시사하고 두 번째의 색채음영 혼합반응(C.Y)은 상황적 조건 때문에 생긴 혼란을 시사한다.

사례 10.

1. (2)   D 점수 간의 차이가 1점이다. 전경반응이 있고 자기중심성 지표는 .32보다 크다.

2. (1)   D 점수가 -범위이고 순수 C 반응이 2개이다.

3. (4)   m=4, SumY=1

4. (1)   7개의 혼합반응 중 3개가 m, Y로 구성되어 있다.

5. (3)   기존에 존재하는 감정에 대한 혼란감을 시사하는 색채음영 혼합반응은 없지만 상황과 관련된 반응(C.Y)은 1개 있다.

제**4**장
정동

제4장
정 동[1]

정서는 복잡하고 따라서 이해하기 힘든 경우가 많다. 심리적 활동에는 거의 대부분 감정이 스며들어 있다. 감정은 사고와 결부되어 의사결정을 하거나 행동을 할 때 영향을 준다. 또한 정서는 기본적인 태도와 성향에 영향을 주고 반응양식을 결정하는 데도 많은 영향을 준다. 정서는 주요한 자산이 될 수도 있지만 때로는 심각한 단점으로도 작용할 수 있다. 어떤 정서는 매우 약하지만 어떤 것은 매우 강렬하다. 때로는 이를 쉽게 다루고 조절할 수 있지만 때로는 정서가 행동에 주는 영향을 통제하기 어려운 경우도 있다.

정서와 관련된 로르샤하 변인은 많이 있지만 사람의 심리를 연구하기 위해 고안된 심리검사임을 감안해 본다면, 정서와 관련된 기술은 다소 간접적임을 알 수 있다. 따라서 자료에서 추론된 가설들은 조심스럽게 통합시켜야 한다. 정서가 심리적 기능과 심리적 조직화에 미치는 영향을 살펴보는 데 해석의 목적이 있다. 정서가 미치는 영향은 사람마다 다르고 이 복잡한 심리적 특성에 대해 의미 있게 기술하는 과정에서 많은 문제들을 다룰 필요가 있다.

---

1) 역주: 본 번역서에서 affect는 정동, emotion은 정서, feeling은 감정, mood는 기분으로 일관성 있게 번역하였다.

1. 정동과 관련 있는 로르샤하 변인

정동군집에는 유채색, 무채색, 음영결정인을 포함하는 모든 변인들이 포함된다. 공간반응, 색채투사, 혼합반응의 빈도도 영향을 준다. 다른 군집과 마찬가지로 단독으로 고려했을 때는 유용할 수도 있고 유용하지 않을 수도 있는 변인들의 값을 근거로 해석적 가정을 설정한다. 예컨대, 정서비 하나만을 살펴보았을 때보다 다른 군집들을 함께 고려하면 가설이 보다 확장되고 명료해진다.

어떤 변인은 다른 변인과 직접 비교해야만 의미가 확실해진다. 이 경우는 각 변인의 상대적 비율을 계산하여 평가한다. 즉, WSumC는 하나만으로는 해석적 의미가 없다. 하지만 EB, SumC' : WSumC 등의 비율을 계산하면 중요한 변인이 된다. 어떤 경우에는 S, CP, 순수 C 등과 같은 변인들은 빈도만 있어도 해석적으로 중요한 가치가 있다.

정동과 관련된 변인들 중 일부는 다른 군집을 다룰 때 언급되었을 수 있으나 여기와는 다른 관점에서 기술되었을 것이다. 예컨대, 3장에서 언급한 바와 같이 T, 순수 C, 혼합반응의 수 등은 상황적 스트레스와 관련 있는 변인들이다. 그러한 변인을 언급한 곳에서는 스트레스 영향의 정도를 파악하는 데 사용되었다. 같은 자료들이 정서기능을 나타낼 때는 다소 다른 방식으로 기술될 것이다.

사전탐색 문제

해석과정에서 사전에 검토할 사항은 다음과 같다: (1) 의사결정을 하고 그것을 행동으로 옮기는 과정에서 정서가 핵심적인 요소인가? 아니면 의사결정을 하고 대처해 나가는 데 있어서 감정은 단지 부수적인 요소인가? (2) 부적 정서의 빈도가 비정상적인 수준인가? (3) 수검자가 정서자극을 다루고자 하는 의지는 어느 정도인가? 수검자가 정서에 대하여 과도하게 방어적임을 시사하는 증거는 있는가? (4) 감정을 쉽게 그리고 효율적으로 조절하는가? (5) 감정 때문에 환경에 대한 비일상적인 태세가 유발되는가? (6) 수검자가 자신의 감정으로 인해 종종 혼란스러워하는가?

사례 11, 12, 13의 프로토콜에서 정동과 관련된 변인을 다뤄 나가면서 해석적 순서의 단계를 설명할 것이다.

사례 11. 30세 남성으로 32세의 부인과 부부상담을 받았는데, 부부상담가는 초기 면접 후 평가를 의뢰하였다. 이는 치료 전 통상적으로 받게 되는 평가과정이다. 별거한 후 이 부부의 친구가 부부상담가에게 상담을 의뢰하였다. 현재 별거 4주째이고 결혼한 지는 약 7년이 되었다.

수검자는 남매 중 오빠로 22세인 여동생은 대학을 졸업하고 얼마 전 결혼하였다. 아버지는 59세로 보험 영업사원이다. 어머니는 59세로 다른 사람과 함께 세탁소를 운영하고 있다. 직계가족 중 정신과 병력이 있는 사람은 없다. 그는 정상적인 발달과정을 거쳤다. 고등학교 때 성적은 상위권이었고 높이뛰기와 장대높이뛰기 선수였다. 여러 여자를 사귀었고 16세 때 첫 성경험을 가졌다고 하였다. 18세 때 고등학교를 졸업하였고 경영학을 전공하고자 주립대학을 입학했으나 매우 지루하게 생각했다고 하였다. 2학년 때까지의 성적은 그다지 좋지 않았고 그해 다니던 학교를 그만두었다. 1개월 후 항공사의 출입문 관리자로 취직을 하였다. 그 직장에서 일하던 첫해 승무원이었던 부인을 만났고 1년간 연애 후 결혼하였다.

부인에 따르면 결혼 첫 2년은 매우 좋았다고 한다. 그러나 수검자가 승진한 이후로 상급자 때문에 힘들어했다고 한다. 수검자는 종종 술을 지나치게 많이 마셨고 자신이 공정한 대우를 받지 못한다고 항상 불평했다고 한다. 부인은 수검자가 예전 같으면 전혀 개의치 않았을 정도의 사소한 것들에 대해 자주 화를 냈다고 한다. 수검자는 몇 차례 승객들에게 무례하게 행동하였고 상급자와 다투어 결국 항공사에서 해고당했다. 부인에 따르면 렌터카 회사의 부관리인으로 일하게 되면서 다소 괜찮아지는 것 같았으나 항공사에서 해고당했을 때 자신이 먼저 그만두지 못한 것에 대해 항상 화가 난 상태였다고 한다. 약 1년 전쯤에 수검자는 다른 지역의 렌터카 업체의 관리자로 승진해 가게 되었다. 이로 인해서 부인은 자신이 근무하는 항공사 집결지에 가는 데 비행기로 상당한 시간을 이동해야 했다. 수검자는 부인에게 다른 일자리를 알아보도록 요구했고 이 문제 때문에 자주 다투었다고 한다. 수검자는 부인이 자신의 요구를 거절한 것에 대해 심하게 화를 내었으며, 부인은 부인하고 있었으나 부인이 다른 사람을 만난다고 비난하기 시작하였다.

수검자는 부인이 비합리적이고 자기 자신만을 생각한다고 주장하였다. 수검자는 부인이 자신보다 돈을 더 많이 번다는 점을 시인한다. 그렇지만 집과 가까운 다른 항공사에 취직하면 더 높은 지위에 오를 수도 있고 여행사에 취직하더라도 지금과 거의 같은 수준의 월급을 받을 수 있다고 주장하였다. 수검자는 자신이 화를 냈던 것은 인정했지만 자신이 화낼 만한 정당한 이유가 있다고 주장하였다. 수검자는 자신이 진짜로 이성을 잃은 것은 아니지만 아내가 지나치게 비합리적으로 행동할 때 한두 번 그녀를 때린 것 같다고 말했다. 부인이 별거를 결심한 후 그는 지난 몇 개월간 정말 힘들었다고 하였다. 이런 상황에서 그는 우울했지만 그렇다고 일하러 가지 않은 적은 없었다고 하였다. 의뢰인은 다음과 같은 질문을 했다: (1) 정신과적 혼란을 경험할 가능성이 있는가? (2) 수검자가 보고하는 우울의 심각성은 어느 정도인가? (3) 현실검증력이 적절하고 방어능력은 양호한가? (4) 심각한 수준의 정서적 문제가 있는가? (5) 변화하거나 타협하려는 의지가 있는가?

사례 11. 30세 남성의 정동관련 자료

EB = 2 : 7.5			EBPer = 3.8		BLENDS	
eb = 5 : 7	L = 0.22		FC : CF+C = 1 : 6		M.C.FD = 1	
DEPI = 4	CDI = 2		Pure C = 2		FM.FD.FY = 1	
					m.CF.C'F = 1	
C' = 3 T = 2			SumC' : SumC = 3 : 7.5		M.CF = 1	
V = 0 Y = 2			Afr = 0.72		FM.FT = 1	
					FM.FC' = 1	
Intellect = 1	CP = 0		S = 6 (S to Ⅰ,Ⅱ,Ⅲ = 3)		FM.YF = 1	
Blends : R = 7 : 19			Col−Shad Bl = 1			
m+y Bl = 1			Shading Bl = 0			

사례 12. 27세의 여성으로 담당의사가 정신과 의사에게 의뢰하여 평가를 받게 되었다. 그녀는 심한 긴장감, 업무곤란, 식욕감퇴, 불면, 주의집중 곤란 등을 호소하였다. 수검자는 약 163cm의 키에 마르고 단정하고 깔끔해 보이는 모습이었다. 그녀는 매우 검소해 보이려고 애쓴 것 같았다. 수검자는 협조적이었지만 참을성이 없는 모습이었는데 이는 검사를 전혀 신뢰하지 않기 때문인 것 같았다(20

세 생일 직전에 치료를 받기 시작하여 14개월 동안 일주일에 두 번씩 치료를 받았다). "고등학교 2학년 때 끔찍한 교통사고를 당했어요. 친구 중 한 명이 심하게 다쳤고 나는 앞 창문에 부딪혀서 머리를 다쳤어요. 그 후 내 신경은 엉망이 돼 버렸어요. 심리치료를 받으면 좋아질 줄 알았는데 그다지 만족스럽지 못했고 내 인생은 더욱 힘들어졌어요. 학교에 가는 것도 힘들었고 그 모든 것이 힘들었어요. 겨우 졸업했고 직장을 가졌지만 곧 그만뒀어요. 치료를 받기 시작한 것이 최대의 실수였어요." 하고 말하였다.

치료를 중단했을 때쯤 결혼할 계획이었던 남자의 아이를 임신했으나 임신 2개월에 두 사람은 헤어졌다. 그들은 8개월간 동거했었다. "그 사람을 더 이상 곁에 두고 싶지 않았어요."라고 말하였다. 21세에 딸을 낳아 입양시켰다. "아이를 키우는 것을 심각하게 생각해 보았으나, 어리석은 생각이었어요."라고 말하였다. 출산 직후 잡지사 카피 에디터로 취직하여 6년간 계속 일해 왔고 2번 승진하였다. 그녀는 영문학에 BA 학위가 있어서 "다른 사람들의 글에서 잘못된 점들을 쉽게 찾아낼 수 있죠. 내 스스로 글을 잘 쓰지는 못하지만 내가 하는 일에는 꽤 소질이 있어요."라고 기술하였다.

그녀는 동갑내기 남자와 약 14개월 동안 동거를 했으나 3개월 전에 헤어졌다. "만났다 헤어졌다를 반복해요. 하루하루 어떤 일이 일어날지 예측할 수 없어요. 그 남자는 예술가이고 매우 변덕스러워서 함께 살기 힘들어요."라고 말하였고 남자친구와의 관계에서 긴장이 문제가 되었는지 여부는 부인하였고 "그 남자랑 같이 사는 법도 배웠지만 기분이 들쭉날쭉하는 것도 배웠어요. 그건 다른 문제인 것 같지만 무엇 때문인지는 모르겠어요. 저는 친구도 많고 몇 달 전에는 시골에 주말을 보낼 수 있는 집도 마련했고 좋은 직장까지 있는데 제가 뭘 더 바라겠어요."라고 말하였다. 수검자는 자신이 경험하는 긴장이 자동차 사고와 관련 있는지, 즉 잠재된 신경학적 문제가 있는지를 궁금해했으나 신경심리학적 평가결과 신경학적 문제를 시사하는 측면은 없었다. 의뢰 이유는 다음과 같다: (1) 진단, (2) 긴장의 원인, (3) 우울하다는 증거, (4) 치료에 대한 동기, (5) 통찰지향 치료를 받을 수 있는 자원이 있는지, 즉 그럴 만한 능력이 있고 개방적인지, (6) 장기적, 단기적 치료계획.

사례 12. 27세 여성의 정동관련 자료

EB = 7 : 2.5		EBPer = 2.8		BLENDS
eb = 2 : 8	L = 0.29	FC : CF + C = 3 : 1		M.CF.FD = 1
DEPI = 6	CDI = 3	Pure C = 0		M.FC = 1
				M.FY = 1
C' = 4 T = 0		SumC' : SumC = 4 : 2.5		M.FV = 1
V = 2 Y = 2		Afr = 0.29		FV.FY = 1
Intellect = 5	CP = 0	S = 3 (S to I , II , III = 2)		
Blends : R = 5 : 18		Col − Shad Bl = 0		
m + y Bl = 2		Shading Bl = 1		

사례 13. 34세의 미혼남성으로 석유수출입회사 통신부의 컴퓨터 관리감독자로 복직시켜도 될지를 결정하기 위해 평가를 받게 되었다. 수검자는 그 지위에서 18개월 동안 일했다. 직장에서 2명의 부하 직원에게 강간 위협을 하는 등 매우 이상한 행동을 하여 5개월 동안 휴직하였다. 이런 기이한 행동은 코카인중독 결과인 것으로 밝혀졌다. 입원 이틀 후에 약물남용 병동으로 옮겨졌다. 28일 동안 입원해 있었고 그 후로 1주일에 한 번씩 외래 정신치료와 집단치료를 받았다. 그의 치료자와 자문을 담당했던 정신과 의사는 그가 복직하는 것에 대해 찬성하였다. 그의 상사는 노동법에 따라 복직을 승인하고자 하나, 그가 감독자 역할을 제대로 할 수 있을지에 상당한 의문을 표명하였다.

그는 4명의 형제 중 셋째이다(40세, 36세의 누나와 30세의 남동생이 있음). 60세인 아버지는 택시운전사이고 59세인 어머니는 세탁소에서 일한다. 18세에 고등학교를 졸업하여 전기공학을 전공할 목적으로 공대에 입학했다. 그는 21세 때 AA 학위를 받고 졸업하였고 2년간 전기도급업 일을 하였다. 2년 후에 현재 컴퓨터 기사로 취직하여 정상적으로 몇 년 과정을 거쳐 감독자 지위에까지 승진하였다. 26세까지 부모님과 함께 살았으나 그 이후에는 자신의 아파트를 임대하여 독립적으로 살고 있다.

수검자는 고등학교 때 처음으로 약물을 복용했으나 최근 2년 전까지는 약물을 과용하지는 않았다고 주장하였다. 그는 업무로 인한 압박을 견뎌 내고 야간업무의 지루함을 달래기 위해 약물을 사용했다고 하였다. 수검자는 감독자의 역할이 너무 판에 박혀 있고 회사 측에서 자신으로 하여금 더 낮은 지위에 있도록 하여 월급도 더 적게 주면서 결국 해고시키려 한다고 말하였다.

수검자는 몇 명의 여자 친구가 있었고 정기적으로 만나고 있으며 최근에는 결혼도 생각 중이라고 하였다. 약물중독에 빠진 건 자신의 잘못된 판단 때문이고 그 때문에 받은 치료가 자신에게 아주 유익했고 자신이 제대로 생각할 수 있도록 해 주었으며 이제 다시 자신의 인생을 살고 싶다고 했다. 그의 상사는 감독자 업무에는 상당한 스트레스가 있으며 판단력이 좋아야 한다고 하였다. 수검자가 처리해야 할 업무는 하드웨어도 소프트웨어도 복잡한 운송망을 관리하는 일이고 감독자 밑에 네 명의 고급인력이 같이 일하게 되어 있었다. 상사는 의사결정을 할 때 현명한 판단력이 매우 중요하고 또 능숙한 대인관계기술이 반드시 필요하다고 강조하였다.

• **평가항목**: (1) 정신과적 문제가 내재되어 있다는 증거가 있는가? (2) 약물을 복용하지 않은 상태에서도 정서를 통제하는 데 어려움이 있는가? (3) 판단력이 양호한가? (4) 감독자 역할을 수행하면서 다른 사람과 적절히 관계를 맺을 수 있는가? (5) 약물남용이 재발할 가능성은 어느 정도인가?

사례 13. 34세 남성의 정동관련 자료

EB = 4 : 5.5			EBPer = N/A		BLENDS
eb = 3 : 6	L = 1.18		FC : CF + C = 2 : 4		M.CF = 1
DEPI = 5	CDI = 4		Pure C = 1		FM.FT = 1
					M.FC' = 1
C' = 3 T = 1			SumC' : SumC = 3 : 5.5		CF.YF = 1
V = 0 Y = 2			Afr = 0.44		
Intellect = 2	CP = 0		S = 2 (S to Ⅰ, Ⅱ, Ⅲ = 1)		
Blends : R = 4 : 24			Col − Shad Bl = 1		
m + y Bl = 1			Shading Bl = 0		

2. 해석순서

우울지표(depression index, DEPI)와 대처결함지표(coping deficiti index, CDI)를 먼저 살펴본다. 사실 DEPI와 CDI가 정동과 직접적으로 관련이 있는지는 경험적으로 입증되지 않았다. 이 두 지표가 정서관련 군집과 정적 상관을 보이지 못하는 것은 이 두 군집에는 정동적인 면, 자기지각, 대인지각 등 이질적인 여러 요소가 모두 포함되어 있기 때문이다.

예컨대, DEPI는 개별적으로 검증된 14개의 변인으로 구성되어 있고 0점에서 7점 범위이다. 14개 변인 중 5개는 정동과 직접적 관련이 있다(SumV>0, Col-Shad Bl>0, S>2, Sum Shad>Sum FM+m, SumC'>2). 다른 6개는 인지적 특성과 관련이 있다(FD>2, 자기중심성지표>.44[연령교정]와 Fr+rF=0, 자기중심성지표<.33[연령교정], Afr<.46[Adjusted for age], MOR>2, 주지화지표(2AB+Art+Ay)>4). 나머지 3개 중 2개는 대인관계(COP <2, 고립지표>.24)와 관련 있고 나머지 한 개는 심리적 복잡성(Blends<4)과 관련이 있다.

CDI는 준거에 맞는 11개의 변인으로 구성되어 있다. 11개 중 6개는 주로 대인지각 또는 행동과 관련이 있다(Cop<2, AG<2, p>a +1, Pure H<2, 고립지표>.24, Fd>0). 나머지 5개 중 3개는 정동과 관련이 있다(WSumC<2.5, Afr<.46과 SumT>1). 나머지 2개는 자원 및 통제(EA<6.0과 Adj D<0)와 관련이 있다.

두 지표가 모두 이질적인 변인들로 구성되어 있지만 이 두 지표는 정동과 관련해서 기술을 하거나 정동군집을 검토할 때는 반드시 살펴보아야 한다. 왜냐하면 DEPI 또는 DEPI와 CDI 모두가 정적인 경우(positive) 정동군집의 자료를 평가하는 기본 틀을 제공해 주기 때문이다.

1단계: DEPI와 CDI

DEPI가 정적, 즉 5, 6, 7이면서 CDI는 4 미만으로 정적이지 않을 때는 정동과 관련 있는 다른 자료들과는 관계없이 정동과 관련 있는 두 가지 가설 중 하나는 기본적으로 설정할 수 있다. 만약 DEPI가 5, 6, 7이면서 CDI가 4, 5로 정적이라면 정동과 관련 있는 다른 자료들과는 관계없이 정동과 관련하여 두 가지 가설을 제안할 수 있다.

• **잠정적 결과 1:** DEPI가 6 또는 7이고 CDI가 4보다 적다면 수검자를 무기력하게 만드는 심각한 정동문제가 있을 가능성이 있다. 전형적으로 DEPI 값이 6 또는 7인 사람들은 불편감, 우울감을 호소하고 역기능적인 행동을 보이는 경우가 많다. 진단과 치료를 고려할 때 이 문제를 중요하게 고려해야 한다.

사례 12. 27세 여성의 정동관련 자료

EB	= 7 : 2.5			EBPer	= 2.8		BLENDS	
eb	= 2 : 8	L	= 0.29	FC : CF + C	= 3 : 1		M.CF.FD	= 1
DEPI	= 6	CDI	= 3	Pure C	= 0		M.FC	= 1
							M.FY	= 1
C' = 4	T = 0			SumC' : SumC	= 4 : 2.5		M.FV	= 1
V = 2	Y = 2			Afr	= 0.29		FV.FY	= 1
Intellect	= 5	CP	= 0	S = 3 (S to I, II, III = 2)				
Blends : R	= 5 : 18			Col − Shad Bl	= 0			
m + y Bl	= 2			Shading Bl	= 1			

▌**사례 12의 자료에 대해 적용한 결과:** DEPI가 6이다. 비록 수검자가 우울감을 구체적으로 호소하지는 않지만 긴장, 주의산만, 불면증, 식욕감퇴 등을 호소하는데 이는 우울증의 매우 보편적인 특징들이다. 따라서 심각한 정동문제가 있고 이것이 현재 수검자가 불평하는 내용의 핵심일 가능성이 높다. ▌

• **잠정적 결과 2:** DEPI 점수는 5점이고 CD 점수가 4보다 작을 경우 수검자의 성격적 조직에 정서적 혼동(disruption)을 자주 경험하게 할 잠재성이 포함되어 있다는 것을 시사한다. DEPI 점수가 5점인 사람들은 빈번하게 우울감, 정서불안(moodiness), 긴장, 불안 등을 경험한다고 호소하지만 부적 정서를 나타내는 주기적 삽화를 보고하는 사람은 많지 않다. 부적 정서를 호소하지 않더라도 DEPI가 정적이라는 점을 간과해서는 안 된다. 이는 정서적 혼동을 경험할 가능성을 시사하므로 정서군집을 살펴볼 때 매우 신중하게 다뤄야 할 부분이다.

• **잠정적 결과 3:** DEPI 점수가 6 또는 7점이면서 CDI가 4 또는 5점일 경우 정서적

혼란(disarray)상태에 놓여 있을 수 있다. 그러나 이런 정서적인 문제는 대인관계를 맺는 능력 전반에서 나타나는 심각한 문제에 비하면 이차적인 것일 수 있다. 이는 대인행동과 관련된 두 변인, 즉 COP<2와 고립지표>.24가 DEPI와 CDI에 동시에 포함되기 때문이다. 그 결과 CDI가 정적이면 이것만으로도 DEPI에 1점을 더하게 된다. DEPI 값을 무시하면 안 되지만 그렇다고 해서 반드시 만성적인 정서적 문제를 시사하는 것은 아니다.

두 지표가 모두 해당하는 경우 사회적 환경에서 힘들어 버둥거리고 있다는 것을 시사한다. 이들의 사회적 관계는 피상적이고 빈약하고 보상이 없기 때문이다. 따라서 실망, 스트레스, 절망을 흔히 경험하고 이런 경험을 할 때 발생하는 정서적 동요는 만성적 우울증에서 관찰되는 것과 상당히 유사하다. 그렇지만 이들은 전형적인 정서장애와는 심리적으로 다르다. 왜냐하면 이들의 정서상태는 지지체계가 약화되거나 강화되는 것에 따라서 더 자주 변화되는 경향이 있기 때문이다. 주요정동장애 환자보다 이들을 대상으로 치료계획과 목적을 설정하는 것은 훨씬 더 어려울 것이다. 사회적 적응력이 주된 치료표적이 되어야 하고 항우울제를 사용하는 것도 신중히 고려해야 할 문제이다.

• **잠정적 결과 4:** DEPI 값이 5이고 CDI가 4 또는 5일 경우 DEPI 값을 해석할 때 유의해야 한다. 이는 DEPI와 CDI가 모두 해당될 때 두 지표가 연계되기 때문이다. 정서적 혼동을 경험할 가능성이 있는 성격구조라는 점을 시사하기보다는 사회적응 문제 때문에 정서적 문제가 야기될 가능성이 있다고 가정하는 것이 보다 현실적이다.

사례 13. 34세 남성의 정서관련 자료

EB	= 4 : 5.5			EBPer	= N/A	BLENDS	
eb	= 3 : 6	L	= 1.18	FC : CF+C	= 2 : 4	M.CF	= 1
DEPI	= 5	CDI	= 4	Pure C	= 1	FM.FT	= 1
						M.FC'	= 1
C' = 3	T = 1			SumC' : SumC = 3 : 5.5		CF.YF	= 1
V = 0	Y = 2			Afr	= 0.44		
Intellect	= 2	CP	= 0	S = 2 (S to Ⅰ,Ⅱ,Ⅲ = 1)			
Blends : R	= 4 : 24			Col – Shad Bl	= 1		
m+y Bl	= 1			Shading Bl	= 0		

▌**사례 13의 자료에 대해 적용한 결과:** DEPI 값이 5이고 CDI가 4이므로 이는 수검자가 사회적응 문제로 인해 정동문제를 경험하기 쉽다는 것을 시사한다. 수검자가 우울증이나 불편감을 보고하지 않는 것은 놀라운 일이 아니지만 물질남용의 과거력과 입원하도록 만든 폭력적인 폭발행동은 간과할 수 없다. 수검자가 검사를 실시한 상황, 즉 직장으로의 복직을 고려하고 있는 시점이라는 것을 고려해 볼 때 수검자가 인정하는 것 이상의 정동상의 혼란감이나 불편감을 경험하고 있을 수 있다. ▌

2단계: EB와 Lambda

EB는 심리적 상태와 정서 간의 관계에 대한 정보를 제공한다. 특히 EB 자료에서 특징적인 대처양식이 지적될 때 더 중요하다. 대처양식은 EA가 10보다 작으면서 EB의 어느 한쪽 항이 다른 쪽 항보다 2배 이상으로 크거나 EA가 10보다 크면서 EB의 한쪽 항이 다른 쪽 항의 2배 이상으로 클 때이다.

내향적 양식(introversive style)은 EB의 좌항이 클 때, 외향적 양식(extratensive style)은 우항이 클 때이다. 어느 한쪽 항이 현저하게 크지 않다면 두드러진 양식이 없고 양가형(ambitent)이라고 한다.

내향적인 사람은 의사를 결정하기 전에 심사숙고하기를 좋아한다. 이들은 심사숙고할 때 정서를 잠시 보류하고 다양한 선택사양에 대해 깊이 고려한 후 행동하기를 선호한다. 상대적으로 외향적인 사람들은 훨씬 직관적이다. 이들은 감정과 사고를 분리시키지 못하여 의사결정을 할 때 사고보다 감정을 더 직접적으로 개입시키는 수가 많다. 또한 의사결정을 하거나 문제해결을 할 때 다양한 시도를 하는 것을 불편해하지 않는다. 이 두 가지 양식은 모두 성인과 나이가 많은 청소년에게서 흔히 나타나고 한 가지 양식이 다른 양식보다 더 좋다고 말할 수는 없다. 단지 일상생활의 요구에 대처할 때 매우 다르게 대처하는 방식이고 동시에 두 가지 모두 효율적일 수 있다.

한편 양가형은 의사결정을 하거나 문제를 해결할 때 내향형이나 외향형과는 달리 일관성이 없다. 양가형은 일관성이 결여되어 있으므로 감정의 역할도 경우에 따라 달라진다. 양가형은 내향형이나 외향형에 비해 효율이 떨어지기는 하지만 이것이 부적응적이라는 의미는 아니다.

EB에 대한 해석은 간단해 보이지만 해석자가 반드시 주의해야 하는 매우 중요한 두 가지 사항이 있다.

첫째, 높은 Lambda 값이 회피적 양식을 시사하는 경우 EB 자료에 대한 해석은 더욱 복잡해진다. 이 경우 내향형 또는 외향형 특성을 더 강화시킬 수 있다. 왜냐하면 회피적 양식은 자극사상의 일부 측면을 무시해 버리거나 부인함으로써 복잡성이나 모호성을 단순화시키는 경향이 있기 때문이다. 여기에는 내적인 정서적 경험 또는 외적인 정서적 경험도 포함된다. 따라서 EB 양식이 특징적인 대처방식을 나타내 주고 있는지, 아니면 회피적 양식 때문에 EB 양식을 수정해서 고려해야 하는지를 결정하려면 Lambda 값을 고려해야만 한다.

둘째, EB에 근거해서 대처양식을 판단하기 전에 두 가지 주요한 예외적 경우를 고려해야 한다. 두 가지 예외 사항은 모두 EB 두 항 중 한쪽이 0인 경우로 결과의 타당성에 영향을 주게 된다.

예외 1: 첫 번째 예외는 EA가 4.0보다 작은 프로토콜이다. 이런 기록의 경우 대부분 0 : 2.0, 0 : 3.5, 2 : 0, 3 : 0 등과 같이 EB의 우항이든 좌항이든 0인 경우가 많다. 그렇지만 어떤 경우 2 : 1, 1 : 2.5와 같이 양쪽이 모두 0보다 큰 경우도 있다.

• 잠정적 결과 1: 앞서 설명한 예외 1에 해당한다면 EB 자료로 대처양식을 타당성 있게 변별하기 어렵다. 따라서 EB를 통하여 내향형, 양가형, 외향형을 구분하는 것은 바람직하지 않다. 대개 이런 기록들은 Lambda가 0.99보다 큰 경우가 많고 2장에서 언급한 바와 같이 회피적 양식이 있다는 것을 시사한다. 이 부분에 대해서는 이 장의 끝에서 다시 언급할 것이다. 4단계로 갈 것.

예외 2: 두 번째는 EB의 좌항이 0이고 우항은 3.5 이상인 경우(예컨대, 0 : 4.0, 0 : 6.5 등). EB의 우항이 0이면서 좌항이 최소한 3인 경우(예컨대, 3 : 0, 5 : 0)를 들 수 있다. 이런 값은 내향형 또는 외향형을 시사하지만 정서적 상태가 비일상적인 상태이므로 통상적인 대처양식으로 보기는 어렵다. 즉, 현재의 대처양식이 지속될 것으로 가정해서는 절대 안 된다.

• 잠정적 결과 2: 예외 2의 기준에 해당하고 EB 좌항의 값이 0일 경우 수검자가

정서에 압도당하였거나 정서의 홍수 속에 있다는 것을 지적한다. 이런 상황이 시사되면 EB에 근거해서 대처양식을 구별하기보다는 EB 자료를 이용하여 수검자의 현재 정동상태를 기술하는 데 초점을 두는 것이 바람직하다. 즉, 강한 정서는 사고에 크게 영향을 미치고 있고 의사결정 과정에서 필요한 주의와 집중력의 심각한 손상을 초래할 수 있다. 이 정도의 정서적 강도는 매우 파괴적이고 전형적으로 관념적/행동적 충동성이 발생할 가능성이 높다.

흔히 정서적 홍수는 일시적 상태이고 수검자가 일상적이지 않은 강력한 정서를 효과적으로 처리할 수 없는 기간 동안 유지된다. 정서적 홍수가 있을 경우 정서와 관련된 모든 자료는 이와 같은 맥락에서 조심스럽게 언급해야 한다. 정동과 관련된 변인은 현재 수검자의 정동상태에 대해 유용한 정보를 제공해 준다. 그러나 일시적인 특징과 특성 같은 속성을 구분하기란 쉽지 않다. 4단계로 진행.

• **잠정적 결과 3**: 예외 2에 해당하고 EB 우항이 0일 경우 정동이 매우 억제되어 있거나 위축되어 있다는 것을 시사한다. 이 경우 특징적인 대처양식에 대하여 기술하는 것은 옳지 않고 EB 자료에 근거하여 현재 수검자의 정동상태를 기술하는 데 그쳐야 한다. 이러한 경우는 흔하지 않은데 수검자는 정서를 단단히 숨기고 통제하는 데 많은 에너지를 소모하고 있다. 이와 같이 극단적인 억제는 인간의 일상적인 상태와는 정반대되는 것으로 장기간 유지되기 어려운 상태이다. 이는 마치 정서적으로 숨을 참고 있는 상태와 같다. 사람은 오랜 시간 동안 모든 감정표현을 억제하고 억압하는 것은 불가능할 뿐 아니라 짧은 기간 동안에도 모든 정서를 억제하는 것은 매우 불편한 일이다.

억제 기간이 길어질 경우 정동은 어떤 형태로든 방출되거나 대치된다. 의도적인 방출이나 대치가 일어나지 않는다면 수검자는 증가되는 정동에 압도당하게 되고 정서적으로 불안정한 상태에 빠져들게 된다. 정서적으로 불안정한 상태(lability)란 정서가 대부분의 심리적 기능을 지배하는 상태이다. 현실적인 상황을 고려하지 않을 때 정서를 경감시키는 방향으로 행동하고 의사결정을 하게 한다. 따라서 과도한 억제가 시사될 경우 정동과 관련된 모든 자료들을 조심스럽게 살펴보아야 한다. 앞서 언급했듯이 정동 관련 변인들은 수검자의 현재 정동상태에 관한 정보를 제공해 주기는 하지만 이것이 일시적인 특징인지 아니면 보다 특성적인 속성인지는 구분하기 어렵다. 4단계로 진행.

예외 1과 2의 준거에 해당하지 않는다면 EB와 Lambda 자료를 근거로 몇 가지 해석적 가정을 도출할 수 있다. 이를 잠정적 결과 4에서부터 시작하여 항목별로 제시하였다.

- **잠정적 결과 4**: EB가 외향적 대처를 하고 있다는 것을 시사하고 Lambda가 1.0보다 작다면 통상적으로 수검자는 문제해결을 해야 하거나 의사결정을 할 때 감정과 사고가 혼재되는 경향이 있다는 것을 시사한다. 이들은 정서를 쉽게 사용하고 또 정서에 쉽게 영향을 받고 문제상황에서 시행착오적인 방식을 흔히 사용한다. 시행착오적인 접근방법은 외향적인 사람이 주로 사용하는 방식으로 이들은 문제를 해결하는 상황에서 오류가 발생했을 때 별로 개의치 않고 덜 신경 쓰는 경향이 있다. 반면에 만성적인 실패로 인해 정서적 충격을 받은 경우에 이들은 외향형이지 않은 사람들보다 더 강한 충격을 받게 된다. 이런 유형의 사람들은 감정을 공공연하게 드러내며 표현을 신중하게 하거나 통제하는 데 별로 신경을 쓰지 않는다. 3단계로 진행.

사례 11. 30세 남성의 정동관련 자료

EB = 2 : 7.5			EBPer	= 3.8	BLENDS	
eb = 5 : 7	L	= 0.22	FC : CF + C	= 1 : 6	M.C.FD	= 1
DEPI = 4	CDI	= 2	Pure C	= 2	FM.FD.FY	= 1
					m.CF.C'F	= 1
C' = 3 T = 2			SumC' : SumC	= 3 : 7.5	M.CF	= 1
V = 0 Y = 2			Afr	= 0.72	FM.FT	= 1
					FM.FC'	= 1
Intellect = 1	CP	= 0	S = 6 (S to Ⅰ,Ⅱ,Ⅲ = 3)		FM.YF	= 1
Blends : R = 7 : 19			Col – Shad Bl	= 1		
m + y Bl = 1			Shading Bl	= 0		

▌**사례 11의 자료에 대해 적용한 결과**: EB는 2 : 7.5이고 Lambda 값은 0.22이다. 외향적 양식이 시사되므로 감정이 사고에 많은 영향을 주고 있다는 것을 의미한다. 의사결정을 할 때 시행착오적 접근을 하는 경향이 있다.

정서를 표현하는 데 개방적이고 이를 드러내지 않고 통제하려는 노력은 거의 하지 않는 것 같다.

- **잠정적 결과 5**: EB에서 외향형 대처방식이 시사되고 Lambda 값이 0.99보다 크다면 회피적-외향적 양식을 나타낸다. 이런 수검자의 경우 다른 사람보다 정서에 더 취약하고 영향을 더 많이 받으며 가설을 검증할 때 시행착오적 방식을 선호한다고 볼 수 있다. 그러나 회피적 양식이 있기 때문에 복잡한 정서경험을 제대로 구분하지는 못하는 것 같다. 이런 상황에서 수검자가 의사결정을 하게 되면 사고와 감정이 서로 뒤엉켜 감정이 지나치게 영향을 미치거나 아니면 반대로 지나치게 영향을 미치지 못하는 양상을 나타내게 된다. 어느 경우이든 결과적으로 나타나는 행동은 그 상황에서 효율적이지 못하다.

  예컨대, 외향형 사람은 시행착오적 행동을 습관적으로 사용하고 문제해결 과정에서 오류가 발생하더라도 별로 신경을 쓰지 않고 내성이 강하다. 회피적 양식이 함께 있을 경우 이런 내성과 관심 부족이 과도해져서 무성의한 방식으로 의사결정을 해서 비효율적인 행동을 많이 할 수 있다. 마찬가지로 외향형은 감정을 개방적으로 표현하고 감정표현을 조절하고 통제하는 데에는 관심이 적다. 회피적-외향적 양식이 있을 경우 복잡성을 무시하고 사물을 단순화시키는 경향이 있기 때문에 이런 점이 더 증폭된다. 달리 말하면 회피적-외향적인 사람은 실제로는 그렇지 않음에도 불구하고 정서표현을 통제하는 데 무관심해져서 때때로 충동적인 것으로 보일 수 있다. 3단계로 진행.

- **잠정적 결과 6**: EB가 내향형을 시사하고 Lambda가 1.0보다 작을 경우 수검자는 문제를 해결하고 의사결정을 할 때 감정은 단지 부수적인 것으로만 간주한다. 이들은 가능한 한 시행착오적 행동을 하지 않으려 하고 판단을 할 때는 외적 피드백보다는 내적인 평가를 더 중요시한다. 이들은 문제해결 과정에서 생기는 오류를 견뎌 내는 힘이 약하기 때문에 다른 사람들보다 더 신중하게 의사결정을 한다. 감정을 개방적으로 표현하는 것보다는 감정표현을 조절하고 통제하는 데 더 많은 관심을 기울인다. 3단계로 진행.

사례 12. 27세 여성의 정동관련 자료

EB	= 7 : 2.5		EBPer	= 2.8	BLENDS
eb	= 2 : 8	L = 0.29	FC : CF + C	= 3 : 1	M.CF.FD = 1
DEPI	= 6	CDI = 3	Pure C	= 0	M.FC = 1
					M.FY = 1
C' = 4	T = 0		SumC' : SumC	= 4 : 2.5	M.FV = 1
V = 2	Y = 2		Afr	= 0.29	FV.FY = 1
Intellect	= 5	CP = 0	S = 3 (S to Ⅰ,Ⅱ,Ⅲ = 2)		
Blends : R = 5 : 18			Col - Shad Bl = 0		
m + y Bl	= 2		Shading Bl	= 1	

▌**사례 12의 자료에 대해 적용한 결과:** EB는 7 : 2.5이고 Lambda 값은 0.26 이다. 이는 내향형임을 시사한다. 즉, 수검자는 관념지향적이고 의사결정을 할 때 감정을 배제하려고 한다. 문제해결 과정에서는 시행착오적 접근을 피하려고 한다. 감정을 표현하고 싶어 하기는 하지만 감정을 통제하고 조절하는 데 더 많은 관심을 기울인다. ▌

• **잠정적 결과 7:** EB는 내향형을 시사하고 Lambda가 0.99보다 크다면 회피적-내향적 양식이다. 평상시 문제해결을 하고 의사결정을 할 때 감정을 중요시하지 않는다. 회피적 양식이 같이 있기 때문에 관념적 성향의 효율성이 전반적으로 저하될 수 있다. 예컨대, 내향형 사람들은 시행착오적 행동을 피하려고 하고 의사결정을 할 때 외적 피드백보다 내적 평가에 더 많이 의존한다. 사물에 대해 철저히 사고하려면 인내심과 논리성이 요구되는데 이 과정이 사물을 단순화시키고 복잡하지 않게 유지하려는 회피적 성향과 갈등을 일으킬 수 있다.

　이런 갈등이 발생될 경우 회피적 양식의 소유자는 흔히 내향형을 무시해 버리고 더 간단하게 처리하고 사고 형태도 덜 신중해질 수 있다. 이 때문에 잘못된 판단을 할 가능성도 증가한다. 마찬가지로 내향적인 사람들은 다른 사람들보다 의사결정을 할 때 더 신중을 기하는 경향이 있다. 그러나 더 단순한 해결책을 찾고자 하는 과정에서 신중하지 않고 이 과정에서 정서가 포함되기도 한다. 예컨대, 내향적인 사람은 정서표현을 조절하는 데 많은 주의를 기울이고 감정을 표현하는 방식을 선택하는 데도 많은 노력을 기울인다. 그러나 회피적 내향형은 이런 노력이 너무 복잡하다고 생각하고 정서표현을 과도하게 통제하거나 또는 모두 피해 버린다.

• **잠정적 결과 8**: EB에서 뚜렷한 내향형, 외향형이 시사되지 않고 Lambda 값이 1.0보다 적을 경우 수검자는 양가형에 해당된다. 양가형은 문제를 해결하고 의사결정을 내릴 때 지속적으로 사용하는 일정한 접근방식이 없다. 즉, 양가형 사람은 사고, 문제해결 및 의사결정 행동에서 정서가 미치는 영향에 일관성이 없다. 어떤 경우 양가형 사람의 사고는 감정의 영향을 많이 받아서 마치 외향적 대처방식을 사용하는 것 같다. 그러나 또 다른 경우에는 이전과 같은 상황인데도 불구하고 정서는 완전히 배제된 채 부수적인 역할만 하게 되므로 마치 내향적 대처방식을 사용하는 것 같다.

불행하게도 일관성 없이 감정을 사용하는 경우 양가형 수검자는 스스로 혼란을 느끼게 된다. 그 결과 감정이 지나치게 사고에 영향을 주거나 반대로 의사결정을 할 때 감정을 지나치게 배제시키기도 한다. 일관성이 없는 경우 부적절한 정서표현을 하게 한다. 즉, 어떤 경우 정서를 잘 조절하는 반면에 또 다른 어떤 상황에서는 전혀 통제하지 못하고 강렬하게 표현하기도 한다. 4단계로 진행.

• **잠정적 결과 9**: EB가 내향형이나 외향형 중에서 어느 것도 시사하지 않고 Lambda 값이 0.99보다 크다면 수검자는 회피적 양가형으로 볼 수 있다. 단순화시키려는 회피적 성향은 뚜렷하지만 내향형 또는 외향형 양식 중 어느 것도 나타나지 않기 때문에 회피적 외향형 또는 회피적 내향형처럼 일관된 방식을 보이지 않는다. 그 대신에 회피적 성향이 보다 만연되어 있고 상황이 복잡하고 애매하다고 느낄수록 회피적 성향은 더욱 더 두드러지게 나타난다. 따라서 어떤 경우에는 정서가 잘 조절되지 않고, 또 어떤 경우에는 과도하게 억제되고, 또 어떤 경우에는 사고가 정교화되지 않은 채 나타나는 빈도는 회피적이지 않은 양가형보다 회피적 양가형에서 더 높게 나타날 수 있다.

예상할 수 있는 바와 같이 이러한 경향은 어린 아동에게서는 흔히 나타나는 특성이다. 아동들은 일관성이 없고 복잡하고 애매한 상황을 다루기 힘들어한다. 다행스럽게도 아동들이 나타내는 정서적 또는 사고의 실수는 주변에서 잘 받아 주고 이해해 준다. 그러나 아동이 성장함에 따라 주변 환경의 내성은 약해진다. 따라서 나이든 청소년이나 성인이 회피적 양가형 태도를 보일 경우 적응문제를 일으킬 수 있다. 왜냐하면 복잡성을 피하려는 성향과 정서를 일관성 없이 처리하는 태도는 복잡한 환경에 장기적으로 적응하고 효율적으로 대처하는 데 필요한 행동을 하기 힘들게 하기 때문이다. 4단계로 갈 것.

사례 13. 34세 남성의 정동관련 자료

EB = 4 : 5.5			EBPer	= N/A	BLENDS
eb = 3 : 6	L	= 1.18	FC : CF + C	= 2 : 4	M.CF = 1
DEPI = 5	CDI	= 4	Pure C	= 1	FM.FT = 1
					M.FC' = 1
C' = 3 T = 1			SumC' : SumC	= 3 : 5.5	CF.YF = 1
V = 0 Y = 2			Afr	= 0.44	
Intellect = 2	CP	= 0	S = 2 (S to Ⅰ, Ⅱ, Ⅲ = 1)		
Blends : R = 4 : 24			Col − Shad Bl = 1		
m + y Bl = 1			Shading Bl = 0		

▌**사례 13의 자료에 대해 적용한 결과:** EB가 4 : 5.0이고 Lambda 값이 1.18이므로 회피적 양가형임을 시사한다. 수검자는 복잡성과 애매함 자체를 무시하거나 부인하는 경향이 매우 강하다. 불행하게도 수검자는 문제해결과 의사결정 과정에서 일관성 없는 접근을 하는 경향이 있다. 정서를 다루는 방식에도 일관성이 결여되어 똑같은 상황임에도 불구하고 어떤 때에는 과도하게 통제하면서 또 어떤 때는 제대로 통제하지 못할 수 있다. ▌

3단계: EBPer

EB가 내향형이든 외향형이든 간에 어느 한 가지 양식이면서(사례 11과 12와 같이) Lambda가 0.99보다 큰 경우를 제외하면(회피적 내향형과 회피적 외향형인 경우) EBPer는 문제를 해결하고 의사결정을 할 때의 대처방식이 만연되어 있는

(pervasive) 양식인지를 평가하는 데 도움이 된다. 이는 대처행동 중 어느 한쪽이 얼마나 지배적인가를 추정하는 데 사용되는 수치이다. 이 결과는 직선적인 추정치가 아니라 범주(예 또는 아니요)로 제시되는 예언모델이다. 만연된 대처양식이 있다는 것은 반드시 취약한 면이 있다는 것을 의미하는 것이 아니고 단지 대처방식과 의사결정 과정에서 유연성이 부족하다는 것을 시사하는 것이다.

- **잠정적 결과 1**: 수검자가 외향형이고 EBPer 값이 2.5보다 작다면 수검자는 대처해야 할 상황에서 사고와 감정을 혼합시켜 대처하는 성향이 있다고 가정할 수 있다. 그렇지만 수검자는 외향적 양식을 유연하게 사용할 수 있고 때로는 관념적 접근을 확실히 하기 위해 감정을 배제시킬 수도 있다.
- **잠정적 결과 2**: 수검자가 외향형이고 EBPer 값이 2.5 이상이면 대부분의 경우 의사결정을 할 때 정서의 영향을 받고 있다고 가정할 수 있다. 외향형 대처양식을 유연하게 사용하지 못하기 때문에 직관적이고 시행착오적인 접근보다 심사숙고해야 하고 반응을 지연시키는 것이 효율적인 상황에서는 취약한 모습을 나타내게 된다. 과도한 외향형 양식이 있을 경우 수검자는 정서표현을 조절하는 데 관심이 적다. 4단계로 갈 것.

사례 11. 30세 남성의 정동관련 자료

EB = 2 : 7.5			EBPer = 3.8	BLENDS	
eb = 5 : 7	L = 0.22		FC : CF + C = 1 : 6	M.C.FD = 1	
DEPI = 4	CDI = 2		Pure C = 2	FM.FD.FY = 1	
				m.CF.C'F = 1	
C' = 3 T = 2			SumC' : SumC = 3 : 7.5	M.CF = 1	
V = 0 Y = 2			Afr = 0.72	FM.FT = 1	
				FM.FC' = 1	
Intellect = 1	CP = 0		S = 6 (S to I, II, III = 3)	FM.YF = 1	
Blends : R = 7 : 19			Col − Shad Bl = 1		
m + y Bl = 1			Shading Bl = 0		

▎사례 11의 자료에 대해 적용한 결과: EB가 2 : 7.5이고 EBPer 값이 3.8이

므로 과도한 외향적 성향이 있다는 것을 시사한다. 수검자의 사고는 정서의 영향을 많이 받고 의사결정이나 문제해결을 할 때 다양한 측면을 고려하여 행동을 지연시키는 것이 효율적인 상황에서조차도 직관적이고 시행착오적 접근을 더 많이 사용한다. 이런 사람은 다른 사람보다 감정을 더 자유롭게 표현하고 덜 신중한 경향이 있다.

- 잠정적 결과 3: 수검자가 내향형이고 EBPer 값이 2.5보다 작을 경우 수검자는 의사결정을 할 때 감정을 보류하는 관념적인 사고양식을 주로 사용한다. 하지만 때로는 감정이 사고에 보다 직접적으로 침투하여 의사결정에 영향을 주기도 한다.

- 잠정적 결과 4: 수검자가 내향형이고 EBPer 값이 2.5 이상이면 의사결정을 할 때 정서는 매우 제한적인 역할만 한다고 가정할 수 있다. 또한 대부분의 경우 정서표현을 상당히 조심스럽게 조절하고 문제해결이나 의사결정을 할 때 직관적이고 시행착오적 접근이 효율적인 상황에서조차도 이러한 방식을 잘 사용하지 않는다. 4단계로 갈 것.

사례 12. 27세 여성의 정동관련 자료

EB = 7 : 2.5		EBPer = 2.8	BLENDS
eb = 2 : 8	L = 0.29	FC : CF + C = 3 : 1	M.CF.FD = 1
DEPI = 6	CDI = 3	Pure C = 0	M.FC = 1
			M.FY = 1
C' = 4 T = 0		SumC' : SumC = 4 : 2.5	M.FV = 1
V = 2 Y = 2		Afr = 0.29	FV.FY = 1
Intellect = 5	CP = 0	S = 3 (S to I, II, III = 2)	
Blends : R = 5 : 18		Col − Shad Bl = 0	
m + y Bl = 2		Shading Bl = 1	

▌**사례 12의 자료에 대해 적용한 결과:** EB가 7 : 2.5이고 EBPer 값이 2.8인 것은 수검자가 과도한 내향형임을 시사한다. 수검자는 의사결정을 하고

문제를 해결할 때 모든 가능성을 고려할 때까지 행동을 지연시키는 것 같다. 이 과정에서 수검자는 가능하면 사고에서 감정을 배제시키려고 하고 문제해결을 할 때 시행착오적 접근이 명백하게 바람직한 경우에도 이러한 접근을 피하는 경향이 있다. 수검자는 정서적 표현을 통제하려고 상당히 애쓰고 있다.

4단계: eb 우항 값

이 단계는 eb 우항 값과 이와 관련된 변인의 값을 살펴보는 것으로 과도한 심리적 고통을 경험하는지를 확인하기 위한 것이다. 통상적으로 eb 우항의 값은 2~5범위에 있고 좌항의 값보다 작다.

eb 우항의 값이 클수록 고통감이나 다른 형태의 정서적 불편감이 많다는 것을 시사한다. 좌항의 값이 2보다 작을 경우에는 예외적으로 해석해야 한다. 즉, eb 우항과 관련된 변인의 값을 신중하게 살펴보고 과도한 심리적 고통이 있는지를 꼼꼼히 살펴보아야 한다. 3장에서 지적한 바와 같이 eb 좌항 값이 더 클 때에도 해석할 때 주의를 해야 한다. 왜냐하면 이러한 값은 수검자가 예상치 못한 부정적 정동을 경험하고 있다는 것을 시사하기 때문이다.

- **잠정적 결과 1:** eb 좌항의 값이 우항 값보다 크고 SumT가 1을 넘지 않고 SumC'가 2를 넘지 않으며 SumV가 0을 넘지 않고 SumY가 2를 넘지 않는다면 특별한 가정을 할 필요가 없다. 5단계로 갈 것.
- **잠정적 결과 2:** eb 좌항 값이 우항 값보다 크지만 SumT가 1을 넘거나 SumC'가 2를 넘거나 SumV가 0을 넘거나 SumY가 2를 넘는다면 불편감을 야기한 변인이 무엇인가에 초점을 맞추어 가설을 설정해야 한다. 2, 3장에서 지적했듯이 Y 변인은 상황적 스트레스와 관련이 있고 특히 스트레스 상황을 해결할 수 없는 무능력 때문에 느끼는 무력감과 관련되어 있다. 반면 T와 V 변인은 상황적 스트레스와 관련 있을 수 있지만 지속적으로 경험하고 있는 부정적 정서와 더 관련이 있다.

SumT 값이 상승했으면서(1보다 클 것) 최근에 정서적 상실을 경험했다는 확실한 증거가 없다면 만성적인 외로움으로 느끼고 있고 정서적으로 빈곤해져 있다는 것을 시사한다. SumV가 상승했으면서(0보다 클 것) 죄책감이나 후회를 할 만한 근거가 분명하지 않다면 자신을 지속적으로 비난하고 비하하는 성향이 있고 이로 인해 부정적인 감정, 우려 등이 생겨났다는 것을 시사한다.

SumC' 값이 상승했다면(2보다 클 것) 정서적인 표현과 그로 인한 영향을 과도하게 억제하려는 성향 때문에 초조해하고 부정적인 감정을 느끼고 있다는 것을 시사하는 것이다. 실제로 C' 변인은 스스로 이를 악물고 감정을 내재화하려는 경향과 관련이 있다. 5단계로 갈 것.

- **잠정적 결과 3:** eb 좌항 값이 3 또는 그 이상이면서 우항이 좌항보다 클 경우 또는 좌항이 3보다 작으면서 우항이 최소한 4 이상이라면 수검자가 고통을 경험하고 있다고 가정해야 한다. 고통감은 몇 가지 형태를 취할 수 있다. 우울이나 불안과 같이 직접적으로 나타날 수도 있고 좀 더 간접적으로 과도한 긴장, 우려나 불면증, 무감각과 같이 다양한 신체적 이상으로 나타날 수도 있다. 잠정적 결과 2에서 언급하였던 내용을 염두에 두고 우항에서 점수를 상승시킨 변인들을 살펴봄으로써 고통의 원인을 탐색해 보고 이에 대한 적절한 가설을 설정해야 한다. 5단계로 갈 것.

사례 11. 30세 남성의 정동관련 자료

				BLENDS	
EB = 2 : 7.5		EBPer	= 3.8		
eb = 5 : 7	L = 0.22	FC : CF + C	= 1 : 6	M.C.FD	= 1
DEPI = 4	CDI = 2	Pure C	= 2	FM.FD.FY	= 1
				m.CF.C'F	= 1
C' = 3 T = 2		SumC' : SumC	= 3 : 7.5	M.CF	= 1
V = 0 Y = 2		Afr	= 0.72	FM.FT	= 1
				FM.FC'	= 1
Intellect = 1	CP = 0	S = 6 (S to Ⅰ,Ⅱ,Ⅲ = 3)		FM.YF	= 1
Blends : R = 7 : 19		Col − Shad Bl = 1			
m + y Bl = 1		Shading Bl = 0			

사례 12. 27세 여성의 정동관련 자료

EB	= 7 : 2.5			EBPer	= 2.8	BLENDS
eb	= 2 : 8	L	= 0.29	FC : CF + C	= 3 : 1	M.CF.FD = 1
DEPI	= 6	CDI	= 3	Pure C	= 0	M.FC = 1
						M.FY = 1
C' = 4	T = 0			SumC' : SumC = 4 : 2.5		M.FV = 1
v = 2	Y = 2			Afr	= 0.29	FV.FY = 1
Intellect	= 5	CP	= 0	S = 3 (S to Ⅰ, Ⅱ, Ⅲ = 2)		
Blends : R	= 5 : 18			Col − Shad Bl = 0		
m + y Bl	= 2			Shading Bl	= 1	

사례 13. 34세 남성의 정동관련 자료

EB	= 4 : 5.5			EBPer	= N/A	BLENDS
eb	= 3 : 6	L	= 1.18	FC : CF + C	= 2 : 4	M.CF = 1
DEPI	= 5	CDI	= 4	Pure C	= 1	FM.FT = 1
						M.FC' = 1
C' = 3	T = 1			SumC' : SumC = 3 : 5.5		CF.YF = 1
V = 0	Y = 2			Afr	= 0.44	
Intellect	= 2	CP	= 0	S = 2 (S to Ⅰ, Ⅱ, Ⅲ = 1)		
Blends : R	= 4 : 24			Col − Shad Bl = 1		
m + y Bl	= 1			Shading Bl	= 0	

▌**사례 11, 12, 13의 자료에 대해 적용한 결과:** 세 사례에서 모두 eb의 우항 값이 좌항 값보다 크다. 사례 11은 5 : 7, 사례 12는 2 : 8, 사례 13은 3 : 6 이다. 이 세 수검자는 어떤 형태이든 고통감을 경험한다고 가정할 수 있다. 각 수검자들이 현재 호소하는 문제를 보면 놀랄 일은 아니다. 사례 11은 최근에 결혼생활에 실패하여 별거를 시작하였다. 사례 12의 경우 긴장, 주의분산, 불면증, 식욕감퇴를 호소하고 우울지표가 6이다. 사례 13은 약물중독에서 회복되고 있는 중이고 DEPI(5)와 CDI(4)의 값이 정적이다 (positive value). 이제 각 사례에서 어떠한 정동요소가 이러한 상황을 유발 시켰는지를 밝히는 것이 관건이다. ▌

사례 11에는 SumT(2)가 상승해 있는데 이는 최근의 별거로 인한 정서적 상실 경험과 관련 있을 것이다. SumC'(3)도 상승되어 있는데 이는 수검자가 표현하고 싶은 감정을 억제하고 내재화시키고 있다는 것을 시사한다. 이는 흥미로운 사실 이다. 왜냐하면 수검자는 과도한 외향적 성향의 소유자로, 흔히 이런 사람들은 감정을 통제하고 숨기는 것에는 별로 관심이 없기 때문이다. 수검자가 스스로 현재 감정통제에 문제가 있다고 느끼고 있고, 이러한 점 때문에 부부간의 문제가 심각해졌다는 것을 시인하고 있는 것으로 보이며, 따라서 현재 수검자는 정서를 통제하려고 노력하고 있는 것 같다. 바꿔 말하면 수검자의 심리적 고통은 부부 문제와 직접적 관련이 있을 것이다.

사례 12는 매우 다르다. 수검자는 SumV(2)와 SumC'(4) 값이 매우 상승해 있다. 차원(vista)반응은 남자친구와의 변덕스러운 관계와도 관련이 있겠지만 그보다는 장기적으로 지속되어 온 자기비하와 더 관련이 있는 것 같다. 이는 5년 전 딸의 양육권을 포기한 것과도 관련 있겠지만 보다 광범위한 근거가 있을 것이다. C'가 매우 상승해 있는 걸 보면 수검자는 분명 오랜 기간 동안 자신의 감정을 억제하고 억압해 왔음을 알 수 있다. 그녀는 과도한 내향형 소유자로 자신의 감정을 철저하게 통제하고자 한다. 분명히 그녀는 과도하게 감정을 통제하고 있고 그에 대한 대가로 고통감을 경험하고 있는 것 같다.

사례 13에서 상승한 것은 SumC'(3)뿐이다. 사례 11, 12의 경우처럼 정서적 표현을 억제한 데서 생긴 심리적 고통을 느끼고 있다. 가장 중요한 문제는 이것이 감정을 다루기 위해 최근에 고안된 전략인지 그리고 부정적 감정이 얼마나 파괴적인지이다. 수검자는 회피적 양가형으로 복잡한 것을 단순화하고 무시하는 경향이 있고 이와 관련하여 정서적으로는 억제를 하는 경향이 있다. 또한 CDI가 정적이었다. 수검자 스스로 자신이 큰 실수를 저질렀음을 자각하고 있다면 이에 따른 문제를 회피하기 위하여 감정을 억제하고 있을 가능성도 있다.

5단계: SumC' : WSumC

이 비율은 정서의 억제나 억압과 관련이 있다. 유채색 반응(FC, CF, C)은 정서의 방출과 관련이 있고 정서를 방출할 때 통제하고 조절하는 정도와 관련이 있다. 앞서 지적한 바와 같이 세 가지 무채색 반응(FC', C'F, C')은 정서를 억제하고 내재화시킴으로써 생기는 초조한 감정과 관련이 있다. 대부분의 사람들은 다양한 상황에서 다양한 정서적 경험을 하게 되지만 어떤 사람들은 다른 사람들보다 더 자주, 더 과도하게 하기도 한다. 또한 과도하게 정서를 억제하는 이유는 다양하다.

어떤 사람들은 자신의 감정통제 능력을 신뢰하지 못하기 때문에 감정을 과도하게 억제한다. 또 다른 사람들은 정서 때문에 혼란스러워하므로 이를 직접 다루기를 피하려고 한다. 때때로 사람들은 자신의 감정에 당황하고 죄책감을 느끼고 다른 사람들과 이를 공유하고 공개적으로 표현하는 것에 대해 불안해할 수도 있다.

원인이 무엇이든 간에 정서를 과도하게 억압하면 결과적으로 고통스럽고 때로는 개인을 붕괴시키는 정신적 부담이 된다. 이러한 측면이 특성 같은 속성을 띠게 되면 감정을 내재화시킨 결과 두통, 위장장애, 소화장애, 불안정한 혈압 등과 같은 다양한 신체적 증상을 나타내게 되며 긴장, 불안, 우울 등의 감정적인 혼동 상태를 경험할 수도 있다.

• **잠정적 결과:** WSumC는 내향성, 외향성, 양가성 또는 회피적 성향 유무에 관계없이 SumC'의 값과 최소한 같거나 커야 한다. 이럴 경우 사례 11, 13에서와 같은 해석적 가정을 하지는 않는다. 그러나 SumC' 값이 WSumC보다 클 경우 수검자는 대부분의 사람들보다 정서표현을 억제하고 있고 그 결과 과도한 초조감을 경험하게 된다.

사례 12. 27세 여성의 정동관련 자료

EB	= 7 : 2.5		EBPer	= 2.8	BLENDS
eb	= 2 : 8	L = 0.29	FC : CF + C	= 3 : 1	M.CF.FD = 1
DEPI	= 6	CDI = 3	Pure C	= 0	M.FC = 1
					M.FY = 1
C' = 4	T = 0		SumC' : SumC	= 4 : 2.5	M.FV = 1
V = 2	Y = 2		Afr	= 0.29	FV.FY = 1
Intellect	= 5	CP = 0	S = 3 (S to Ⅰ,Ⅱ,Ⅲ = 2)		
Blends : R	= 5 : 18		Col - Shad Bl = 0		
m + y Bl	= 2		Shading Bl = 1		

┃사례 12의 자료에 대해 적용한 결과: 4 : 2.5 비율은 수검자가 대부분의 사람들보다 정서표현을 더 많이 억제하고 있고 그 결과 초조해지고 고통스러워하고 있다는 것을 시사한다. DEPI 값이 정적이면서도 우울감을 직접 호소하지 않는 것은 놀랄 만한 일은 아니다. ┃

6단계: 정서비

이 변인은 수검자가 정서적 자극을 경험하고 느끼는 것에 대해 관심을 가지는 정도를 나타낸다. 예상할 수 있는 바와 같이 정서비(affective ratio)의 범위는 내향형, 외향형, 양가형 및 높은 Lambda를 보이는 회피형에게서 모두 다르게 나타난다. 〈표 6〉은 해석하는 데 필요한 7개 집단의 평균이다.

〈표 6〉 7개 집단의 정서비 평균범위

집단	평균범위
외향적 성인과 14세 이상 청소년	.60 ~ .89
내향적 성인과 14세 이상 청소년	.53 ~ .78
양가적 성인과 14세 이상 청소년	.53 ~ .83
회피적 성인과 14세 이상 청소년	.45 ~ .65
5, 6세 아동	.57 ~ 1.05
7~9세 아동	.55 ~ .92
10~13세 아동	.53 ~ .83

흔히 외향형은 Afr 값이 .70보다 큰 반면 내향형은 .65보다 작은 것이 보통이지만 EB 양식으로 구분할 경우 정서비 점수의 분포는 중첩되는 부분이 있다. 마찬가지로 14세 이하 아동의 경우에도 정서비의 평균범위는 상당히 다양하다.

회피적 유형의 사람들은 일반적으로 각 EB 집단의 정서비보다 낮은 값을 나타낸다. 값이 낮다고 해서 회피적 유형인 사람들이 정서적 자극을 회피하려고 한다는 뜻은 아니다. 회피형은 정서적 억압이나 심각한 정서적 문제를 지적하는 다른 증거가 없다면 복잡성을 회피하기 위한 경향 때문에 정서비가 낮게 나왔다고 보는 것이 더 적절하다.

• **잠정적 결과 1:** Afr이 평균범위에 해당할 경우 해석은 간단하다. 즉, 수검자는 자신의 대처방식에 맞추어(아동의 경우 나이에 따라) 대부분의 사람들이 하는 것처럼 정서가 있는 자극에 관여하고 이를 처리한다. 만약 수검자가 정서 조절 및 통제와 관련된 문제가 계속 있었다면 이에 대한 인식이 부족하다는 것을 시사한다. 정서적 자극에 접하게 되면 자극에 반응해야만 한다. 따라서 정서통제에 문제가 있을 경우 정서자극을 피하는 것이 훨씬 쉽고 정서자극으로부터 받는 요구도 감소시킬 수 있을 것이다(9, 10단계 참고). 7단계로 갈 것.

사례 11. 30세 남성의 정동관련 자료

EB = 2 : 7.5			EBPer = 3.8	BLENDS	
eb = 5 : 7	L = 0.22		FC : CF + C = 1 : 6	M.C.FD = 1	
DEPI = 4	CDI = 2		Pure C = 2	FM.FD.FY = 1	
				m.CF.C'F = 1	
C' = 3 T = 2			SumC' : SumC = 3 : 7.5	M.CF = 1	
V = 0 Y = 2			Afr = 0.72	FM.FT = 1	
				FM.FC' = 1	
Intellect = 1	CP = 0		S = 2 (S to Ⅰ,Ⅱ,Ⅲ = 3)	FM.YF = 1	
Blends : R = 7 : 19			Col − Shad Bl = 1		
m + y Bl = 1			Shading Bl = 0		

▎**사례 11의 자료에 대해 적용한 결과:** Afr 값이 0.72로 평균범위에 속하고 있으므로 대부분의 외향적인 성인과 마찬가지로 정서적 자극을 자발적으로 처리하려고 하거나 관심을 나타내는 것으로 보인다. ▎

• **잠정적 결과 2:** Afr 값이 평균범위 이상일 경우 수검자는 정서적 자극에 쉽게 매료되고 정서 변화에 관심이 많다. 이런 결과는 외향형에게서 많이 발견되지만 그렇다고 이들에게만 국한된 특성은 아니다. 그리고 이러한 점은 취약점이 되지는 않고 단순히 정서에 대한 관심이 많다는 것을 반영한다. 이런 사람들은 분명히 정서적 자극에 쉽게 영향을 받고 강화되기도 한다. 그러나 통제나 조절에 문제가 있을 경우 취약성으로 작용할 수 있다. 왜냐하면 정서적 자극을 추구하는 경향으로 인해 일반적인 경우보다 더 자주 정서적 교류를 하게 되기

때문이다(9, 10단계를 참고). 7단계로 갈 것.

- **잠정적 결과 3:** Afr 값이 0.43보다 크고 평균보다 적을 경우 수검자는 정서적 자극을 처리하는 데 관심이 적거나 정서적 자극을 처리하지 않으려고 하는 경향이 있다는 것을 시사한다. 이는 회피형에서 흔히 나타나는 것으로 복잡성을 피하려고 하는 성향을 반영하는 것이다. 내향적인 집단에서도 많이 나타나지만 이들에게만 나타나는 것은 아니다. 취약성으로 고려할 필요는 없고 단지 정서적 자극에 관여하지 않으려는 성향으로만 보면 된다. 만약 다른 자료에서 조절이나 통제의 문제가 나타난다면 수검자가 자신의 문제를 인식하고 있다는 것을 시사하는 것이므로 문제를 악화시키는 상황을 회피하려는 경향이 있다는 것을 의미한다(9단계와 10단계 참고). 7단계로 갈 것.

사례 13. 34세 남성의 정동관련 자료

EB = 4 : 5.0			EBPer = N/A		BLENDS
eb = 3 : 6	L = 1.18		FC : CF + C = 2 : 4		M.CF = 1
DEPI = 5	CDI = 4		Pure C = 1		FM.FT = 1
					M.FC' = 1
C' = 3 T = 1			SumC' : SumC = 3 : 5.5		CF.YF = 1
V = 0 Y = 2			Afr = 0.44		
Intellect = 2	CP = 0		S = 2 (S to I, II, III = 1)		
Blends : R = 4 : 24			Col − Shad Bl = 1		
m + y Bl = 1			Shading Bl = 0		

▌**사례 13의 자료에 대해 적용한 결과:** 수검자는 회피적 양가형(L=1.18, EB= 4 : 5.0)이므로 Afr 값이 0.44인 점이 놀란 사실은 아니다. 수검자가 복잡성을 회피하려는 측면이 부분적으로 나타나고 있지만 동시에 상당한 정서적 문제를 경험하고 있다는 것을 시사한다(DEPI=5, SumC'=3, eb=3 : 6). 따라서 수검자의 회피적 성향은 정서적 자극을 직면할 경우 증폭될 수 있다. ▌

- **잠정적 결과 4:** Afr 값이 0.44 이하일 경우 수검자가 정서적 자극을 현저하게

회피하고 있다는 것을 시사한다. 이들은 정서를 처리하는 것을 상당히 불편해한다. 그 결과 사회적 상황을 거북해하고 고립되기도 한다. 이러한 값에 해당할 경우 정서적 억제(5단계 참고) 또는 현저한 정서적 방어(7, 8단계 참고)를 하고 있다는 것을 시사한다. 아동 또는 청소년 프로토콜에서 이런 점이 나타나면 더 중요하다. 왜냐하면 아동 또는 청소년이 발달에 도움이 되는 모든 변화에 회피적이고 지나치게 경계적으로 접근하고 있다는 것을 반영하기 때문이다. 7단계로 갈 것.

사례 12. 27세 여성의 정동관련 자료

EB = 7 : 2.5			EBPer = 2.8	BLENDS	
eb = 2 : 8	L = 0.29		FC : CF + C = 3 : 1	M.CF.FD = 1	
DEPI = 6	CDI = 3		Pure C = 0	M.FC = 1	
				M.FY = 1	
C' = 4 T = 0			SumC' : SumC = 4 : 2.5	M.FV = 1	
V = 2 Y = 2			Afr = 0.29	FV.FY = 1	
Intellect = 5	CP = 0		S = 3 (S to Ⅰ,Ⅱ,Ⅲ = 2)		
Blends : R = 5 : 18			Col − Shad Bl = 0		
m + y Bl = 2			Shading Bl = 1		

사례 12의 자료에 대해 적용한 결과: Afr은 0.29로 매우 낮으므로 수검자가 무슨 수를 써서라도 정서적 직면을 회피하려고 한다는 것을 시사한다. DEPI가 6이고 4단계와 5단계에서 해당되므로 상당한 정서적 고통, 정서 표현의 억제 및 억압 경향이 시사되고 있고 이는 충분히 예상할 수 있는 결과이다.

7단계: 주지화지표

이 지표(2Ab+Art+Ay)는 주지화의 사용에 관한 정보를 제공한다. 이는 정서적 상황이나 정서적 경험의 영향을 정서수준이 아닌 관념수준에서 다루어서 감소시키고 중화시키는 과정을 의미한다. 그리고 실제로는 감정의 존재를 숨기거나 부인함으로써 결과적으로 정서를 직접적이거나 현실적으로 다룰 가능성을 줄이는 유사 주지화 과정(pseudo-intellectual process)도 있다.

주지화는 대부분의 사람들이 직접적으로 처리하는 것을 피했으면 하는 정동 상황에서 주로 사용하는 방어전략이다. 따라서 주지화를 사용하느냐가 문제가 아니라 이 방어전략이 얼마나 과도하게 사용되었는가가 문제이다. 주지화지표가 4보다 작을 때에는 해석적 의미가 없다. 사례 11과 13이 이에 해당한다.

• **잠정적 결과 1**: 주지화지표가 4~6 사이일 경우 수검자가 대부분의 사람보다 감정을 인지적 수준에서 다루는 경향이 있다는 것을 시사한다. 이 과정에서 정서의 영향을 감소시키고 중화시킴으로써 정서가 주는 영향을 감소시킬 뿐 아니라 상황의 진정한 의미를 왜곡시켜 부인하게 하는 역할을 하기도 한다. 8단계로 갈 것.

사례 12. 27세 여성의 정동관련 자료

EB = 7 : 2.5		EBPer = 2.8	BLENDS
eb = 2 : 8	L = 0.29	FC : CF + C = 3 : 1	M.CF.FD = 1
DEPI = 6	CDI = 3	Pure C = 0	M.FC = 1
			M.FY = 1
C' = 4 T = 0		SumC' : SumC = 4 : 2.5	M.FV = 1
V = 2 Y = 2		Afr = 0.29	FV.FY = 1
Intellect = 5	CP = 0	S = 3 (S to I, II, III = 2)	
Blends : R = 5 : 18		Col − Shad Bl = 0	
m + y Bl = 2		Shading Bl = 1	

┃ **사례 12의 자료에 대해 적용한 결과**: 주지화지표의 점수가 5점인데, 이는 수검자가 원하지 않는 감정의 영향을 중화시키기 위해 대부분의 사람들보다 더 많은 주지화를 사용하고 있다는 것을 시사한다. ┃

• **잠정적 결과 2**: 6점 이상인 경우 수검자는 정동적인 스트레스로 지각되는 상황

에서는 주지화를 주된 방어전략으로 사용하고 있다는 것을 나타낸다. 이러한 사람들은 강렬한 정서적 경험이 있을 경우 더 붕괴되기 쉬운데 정동자극의 크기가 클수록 주지화 전략이 비효율적이 되기 때문이다. 8단계로 갈 것.

8단계: 색채투사

색채투사(color projection)는 매우 드문 반응이고 따라서 그 값은 거의 0이고 사례 11, 12, 13에서 모두 0이다. 단 1개의 CP 반응만 있어도 해석상 매우 중요하다. 이는 불쾌한 정서경험을 하게 되면 과도하게 부인한다는 것을 시사한다.

• **잠정적 결과:** CP가 0보다 클 경우 수검자가 초조감, 불쾌한 정서나 정서적 자극의 존재를 부인하면서 상황과는 맞지 않는 긍정적 정서나 정서가(emotional value)로 대치시키고 있다는 것을 시사한다. 이는 현실을 무시하거나 위배하는 히스테리적 과정과 같다.

전형적으로 이런 유형의 방어를 사용하는 사람은 부정적 감정을 처리하는 것을 불편하게 여기고 자신의 정동을 적절히 조절하여 표현하는 것을 힘들어 한다. 결과적으로 주변 환경이 어려워지거나 어려워질 것이 예상될 경우 이를 피하기 위하여 현실을 왜곡하기도 한다.

이러한 방어형태는 누가 보아도 알 수 있고 자주 사용할 경우 다른 사람들에게 정서적으로 피상적인 사람으로 보이게 된다. 9단계로 갈 것.

9단계: FC : CF+C 비율

FC : CF+C 비율과 순수 C 값은 정서적 표출과 표현을 조절하는 능력에 관한 정보를 제공한다. FC 반응은 정서적 경험을 잘 통제하고 조절하는 것과 관련이 있는 반면 CF 반응은 덜 억제된 형태의 정동표출과 관련이 있다. 순수 C 반응은 덜 억제된 감정표출과 상관이 있다. 그러나 CF와 C 값은 CF+C로 묶어서 연구할 때 개별적으로 연구했을 때보다 신뢰성이 높다. 대부분의 정상 성인은 FC 값이 CF+C와 같거나 더 높다. 한편 연령이 낮은 수검자들은 CF와 C 반응이 FC보다 많다.

- **잠정적 결과 1**: FC 값이 CF+C 값보다 최소한 1점 이상 크거나 2배 이상이고 순수 C 값이 0인 경우 수검자는 대부분의 성인처럼 정서적 방출을 통제하고 조절할 수 있다고 가정할 수 있다. 이는 15세 이하인 어린 수검자의 기록에서는 잘 나타나지 않는 점수이고 15세 이하의 수검자가 이런 점수를 나타낼 경우 대부분의 어린 수검자와는 달리 정서표현을 상당히 엄격하게 통제하고 있다는 것을 시사하는 것이다. 11단계로 갈 것.

- **잠정적 결과 2**: FC 값이 CF+C 값의 두 배는 넘지만 세 배는 넘지 않고 순수 C 값이 0일 경우 정서표현을 할 때 대부분의 사람보다 더 엄격한 통제를 하는 경향이 있다는 것을 시사한다. 15세 이하인 수검자에게서 이런 값이 나타나는 것은 매우 드물다. 11단계로 갈 것.

- **잠정적 결과 3**: FC 값이 CF+C 값보다 3배 이상이고 순수 C 값이 0일 경우 대부분의 사람들보다 정서표현을 훨씬 더 과도하게 통제한다고 가정해야 한다. 강렬한 정동표출을 하는 것을 두려워하거나 불신하고 신뢰하지 못하고 있으며 따라서 정서적으로 위축되어 있을 가능성을 시사한다. 11단계로 갈 것.

사례 12. 27세 여성의 정동관련 자료

EB = 7 : 2.5			EBPer = 2.8		BLENDS
eb = 2 : 8	L = 0.29		FC : CF+C = 3 : 1		M.CF.FD = 1
DEPI = 6	CDI = 3		Pure C = 0		M.FC = 1
					M.FY = 1
C' = 4 T = 0			SumC' : SumC = 4 : 2.5		M.FV = 1
V = 2 Y = 2			Afr = 0.29		FV.FY = 1
Intellect = 5	CP = 0		S = 3 (S to Ⅰ,Ⅱ,Ⅲ = 2)		
Blends : R = 5 : 18			Col – Shad Bl = 0		
m+y Bl = 2			Shading Bl = 1		

▌**사례 12의 자료에 대해 적용한 결과**: 3 : 1의 비율을 보이고 있고 순수 C 반응은 없다. 수검자는 정서표현을 억제하는 경향이 심하고 주지화를 주로 사용하는 내향적인 사람이다. 따라서 색채반응을 할 때 대부분 형태가 우세한 것은 당연한 사실이다. 이런 점은 수검자가 정서를 불편해하고

정서가 과도하게 강렬해지는 것을 두려워하고 자신의 정서표현을 철저하게 조절하려고 애쓰고 있다는 것을 시사한다.

- **잠정적 결과 4:** FC 값이 CF+C보다 최소한 1점보다 크거나 2배이고 순수 C 반응 값이 1이라면 수검자는 대부분의 성인과 비슷한 수준으로 정서표출을 조절한다고 가정할 수 있다. 그러나 대부분의 성인과는 다르게 정서표출을 제대로 통제하지 못할 경우 조절오류가 발생할 수도 있다. 이런 결과는 15세 이하 수검자의 기록에서는 매우 드물다. 10단계로 갈 것.
- **잠정적 결과 5:** FC 값이 CF+C 값의 2배 이상이고 순수 C 반응 값이 1 이상이면 대부분의 경우 정서표출을 엄격히 조절하지만 엄격한 통제가 실패할 수 있는 취약성이 있다. 이런 사람들은 정서와 관련된 갈등을 겪고 있고 때로는 엄격하게 조절하기 위한 노력이 실패하기도 한다. 10단계로 갈 것.
- **잠정적 결과 6:** 성인의 기록에서 FC 값이 CF+C 값보다 최소한 1점 많거나 2배 이상이면서 순수 C 값이 1보다 클 경우 수검자는 정서적 표출을 효율적으로 조절하기 위해서 애쓰지만 조절과정에서 문제가 자주 발생된다는 것을 시사한다. 성인에게서 이런 경우가 나타나는 것은 드물고 이는 통제와 관련된 맥락에서 살펴봐야 할 것이다. 그렇지만 아동 또는 어린 청소년의 경우 적절한 정서표현 조절법을 학습하는 과정이므로 이러한 기록을 쉽게 볼 수 있다. 10단계로 갈 것.
- **잠정적 결과 7:** CF+C가 FC 값과 같거나 2점이 높고 순수 C 반응 값이 0 또는 1일 경우 대부분의 성인보다 정서표출에 대한 통제를 덜 엄격하게 한다는 것을 시사한다. 이런 사람들은 보통 사람들보다 더 분명하고 강렬하게 감정을 표현하는 경향이 있다. 성인의 경우 이런 점이 반드시 부정적인 결과라고 할 수 없고 특히 통제와 관련된 문제가 없을 경우 부정적으로 볼 수는 없지만 대인관계에서 문제를 경험하거나 현실검증에서의 문제 또는 정서적 혼란을 경험하고 있는 사람의 경우에는 상당한 취약점이 될 수 있다. 어느 조건이든지 간에 정서표현의 정도가 그 상황에 부적절할 수는 있다. 어린 청소년이나 아동에게서는 흔히 나타나는 결과이지만 연령과 관계없이 내향형에게는 드문 경우이다. 순수 C 반응이 있을 경우 10단계로 진행하고 순수 C 반응이 0인 경우 11단계로 갈 것.

사례 13. 34세 남성의 정동관련 자료

EB	= 4 : 5.5			EBPer	= N/A	BLENDS
eb	= 3 : 6	L	= 1.18	FC : CF + C	= 2 : 4	M.CF = 1
DEPI	= 5	CDI	= 4	Pure C	= 1	FM.FT = 1
						M.FC' = 1
C' = 3	T = 1			SumC' : SumC	= 3 : 5.5	CF.YF = 1
V = 0	Y = 2			Afr	= 0.44	
Intellect	= 2	CP	= 0	S = 2 (S to Ⅰ,Ⅱ,Ⅲ = 1)		
Blends : R	= 4 : 24			Col − Shad Bl	= 1	
m + y Bl	= 1			Shading Bl	= 0	

▎**사례 13의 자료에 대해 적용한 결과**: 2 : 4의 비율을 보이고 있고 순수 C 반응은 1개이다. 수검자는 회피적 양가형으로 대인관계 문제와 정서문제가 모두 있다(DEPI＝5, CDI＝4, eb＝3 : 6). 수검자는 감정을 표현할 때 상황에 맞지 않게 표현할 것이다. 그는 장기간 약물을 남용해 왔지만 이를 일시적인 것으로 정당화시키고 있고 정서표현과 관련이 있는 문제에 대한 인식은 없는 것으로 보인다. 문제에 대한 호소가 없는 것은 평가상황(직장 복귀를 원하고 있음)과 관련되어 있을 수도 있고 아니면 정서나 정서표현을 어떻게 조절해야 하는지에 대해 피상적인 수준에서만 이해하고 있기 때문으로 보인다. Afr(0.44) 값이 평균보다 낮은 것은 수검자가 인정하려고 하는 것보다는 더 많은 정서통제의 문제가 있다는 것을 스스로 인식하고 있다는 것을 시사하는 것이다. 의뢰 당시 제기된 문제는 약물의 영향을 받지 않을 때(즉, 약물을 복용하지 않았을 때)에도 정서통제에 문제가 있는지 여부이다. 위 결과는 문제가 있다는 것을 시사한다. ▎

• **잠정적 결과 8**: 성인 기록에 CF＋C 값이 FC 값과 같거나 2점 이상 많으면서 순수 C 반응이 1보다 클 경우 정서조절에 심각한 문제가 있다는 것을 시사한다. 이들은 정서표현을 과도하고 강렬하게 그리고 흔히 충동적으로 하게 된다. 이는 정서통제를 제대로 하지 못한 결과일 수 있지만 동시에 수검자가 심리적

으로 미성숙하여 정동조절을 그다지 중요하다고 여기지 않는 것과 관련이 있을 수도 있다. 이런 결과는 아동들에게서는 매우 흔하게 발견할 수 있는 것으로, 정서적으로 풍부하기는 하지만 아직은 조절력이 제한되어 있다는 것을 시사한다. 하지만 연령에 관계없이 내향형 수검자에게서는 매우 드물게 나타난다. 만약 내향형 수검자에게 이런 결과가 나타난다면 다른 심리적 작용에 의해 관념적인 접근이 손상되었거나 단편화되어 효율성이 저하되었다는 것을 시사한다. 10단계로 갈 것.

- **잠정적 결과 9:** CF+C가 FC 값보다 3점 이상 많고 순수 C 값이 0인 경우 다른 사람보다 정서조절을 훨씬 적게 한다는 것을 시사한다. 이들은 자신이 표현하는 감정의 강도에 스스로 많은 관심을 기울이기도 한다. 이런 점이 꼭 취약점은 아니다. 왜냐하면 통제되지 않은 정서를 자주 표현하는 것이 효율적인지 비효율적인지는 그가 속한 사회적 환경의 수용 정도에 따라 달라지기 때문이다. 그러나 현실검증력에 문제가 있고 정서적 혼란을 경험하고 있다면 상황에 부적절해서라기보다는 정동을 통제하는 것 자체에 문제가 있을 가능성이 높다. 11단계로 갈 것.

사례 11. 30세 남성의 정동관련 자료

EB = 2 : 7.5		EBPer = 3.8	BLENDS	
eb = 5 : 7	L = 0.22	FC : CF+C = 1 : 6	M.C.FD	= 1
DEPI = 4	CDI = 2	Pure C = 2	FM.FD.FY	= 1
			m.CF.C'F	= 1
C' = 3 T = 2		SumC' : SumC = 3 : 7.5	M.CF	= 1
V = 0 Y = 2		Afr = 0.72	FM.FT	= 1
			FM.FC'	= 1
Intellect = 1	CP = 0	S = 6 (S to I, II, III = 3)	FM.YF	= 1
Blends : R = 7 : 19		Col−Shad Bl = 1		
m+y Bl = 1		Shading Bl = 0		

- **잠정적 결과 10:** CF+C가 FC 값보다 3점 이상 많고 순수 C 값이 1개 이상인 경우 정서조절을 상당히 느슨하게 한다는 것을 반영한다. 이는 어린 아동에게서는 매우 흔하게 나타난다. 성인에게는 드물게 나타나고 다른 사람들에게는

충동적이고 과도하게 감정적이며 성숙이 안 된 사람으로 보일 수 있다.

현실검증에 어려움이 있거나 정서적 혼동상태로 인하여 위와 같은 결과가 나타난다면 사회적 적응에도 매우 부정적인 영향을 줄 수 있다. 내향형 수검자에게서 이런 점이 나타난다면 관념적 대처양식이 효율적이지 못하고 심각한 손상이 있다는 것을 시사한다. 10단계로 갈 것.

▌**사례 11의 자료에 대해 적용한 결과:** 1 : 6 비율이고 순수 C 반응이 2개이다. 과도한 외향형으로 분명히 정서적 고통을 경험하고 있지만(eb=5 : 7) 주된 정서문제를 입증할 만한 점은 나타나지 않는다(DEPI : 4, CDI=2, Afr =0.72). 자신의 정서표현을 통제하는 것에 대해 매우 부주의하고 때때로 부적절하게 강렬하거나 폭력적일 수도 있다. 이는 부인이 보고한 내용과도 일치한다. 앞서 나타난 Afr 값이 평균범위라는 점에서 고려해 보면 수검자는 이러한 문제에 대해 거의 인식하지 않고 있고 정동조절에 대한 문제가 치료적 개입의 주목표가 되어야 한다는 것을 시사한다. ▌

10단계: 순수 C 반응

기록 내 순수 C 반응을 직접 읽어 보는 것이 중요하다. 왜냐하면 억제된 반응에 비해 미성숙하고 더 원시적인 반응유형이 나타내 주는 정도를 주관적으로 평가할 수 있기 때문이다. 순수 C 반응은 정교화시킨 정도에 따라서 상당히 달라질 수 있다. 어떤 순수 C 반응은 반응의 질이 상당히 지적인데 이는 반응기호가 의미하는 것보다 더 잘 통제한다는 것을 시사하기 때문이다. 추상적 예술품이나 장식과 같은 반응이 여기에 속한다.

또 다른 순수 C 반응은 피가 튀겼다, 불, 근육이나 기관조직 등과 같이 보다 원시적인 속성을 띠게 된다. 순수 C 반응이 더 지적일 경우에는 정서조절의 실패가 더 미미하고 일시적일 수 있다는 것을 시사하는 것이다. 반면에 더 원시적인 순수 C 반응은 통제를 고려하지 않는 행동이 빈번히 나타나고 이러한 반응은 정서조절의 실패로 인해 부적응적 행동을 자주 하는 사람에게서 흔히 나타난다.

• **잠정적 결과**: 모든 순수 C 반응이 방어적이고 유사 주지화하는 성질(psuedo-in-tellectual quality)이 있다면 CF 반응이 있을 때와 마찬가지로 정동조절에 심각한 문제가 있는지를 평가해야 한다. 반대로 순수 C 반응에서 더 원시적인 속성을 지닌 것이 한 개라도 있으면 어린 아동인 경우를 제외하고는 심각한 취약성이 있는 것으로 간주해야 한다. 이런 반응은 조절문제가 발생할 경우 그에 수반되는 행동이 부적절하고 부적응적일 가능성이 높다는 것을 시사한다. 11단계로 갈 것.

> **사례 11의 자료에 대해 적용한 결과: 카드 III.** "이것은 두 사람이 자신들이 죽인 동물을 갈기갈기 찢는 것 같아요. 여기저기 주변에 피가 많이 있어요. [질문] 여기가 사람들의 머리와 다리이고 이 시체(D7)를 찢고 있어요. (검: 주변에 피가 많다고 하셨지요?) 예, 그들 뒤에 있는 이 붉은 것이 피고 아마도 여기서 죽인 것 같아요."
>
> **카드 X.** "어떤 사람이 무슨 물건에 여러 가지 물감을 퍼부은 것 같은데 마치 추상적인 것을 만들려고 한 것 같네요. 현대 예술가들이 이렇게 하지요. [질문] 내가 보기에는 단지 여러 가지 물감 같은데 이걸 그린 사람에게는 어떤 의미가 있겠지요. 진짜 그냥 어떤 사람이 핑크, 노랑, 파랑 등등을 여기에 퍼부은 것처럼 여러 가지 다른 색깔로 보여요."
>
> 두 반응에서는 색채 사용이 치밀하지 못하고 거의 되는 대로 반응한 것처럼 보인다. 색채 속성을 좀 더 효율적이고 통제된 방식으로 조직화할 수 있는 기회는 두 가지 반응, 특히 두 번째 반응에 있었으나 조직화되지 않았다. 그 결과 두 반응 모두 정교화되지 않았고 9단계에서 지적한 바와 같이 조절상의 문제가 심각하다는 것을 한 번 더 나타내 주고 있다.

> **사례 13의 반응. 카드 IX.** "주황색은 불인 것 같아요. [질문] 내가 왜 그렇게 생각했는지는 모르겠지만 불은 주황색이고 이것은 주황색이에요. 모든 사람이 그렇게 생각해요."

이 반응은 매우 구체적이고 다소 방어적인 반응으로 성인보다는 아동의 반응 같다. 9단계에서 제시한 가설처럼 수검자는 자주 상황에 맞지 않게 감정을 표현할 수 있다.

11단계: 공간반응

대부분의 수검자는 최소한 1개의 S 반응을 하는데 주로 카드 I이나 II에서 나타나고 2개의 S 반응을 하는 경우는 드물다. 일반적으로 전경과 배경을 역전하거나 전경과 배경을 통합하여 반응하는 것은 개성을 반영하는 것으로 생각할 수 있다. 하지만 S 반응의 수가 과도하다면 부정적 성향, 적대감 심지어 분노가 있을 가능성을 고려해야 한다. 2개 이상의 S 반응을 한 경우 S 반응의 계열이 중요하다. 왜냐하면 어떤 수검자는 매우 부정적인 태도로 검사에 임하기 때문이다. 따라서 반응이 수검자의 특성을 나타내 주는 것인지 아니면 검사상황 때문에 생긴 것인지를 구별하는 것이 필요하다.

- 잠정적 결과 1: S 반응의 수가 0~2개일 경우는 사례 13에서와 같이(S=2) 그다지 중요하지 않다. 12단계로 갈 것.
- 잠정적 결과 2: S 값이 3이고 모든 S 반응이 처음의 두 반점에서 나왔다면 수검자가 검사를 받을 준비가 제대로 되어 있지 않았고 현재 검사상황에 대해 거부적인 태도로 반응하고 있다는 것을 시사한다. 지나치게 반항적인 모습이기는 하지만 검사상황과 관련되어 나타내는 거부적 태도로 볼 수 있다. 12단계로 갈 것.
- 잠정적 결과 3: S 값이 4, 5점이고 모든 S 반응이 처음의 3개 반점에서 나왔다면 수검자가 검사상황으로 인해 상당히 초조해져 있다는 것을 시사한다. 일종의 원하지 않는 일에 직면했을 때 나타나는 극단적인 반항적 경향뿐만 아니라 권위자에 대한 지속적인 거부감을 반영하는 것일 수도 있다. 12단계로 갈 것.

사례 12. 27세 여성의 정동관련 자료

EB = 7 : 2.5			EBPer = 2.8	BLENDS
eb = 2 : 8	L = 0.29		FC : CF + C = 3 : 1	M.CF.FD = 1
DEPI = 6	CDI = 3		Pure C = 0	M.FC = 1
				M.FY = 1
C' = 4 T = 0			SumC' : SumC = 4 : 2.5	M.FV = 1
V = 2 Y = 2			Afr = 0.29	FV.FY = 1
Intellect = 5	CP = 0		S = 3 (S to Ⅰ, Ⅱ, Ⅲ = 2)	
Blends : R = 5 : 18			Col – Shad Bl = 0	
m + y Bl = 2			Shading Bl = 1	

- 잠정적 결과 4: S 값이 3이고 그중 1개라도 카드 Ⅱ 이후의 반점에서 나타났다면 수검자가 대부분의 사람보다 환경에 대해 더 거부적이거나 반항적이라는 것을 시사한다. 이것이 반드시 취약성을 구성하는 것은 아니지만 원만한 사회적 관계를 형성하는 데는 도움이 되지 않을 수 있다. 12단계로 갈 것.

  ▌사례 12의 자료에 대해 적용한 결과: S 반응이 3개이고 1개는 카드 Ⅱ 이후의 반점에서 나타난 것이다. 수검자가 환경에 대해 다소 거부적이거나 반항적인 태도를 취하고 있고 이것은 원만하고 호혜적인 사회적 관계를 만드는 데 방해가 되는 것 같다. 앞서 언급한 다양한 정서적 문제들을 같이 고려해 볼 때 이 결과는 매우 중요하다. ▌

- 잠정적 결과 5: S 반응의 값이 4점 이상이면서 그중 1개 반응이라도 카드 Ⅲ 이후에서 나타난 경우 상당한 분노가 있다는 것을 시사한다. 흔히 분노는 일반화되어 있고 환경에 대한 태도에 뚜렷한 영향을 준다. 이는 특성에 해당하는 성향으로 개인의 심리적 기능에 영향을 준다. 즉, 의사결정을 하거나 대처행동에도 항상 영향을 주게 된다. 이런 특성을 소유한 사람 중 일부는 자신의 분노를 직접적이고 분명하게 행동으로 나타낼 것이다. 다른 경우에는 더 미묘하고 간접적인 방식으로 나타내고 정서적 억제를 주로 하는 사람인 경우에는 그저 '속만 끓이고 있을 것이다.' 분노를 어떻게 다루든 간에 이러한 사람들은 다른

사람들과 깊고 의미 있는 관계를 유지하기 어렵다. 왜냐하면 사회적 관계에서 타협이 요구될 때 쉽게 타협하지 못하고 참을성을 잃기 쉽기 때문이다. 정서통제와 조절에 문제가 있을 경우 수검자는 강렬한 정서적 표현뿐만 아니라 매우 거부적인 태도를 같이 드러내게 될 것이다. 12단계로 갈 것.

사례 11. 30세 남성의 정동관련 자료

EB = 2 : 7.5			EBPer = 3.8		BLENDS
eb = 5 : 7	L = 0.22		FC : CF + C = 1 : 6		M.C.FD = 1
DEPI = 4	CDI = 2		Pure C = 2		FM.FD.FY = 1
					m.CF.C'F = 1
C' = 3 T = 2			SumC' : SumC = 3 : 7.5		M.CF = 1
V = 0 Y = 2			Afr = 0.72		FM.FT = 1
					FM.FC' = 1
Intellect = 1	CP = 0		S = 6 (S to I, II, III = 3)		FM.YF = 1
Blends : R = 7 : 19			Col − Shad Bl = 1		
m + y Bl = 1			Shading Bl = 0		

▌**사례 11의 자료에 대해 적용한 결과:** 기록에서 S 반응이 6개이고 이 중 3개는 카드 III 이후에 대한 반응이다. 수검자는 상당히 화가 나 있다. 직장과 결혼생활에서 매우 중요한 사건들이 발생하였고 그 과정에서 분노와 공격성을 드러냈던 점을 고려할 때 이 결과는 놀랄 만한 사항은 아니다. 수검자는 과도한 외향형으로 감정통제에 분명히 문제가 있고 치료계획을 설정할 때 이러한 점을 중요하게 고려해야 한다. ▌

12단계: 혼합반응, EB 및 Lambda

반응기록에서 혼합반응의 수나 비율은 수검자가 경험하는 현재의 심리적 복잡성(complexity)에 대한 대략적인 추정치를 제공해 준다. 복잡성에 관한 정보는 개인의 심리, 특히 수검자의 정서적 특성을 파악할 때 매우 중요하다. 모든 사람이 어느 정도는 복잡하고 어떤 사람은 더 복잡하기도 하지만 한 개인의 복잡성이 늘 똑같은 수준으로 유지되는 것은 아니다. 그보다는 사람마다 다른 특정 수준에서 증가하거나 감소하는 경향이 있다.

예컨대, 지적 기능이 매우 뛰어난 사람들은 평균이나 평균 이하인 사람보다 더 심리적으로 복잡할 수 있다. 하지만 수검자가 경험하는 스트레스, 충족되지 못한 욕구, 해결되지 않은 갈등 등에 따라서 상황이 역전될 수 있다. 스트레스, 욕구, 갈등이 완화되고 최소화되면 복잡성도 어느 정도 감소되겠지만 스트레스, 욕구, 갈등 등이 증가될 경우 복잡성이 증가된다.

프로토콜에서 혼합반응의 빈도를 해석할 때 가장 먼저 검토할 것은 그 수검자에게서 기대할 수 있는 수준과 일치되는 정도이다. 이후의 단계에서 이 부분은 수검자가 처한 현재 상황의 맥락에서 다시 한 번 검토하게 된다.

대부분의 혼합반응에는 유채색, 무채색 또는 음영 등 최소한 한 가지의 정서관련 결정인이 포함된다. 따라서 대부분이 정서와 직접 관련이 있지만 정서관련 결정인을 포함하고 있지 않다고 하더라도 복잡성은 정서경험과 정서표현에 영향을 주기 때문에 혼합반응이 있다는 것 그 자체가 정서를 다룰 때 중요하다.

예상되는 혼합반응의 수는 EB와 Lambda와의 관계에 따라서 달라진다. Lambda 값이 0.99보다 크지 않을 경우 내향형은 외향형이나 양가형보다 혼합반응의 수가 적을 것이다. 전형적으로 반응의 20%는 혼합반응이고 R의 25%(평균범위: 13~26%)를 넘는 경우는 드물다. 외향형의 기록에서는 R의 25%가 혼합반응이고 33%에 이르는 경우도 흔하다(평균범위: 19~33%). 양가형의 혼합반응 비율도 R의 25%에 이르지만 35%를 넘는 경우도 드물지 않다(평균범위: 16~36%).

Lambda 값이 1.0 이상인 경우 혼합반응의 비율은 낮아진다. 회피형의 경우 혼합반응은 전체 반응의 15%에 미치지 않지만 10% 미만인 경우도 많다(8~14%). 이는 회피형이 복잡성을 최소화시키고자 하는 성향이 있다는 것과 일치하는 결과이다.

- **잠정적 결과 1**: EB와 Lambda 값에서 시사되는 반응양식과의 관계를 살펴보았을 때 혼합반응의 비율이 평균범위에 해당한다면 유사한 양식을 지닌 사람들과 심리적 복잡성이 비슷하다고 가정할 수 있다. 13단계로 갈 것.
- **잠정적 결과 2**: 혼합반응의 비율이 EB 또는 Lambda에서 시사된 반응양식의 평균범위 이하인 경우 심리적 복잡성이 예상되는 수준보다 낮다고 가정할 수 있다. 이는 심리적 조직이 미성숙하고 부족한 수검자에게서 흔히 나타난다. 이들은 복잡한 정서적 상황에 직면할 경우 종종 행동문제를 보인다.

사례 11. 30세 남성의 정동관련 자료

EB	= 2 : 7.5			EBPer	= 3.8	BLENDS
eb	= 5 : 7	L	= 0.22	FC : CF + C	= 1 : 6	M.C.FD = 1
DEPI	= 4	CDI	= 2	Pure C	= 2	FM.FD.FY = 1
						m.CF.C'F = 1
C' = 3	T = 2			SumC' : SumC	= 3 : 7.5	M.CF = 1
V = 0	Y = 2			Afr	= 0.72	FM.FT = 1
						FM.FC' = 1
Intellect	= 1	CP	= 0	S = 6 (S to Ⅰ,Ⅱ,Ⅲ = 3)		FM.YF = 1
Blends : R	= 7 : 19			Col − Shad Bl	= 1	
m + y Bl	= 1			Shading Bl	= 0	

사례 12. 27세 여성의 정동관련 자료

EB	= 7 : 2.5			EBPer	= 2.8	BLENDS
eb	= 2 : 8	L	= 0.29	FC : CF + C	= 3 : 1	M.CF.FD = 1
DEPI	= 6	CDI	= 3	Pure C	= 0	M.FC = 1
						M.FY = 1
C' = 4	T = 0			SumC' : SumC	= 4 : 2.5	M.FV = 1
V = 2	Y = 2			Afr	= 0.29	FV.FY = 1
Intellect	= 5	CP	= 0	S = 3 (S to Ⅰ,Ⅱ,Ⅲ = 2)		
Blends : R	= 5 : 18			Col − Shad Bl	= 0	
m + y Bl	= 2			Shading Bl	= 1	

사례 13. 34세 남성의 정동관련 자료

EB	= 4 : 5.5			EBPer	= N/A	BLENDS
eb	= 3 : 6	L	= 1.18	FC : CF + C	= 2 : 4	M.CF = 1
DEPI	= 5	CDI	= 4	Pure C	= 1	FM.FT = 1
						M.FC' = 1
C' = 3	T = 1			SumC' : SumC	= 3 : 5.5	CF.YF = 1
V = 0	Y = 2			Afr	= 0.44	
Intellect	= 2	CP	= 0	S = 2 (S to Ⅰ,Ⅱ,Ⅲ = 1)		
Blends : R	= 4 : 24			Col − Shad Bl	= 1	
m + y Bl	= 1			Shading Bl	= 0	

• **잠정적 결과 3**: 혼합반응의 비율이 EB나 Lambda에서 시사된 반응양식의 평균 범위보다 높다면 수검자의 심리적 기능이 기대보다 복잡하다는 것을 시사한다. 혼합반응은 대개 한 개 이상의 정서관련 변인을 포함하므로 기대보다 복잡한 데는 정서적인 원인이 있는 경우가 많다. 이런 점은 수검자가 광범위한 정서적 경험에 마주칠 때 활용할 수 있는 상당한 자원을 가지고 있다는 점에서 반드시 취약성을 구성하는 것은 아니다. 하지만 활용할 수 있는 자원이 제한적이거나 통제와 조절과 관련된 문제가 있을 경우 심리적 경험의 복잡성이 증가되면 정서가 행동의 일관성과 안정성에 파괴적 영향을 미칠 가능성도 증가한다. 13단계로 진행.

▎**사례 11, 12, 13의 자료에 대해 적용한 결과**: 세 사례에서 혼합반응의 비율은 모두 기대값보다 다소 높다. 사례 11은 외향형으로 19개 반응 중 7개가 혼합반응이다(37%). 사례 12는 내향형으로 18개 반응 중 5개의 혼합반응을 포함하고(28%) 사례 13은 회피형으로 24개 반응 중 4개가 혼합반응이다(17%). 이 중 극적이거나 예상 밖의 결과는 없다. 사례 11과 12의 수검자의 경우 환자일 가능성이 높고 세 번째 수검자는 업무 스트레스에 놓여 있는 상황이다. 스트레스를 경험하고 있는 사람들도 일반적인 사람들보다 심리적 복잡성이 증가한다. 그렇지만 각 사례에서 기대한 것보다 복잡성 비율이 상승되어 있으므로 개인에게 심각한 취약성을 유발시키는지를 결정해야 한다. ▎

13단계: 상황적 스트레스와 관련 있는 혼합반응

12단계의 결과는 현재의 복잡성에 관한 정보를 제공하지만 현재의 복잡성 수준이 전형적인 것인지 아니면 상황적 요인 때문에 현저하게 증가된 것인지를 파악하는 것이 중요하다. 3장에서 제시한 바와 같이 이는 m이나 Y 변인에 포함되어 있는 혼합반응(예: FC.FY, m.CF)의 수를 살펴보면 알 수 있다. 사례 11, 13과 같이 대부분의 기록에서 1개의 혼합반응이 있는 경우는 흔하고 이 경우 12단계에서 다시 검토하는 과정은 불필요하다. 그러나 이러한 혼합반응의 수가 한 개를 넘을 경우 결과는 의미 있을 수 있다.

• **잠정적 결과:** m이나 Y 변인이 포함된 혼합반응의 수가 1보다 클 경우 혼합반응 전체 값에서 하나를 빼고 전체반응 수(R)에 대한 혼합반응 수의 비율을 다시 계산해야 한다. 다시 계산한 비율이 12단계에서 지적한 것과 다른 범위에 해당 한다면 12단계에서 제시한 복잡성에 관한 가설은 수정해야 한다. 수정작업을 통해서 평상시보다 상황적 스트레스로 인해 심리적 기능이 더 복잡해졌고 상 황적 스트레스가 해결되어야 복잡성도 감소할 것이라는 결론을 내리는 것이 합당하다. 14단계로 갈 것.

┃ **사례 12의 자료에 대해 적용한 결과:** 12단계에서 시사했듯이 18개 반응 중 5개가 혼합반응이다(28%). 그러나 5개 중 2개는 Y 변인을 포함한다 (M.FY, FV.FY). 전체에서 1개를 빼고 다시 계산하면(4/18) 혼합반응 비율이 22%가 되고 이는 내향형의 평균범위에 해당한다. 수검자의 심리적 복잡 성에 대하여 살펴보면 현재 평상시보다 복잡한 상태이다. 흥미롭게도 수 검자는 자신의 감정을 억제하기 위해 애쓰고 있다. 무력감과 관련된 정동 경험(Y)이 심리적 복잡성을 증가시킨 것 같다. 분명히 상황적 요인이 수검 자의 정서적 고통감을 가중시키고 있고 상황적 요인이 원치 않은 감정을 처리하는 데 더 큰 부담을 지우고 있는 것 같다. ┃

14단계: 비일상적인 복잡성

비일상적인 수준의 심리적 복잡성이 12단계와 13단계에서 충분히 반영되지 못하는 경우도 있다. 때때로 기대한 것보다 심리적 복잡성이 증가되어 있는 사람 은 혼합반응의 비율이 평균이거나 더 낮은 수도 있다. 또 다른 경우 혼합반응 비율이 예상보다 높지만 복잡성의 정도를 여전히 제대로 파악하지 못하는 경우 도 있다. 이런 경우는 지나치게 복잡한 혼합반응을 확인하는 것이 도움이 된다.

대체적으로 4개의 혼합반응 중 3개는 두 개의 결정인만을 포함하고 있다. 4개 중 1개는 3개의 결정인을 포함하고 있고 하나의 혼합반응에 3개 이상의 결정인이 포함되어 있는 경우는 매우 드물다. 따라서 혼합반응 중 1/4이 3개의 결정인을 포함하고 있고 3개 이상의 결정인을 포함하는 혼합반응이 없다면 이 단계에서의 결과는 의미가 없다. 사례 12, 13이 모두 여기에 해당한다. 사례 12의 경우 5개 중 1개가 3개의 결정인으로 구성되어 있고 사례 13은 4개의 혼합반응이 모두 2개의 결정인으로 구성되어 있다.

• **잠정적 결과**: 만약 혼합반응의 1/4 이상이 3개의 결정인을 포함하고 있거나 1개 이상의 혼합반응이 4개 이상의 결정인을 포함한다면 12단계에서 내린 결정을 수정해야 한다. 즉, 때때로 수검자의 심리적 기능이 과도하게 복잡해진다는 것을 수정해서 언급해야 한다. 이처럼 복잡성이 증가된 이유는 거의 대부분 정서경험으로 인한 결과이다. 이런 점이 반드시 약점으로 작용하는 것은 아니지만 역기능을 초래하기 쉽고 특히 자원이 제한적이거나 통제나 조절에 문제가 있는 경우는 더 역기능을 초래할 수 있다.

▎**사례 11의 자료에 대해 적용한 결과**: 7개의 혼합반응 중 2개가 3개의 결정인을 포함한다. 따라서 12단계의 결과에서 수검자의 복잡성이 평균범위보다 다소 상승하였고 이는 수검자가 경험하고 있는 부부 문제를 고려했을 때 충분히 예상할 수 있지만, 동시에 수검자가 때때로 과도하게 심리적으로 복잡해질 수 있다는 것을 시사한다. 수검자가 분노에 찬 과도한 외향형으로 감정조절에 상당한 어려움이 있다는 점을 고려할 때 이런 점은 그의 약점으로 보아야 할 것 같다. ▎

15단계: 색채음영 혼합반응

색채음영 혼합반응(color shading blends)은 유채색 결정인(FC, CF, C)과 무채색 결정인(FC',CF,C') 또는 음영결정인(확산음영, 재질음영, 전경)을 동시에 포함하고 있는 반응이다. 이 반응은 감정에 대한 불확실성, 혼동, 양가감정이 있다는 것을 시사한다.

색채음영 혼합반응은 내향형이나 회피형의 기록보다 외향형과 양가형의 기록에서 더 쉽게 찾을 수 있다. 그렇다고 해서 이를 고려해서 해석을 완전히 달리할 필요는 없다. 다만 결과를 해석할 때 양식과 빈도에 관한 문제를 둘 다 고려하는 것이 중요하다.

• **잠정적 결과 1**: 외향성 또는 양가형인 수검자가 C', T 또는 V 변인이 포함된 색채음영 혼합반응을 1개 나타낸 경우에는 수검자가 때때로 정서 또는 정서적 상황으로 인해 혼란스러워하고 불확실해한다는 것을 시사하는 것이다. 그렇지 만 이것이 반드시 부정적인 결과는 아니고 특히 감정에 더 많이 관여하는 외향형의 경우 더 부정적이지 않다. 외향형의 경우 감정에 대한 불확실성을 때때로 경험하는 것은 상당히 일상적인 것이지만 이들은 다른 사람들보다 자신의 감정을 다루는 것이 편안하므로 그다지 기분 나쁜 경험이 아닐 수 있다.

  ▌**사례 11의 자료에 대해 적용한 결과**: 색채음영 혼합반응의 수가 1개이므 로(m.CF.C'F) 수검자는 때때로 자신의 감정에 대한 불확실성을 경험한다 는 것을 시사한다. 통상적으로 이 결과는 크게 중요하지 않은 것으로 생각 할 수 있다. 왜냐하면 수검자가 외향형이기 때문이다. 그렇지만 앞서 지 적된 수검자의 정서적 문제를 고려할 때 결과 요약 부분에서 중요하게 다루어야 할 것이다. ▌

• **잠정적 결과 2**: 내향적 또는 회피적 유형의 수검자가 C', T 또는 V 변인이 포함된 색채음영 혼합반응을 1개 나타낸 경우나 외향적 또는 양가적 유형의 수검자의 기록에서 1개 이상의 많은 색채음영 혼합반응이 있을 경우 수검자가 정서 또는 정서적 상황 때문에 자주 혼란스러워하고 있다고 가정할 수 있다. 이러한 수검자들은 다른 사람보다 감정을 더 강하게 경험하고 때때로 정서적 상황에 다가가기가 어렵다. 내향적이거나 회피적 유형의 수검자가 이러한 특성을 띠 게 되면 그 영향은 더 파괴적일 수 있다. 왜냐하면 이들은 이러한 경험에 익숙 하지 않고 이러한 문제에 대한 해결책을 찾기가 더 어렵기 때문이다.

• **잠정적 결과 3**: 반응양식에 관계없이 Y 변인을 포함하는 색채음영 혼합반응이 1개 이상인 경우 상황적 관련이 있는 사건 때문에 생긴 감정으로 인해 불확실

성, 혼란감을 경험하고 있다고 가정할 수 있다. 이런 유형의 혼란감은 외향적 또는 양가적 유형의 수검자보다 내향적, 회피형 수검자에게서 더 파괴적일 수 있다. 잠정적 결과 1 또는 2 어느 것에 해당되든 앞에서 설정한 가정에 이러한 결과를 첨가시켜 언급해야 한다. 16단계로 갈 것.

▌**사례 13의 자료에 대해 적용한 결과:** 기록에 1개의 색채음영 혼합반응 (CF.YF)이 있으므로 상황적 요소로 인해 때때로 정서적 혼란감을 경험할 수 있다는 것을 시사한다. 수검자의 생활사와 현재 직업과 관련된 문제상황을 고려해 볼 때 놀랄 만한 사항은 아니다. ▌

16단계: 음영혼합반응

FT.FC', FV.FY 등의 음영혼합반응(shading blends)은 매우 드물고 잘 나타나지 않는 반응이다. 이런 음영혼합반응은 매우 불쾌한 정서적 경험이 있다는 것을 반영한다.

• **잠정적 결과:** 1개 또는 그 이상의 음영혼합반응이 있을 경우 매우 고통스러운 정서가 있다는 것을 시사한다. 부적 정서의 원인을 찾아내는 것은 비현실적일 수 있지만 반응의 기호화를 살펴보면 원인과 관련 있는 특징에 대한 단서를 찾아낼 수도 있다. 어느 경우이든 이런 유형의 매우 강력한 초조감은 심리적 기능에 상당히 파괴적인 영향을 미친다. 수검자의 정서 상태에 상당한 영향을 줄 뿐 아니라 사고 전반에도 큰 영향을 준다. 주의력과 집중력도 영향을 받고 고통으로 인해 판단력도 손상된다.

▌**사례 12의 자료에 대해 적용한 결과:** 1개의 음영혼합반응(FV.FY)이 있다. 수검자가 지속적으로 자신을 탓하고 비하하는 특성은 상황적인 요소(FY)로 인해 더 악화된 것으로 보인다. 중요한 사항은 이 혼합반응이 2개의 전경반응 중 1개라는 점이고 이는 수검자가 스스로 부정적으로 지각하는 특성에 대한 집착이 매우 강하다는 것을 시사한다. 수검자의 경우 두 가지

의 과거사와 관련이 있는 것 같다: 혼전관계에서 태어난 아이를 입양시키면서 양육권을 포기한 것과 14개월간 동거했던 사람과 관계를 정리하는 것을 포함한 격정적인 정서적 관계. ▌

3. 정동에 대한 결과 요약

사례 11. 30세 남성과 그의 부인은 최근에 별거하였고 곧 부부치료를 받을 예정이다. 그는 스스로 현재 자신의 상황에 대해 화가 나는 것은 정당한 것이라고 주장하였고 이로 인해 우울해졌다고 설명하였다. 의뢰 사유는 두 가지인데 고려할 만한 정서적 문제가 있는지 그리고 수검자가 보고하는 우울감이 얼마나 심각한지를 파악하는 것이다. 정서군집에서 지적된 결과를 요약해 보면 이 질문에 대해 비교적 쉽게 답할 수 있다.

수검자의 심리적 활동 대부분에서 정서가 매우 중요한 역할을 하고 있고 자신의 감정을 개방적으로 표현하는 경향이 있다. 정서는 사고에도 상당한 영향을 주고 때로는 그러한 접근이 생산적이지 않을 수 있는 상황에서도 직관적인 시행착오적 접근을 하는 경향이 있다(2단계와 3단계).

우울증을 입증할 만한 결정적인 증거는 없지만(1단계에서 DEPI는 해당되지 않음) 그렇다고 우울증을 배제할 수 있다는 것도 아니다. 단지 수검자가 정동장애로 진단받는 사람들에게 흔히 나타나는 특징을 많이 가지고 있지 않다는 것을 의미한다. 다른 한편으로 수검자는 정서적 고통을 경험하고 있는 것으로 보인다(4단계). 고통 중 일부는 별거로 인한 정서적 상실에 기인한 것이고 일부는 방출하고 싶은 감정을 억제한 결과 생긴 것으로 보인다(4단계).

후자가 특별히 흥미로운데 왜냐하면 수검자는 평상시 자신의 감정을 개방적으로 표현하고(2단계) 감정을 다룰 때 과도하게 억압하거나 정서적 상황을 회피하려고 애쓰는 면이 나타나지 않았기 때문이다(5, 6단계). 이러한 점에서 볼 때 현재 수검자가 정서적 표현을 억압하려는 것은 분노조절 문제를 인정하고 분노조절 문제 때문에 부부관계 문제가 생겼다는 것을 인식하고 있다는 것과 관련이 있을 수 있다. 이 결과는 중요하다. 왜냐하면 다른 결과들은 수검자가 일반적으로는 매우 부주의하고 정서통제에는 거의 관심을 보이지 않고 때때로 정서표현을 매우 강하게 또는 폭력적으로 나타내고 있다는 것이 분명하기 때문이다(9, 10단계).

수검자는 매우 화가 나 있고(11단계) 가끔씩 평상시보다 심리적으로 더 복잡해지기도 한다(12, 14단계). 심리적 복잡성은 최근의 별거와 관련이 있을 수 있다. 원인이 무엇이든 간에 분노와 가중된 복잡성이 혼합되면서 정서표현을 조절하고 통제하는 데 더욱 부주의해지게 된다. 따라서 분노와 정서통제라는 두 가지 특징이 수검자의 주된 문제점이고 이것을 치료적 개입의 주표적으로 삼아야 할 것이다.

사례 12. 27세 여성인 수검자는 긴장, 주의분산, 직장에서의 어려움, 식욕감퇴 및 불면증을 호소하였다. 의뢰 이유는 긴장의 원인과 우울증이 있는지를 밝히는 것이었다.

수검자가 구체적으로 우울을 호소하지는 않지만 수검자를 무능력하게 만드는 상당한 정동상의 문제가 나타나고 있어서 우울증이 의심되었다. 이 문제가 수검자의 주된 호소의 핵심인 것으로 보인다(1단계). 수검자는 매우 관념적인 사람으로 의사결정을 할 때 감정을 배제하는 경향이 있다. 그녀는 모든 가능한 대안을 고려한 후에 행동하기를 좋아한다. 문제해결에 시행착오적 접근이 분명히 바람직한 경우에도 시행착오적 접근을 하지 않으려고 한다. 일반적으로 정서적 표현을 완전히 통제하는 것을 선호한다(2, 3단계).

수검자가 상당히 괴로운 상태인 것은 분명하다(4단계). 수검자는 상당 기간 동안 내성적인 자기비하(introspective self-degradation)를 해 왔던 것으로 보인다. 이것이 그녀에게 상당한 정서적 고통을 준 것 같고 또한 정서적 표현을 과도하게 억제하려는 성향이 고통을 더욱 가중시킨 것으로 보인다. 이로 인해 지속적으로 초조감을 느끼고 있다(4, 5단계). 분명히 그녀는 정서를 다루는 것에 대해 두려워하고 있고 공포를 느끼고 있고 어떤 대가를 치루든 정서적으로 직면하는 것을 피하려고 몹시 애쓰고 있다(6단계).

수검자가 정서에 직면하게 될 경우 주지화를 통해 감정을 정동수준보다는 인지적 수준에서 다룸으로써 감정의 영향을 중화시키려고 애쓰고 있다(7단계). 정서를 불편해하고 또 자신의 감정이 지나치게 강렬해질 것에 대하여 상당한 공포를 느끼고 있기 때문에 자신의 정서표출이 완벽하게 조절되었다는 것을 확신할 때까지 상당한 노력을 한다(9단계). 주변 환경에 대해 다소 부정적, 반항적인 태도를 보이고 있으며 이것 때문에 주변 환경과 조화롭고 서로 도움이 되는 관계를 형성하고 유지하는 데 방해가 될 수 있다(11단계).

수검자의 심리적 기능은 기대한 것보다는 다소 더 복잡해져 있는데 특히 수검자와 같이 정서를 과도하게 통제하는 사람에게 기대되는 것보다 복잡해져 있다. 이렇게 복잡성이 증가되어 있는 것은 만성적이기보다는 상황적 요인에 기인한 것으로 보이는데 아마도 수검자가 감당할 수 없는 무력감 때문에 생긴 것으로 보인다. 수검자는 원하지 않는 감정을 효과적으로 처리하려고 애쓰고 있으나 이것이 그녀에게 더 큰 짐이 되는 것 같다(13단계). 일종의 상황적 스트레스가 오래 지속되어 온 자기비하 성향을 더 악화시키키고 있고 자신을 매우 부정적인 것으로 지각하는 특징에 몰두하여 고통스러워하고 있는 것으로 보인다(16단계).

사례 13. 34세의 남성으로 현재 직장에 복귀하려고 하고 있는데 약물남용 때문에 5개월간 치료를 받았다. 의뢰 당시 제기된 문제는 수검자가 약물을 복용하지 않았을 때 정서통제에 문제가 있는지를 알아보는 것이다.

제시된 결과는 일차적으로 사회적응에 문제가 있고 이와 관련하여 정서적 문제를 일으킬 가능성이 있다는 것을 시사한다(1단계). 수검자는 현재 잘 적응하는 사람이라는 인상을 주고자 노력하기 때문에 우울감이나 고통감을 보고하지 않는 것은 놀랄 만한 점이 아니다.

수검자는 복잡성과 모호성을 무시하고 부인함으로써 이를 단순화시키는 경향이 매우 강한 것으로 보이지만 문제해결이나 의사결정 과정에서 이런 경향을 일관되게 사용하는 것도 아니다. 수검자는 정서를 다룰 때도 일관성이 결여되어 있다. 때때로 수검자의 사고는 감정의 영향을 많이 받고 직관에 근거한 결정을 내리기도 한다. 반면에 어떤 때는 유사한 상황인데도 의사결정을 할 때 감정을 분리한 채 관념적인 접근을 한다. 수검자는 감정을 표현하는 방식도 일관성이 결여되어 있다. 즉, 어떤 때에는 정서표출을 매우 통제하지만 그와 또 다른 유사한 상황에서는 전혀 통제하지 않는다. 이렇게 일관성이 결여된 모습으로 정서를 상황에 맞게 조절하지 못하고 있다(2단계).

수검자가 보고하지는 않았지만 어느 정도의 고통을 경험하고 있는 것 같다.

이는 현재 수검자가 처해 있는 상황과 평가장면을 고려할 때 잘 알 수 있다. 고통 중 일부는 정서표현을 억제하고 억압하려는 시도와 관련이 있는 것으로 보인다. 수검자 자신이 사회적 실수를 저지르는 경향이 있다는 것을 어느 정도 인식하고 있다는 것을 가정한다면 정서표현을 억압하려는 시도는 아마도 사회적으로 부적절한 행동을 피하고자 하는 노력으로 볼 수 있을 것이다(4단계).

수검자가 가능한 한 정서적 상황을 피하거나 무시하려는 태도에서 알 수 있듯이 정서통제 문제와 관련하여 사회적으로 부적절한 행동을 하고 직업적인 문제를 일으키고 있다는 것을 스스로 인식하고 있는 것 같다. 정서적 상황을 회피하려는 것은 평상시에 복잡성을 피하려는 성향과도 관련이 있겠지만 이보다는 수검자 스스로가 정서적 문제를 인식하고 있는 것과 더 관련이 있는 것으로 생각된다(6단계).

감정을 표현할 때 수검자는 상당히 강렬하고 때로는 상황에 맞지 않는 방식으로 나타낼 수 있다. 수검자가 장기간의 약물사용을 일시적인 것이라고 합리화시키고 또 정서표현에 문제가 있다는 것을 인식하지 못하고 있다는 점은 두 가지 방식으로 해석할 수 있을 것이다. 첫째는 단순히 긍정적인 인상을 주고자 하는 시도와 관련이 있고, 두 번째 가능성은 대인관계와 정서적 문제에 대해 지나치게 단순하게 접근하고 있다는 것이다(9, 10단계).

수검자는 복잡성을 피하려고 매우 노력하는 사람들에서 기대할 수 있는 것보다 더 심리적으로 복잡한 것으로 보인다. 이러한 현재의 복잡성 수준은 평가장면과 관련해서 경험하고 있는 스트레스와 관련이 있을 수 있다(13단계).

연 · 습 · 문 · 제

사례 14. 33세 여성으로 가정의가 권유하여 심리학자에게 치료를 받기 시작하면서 심리학자가 평가를 의뢰하였다. 수검자는 우울하다고 하였고 주의집중하기 어렵고 일과 자신의 미래에 대한 관심이 저하되었다고 보고하였다.

그녀는 8년간 대규모 생산업체의 영업부에서 일하고 있다. 그동안 두 번 승진 하였고 현재 지위에서 약 2년 남짓 일해 왔다. 그녀는 남매 중 둘째로, 오빠는 39세에 결혼하여 현재 두 자녀를 두고 있다. 부모는 모두 64세로, 아버지는 토목 기사이고 어머니는 학교에서 비서로 일하고 있다. 부모와는 그다지 친근하지 않 다고 한다. 1년에 한 번 정도 집에 가서 뵐 뿐 간단하게 통화만 하는 정도라고 한다. 오빠와는 최근 7년 동안 만나지 못했다.

성장과정에서 특이한 면은 없었다. 18세 때 상위 25% 내의 성적으로 고등학 교를 졸업하였다. 대학교를 입학하여 주립장학금을 받고 경제학을 전공하였다. 22세에 학사학위를 받았다. 졸업 후 자동차 영업회사의 점장으로 일하다가 25세 에 그만두고 현재 일하는 회사로 이직하였다. 일을 즐기고 일과 관련해서 여행 하는 것을 즐겼지만 최근에는 관심이 점점 멀어졌고 "자주 주의가 분산되고 손 님에게 무뚝뚝하게 대해요. 그러면 안 되는데 쉽게 화를 내요. 여러 가지 요구가 많은 직업이에요. 여행이 너무 많아요. 여행을 할 때면 고역이고 자꾸 좌절감을 느껴요." 하고 말하였다.

수검자의 사회생활은 다양하였다. 고등학교 때부터 이성과 사귀었고 16세 때 첫 성경험을 했다. 대학 때에도 매우 자주 데이트를 하였고 한 사람과 오래 사귀 지는 않았고 여러 남자들과 사귀었다고 하였다. 그녀는 여행을 하면서 남자를 짧게 사귀지만 "저는 하룻밤 즐기는 건 좋아하지 않아요."라고 하였다. 4개월 이 상 지속된 경우는 두 번 있었다. 첫 번째는 23세 때 1년 간 사귄 남자로 "우린 관심사가 달랐어요."라고 기술하였다. 보다 최근의 관계는 29세 때 시작되어 2 년간 지속되었다. 그 남성과 함께 살고 싶었고 결혼할 것이라 믿었으나 그 전에 헤어졌고 "제 마음대로 되지 않더군요. 공통의 관심사가 없었고 점점 더 많이 싸우게 되었죠. 그냥 사소한 걸로요. 결국 모두 무너졌어요. 마침내 저는 그 사 람과 같이 살 수 없다는 걸 깨닫게 되었고 더 이상 만나지 않았어요."라고 기술 하였다. 그 이후로는 남자를 잘 만나지 않았는데 다음과 같이 그 이유를 나열하 였다: "사람을 만나는 것이 더 어렵게 되었어요. 항상 성병이나 AIDS를 염려해야 하잖아요. 이따금씩 나가긴 하지만 그렇게 잦지는 않아요."

대학시절 다양한 약물을 해 봤다고 하였지만 그 이후로는 가끔 마리화나만 사용할 뿐이라고 한다. 대학 때 맥주와 와인을 즐겨 마셨으나 졸업 후 술을 자주 마시지 않았고 주로 사회적 모임에서만 마셨다. 체중에도 상당한 변화가 있었다고 보고하였다. 18개월가량 전 수검자는 폭식으로 한 달에 14kg나 증가했다. 그 이후 엄격한 다이어트를 통해 결국 약 16kg를 감량하였다. 현재 다소 과체중이 지만 별로 문제 삼지 않는 듯하였다.

그녀는 현재 우울증의 주된 원인이 될 만한 점들을 알지 못하겠다고 하였다. 경제적 상태가 다소 걱정이 되기는 하는 상태이고 친한 친구가 단 한 명도 없는 것을 보면 자신에게 분명 뭔가 잘못된 점이 있다고 느낀다고 하였다. 현재의 직업을 잘못 선택했다고는 생각하지만 어떤 일을 해야 성공할 수 있을지 모르겠다고 하였다.

의뢰 이유는 (1) 우울증의 심각성, (2) 정서통제의 문제, (3) 치료계획과 관련한 추천사항을 알아보는 것이었다.

사례 14. 33세 여성의 정동관련 자료

EB = 4 : 7.5			EBPer = 1.9	BLENDS	
eb = 6 : 7	L = 0.12		FC : CF + C = 4 : 5	M.C	= 1
DEPI = 5	CDI = 2		Pure C = 1	M.CF	= 1
				FM.FT.FD	= 1
C' = 2 T = 3			SumC' : SumC = 2 : 7.5	FM.FC	= 1
V = 1 Y = 1			Afr = 0.68	FM.FT	= 1
				FM.FC'	= 1
Intellect = 2	CP = 0		S = 3 (S to I,II,III = 1)	FM.YF	= 1
Blends : R = 8 : 20			Col − Shad Bl = 1	CF.C'F	= 1
m + y Bl = 1			Shading Bl = 0		

1. 수검자가 보고한 우울증과 관련해서 다음 중 가장 적절한 설명은?
(1) 수검자는 현재 매우 우울하지만 그렇다고 해서 우울증이 만성적이거나 반응성이라고 가정하는 것은 적절하지 않다.
(2) 수검자는 우울증을 포함하여 정서적 혼란감을 자주 경험하는 경향이 있다.
(3) 수검자는 오랜 기간 주요정동장애로 고통받아 온 것으로 보인다.
(4) 어느 정도의 고통은 있지만 때때로 우울을 경험하고 있다는 것을 시사하는 증거는 없다.

2. 2단계와 3단계의 결과에 근거할 때 다음 중 가장 적절한 설명은?

  ⑴ 수검자는 관념지향적인 유형으로 의사결정을 하거나 행동을 할 때 감정을 잘 통제한다.

  ⑵ 수검자는 의사결정을 할 때 감정을 사용하고 감정의 영향을 받기 쉬운 유형이고 흔히 시행착오적 행동으로 자신의 결정을 검증하는 경향이 있다.

  ⑶ 수검자는 사물을 매우 단순화시키는 경향이 있고 흔히 자신의 감정에 지나치게 영향을 받는다.

  ⑷ 문제해결이나 의사결정을 할 때 감정이 사고에 상당한 영향을 주고 관념지향적인 접근이 훨씬 유용한 상황에서조차 감정의 영향을 상당히 많이 받는다.

3. 4단계의 결과에 근거할 때 다음 중 가장 적절한 설명은?

  ⑴ 상황적 스트레스로 인해 정서적 고통을 상당히 경험하고 있는 것 같다.

  ⑵ 수검자가 감정을 개방적으로 표현하기보다는 내재화하고 억제하는 경향이 두드러지기 때문에 현재의 고통이 초래되었다는 것을 시사한다.

  ⑶ 수검자는 자신을 늘 꾸짖고 비하하는 경향이 있는 매우 외로운 사람인 것 같다. 정서적 불편감은 이 때문에 초래된 것이다.

  ⑷ 수검자가 최근에 심각한 정서적 상실을 경험했음을 시사한다.

4. 5, 6, 7, 8단계의 결과에 근거할 때 다음 중 가장 적절한 설명은?

  ⑴ 수검자는 감정을 직접적으로 다루는 것을 두려워하고 정서적 직면을 회피하려고 한다.

  ⑵ 수검자는 감정을 지적 수준에서 다룸으로써 감정을 중화시키고자 한다.

  ⑶ 수검자는 대부분의 사람들과 마찬가지로 정서적 자극을 처리한다.

  ⑷ 수검자는 불쾌한 상황에 잘못된 긍정적인 감정을 귀인시킴으로써 부정적 감정을 부인하고 있다.

5. 9단계의 관점에서 볼 때 다음 중 가장 적절한 가정은?

  ⑴ 수검자는 대부분의 성인보다 감정표현이 더 분명하거나 강렬한 경향이 있다.

  ⑵ 수검자는 감정표현 방식에서 잠재적으로 심각한 문제가 있다.

(3) 주변 사람들은 그녀를 매우 충동적이고 미성숙하다고 볼 것이다.

(4) 수검자는 대부분의 성인보다 자신의 감정을 통제하는 데 더 관심이 많다.

6. 11단계의 관점에서 볼 때 다음 중 가장 적절한 설명은?

(1) 수검자는 상당한 분노를 숨기고 있는데 이는 사회적 관계에 상당한 영향을 미친다.

(2) 수검자는 자신의 환경에 대해 다소 부정적이거나 반항적인 태도를 가지고 있고 이는 상호 도움이 되는 관계를 형성하는 데 방해가 된다.

(3) 수검자는 세상에 대해 매우 부정적인 태도를 가지고 있고 이로 인해 충동적 행동을 하기도 한다.

(4) 수검자가 자신의 환경에 대해 지나치게 부정적이거나 분노감을 가지고 있다는 것을 지적하는 증거는 없다.

7. 12, 13, 14단계의 관점에서 볼 때 다음 중 가장 적절한 가설은?

(1) 수검자의 심리적 기능은 기대보다 훨씬 복잡하지만 그렇다고 취약성으로 작용하는 것 같지는 않다.

(2) 수검자는 기대보다 심리적 기능이 복잡해져 있고 이로 인해 정서통제에 심각한 위험이 있다.

(3) 상황적 요인이 정서기능의 심리적 복잡성을 평상시보다 훨씬 더 증가시켰다.

(4) 대부분의 성인에게서 기대할 수 있는 것보다 심리적으로 더 복잡하지는 않다.

사례 15. 22세 미혼남성으로 고졸이고 현재 건설회사의 벽돌공으로 일하고 있다. 수검자는 음주상태에서 부주의해서 사망사고를 저지른 후 관례적인 절차로 평가를 받았다. 축구경기를 보고 몇몇 친구와 회식을 한 후 픽업트럭을 몰고 집에 가는 중 자신이 몰았던 트럭이 중앙선을 넘었고, 정면으로 오던 차와 충돌하여 운전자와 승객들이 사망하였다. 수검자가 운전한 차의 뒷좌석에 동승했던 사람들은 심하게 다쳤음에도 불구하고 수검자는 전혀 다치지 않았다. 지난 2년 동안 속도위반으로 범칙금을 낸 적은 있지만 음주운전의 전력은 없었다. 수검자는 트럭의 핸들에 이상이 생겨 핸들을 조종할 수 없었다고 주장하였다. 또한 사고 발생 2시간 후에 실시한 음주 측정에서 법적 음주기준치(.10)에 도달하였음에도 불구하고 사고 당시 술에 취하지 않았다고 주장하였다. 축구경기 동안 맥주 한두 병은 마셨다고 인정했고 모임에서도 맥주 한두 병과 위스키 1, 2잔을 추가로 마신 것 같다고 말하였다.

그는 삼남매 중 맏이이다. 아버지는 49세로 목수이며 어머니는 48세로 주부이다. 수검자는 고등학교를 졸업하면서부터 지금 일하는 회사에서 계속 근무하였고 책임감 있는 사원으로 평가받았다. 친한 친구도 몇몇 있고 일정하게 이성을 만나고 있고 불우이웃을 위한 집짓기 자원봉사활동에 매달 3~5시간가량 참여하였다. 수검자는 자신이 저지른 사고에 대해 깊은 가책을 느끼면서도 자신이 부당한 처우를 받았다고 하소연하였다.

의뢰한 것은 (1) 수검자가 정서통제에 문제가 있는지, (2) 진정한 양심의 가책을 느끼는지를 평가하는 것이 주된 목적이었다.

사례 15. 22세 남성의 정동관련 자료

EB	= 4 : 0		EBPer	= 4.0	BLENDS
eb	= 4 : 5	L = 1.44	FC : CF + C	= 0 : 0	M.FC' = 1
DEPI	= 3	CDI = 3	Pure C	= 0	M.FY = 1
					FM.FY = 1
C' = 2	T = 0		SumC' : SumC	= 2 : 0	FM.FV = 1
V = 1	Y = 2		Afr	= 0.79	
Intellect	= 3	CP = 0	S = 5 (S to I, II, III = 3)		
Blends : R	= 4 : 22		Col − Shad Bl	= 0	
m + y Bl	= 2		Shading Bl	= 0	

1. 2, 3단계에 근거한 가정들 중 가장 적절한 것은?

   (1) 수검자는 매우 관념지향적이어서 대안들을 충분히 고려할 때까지 감정을 엄격하게 통제하고 결정을 미룬다.

   (2) 수검자는 가능한 한 복잡하거나 모호한 것을 다루지 않기 위해 회피하는 경향이 있다.

   (3) 수검자의 의사결정 방식에는 일관성이 없다.

   (4) 수검자가 인정하는 것 이상으로 감정이 의사결정에 영향을 미친다.

2. 2, 3, 4단계에 근거한 가정 중 이 사례에 맞는 것은?

(1) 수검자는 현재 고통을 경험하고 있고 자신의 감정을 밖으로 드러내지 않기 위해 상당히 애쓰고 있다.

(2) 수검자는 무력감 때문에 다소의 고통을 경험하고 있고 이런 감정을 감추기 위해 상당히 애쓰고 있다.

(3) 수검자는 고통을 경험하고 있다는 것을 부인하는 경향이 있고 이런 감정을 주지화하려고 노력하고 있다.

(4) 고통을 경험하고 있지만 다른 사람에게는 항상 이런 감정을 숨겨 왔던 것으로 보인다.

3. 다음 중 틀린 설명은?

(1) 대부분 심리적 기능이 정서에 의해 좌우되는 삽화를 경험할 취약성이 있다.

(2) 현재 처한 상황으로 인해 심리적 복잡성이 증가된 것으로 지적된다.

(3) 수검자는 상당한 무력감을 느끼는 외로운 사람이다.

(4) 수검자는 자신의 환경에 대한 상당한 분노를 숨기고 있다.

4. 다음의 가정들 중 정서군집 자료가 지지하는 것은?

(1) 수검자는 대부분의 사람들보다 우울삽화를 더 자주 경험한다.

(2) 수검자는 자신의 감정 때문에 때때로 혼란스러워한다.

(3) 의사결정 방식에 융통성이 결여되어 있다.

(4) 수검자가 죄책감이나 후회를 하고 있다는 것이 시사된다.

5. 다음의 가정들 중 정서군집 자료가 지지하는 것은?

(1) 현재 수검자의 정서적 억제(constraint) 시도는 정서적 자극에서 벗어나려는 전형적인 패턴이다.

(2) 수검자는 평상시에는 대부분의 사람들처럼 정서를 처리하기 때문에 현재 정서를 제한하려는 시도는 평상시와는 다른 모습이다.

(3) 현재 정서를 제한하려는 시도는 강한 분노감과 직접적 관련이 있다.

(4) 수검자는 정서적 복잡성이나 모호성을 피하는 것을 선호하기 때문에 현재 자신의 감정을 억제하려는 시도는 당연한 것이다.

해 답

사례 14.

1. (2) DEPI 점수가 5이다.

2. (2) EB가 4 : 7.5이고 EBPer가 1.9이다. 수검자는 외향적이지만 과도하지는 않다.

3. (3) eb는 6 : 7이고 우항 값에는 3개의 재질과 1개의 전경반응이 포함되어 있다. 수검자의 생활사에서도 최근에 정서적 상실을 경험했다는 점이 나타나지 않았다.

4. (3) Afr는 평균범위이고 SumC' 값도 평균범위이고 주지화지표는 상승되지 않았으면서 CP 반응은 없다.

5. (1) FC : CF+C는 4 : 5이고 순수 C 반응이 1개이다(결과 7 참고).

6. (2) S 값은 3이다.

7. (1) 반응의 40%가 혼합반응이고 이 중 1개만 상황적 요인과 관련되어 있다. 그럼에도 불구하고 수검자는 상당한 자원이 있는 것으로 보인다(EA = 11.5, es = 13).

사례 15.

1. (2) Lambda는 1.44이다. 다른 대안도 맞을 수 있지만 그 타당성을 판단할 만한 자료가 없다.

2. (1) eb는 4 : 5이고 EB는 4 : 0이다. 정서제한이 상당히 심하지만 이것이 얼마나 오랫동안 지속되었는지 알 수 있는 방법은 없다. 수검자의 고통감은 무력감을 포함하고 있지만 자기비하와 관련된 부정적인 감정도 포함되어 있다.

3. (3) 기록에 재질반응은 없다.

4. (4) 전경반응이 있다.

5. (2) Afr 값이 0.79이다.

제**5**장

정보처리

제5장
정보처리

정보처리와 관련 있는 변인은 개인의 인지적 활동을 다루고 있는 3가지 군집 중 하나이다. 세 군집은 인지적 3요소(cognitive triad)라고 하고 다음과 같다: (1) 정보처리－정보를 입력할 때 관여하는 정신적 처리과정, (2) 인지적 중재－입력된 정보가 전환되거나 식별되는 과정에서 생기는 정신작용, (3) 관념－입력된 내용이 식별된 후 생기고 전환된 정보에 대한 정신과 개념화를 유도하는 사고과정.

연구에 따르면 세 군집 내의 자료는 비교적 서로 독립적이고 각각의 작용은 비교적 지각－인지과정에서 서로 다른 요소와 관련이 있다. 그렇지만 한 요소의 기능은 다른 두 요소에 직접적인 영향을 줄 수 있다. 따라서 이 세 요소는 하나의 기능집합체로서 모든 의도적이고 의미 있는 행동의 기초가 되는 하나의 지속적인 과정이라고 할 수 있다. 이 과정을 단순하게 나타내면 다음과 같다:

입력		전환		개념화
(처리과정)	⇨	(중재)	⇨	(관념)

실제로는 순환적인 그림이 더 적절할 것이다. 왜냐하면 많은 경우 사전에 이미 형성된 개념적 틀이 정보처리 과정에서 사용하는 전략에 영향을 주기 때문이다. 이와 마찬가지로 입력 내용이 중재(전환)되는 방식은 입력 내용이 개념화되는 방식에 영향을 주게 된다. 세 가지 기능의 상호관계를 다루려면 세 가지 군집을

전체적으로 살펴보아야 하겠지만, 로르샤하를 해석할 때에는 각각을 구분해서 검토하고 세 변인을 면밀하게 검토한 후 설정한 가정들을 통합하는 것이 효과적이다.

해석 초기에 관념에 관한 정보가 매우 중요한 것으로 나타나면 인지적 3요소 중 처리과정과 관련 있는 자료를 먼저 살펴본 후 중재, 관념 순으로 자료를 검토한다. 이 순서는 정보를 정신체계에 입력되도록 하는 전략과 작용에 초점을 두고 시작하는 것이므로 가장 적절한 검토 순서일 것이다.

처리과정에서는 자극영역을 탐색할 뿐 아니라 단기기억에서 영역의 이미지(아이콘들)를 만들어 내기도 한다. 처리전략에 영향을 주는 요소들로는 동기, 반응의 경제성, 성취욕구, 방어성, 기존의 형성되어 있는 태세나 태도 등을 들 수 있다. 그렇지만 대부분의 사람들은 처리습관이 이미 형성되어 있어서 새로운 정보가 입력될 때 이러한 처리습관을 반복적으로 적용하게 된다. 따라서 상당히 모호하고 약간 모호한 특징이 있는 10개의 반점을 볼 때 수검자가 나타내는 반응에는 수검자가 정보처리를 하는 데 작용한 동기, 질, 전형적인 접근방식에 관해 추론할 수 있는 정보가 포함되어 있다.

예컨대, 반점에 따라 W 반응을 할 때 필요한 노력의 정도가 다름에도 불구하고 모든 카드에 W 반응을 하는 사람도 있다. 카드 III, IX, X과 같이 자극영역이 분리되어 있을 경우 W 반응을 하려면 더 많이 탐색해야 하는 반면, 카드 I, IV, V와 같이 자극영역이 분리되어 있지 않고 한 덩어리로 구성되어 있는 경우에는 W 반응을 하는 것이 D 반응을 하는 것보다 더 용이하다. 따라서 보수적이거나 노력을 덜 하는 수검자라면 한 덩어리로 되어 있는 반점에만 W 반응을 하고 분리된 영역이 있는 반점에는 보다 쉬운 D 반응을 할 것이다.

마찬가지로 어떤 수검자는 반점 이미지를 부분으로 분리시키고 다시 부분을 통합하는 복잡한 반응(DQ+)을 하는 반면, 다른 수검자는 보다 단순한 반응을 하거나 심지어 자극영역에 있는 형태특성을 무시하는 반응(DQv)을 하기도 한다. 전자의 경우 주의를 기울여 탐색하고 영역을 재탐색해야 하는 반면, 후자의 경우 부주의하고 정교화되지 않은 방식으로 정보를 처리한다고 볼 수 있다.

어떤 접근을 하든 간에 이러한 접근방식은 중재와 관념활동에 영향을 준다. 그래서 해석자는 인지 3요인을 다루는 세 군집의 자료를 모두 해석한 후 각각의 군집에서 도출된 가설을 다시 한 번 검토할 필요가 있다. 세 군집을 어떤 순서로 검토하였든 간에 꼭 필요한 과정이다. 왜냐하면 각 군집에서 발견된 내용들은 다른 두 군집의 결과를 명료화시키는 데 중요한 역할을 할 수 있기 때문이다.

1. 처리와 관련 있는 로르샤하 변인

처리군집의 모든 변인들은 서로 관련이 있지만 이 변인들은 두 개의 하위군집으로 나누어 볼 수 있다. 한 부류는 처리노력 또는 동기에 관한 정보를 제공한다. 여기에는 Zf, W : D : Dd, W : M, 반응영역 기호의 계열이 포함된다. 두 번째 자료 세트는 DQ, Zd, PSV 및 발달질 기호의 계열이 포함되고 이 자료들은 처리의 질적 측면과 효율성에 관한 정보를 제공한다.

사전탐색 문제

두 가지 자료 세트를 해석할 때는 다음과 같은 세 가지 질문에 주로 초점을 둔다: (1) 문제해결이나 의사결정과 관련해서 정보를 처리하는 데 있어서 어떤 유형의 노력을 하는가? (2) 처리의 질적 측면, 효율성, 일관성이 기대되는 범위에 속하는가? (3) 정보처리와 관련된 문제가 있는가? 있다면 수검자의 전반적인 효율성에 어떤 영향을 주는가? 이러한 의문은 일반적인 질문이기는 하지만 항상 쉽게 해결할 수 있는 것은 아니다. 왜냐하면 처리활동과 관련해서 로르샤하에서 얻을 수 있는 정보의 범위와 깊이가 기대하는 것보다 제한적이기 때문이다. 이는 검사 자체의 속성 때문이기도 하지만 주제 자체가 따분하고 이 영역에 관한 로르샤하 연구가 부진한 탓도 있을 것이다. 그렇지만 제한적인 연구결과도 매우 중요할 수 있으므로 섣불리 판단해서는 안 된다.

사례 16, 17, 18의 자료를 예로 들어 정보처리 자료군집에서 나타난 결과들을 해석하기 위한 지침을 설명하였다.

사례 16. 이혼한 31세 남성으로 신경학적, 신경심리학적 검사에서 이상이 발견되지 않은 후 로르샤하 검사를 받게 되었다. 수검자는 불쾌감(uneasiness), 주의집중 곤란, 주의산만, 전반적인 무력감을 호소하였다. 수검자는 이런 증상을 가정 의에게 보고하였고 가정의는 신체검진을 하여 이상을 발견하지 못한 후 신경학적 검사를 의뢰하였다.

그는 주립대학 물리학과의 부교수로 재직하고 있다. 자신의 일을 매우 좋아하고 일에만 지나치게 몰두했기 때문에 7년의 결혼생활을 한 후 부인이 다른 남자에게 떠났다고 하였다. 22세 때 대학원에 입학하자마자 부인을 만났고 3년 후에 결혼했다. 수검자에 따르면 부인은 교수의 부인이라는 점에 대해 점점 더 불행해 하였고 수업준비와 연구에 상당한 시간을 들이는 것에 대해 불평하기 시작하였다. 부인은 이혼신청을 했고(이혼서류를 접수했고) 그는 이의를 제기하지 않았다.

평가를 받기 2개월 전에 이혼하였다. 부인과 헤어진 첫 한 달 동안은 가끔씩 우울했으나 최근의 우울삽화에 대해서는 부인하였다. 수검자는 지난 4개월 동안 때때로 몇몇 여자들과 데이트를 하였지만 이들은 단지 친구일 뿐이고 앞으로 재혼을 할지 여부는 확실하지 않다고 하였다.

사례 16. 31세 남성의 처리관련 변인

EB = 7 : 3.0	Zf = 15	Zd = +4.5	DQ+ = 11
L = 0.5	W : D : Dd = 8 : 11 : 5	PSV = 0	DQv/+ = 0
HVI = NO	W : M = 8 : 7		DQv = 0
OBS = YES			

반응영역과 DQ 계열

Ⅰ: Wo.W+.Ddo	Ⅵ: Do.D+
Ⅱ: D+.DS+	Ⅶ: D+.Wo
Ⅲ: W+.Ddo	Ⅷ: W+.Do.DdSo
Ⅳ: W+.Do.Do	Ⅸ: Wo.D+
Ⅴ: Wo	Ⅹ: D+.Ddo.Ddo.D+

주의집중하기 어려워서 글쓰기와 연구에 몰두할 수 없다고 호소하였고 이것 때문에 학문적 성취가 낮아질 것을 우려하고 있었다. 우울한 특성이 있는지 그리고 처리 또는 중재에 특이한 점이 있는지를 확인하기 위하여 로르샤하를 실시하였다.

사례 17. 19세 여성으로 집행유예 기간에 범법 행위를 해서 법원에서 검사를 의뢰하였다. 남자친구와 약물판매로 구속되기 3개월 전부터 보호관찰관에게 의무적 보고를 하지 않았다. 17세 때 같은 범죄로 보호관찰 3년을 선고받았다. 수검자가 법적 문제를 일으키기 시작한 것은 14세 때부터이고 이 당시 가출하여 다른 주에서 검거되었다. 15세에는 어머니의 차를 훔쳐 중고매매상에 팔려고 한 혐의로 체포되었다. 16세에는 자신이 파트타임으로 일했던 패스트푸드 점에서 절도하여 고소당했고 의붓아버지가 변상해 주어 고소가 취하되었다. 수검자는 현재의 범행에 대해 부인하면서 약물거래에 대해 자신은 아무것도 알지 못하며 '우연히 그곳에 있었을 뿐'이라고 말하였다.

12세에 부모가 이혼하였고 3년 후 어머니는 재혼하였으며 현재 수검자와 함께 살고 있다. 22세인 오빠가 한 명 있고 현재 대학 4학년이다. 수검자는 어머니와 잘 지낸 적이 없었고 이혼 당시 아버지와 함께 살기를 원했다. 가족이 해체되면서 자신의 문제가 발생되기 시작하였고 특히 '홀로서기'를 위해 노력하다 보니 문제가 생긴 것이라고 말하였다.

수검자는 독립하고 싶다고 말하면서도 계속 어머니와 함께 살고 있다. 고등학교 때 성적은 최하위권이었고 18세에 졸업하였다. 보호관찰을 받고 있던 중 구직활동을 했기 때문에 '아무도 버젓한 일자리를 주지 않았다.'라고 하였다. 그녀는 자주 심한 우울감을 경험하고 자살을 고려해 본 적도 여러 번 있었다고 했다. 보호관찰소에서는 수검자에 대해 재평가하고 우울증의 심각성, 변화 동기, 치료 가능성, 심각한 병리의 존재 등에 대해 알기 위하여 평가를 의뢰하였다.

사례 17. 19세 여성의 처리관련 변인

EB = 2 : 5.5	Zf = 8	Zd = −4.5	DQ+ = 4
L = 1.22	W : D : Dd = 6 : 12 : 2	PSV = 1	DQv/+ = 0
HVI = NO	W : M = 6 : 2		DQv = 3
OBS = NO			

반응영역과 DQ 계열

I : Wo.Do	VI : Wo.Do
II : Do.DS+	VII : W+
III : D+.Do	VIII : Do.Dv
IV : W+.Do	IX : Do.DdSv
V : Wo.Wo	X : Do.Dv.DdSo

사례 18. 28세의 남성으로 헝클어진 모습에 혼미한 상태에 있는 것을 부보안관이 발견하였고 주립정신병원 응급실에 입원하게 되었다. 외부온도가 5도 정도였는데 셔츠와 신발도 신지 않은 상태였다. 지갑에 신분증이 있었지만 자신이 누구인지 알지 못했다. 약 18시간 동안 시간과 장소에 대한 지남력이 상실되어 있었고 부모님과 형이 다녀간 이후로 점차 정신이 맑아져서 이튿날에는 개인정신과 병원으로 옮겨졌다. 전원 당시의 기록을 보면 차분하고 협조적이지만 수속(절차)에는 다소 무관심하였다. 입원한 다음날 병리검사를 실시하였는데 약물중독 상태인 것으로 나타났고 이후 수검자가 심한 약물사용자임이 밝혀졌다. 심리학적 평가는 입원 후 10일째 실시하였다.

수검자는 4형제 중 차남이다. 형은 31세로 조경설계사이고 6년 전에 결혼하였다. 남동생은 26세이고 수의학과에 재학 중이고 21세 된 또 다른 남동생은 대학 4학년에 재학 중이다. 아버지는 63세의 건축가이고 어머니는 58세로 대학을 졸업하였다. 어머니는 결혼 초 잠시 일을 하였으나 그 이후로 33년 동안 주부로 지냈다. 환자는 4년간 건축도급자로 일해 왔고 주로 가정집이나 소규모 아파트를 맡았다. 환자는 영어과를 졸업한 후 2년간 아버지와 함께 일을 했다. 아버지는 수검자가 자신의 일을 할 수 있도록 자금을 대 주었으나 그다지 성공적이지는 못하였다(아버지나 형제들 모두 수검자가 열심히 하지 않았다고 기술하였다). 직계가족 중 정신과 병력이 있는 사람은 없었다.

가족들은 환자가 약물을 사용해 온 것을 알고는 있었으나 사용하는 정도에 대해서는 알지 못했다. 수검자는 자신이 15세부터 약물을 사용했고 대학시절 남용하게 되었다고 하였다. 지난 3년 동안 여러 가지 약물을 사용해 봤는데 그중 코카인을 선호하였다. 2년 전에 30세 여성과 잠시 약혼했으나 그녀가 여러 남자와 동침한다는 것을 알고는 파혼하였다. 최근에 20세 된 대학 중퇴자와 약혼해서 결혼을 약속하였다. 그는 현재 약혼녀가 병원에 면회를 오지 않아 결혼 약속에 대해 의심하고 있으나 전화상으로는 통화를 한 상태이다(약혼녀는 수검자의 아파트에서 살고 있다).

사례 18. 28세 남성의 처리관련 변인

EB	= 5 : 6.5	Zf	= 12	Zd	= +4.0	DQ+ = 7
L	= 0.50	W : D : Dd	= 8 : 3 : 7	PSV	= 0	DQv/+ = 1
HVI	= NO	W : M	= 8 : 5			DQv = 2
OBS	= NO					

반응영역과 DQ 계열

Ⅰ: Ddo.DdSo.Wv.DdSv/+	Ⅵ: Dd+.Do
Ⅱ: Ddo.Dd+	Ⅶ: WS+
Ⅲ: Do.WS+	Ⅷ: Dd+
Ⅳ: Wo.	Ⅸ: W+
Ⅴ: Wo.Wo	Ⅹ: Wv.D+

　수검자는 자신에게는 아무런 문제가 없다고 주장하고 해독되는 대로 퇴원하기를 원하였다. 그러나 부모와 병원 의료진은 수검자가 혼자서 지낸 기간이 상당히 길고 자신의 사업에 무관심하고, 형의 보고에 따르면 사업과 관련해서 다른 관계자들이 자신을 모함한다는 편집증적 성향을 보였다는 점 등에 근거하여 수검자에게 보다 심각한 문제가 있을지를 우려하였다. 성인용 지능검사 결과 전체 지능지수는 113, 언어성 119, 동작성 107이었다. 주된 의뢰 문제는 이번 삽화가 정신분열병에 의한 것인지, 약물에 의한 것인지 또는 우울증에 의한 것인지를 감별하는 것이었다. 그리고 가장 적절한 치료적 접근방법이 무엇인지를 결정하고 수검자의 퇴원 요구에 어떻게 대처하는 것이 바람직한지를 알아보는 것이었다.

2. 해석순서

사전 고려사항(EB, Lambda, OBS, HVI)

　처리와 관련 있는 자료를 해석할 때는 반응양식(response style)을 먼저 고려해야만 한다. 따라서 EB, Lambda의 값과 OBS와 HVI가 해당되는지(positive)를 사전에 검토해야만 적절하게 해석할 수 있다. 즉, 내향형, 외향형, 회피형 및 강박형 또는 과민형 양식이 있는지를 사전에 고려해 보아야 한다. 한 가지 또는 몇 가지 양식의 조합에 해당한다고 해서 변인의 의미가 변하는 것은 아니지만 특정 양식에 해당하는 경우 그 맥락에서 변인을 검토해야 좀 더 정확한 해석적 가정과 결론을 내릴 수 있다.

예컨대, W : M 비율은 동기와 관련이 있지만 EB 결과 없이는 정확하게 해석할 수 없다. 왜냐하면 내향형 사람은 외향형 사람에 비해 M을 더 많이 사용하는 반면 W 반응 비율은 비슷하다. 마찬가지로 회피형인 경우(Lambda>0.99) 경제적이고 단순화를 추구하는 경향이 처리과정에 반영되었는지를 확인해 봐야 한다. 회피형 양식을 가진 대부분의 사람들은 새로운 정보를 처리할 때 보수적이고 다른 사람에 비해 덜 철저하다. 그렇다고 해서 반드시 나쁘다는 것이 아니라 회피적 양식이 때때로 과도해서 처리과정의 질적인 측면이나 효율성에 부정적 영향을 미칠 수도 있다는 것이다.

마찬가지로 OBS 또는 HVI에 해당될 경우 입력되는 자극을 처리하려는 노력의 정도와 질적 측면에 확실한 가설을 세울 수 있다. OBS에 해당될 경우 완벽주의적인 성향이 있고 세부적인 사항에 대하여 집착하는 경향이 현저하다는 것을 시사한다. 이런 사람들은 정확하려는 욕구가 강해서 정보처리 행동이 매우 신중하게 된다. 이러한 욕구의 정도가 지나치면 생산성이 저하되고 중재/관념활동에도 부정적인 영향을 주게 된다.

HVI에 해당될 경우 과민한 상태에 있다는 것을 시사한다. 이들은 환경을 경계하고 불신한다. 즉, 새로운 정보를 처리하는 데 지나치게 신경을 쓰고 자극영역의 모든 특성들을 신중하게 파악했는지 확인하기 위해 에너지를 투자하게 된다. 이러한 점이 정보를 우수하게 처리하는 노력으로 반영되기도 하지만 병리적 문제가 있을 경우 과경계 경향은 과도한 집착을 유발시키게 되고 결과적으로 전체 자극영역을 고려하지 못한 채 세부사적인 면에만 과도하게 신경을 쓰게 된다. 이럴 경우 처리활동은 혼란스러워지고 비효율적으로 되며 잘못된 중재작용을 일으킬 수 있다.

사전 고려사항들을 검토한 후 첫 번째 해석순서는 정보처리를 위해 투자한 노력을 검토하는 것이다. Zf와 W : D : Dd 두 자료는 이에 대한 기본적인 정보를 제공한다. 그렇지만 각 자료에 근거해서 유도한 가정은 매우 잠정적인 것으로 받아들여야 하고 3단계에서 반응계열을 검토한 후 그 결과와 통합해야만 의미 있는 추론을 할 수 있다. 이후의 해석순서에서는 W : M 비율, Zd 점수, 보속점수 및 발달질 점수를 살펴보면서 동기, 효율성 및 질적 측면을 차례로 검토하게 된다.

1단계: Zf

Z 점수가 부가된 반응의 수는 정보처리 노력에 대한 추정치를 제공해 준다. 왜냐하면 Z 점수는 다음 세 가지 반응 모두에 부여되기 때문이다 : (1) W 반응으로 형태를 언급하거나 형태요구(form demand)가 있는 경우, (2) 반점의 부분을 개별적인 대상으로 지각한 후 이를 의미 있는 방식으로 통합한 경우, (3) 반응에 사용한 반점영역에 공간반응을 통합한 경우.

앞서 언급한 바와 같이 일부 W 반응은 D 반응보다 더 쉽게 나타날 수 있다. 따라서 단순한 W 반응만 있어도 4~5개의 Z 점수를 부여할 수 있다. 반점을 분리된 사물로 구분하고 이를 의미 있는 방식으로 재통합하려면 더 많이 탐색해야 하고 단기기억에서 더 정확한 이미지를 만들어 내야 한다. 이와 마찬가지로 반응에서 흰 공간 부분을 반응에 통합시키는 것도 단순한 W 반응보다 더 많은 처리노력을 필요로 한다. 따라서 평균 또는 기대치 범위의 Zf 반응은 쉽게 나올 수 있지만 Z 반응과 다른 처리변인과의 관계를 검토하면 수검자의 처리노력에 대한 더 의미 있는 정보를 얻을 수 있다.

• **잠정적 결과 1:** Lambda(Lambda)가 1.0보다 적은 경우 수검자가 양가형, 외향형, 내향형인가 여부에 관계없이 Zf 값은 9~13에 속할 것으로 기대한다. 이 범위는 성인뿐만 아니라 아동에게서도 적용할 수 있다. 이 범위에 해당할 경우 대부분의 수검자와 비슷한 정도의 처리노력을 한다고 볼 수 있다. 기대치보다 클 경우 반점영역을 처리하는 데 평균보다 더 많은 노력을 하고 있다고 볼 수 있다. 기대치보다 작은 경우 보수적이거나 무성의한 접근을 하고 있다는 것을 시사한다. 2단계로 갈 것.

▎ **사례 16, 18의 자료에 대해 적용한 결과:** 두 사례 모두 Lambda 값이 1.0보다 작다. 사례 16의 경우 내향형이고 Zf는 15로 기대치보다 크다. 이는

수검자가 강박적 성향이 있다는 것을 고려할 때 예상할 수 있는 범위이
다. 강박적 수검자들은 완벽주의적이고 혼란감을 느끼지만 않는다면
W 또는 DQ+ 반응을 생성하기 위해 상당히 노력하는 유형이다. 사례
18의 경우 양가형이고 Zf는 12로 기대치 범위에 해당한다. 따라서 최근
수검자가 혼란감을 경험했는데도 불구하고 정보처리를 하는 데 상당한
노력을 하고 있다는 것을 알 수 있다. ▌

• **잠정적 결과 2:** Lambda가 1.0 이상인 경우 회피형이라는 것을 시사하고 Zf 값은
6~10 범위일 것으로 기대된다. 회피형은 복잡성을 피하고 경제적인 경향이
있기 때문에 Zf 값의 기대치가 낮아진다. 그렇다고 해서 처리노력이 부적절하
다는 뜻은 아니다. 단지 회피적 양식과 일치되게 신중하고 보수적인 성향을
반영한다는 것이다. Zf가 예상보다 클 경우 기대보다 많은 노력을 했다는 것을
시사하며 왜 그렇게 했는지 알아봐야 한다. 기대치보다 작을 경우 회피적 양식
의 영향이 크고 처리노력이 제한되어 있어서 적응문제를 초래할 가능성이 있
다는 것을 시사한다. 2단계로 갈 것.

▌ **사례 17의 자료에 대해 적용한 결과:** 이 여성은 회피적 외향형으로 Zf가
8이다. 이는 회피형에게는 평균범위이지만 다른 유형에게는 평균 이하의
범위이다. 즉, 수검자는 새로운 정보를 받아들일 때 신중하고 경제적 방식
을 택하고 심지어는 정보를 대충 처리할 수도 있다는 것을 시사한다. ▌

2단계: W : D : Dd

이 비율은 정보처리 노력을 전략과 경제성 맥락에서 평가한다. 더 많은 노력을
한다고 해서 더 잘 처리하는 것은 아니라는 점이 매우 중요하다. 이는 수검자가
현재 직면한 과제에 가장 적절하게 생각되는 처리전략을 수행하려고 더 많은
노력을 기울였다는 것을 의미할 뿐이다. 예컨대, I, IV, V와 같은 몇몇 반점에서는
W 반응을 쉽게 할 수 있지만 II, VI, VII, VIII에서 W 반응을 하려면 더 많이
탐색하고 노력해야 하며 III, IX, X에서 W 반응을 하려면 더욱더 많은 노력을

해야 한다. 따라서 모든 반점에 대해 W 반응을 나타냈다는 것은 상당한 노력을 했다는 것을 나타내 주는 것이기는 하지만 그렇다고 해서 경제적이라거나 다른 전략을 사용했을 때보다 더 좋은 반응을 했다는 것을 보장해 주는 것은 아니다.

그 반대 경우는 D 반응에 해당한다. D 영역은 카드 V를 제외한 나머지 카드에서는 상당히 쉽게 구별할 수 있다. 따라서 D 반응을 하는 것이 보다 경제적이고 수검자는 검사 시 많은 반응을 하도록 압력을 느끼므로 경제적으로 정보처리를 하는 것은 자연스러운 일이다.

모든 연령의 성인과 9세 이상의 아동집단에서 W 반응보다 D 반응이 많다. D 반응이 W 반응을 할 때보다 처리노력이 적게 든다는 점 이외에도 D 반응을 더 많이 하는 또 다른 이유가 있다. 모든 잉크반점에서 반점영역의 형태 특징과 일치하는 W 반응의 수는 형태가 적절한 D 반응의 수보다 적다는 것이 또 다른 이유이다.

반면에 대부분의 Dd 반응은 탐색을 많이 한 후에만 가능하다. 이 반응은 상당한 처리노력을 요구하는 경우가 많다. 다만 전경과 배경이 역전되어 흰 공간을 완전히 사용한 경우는 예외이다.

따라서 W : D : Dd 비율에서 D 빈도가 W보다 1.3~1.6배이고 Dd의 빈도는 3을 넘지 않는 것이 일상적이다. 이는 EB 양식이나 Lambda 값과 무관하게 적용된다. 단 10세 미만의 아동은 예외이다. 이들은 D 반응만큼 W 반응을 하고 때때로 W 반응을 더 많이 하기도 한다. 흔히 Wv 반응이 나오게 되는데 이는 어린 아동의 경우 과제에 대해 부주의하게 반응하고 복잡한 영역에 대해서는 신경을 쓰지 않기 때문이다. 검사상황에 대하여 불확실하게 느끼거나 위협을 느끼는 어린 아동이라면 Dd 반응을 더 많이 할 것이다.

- **잠정적 결과 1:** W : D : Dd 비율의 모든 값들이 기대범위에 속한다면(1 : 1.3~1.6 : Dd<4) 대부분의 사람들과 비슷한 정도의 처리노력과 전략을 사용한다고 볼 수 있다. 그렇지만 이 가정은 3단계에서 반응영역 계열을 살펴보기 전까지는 매우 잠정적이라는 것을 기억해야 한다. 반응영역 계열은 1, 2단계에서 도출한 노력이나 동기에 대한 결과들을 더 명료화시켜 준다. 3단계로 갈 것.
- **잠정적 결과 2:** W : D : Dd 비율에서 어느 한 값이라도 기대범위와 일치하지

않는다면 처리노력/전략이 비일상적이라는 것을 시사한다. 몇 가지 가능성이 있고 다음의 가정들을 적용할 수 있으므로 자료들을 면밀히 살펴봐야 한다. 모든 자료를 살펴본 후 3단계로 갈 것.

2a. W : D : Dd 비율에서 W 반응이 기대치보다 높고 Dd 값이 3을 넘지 않을 경우 예상보다 더 많은 처리노력을 했다는 것을 시사한다. W가 8보다 높을 경우 이 가정은 더 확고하다. W 반응 수의 비율은 기대치보다 높지만 Dd의 빈도가 3을 넘는다면 아래 2c에 제시되어 있는 가능성을 검토해야 한다.

사례 16. 31세 남성의 처리관련 변인

EB = 7 : 3.0	Zf = 15	Zd = +4.5	DQ+ = 11
L = 0.5	W : D : Dd = 8 : 11 : 5	PSV = 0	DQv/+ = 0
HVI = NO	W : M = 8 : 7		DQv = 0
OBS = YES			

반응영역과 DQ 계열

Ⅰ: Wo.W+.Ddo	Ⅵ: Do.D+
Ⅱ: D+.DS+	Ⅶ: D+.Wo
Ⅲ: W+.Ddo	Ⅷ: W+.Do.DdSo
Ⅳ: W+.Do.Do	Ⅸ: Wo.D+
Ⅴ: Wo	Ⅹ: D+.Ddo.Ddo.D+

사례 17. 19세 여성의 처리관련 변인

EB = 2 : 5.5	Zf = 8	Zd = −4.5	DQ+ = 4
L = 1.22	W : D : Dd = 6 : 12 : 2	PSV = 1	DQv/+ = 0
HVI = NO	W : M = 6 : 2		DQv = 3
OBS = NO			

반응영역과 DQ 계열

Ⅰ: Wo.Do	Ⅵ: Wo.Do
Ⅱ: Do.DS+	Ⅶ: W+
Ⅲ: D+.Do	Ⅷ: Do.Dv
Ⅳ: W+.Do	Ⅸ: Do.DdSv
Ⅴ: Wo.Wo	Ⅹ: Do.Dv.DdSo

사례 18. 28세 남성의 처리관련 변인

EB = 5 : 6.5	Zf = 12	Zd = +4.0	DQ+ = 7
L = 0.50	W : D : Dd = 8 : 3 : 7	PSV = 0	DQv/+ = 1
HVI = NO	W : M = 8 : 5		DQv = 2
OBS = NO			

반응영역과 DQ 계열

Ⅰ: Ddo.DdSo.Wv.DdSv/+	Ⅵ: Dd+.Do
Ⅱ: Ddo.Dd+	Ⅶ: WS+
Ⅲ: Do.WS+	Ⅷ: Dd+
Ⅳ: Wo.	Ⅸ: W+
Ⅴ: Wo.Wo	Ⅹ: Wv.D+

2b. W : D : Dd 비율에서 D 비율이 기대치보다 높을 경우 수검자가 매우 경제적으로 정보처리 노력을 하고 있다는 것을 시사한다. 특히 D가 W의 비율보다 2~3배로 많고 Dd 반응비율이 4보다 작을 때 더 그렇다. Dd 비율이 3보다 클 때는 D 비율 상승을 경제성 관련지어 해석하기는 어렵고 아래의 2c에 제시되어 있는 가능성을 검토해 보아야 한다.

사례 17 2b의 자료에 대해 적용한 결과: W : D : Dd는 6 : 12 : 2로 매우 보수적이고 경제적으로 정보처리를 하고 있다는 것을 시사한다. 수검자가 회피형이라는 점을 고려해 볼 때 예상되는 결과이다.

2c. 앞서 언급한 바와 같이 Dd 반응은 경제적으로 정보처리를 하고 있다는 것을 시사하지는 않는다. Dd 반응은 면밀하게 탐색하고 단기기억에 저장된 이미지를 재구성해야 가능하다. Dd의 빈도가 3보다 클 경우 평상시와 달리 더 많은 탐색전환(scanning shifts)이 있었고 반점의 세부적이고 특이한 특성에 주의를 기울였다는 것을 시사한다. Dd 반응 수가 기대 이상인 경우 이를 감안하여 W : D : Dd 비율을 해석해야 한다. 2a, 2b에서 언급한 W와 D 관계에 대한 일반 원칙을 그대로 적용할 수 있지만 Dd의 결과에 따라 수정해야 한다.

예컨대, W 반응이 D 반응에 비례하여 높고 Dd의 반응빈도가 높은 경우 정보처리할 때 상당한 노력을 기울였다는 가정은 더 확실해진다. 그러나 그 이유가 더 중요하다. D 반응의 비율이 높을 때 지나치게 경제적인 반응을 했다는 가정은 Dd 반응을 현실적으로 해석하면 더 확실해진다. 다음과 같은 3가지 설명이 가능하다.

(1) 완벽주의에 대한 강박적 성향으로 인해 수검자는 자극영역의 세부사항에 불필요하게 집착할 수 있다. 특히 이런 수검자가 OBS 지표에도 해당된다면 W 반응이 D 반응보다 많지는 않을 것이다. 왜냐하면 이들은 자신의 의사결정 능력에 대해 자주 불쾌하게 느끼고 덜 복잡하고 더 쉽게 다룰 수 있는 자극영역을 처리하는 것이 더 쉽다는 것을 알기 때문이다.

(2) 수검자는 매우 방어적이고 불신하는 경향이 강하고 모호하다고 지각되는 것이라면 어떤 것이든 간에 최소한으로 관여하려고 한다. 이때 한 가지 방법은 정확한 윤곽이 있는 Dd 영역을 선택하는 것이다. 회피형이거나 HVI에 해당되는 사람들이 이러한 접근을 하는 경우가 많다.

(3) 거부적 태도를 취하는 수검자는 흰색 공간을 지나치게 많이 사용한다. 공간 영역을 사용한 반응은 주로 WS나 DS로 채점되지만 흰색 공간을 과도하게 사용하면 DdS 반응이 나타나기도 하고 이 경우 Dd 빈도도 같이 상승한다. 이러한 유형의 비일상적인 처리전략은 특정 집단에서만 나타나는 것이 아니고 심각한 정서적 혼란이 있는 사람들에게서 흔히 나타난다.

▌**사례 16의 자료에 대해 적용한 결과:** W : D : Dd는 8 : 11 : 5이다. Dd가 5인 것은 수검자가 강박형으로 세부사항에 지나치게 주의를 기울인다는 점에서 보면 놀랄 만한 수치는 아니다. W : D(1 : 1.4)는 기대범위에 해당한다. 이런 점은 Dd 반응이 철저하고 보수적이고 정교한 정보처리 전략을 사용한 결과라는 가정을 지지한다. ▌

▌**사례 18의 자료에 대해 적용한 결과:** W : D : Dd는 8 : 3 : 7로 기대범위와 일치하지 않는 결과이고 수검자가 아마도 상당한 노력을 기울이기는 하지만 비일상적인 처리접근을 하고 있다는 것을 시사한다. 그런 노력에도 불구하고 이 비율에서 기대 이상으로 Dd 반응의 수가 많고 D 반응

수가 적다는 것은 처리과정이 상당히 혼란스럽다는 것을 시사하는 것이다. 3단계에서 두 가지 결정적인 문제를 다루어야 한다. 한 가지는 Dd 반응이 통상적 방식(routine manner)으로 나타났는지 여부이다. 즉, 항상 하나의 반점에 대해 처음이나 마지막 반응이어야 한다. 그렇게 해서 Dd 반응의 빈도가 높다면 처리노력을 조직적이고 체계적으로 한 결과로 보아야 한다. 두 번째는 대부분의 반응이 흰 공간을 포함하는지 여부이다. 그렇다면 무질서한 처리방식은 대개 분노감, 거부적 태도와 관련 있는 것으로 볼 수 있다. 그렇지만 어느 경우도 해당되지 않는다면 이 자료는 심각한 상태의 심리적 혼동을 경험하고 있다는 것을 반영하는 것으로 볼 수 있다.

3단계: 반응영역 계열

반응영역 계열(location sequence)을 검토하는 목적은 두 가지이다. 첫째, 어느 반점에서 W 반응을 했는지 알기 위해서이다. 이는 1, 2단계에서 설정한 가설을 재평가하는 데 중요한 정보가 된다. 둘째, 처리노력과 전략이 검사 전반에 걸쳐 일관성 있게 유지되었는지를 알아보기 위한 것이다. 이는 수검자의 정보처리 습관에 대한 또 다른 정보를 제공해 준다.

W 반응의 계열은 대개 1, 2단계의 가설을 지지해 주지만 이 자료를 통해 한두 가지의 가설을 수정해야 하는 경우도 있다. 1, 2단계의 가설이 불일치할 경우 수정해야 할 가능성이 더 높아진다.

예컨대, 구조적 요약에서 Zf=10, W : D : Dd=9 : 11 : 1일 경우 Zf 값은 평균 수준의 노력을 반영하는 반면, W : D : Dd 값은 W 반응비율이 기대치 이상이기 때문에 예상보다 더 많은 노력을 했다는 것을 시사한다. W 반응계열 자료에서 카드 I, IV, V, VII에서 W 반응을 2개씩 했고 9번째 W 반응을 카드 VI에서 했다면 민첩한 해석자의 경우 W : D=9 : 11에서 이끌어 낸 가정이 잘못되었다는 것을 알 수 있을 것이다. 왜냐하면 9개 중 6개의 W 반응이 W 반응을 하기 쉬운 카드(I, IV, V)에서 반응했고 나머지 3개는 W 반응을 하기에는 상당히 어려운 카드에서 했기 때문이다. 달리 표현하면 Zf를 근거로 한 가정이 더 적절할 것이다.

이와는 달리 Zf와 W : D : Dd 값이 같고 카드 I, II, IV, V, VII, VIII, X에서 W 반응이 한 개씩이고 카드 IX에서 두 개의 W 반응을 한 프로토콜을 살펴보자. 이는 매우 인상적인 배열이고 상당한 처리노력을 했다는 것을 시사한다. 이럴 경우 Zf가 잘못된 것이고 W : D : Dd의 비율에 근거한 가설이 더 정확할 것이다.

어떤 경우에는 Zf와 W : D : Dd의 자료가 모두 잘못되었을 수도 있고 반응영역 계열을 살펴봐야 명확해질 때도 있다. 예컨대, 검사자가 수검자에게 검사에 대한 사전준비를 충분히 시키지 않아서 상당히 경계하는 상황에서 검사를 실시한 경우를 들 수 있다. 그 결과 수검자는 첫 4~5개 반점에 대해서는 매우 단순한 D 또는 Dd 반응을 하게 된다. 이런 반응 중 흰색 공간반응이 포함되는 경우도 흔히 있다. 수검자가 어느 정도 검사에 대해 긴장이 풀리면 마지막 5개 반점에 대해서는 4~5개의 W 반응을 할 수 있게 된다.

Zf가 6~7로 낮으면서 W : D : Dd가 5 : 10 : 3인 경우도 있는데 이는 지나치게 경제적이고 가볍게 검사를 수행하였다는 것을 의미한다. 수검자가 과제에 더 적응하게 되면 더 많은 노력을 기울일 수도 있다.

반응영역 계열을 살펴보는 두 번째 목적은 처리접근의 일관성 여부를 알아보기 위한 것이다. W 반응이 나온 순서가 매우 중요하다. 일관성 있는 수검자라면 첫 반응이나 마지막 반응에서 대부분의 W 반응을 했을 것이다. 일관성이 없는 수검자는 W 반응을 산만하게 하기 쉽다. Dd 반응 수가 예상보다 높을 경우 Dd 반응에서도 이와 마찬가지로 일관성이 나타날 수 있다. 첫 반응으로 Dd 반응을 하는 경우는 매우 드물다. 실제로 Dd 반응은 하나의 반점에 대한 반응계열에서 마지막으로 나타나는 경우가 대부분이다.

카드 전체에 걸쳐 계열 양상이 상당히 다양하다면, 특히 W와 Dd 반응에서 그렇다면 문제해결이나 의사결정 과정에서 처리노력과 전략이 일관성이 없다는 결론을 내릴 수 있다. 아동의 경우는 이런 양상을 흔히 볼 수 있는 반면 청소년이나 성인이 일관성 없는 양상을 나타낸다면 처리습관의 효율성이 부족하다는 것을 시사하는 것이다. 이러한 측면이 중요한 취약성이 되지는 않을 수 있으나 일관성 없는 처리습관은 기울인 노력 여부에 관계없이 자극을 잘못 받아들이거나 처리활동의 질적 수준을 저하시킬 수 있다.

• **잠정적 결과 1**: 1, 2단계에서 도출한 처리노력에 대한 가설이 일치할 경우 W 반응의 계열도 그 가정들을 지지할 것으로 예상된다. 1, 2단계의 가설이 일치하지만 W 반응의 계열이 이 가설을 지지하지 않을 경우 가설을 수정해야 한다. 마찬가지로 반응영역 계열의 선택, 특히 W와 Dd 반응이 대부분의 기록에서 상당히 일관성이 있다면 처리노력과 습관이 규칙적이고 예측 가능한 것으로 가정할 수 있을 것이다. 반응영역 계열의 선택이 눈에 띄게 일관성이 결여되어 있다면 처리노력과 전략에 관한 가정을 수정하여 처리노력과 전략이 불규칙적이다라는 것을 언급해야 할 것이다.

사례 16. 31세 남성의 처리관련 변인

EB = 7 : 3.0	Zf = 15	Zd = +4.5	DQ+ = 11
L = 0.5	W : D : Dd = 8 : 11 : 5	PSV = 0	DQv/+ = 0
HVI = NO	W : M = 8 : 7		DQv = 0
OBS = YES			

반응영역과 DQ 계열

Ⅰ : Wo.W+.Ddo	Ⅵ : Do.D+
Ⅱ : D+.DS+	Ⅶ : D+.Wo
Ⅲ : W+.Ddo	Ⅷ : W+.Do.DdSo
Ⅳ : W+.Do.Do	Ⅸ : Wo.D+
Ⅴ : Wo	Ⅹ : D+.Ddo.Ddo.D+

사례 17. 19세 여성의 처리관련 변인

EB = 2 : 5.5	Zf = 8	Zd = −4.5	DQ+ = 4
L = 1.22	W : D : Dd = 6 : 12 : 2	PSV = 1	DQv/+ = 0
HVI = NO	W : M = 6 : 2		DQv = 3
OBS = NO			

반응영역과 DQ 계열

Ⅰ : Wo.Do	Ⅵ : Wo.Do
Ⅱ : Do.DS+	Ⅶ : W+
Ⅲ : D+.Do	Ⅷ : Do.Dv
Ⅳ : W+.Do	Ⅸ : Do.DdSv
Ⅴ : Wo.Wo	Ⅹ : Do.Dv.DdSo

• 잠정적 결과 2: 1, 2단계에서 도출한 가설이 서로 일치하지 않을 경우 W 반응 계열에 관한 자료를 이용해서 두 가설 중 어느 것이 더 정확한지를 판단해야 한다. 잠정적 결과 1에서처럼 반응계열 선택, 특히 W와 Dd 선택은 반응기록 전체에서 상당히 일관성 있게 나타날 것으로 기대된다. 이 가설이 맞는다면 처리습관이 규칙적이고 예측 가능한 것으로 볼 수 있다. 그렇지만 반응계열 선택에서 일관성이 없고 불규칙적이라면 처리노력과 전략에 관한 가설을 수정 하여 노력과 전략이 불규칙적이라는 것을 언급해야 할 것이다.

사례 18. 28세 남성의 처리관련 변인

EB = 5 : 6.5	Zf = 12	Zd = +4.0	DQ+ = 7
L = 0.50	W : D : Dd = 8 : 3 : 7	PSV = 0	DQv/+ = 1
HVI = NO	W : M = 8 : 5		DQv = 2
OBS = NO			

반응영역과 DQ 계열

Ⅰ: Ddo.DdSo.Wv.DdSv/+   Ⅵ: Dd+.Do

Ⅱ: Ddo.Dd+   Ⅶ: WS+

Ⅲ: Do.WS+   Ⅷ: Dd+

Ⅳ: Wo.   Ⅸ: W+

Ⅴ: Wo.Wo   Ⅹ: Wv.D+

▌사례 16의 자료에 대해 적용한 결과: 8개의 W 반응 중 4개는 비교적 W 반응을 하기 쉬운 카드 Ⅰ, Ⅳ, Ⅴ에서 나타났지만 나머지 4개는 W 반응을 하려면 더 많은 노력을 해야 하는 카드 Ⅲ, Ⅶ, Ⅷ, Ⅸ에서 나타났다. 1, 2단계의 결과는 수검자의 처리노력이 적절하지만 Dd 반응빈도가 예상 보다 많기 때문에 기대수준보다 더 보수적일 수 있다는 것을 시사한다. W의 반응영역 계열은 이 가정을 지지해 준다. 또한 반응영역 계열도 상당 히 일관성이 있다. 8개의 W 반응 중 6개는 각 카드의 첫 반응이었고 5개 중 세 개의 Dd 반응은 각 카드의 마지막 반응이었다. 반면 나머지 2개는 카드 Ⅹ에 대한 두 번째, 세 번째 반응이다. 그렇다면 전반적으로 보았을 때 처리노력을 적절히 하고 있고 처리전략도 비교적 일관성 있다고 할 수 있다. ▌

▌**사례 17의 자료에 대해 적용한 결과:** 6개의 W 반응 중 4개는 카드 I, IV, V, 나머지 2개는 카드 VI, VII에서 나타났다. 이는 1, 2단계에서 제시된 경제성과 신중성에 관한 가설과 완전히 일치하는 것으로 매우 경제적으로 접근하고 있다는 것을 시사한다. 또한 W 반응은 모두 각 카드의 첫 번째 반응이었고 두 개의 Dd 반응은 카드 IX, X의 마지막 반응이었다. 일반적으로 수검자는 새로운 정보를 처리하는 데 그다지 많은 노력을 기울이지 않으며 경제적인 반응 태도가 상당히 통상적이라는 것을 알 수 있다. 이런 접근방식은 수검자의 회피적 양식과도 일치한다. ▌

▌**사례 18의 자료에 대해 적용한 결과:** 1, 2단계의 결과는 수검자가 정보처리에 상당한 노력을 투자하지만 처리습관이 불규칙적이고 다소 혼란스럽다는 것을 시사한다. 8개의 W 반응 중 3개는 상당한 노력을 기울여야 하는 카드 III, IX, X에서 나타난 반면 나머지 5개 중 4개는 카드 I, IV, V에서 나타났다. 또한 W 반응계열도 산만하다. 5개는 첫 번째 반응이고 2개는 두 번째 반응이고 나머지는 세 번째 반응이다. Dd 반응에서도 이와 유사한 양상이 나타났다. 7개 중 4개는 첫 번째 반응이고 2개는 두 번째 반응, 나머지는 네 번째 반응이었다. Dd 반응 중 5개를 처음의 두 반점에서 나타났다는 점에 주목해야 한다. 이는 수검자가 검사를 위한 사전준비가 충분히 되어 있지 않고 상황적 역기능이 있었을 가능성을 시사한다. 그렇지만 수검자가 카드 IV와 V에서는 W 반응만 하고 나서 카드 VI에 대한 첫 반응으로 Dd 반응을 하였고, 카드 VIII에서는 Dd 반응만 했다는 점은 수검자의 비효율적이고 불규칙적인 처리방식이 상황 때문에 생긴 것일 수 있다는 가능성을 낮춰 준다. 반면에 이러한 자료를 조합해 보면 수검자가 새로운 정보에 상당한 노력을 투자하지만 처리전략이 불규칙적이고 상당히 비효율적이고 심리적 혼란 상태에 있다는 것을 시사한다. ▌

4단계: W : M

W : M은 포부비율(aspirational ratio)이라고 한다. 대부분의 W 반응은 과제에 대해 필요한 것보다 더 많은 노력을 투자하고 있다는 것을 시사하고, M 반응은 추론, 고차적 형태의 개념화, 관념적 초점(ideational focusing)에 방향을 제시하는 과정 등과 관련이 있기 때문이다. 그러므로 M 반응의 빈도는 성취지향적 활동을 하는 데 필요한 일종의 기능적 능력에 대한 추정치로 볼 수 있다.

W : M 비율은 개인의 성취지향과 더 관련이 있고 Zf 또는 W : D : Dd만큼 처리노력에 관한 직접적인 정보를 제공하지는 않는다. 그렇지만 논리적으로 잘 살펴보면 W : M의 비율도 처리노력을 평가하는 데 도움이 되고 지나치게 노력을 하거나 지나치게 보수적인 것으로 보이는 부분에 대해서도 중요한 정보를 제공해 줄 수 있다. 해석근거(rationale)는 수검자의 처리노력이 수검자의 가용자원과 일치해야 한다는 전제에 근거를 두고 있다.

W와 M 간의 관계가 불균형을 이룰 때, 즉 M 반응 수보다 W 반응 수가 많거나 적은 경우 중요한 해석적 의미가 있다. W : M 비율이 불균형인지 여부는 EB의 맥락에서 판단해야 한다. 왜냐하면 내향형은 외향형보다 M 반응을 의미 있게 더 많이 하고 양가형은 외향형보다는 많지만 내향형보다는 의미 있게 낮은 수의 M 반응을 나타내기 때문이다. W 반응 수는 세 가지 유형에서 거의 유사하다.

• 잠정적 결과 1: EB 양식과의 관계를 고려했을 때 W 반응비율이 M 반응 수보다 상대적으로 훨씬 많은 경우이다. 내향형의 경우 1.5 : 1, 양가형의 경우 2 : 1, 외향형의 경우 3 : 1의 비율을 초과할 때를 말한다.

이런 결과가 나올 경우 수검자는 현재 현실적으로 가능한 자신의 능력보다 더 많은 것을 성취하려고 노력 중이라는 것을 시사한다. 이런 경향이 일상생활의 모든 행동에서 나타난다면 성취하려는 목표에 도달하지 못할 가능성이 높고 실패로 인한 좌절을 경험할 수 있다. DQ 분포에서 DQ+ 반응빈도가 낮을 경우 이 가설이 더 확고해진다.

주의할 점은 성인과 나이가 많은 청소년에게서는 유의미한 결과이지만 아동과 어린 청소년들에게서는 흔히 나타나는 결과라는 점이다. 대부분의 5~6세 아동은 W : M 비율이 5 : 1에서 8 : 1에 이르고 이보다 불균형적으로 나타나는 경우도 많다. 이와 마찬가지로 9, 10, 11세 수검자의 W : M 비율은 4 : 1 또는 그 이상이고 12, 13, 14세의 경우 3 : 1 비율이 흔하게 나타난다. 어린 수검자들은 자신의 능력을 과도하게 평가하고 매우 높은 목표를 설정하는 경향이 있다. 다행히 이들은 그런 목표에 큰 가치를 부여하지 않기 때문에 실패하더라도 가볍게 여기고 대처할 수 있고 따라서 좌절의 영향을 받는 기간도 비교적 짧다. 5단계로 갈 것.

▌**사례 16, 17, 18의 자료에 대해 적용한 결과:** 사례 16, 17, 18의 W : M 비율은 불균형이지는 않다. 사례 16은 내향형으로 8 : 7은 약분하면 1.1 : 1이다. 이는 내향형에게서 기대할 수 있는 범위이다. 사례 17은 회피적 외향형으로 W : M 비율이 6 : 2로 약분하면 3 : 1이다. 이는 외향형에게서 기대되는 범위 중 마지막 값에 해당한다. 수검자가 회피형이라는 것이 W : M 비율에는 아무 영향도 주지 않는다. 사례 18은 양가형이고 W : M은 8 : 5로 약분하면 1.6 : 1이 된다. 이 세 사례에서 W : M 비율이 불균형을 보이지 않는다고 해서 수검자들의 성취지향성이 '평균적'이다고는 할 수 없다. 각 수검자의 기록에서 W : M 비율의 해석적 의미가 없다는 것을 시사할 뿐이다. ▌

• **잠정적 결과 2:** EB 양식을 고려했을 때 W 반응비율이 M 반응비율보다 불균형적으로 낮은 경우이다. 외향형과 양가형은 1.2 : 1, 내향형은 0.75 : 1 비율일 때를 말한다.

위와 같은 결과에 해당될 경우 수검자는 매우 신중하고 지나치게 보수적이거나 심지어는 성취목표를 정할 때 무관심할 수 있다는 것을 시사한다. '신중한 보수성'과 '성취목표에 대한 무관심'은 Zf를 사용해서 구분한다. Zf가 평균이라면, 특히 평균 이상일 경우 수검자는 성취목표를 설정하는 데 있어서 신중하고 보수적임을 시사한다. Zf가 평균 이하일 경우 수검자는 지나치게 경제적이고 성취목표를 설정하는 데 관심을 보이지 않을 수 있다. 회피형이 이런 양상을 보일 수 있다. 5단계로 갈 것.

5단계: Zd

Zd 값은 프로토콜에서 실제 Z 점수의 합(ZSum)과 반응이 조직된 빈도(Zf)에 근거해서 추정한 합(Zest)이 얼마나 일치하는지를 나타내는 차이점수를 말한다. Zd 점수는 처리과정 동안 나타나는 탐색활동이 얼마나 효율적인지를 잘 추정해 준다. 효율적으로 처리하는 것에 대한 동기가 강한 사람을 찾아내는 데도 도움이 된다. Zd의 기대값은 +3.0~-3.0이다.

- **잠정적 결과 1:** Zd 값이 평균범위 이내일 경우 탐색의 효율성이 대부분의 사람과 유사한 수준일 것으로 가정한다. 6단계로 진행.
- **잠정적 결과 2:** Zd 값이 -3.0보다 작을 경우 수검자가 과소통합 형태의 탐색활동을 하고 있다는 것을 시사한다. 달리 말하면 수검자는 성급하고 되는 대로 탐색을 하고 있으며 자극영역에 존재하는 결정적인 단서를 무시하는 경향이 있다. 10세 이하 아동의 경우 이런 일이 비일비재하고 아동이 특별한 어려움을 호소하지 않는다면 크게 관심을 두지 않아도 무방할 것이다. 그렇지만 나이가 많은 아동과 성인일 경우 중요한 문제가 될 수 있다. 왜냐하면 과소통합으로 인해 중재가 제대로 이루어지지 못하고 행동양상의 효율성도 저하될 수 있기 때문이다. 과소통합은 지연과 철저한 탐색을 강조하는 인지적 재구조화 방법을 통해 쉽게 교정할 수 있다. 6단계로 갈 것.

사례 17. 19세 여성의 처리관련 변인

EB = 2 : 5.5	Zf = 8	Zd = -4.5	DQ+ = 4
L = 1.22	W : D : Dd = 6 : 12 : 2	PSV = 1	DQv/+ = 0
HVI = NO	W : M = 6 : 2		DQv = 3
OBS = NO			

반응영역과 DQ 계열

I : Wo.Do	VI : Wo.Do
II : Do.DS+	VII : W+
III : D+.Do	VIII : Do.Dv
IV : W+.Do	IX : Do.DdSv
V : Wo.Wo	X : Do.Dv.DdSo

┃ **사례 17의 자료에 대해 적용한 결과:** 수검자의 Zd 점수는 −4.5로 기대범위를 고려할 때 매우 낮은 값이다. 탐색이 매우 비효율적이고 성급하며 부주의하다. 이는 회피적 양식으로 인한 이차적 결과이겠지만 원인이 무엇이든 간에 수검자에게 상당한 문제가 될 수 있다. 왜냐하면 의사결정을 하고 행동할 때 매우 중요할 수 있는 환경의 단서를 무시하기 쉽기 때문이다. ┃

• **잠정적 결과 3:** Zd 값이 +3.0보다 클 경우 과도통합 양식을 시사한다. 과도통합은 특성적인 특징으로 탐색활동에 더 많은 노력과 에너지를 투자하도록 한다. 과도통합자들은 분명히 부주의한 것을 피하고자 하고 이로 인해 상황의 특성을 탐색하는 데 필요 이상의 노력을 들이게 한다. 비록 노력을 더 많이 해서 효율성이 저하될 수는 있지만 과도통합은 입력되는 모든 자극단서를 철저히 탐색하게 함으로써 긍정적 자산이 될 수도 있다. 그러나 심리적 혼란이 있을 경우에는 과도통합이 오히려 취약점이 될 수 있다. 왜냐하면 수검자가 과도통합방식을 지나치게 사용하게 되면 의사결정을 할 때 필요 이상으로 우유부단해질 수 있기 때문이다. 6단계로 갈 것.

사례 16. 31세 남성의 처리관련 변인

EB = 7 : 3.0	Zf = 15	Zd = +4.5	DQ+ = 11
L = 0.5	W : D : Dd = 8 : 11 : 5	PSV = 0	DQv/+ = 0
HVI = NO	W : M = 8 : 7		DQv = 0
OBS = YES			

반응영역과 DQ 계열

Ⅰ: Wo.W+.Ddo	Ⅵ: Do.D+
Ⅱ: D+.DS+	Ⅶ: D+.Wo
Ⅲ: W+.Ddo	Ⅷ: W+.Do.DdSo
Ⅳ: W+.Do.Do	Ⅸ: Wo.D+
Ⅴ: Wo	Ⅹ: D+.Ddo.Ddo.D+

사례 18. 28세 남성의 처리관련 변인

EB	= 5 : 6.5	Zf	= 12	Zd	= +4.0	DQ+	= 7
L	= 0.50	W : D : Dd = 8 : 3 : 7		PSV	= 0	DQv/+	= 1
HVI	= NO	W : M	= 8 : 5			DQv	= 2
OBS	= NO						

반응영역과 DQ 계열

I : Ddo.DdSo.Wv.DdSv/+	VI : Dd+.Do
II : Ddo.Dd+	VII: WS+
III: Do.WS+	VIII: Dd+
IV: Wo.	IX: W+
V : Wo.Wo	X : Wv.D+

┃ **사례 16, 18의 자료에 대해 적용한 결과:** 사례 16의 Zd 점수는 +4.5이다. 이는 수검자의 강박적 양식과 일치하고 탐색활동이 상당히 철저하다는 것을 시사한다. 수검자의 신중하고 보수적인 처리 접근 태도를 고려할 때 예상 밖의 결과는 아니다. 사례 18의 수검자도 과도통합자로 Zd 값이 +4.0이다. 마찬가지로 자극영역을 탐색할 때 많은 노력을 하지만 이 수검자의 경우 사례 16보다 더욱 흥미로운 결과를 관찰할 수 있다. 왜냐하면 이 수검자의 처리노력은 불규칙적이고 혼란스러울 가능성이 있다고 이미 언급했기 때문이다. 따라서 이 사례는 과도통합적 양식이 자산이 되기보다는 약점으로 작용하고 있고 불확실성과 우유부단함을 초래하여 처리노력에 방해가 된다는 것을 나타내 주는 좋은 예이다. ┃

6단계: 보속반응(PSV)

Zd 값에 관계없이 보속반응(perseveration, PSV)이 있다면 처리효율성에 문제가 있다는 것을 시사한다. PSV로 기호화할 수 있는 것은 카드 내 보속, 반응 내용의 보속 및 기계적 반응을 보이는 보속반응 등 세 가지이다. 이 중 가장 흔한 것은 카드 내 보속반응이다. 이는 이전 반응과 거의 동일한 반응을 할 때 채점되는 반응이다. 이때 반응은 반응영역, DQ, 결정인, 형태질, 반응 내용의 기호 및 Z 점수까지 동일해야 한다.

내용 PSV의 경우 앞의 반응에서 본 것과 동일한 대상으로 반응할 때 채점한다. 내용 PSV의 경우 처리작용과는 관련이 없다. 오히려 집착에 대한 정보를 제공한다. 기계적 PSV는 동일한 내용을 연속적으로 보고할 때 채점한다. 이는 가장 드문 보속반응으로, 전형적으로 짧고 단순하고 대개는 타당하지 않은 프로토콜에서 발견되고 심각한 인지적/신경학적 문제로 인해 로르샤하 검사를 수행하기에는 부적절한 수검자에게 나타난다.

• **잠정적 결과 1:** PSV가 1이고 카드 내 PSV일 경우 때때로 수검자가 주의전환에 어려움이 있고 이로 인해 처리활동의 효율성이 저하될 수 있다는 것을 시사한다. 7단계로 갈 것.

> ▌**사례 17의 자료에 대해 적용한 결과:** 프로토콜 내 PSV가 1개이고 카드 내 PSV이고 카드 V에 대한 두 번째 반응이다. 첫 번째 반응은 박쥐였고 Wo Fo A P 1.0, 두 번째 반응은 새였고 Wo Fo A 1.0이었다. 이는 수검자가 흔히 주의를 전환시키는 데 어려움이 있고 처리효율성이 저하될 수 있다는 것을 지적하는 결과이다. 이 결과는 Zd 값에서 추론된 가설과도 일치한다. ▌

• **잠정적 결과 2:** 카드 내 PSV의 값이 1보다 클 경우 주의전환에 매우 심각한 문제가 있다는 것을 시사한다. 매우 어린 아동, 상당한 심리적 혼란을 겪고 있는 사람 또는 신경학적 문제가 있는 사람에게서 나타나는 결과이다. 이 경우 로르샤하 자료 이외에 다른 자료를 통해 인지적 기능에 대해 신중하게 평가해 볼 필요가 있다. 7단계로 갈 것.

7단계: DQ 분포

DQ 분포는 처리활동의 질적인 측면과 관련이 있고 중재 및 개념화와 관련이 있다. 따라서 처리문제를 다룰 때에는 DQ 점수에 대한 해석을 신중하고 논리적으로 해야 한다. 왜냐하면 처리는 주로 입력작용(즉, 탐색과 정신적 이미지 생성)에 관심을 두지만 반응에 부가되는 DQ 기호는 인지적 활동의 마지막 산물이라고 할 수 있는 반응에 근거해서 부여하기 때문이다.

처리를 평가할 때 DQ 점수를 해석하는 논리는 처리활동의 질이 양호할 때만 '명확한'(definitive) 반응이 형성된다는 것이다. 이때 명확한 반응이란 매우 정확하고 형태가 구체적이고 자극영역을 잘 통합한 반응을 말한다. DQ+ 또는 DQo 반응은 명확한 반응인 반면 DQv와 DQv/+ 반응은 어느 정도 통합되어 있다고 하더라도 명확한 반응이라고 할 수 없다.

4가지 DQ 반응이 아래와 같은 연속선상에 있다고 생각하면 유용하다. 인지적 활동이 가장 정교화된 형태부터 가장 정교화되지 않은 형태 순서로 배열되어 있다.

위에 제시된 연속선에서 좌측 끝부분에 위치한 DQ+ 반응은 분석과 통합이 매우 높게 이루어진 반응이다. 대부분의 수검자들이 이런 반응을 하지만 교육수준이 높고 심리적으로 복잡할수록 더 많이 나타난다. 정반대의 위치에는 DQv 반응이 있다. 이러한 반응은 분석이나 통합이 거의 이루어지지 않고 미성숙한 인지활동이 반영된 반응으로, 구체적(concrete)이고 인상에 근거한 반응으로 모호하고 산만하게 처리하고 있다는 것을 시사한다. 아동이나 지적 기능이 제한적이거나 신경학적 손상이 있는 수검자에게서 관찰된다.

DQo는 연속선의 중앙 지점에서 약간 왼쪽에 위치한다. 가장 흔한 반응으로 질적 수준을 저하시키지 않으면서 인지적으로 경제적인 유형의 반응이다. 보수적이지만 인지적 기능이 작용하고 있는 반응이고 자극영역이나 그 일부분을 정확히 나타내고 있다. DQv/+는 연속선의 중앙 지점과 우측 끝의 중간에 위치한다. 이러한 반응은 4가지 유형 중 반응빈도가 가장 낮다. 어린 아동의 기록에서 발견된다면 이는 긍정적인 징후로 상위 수준의 인지적 활동으로 발전해 가고 있다는 것을 반영한다. 그렇지만 청소년이나 성인의 기록에서 DQv/+ 반응이 있을 것이라고 기대하지는 않는다. 왜냐하면 이럴 경우 불완전한 처리로 인해 통합을 제대로 하지 못했거나 손상되었을 가능성을 시사하기 때문이다.

DQ+, DQo와 같은 명확한 반응과 처리의 효율성 또는 효과적 적응은 동일한 의미는 아니다. 처리를 포함하는 인지작용은 매우 복잡하고 정교할 수 있지만 그 결과물(반응이나 행동)은 현실에 근거하지 않고 적응적이지 못할 수 있다. 실제로 다수의 심각한 증상유형과 부적절한 행동은 매우 정교한 인지적 작용이 있어야 발생되기도 한다.

예상범위와 값 성인, 청소년의 DQ+와 DQo의 예상범위는 EB 양식에 따라 다르다. 내향형은 양가형과 외향형보다 DQ+ 반응이 많다. 왜냐하면 내향형은 인간운동 반응을 더 많이 나타내고 M 반응은 다른 반응보다 통합을 포함할 가능성이 많기 때문이다. 외향형은 내향형이나 양가형보다 DQv 반응을 더 많이 하는 경향이 있다. 이런 차이는 외향형의 경우 유채색 특성에 더 많이 반응하고 형태가 없이 색채가 포함된 확산반응, 예컨대 피, 불, 잎, 물감 등의 반응을 하기 때문인 것 같다.

흥미롭게도 회피형인지 여부는 점수범위에 큰 영향을 주지 않는다. 회피형은 그렇지 않은 유형과 유사하게 DQ+ 반응을 하고 DQv 반응을 한다. 회피형은 처리노력에는 영향을 주지만 처리의 질적 측면에는 영향을 주지 않는 것 같다.

Zd에 반영되는 처리효율성은 DQv와 DQv/+ 반응과 관계가 있다. 이런 반응유형은 과도통합자보다 과소통합자들이 두 배나 많지만 이런 차이가 항상 일정한 것은 아니다. 혼란상태에 있는 과소통합자는 예상보다 높은 DQv와 DQv/+ 반응을 한다. 이는 혼란상태가 처리의 질적 측면에 영향을 주고 있다는 것을 시사한다.

양가형, 외향형 성인과 청소년의 DQ+ 값의 기대범위는 5~8인 반면 내향형은 7~10이다. 이와 같은 EB에 근거한 구분은 12세 이하의 아동에게 적용하기는 어렵다. 12세 이하의 아동의 경우 5~8 범위이다.

내향형, 양가형 성인과 청소년의 경우 DQv의 예상 값은 0 또는 1이다. 외향형의 경우 1 또는 2이다. 아동은 DQv 값이 높은 경우가 많다. 실제로 10세 이하의 아동에게서는 4점은 흔히 나타난다. DQv/+반응은 성인과 아동 모두에게서 드물다. 성인과 나이가 많은 아동의 기대값은 0이지만 10세 이하 아동의 경우 한 개 정도는 나올 수 있다.

- **잠정적 결과 1:** DQ+가 예상범위에 있고 DQv와 DQv/+를 더한 값이 내향형과 양가형의 경우 1, 외향형의 경우 2를 넘지 않는다면 처리의 질적 수준이 적절하다고 가정할 수 있다. 8단계로 갈 것.

- **잠정적 결과 2:** DQ+가 예상범위에 있고 DQv와 DQv/+를 더한 값이 내향성과 양가성의 경우 1, 외향형의 경우 2를 넘을 경우 처리의 질적 수준이 적절하지만 때때로 처리활동이 정교화되지 않고 미숙한 수준으로 저하될 수 있다고 가정할 수 있다. 이는 아동에게서 흔하지만 청소년과 성인에게서는 거의 나타나지 않는다. 정교화되지 않은 처리를 하게 되면 자극을 효율적으로 전환시키지 못하게 되고 그 결과 적응과정의 비효율성을 야기할 수 있다. 8단계로 갈 것.

사례 18. 28세 남성의 처리관련 변인

EB = 5 : 6.5	Zf = 12	Zd = +4.0	DQ+ = 7
L = 0.50	W : D : Dd = 8 : 3 : 7	PSV = 0	DQv/+ = 1
HVI = NO	W : M = 8 : 5		DQv = 2
OBS = NO			

반응영역과 DQ 계열

I : Ddo.DdSo.Wv.DdSv/+	VI : Dd+.Do
II : Ddo.Dd+	VII : WS+
III : Do.WS+	VIII : Dd+
IV : Wo.	IX : W+
V : Wo.Wo	X : Wv.D+

▮ **사례 18의 자료에 대해 적용한 결과:** 양가형인 수검자는 DQ+ 반응이 7개로 이는 예상범위에 해당한다. 그렇지만 DQv와 DQv/+를 더한 값이 3으로 이는 예상했던 값보다 많으므로 때때로 처리의 질적 수준이 상당히 저하될 수 있다는 것을 시사한다. 이 점은 수검자의 처리습관에 관한 다른 결과와도 일치한다. 새로운 정보를 입력할 때 상당한 노력을 기울이고 신중하게 탐색하는 것처럼 보이지만 불규칙하고 혼란스러운 처리를 한다. 그 결과 처리과정의 질적 수준이 매우 낮고 중재와 관념에도 영향을 미칠 수 있다. ▮

사례 16. 31세 남성의 처리관련 변인

EB = 7 : 3.0	Zf = 15	Zd = +4.5	DQ+ = 11
L = 0.5	W : D : Dd = 8 : 11 : 5	PSV = 0	DQv/+ = 0
HVI = NO	W : M = 8 : 7		DQv = 0
OBS = YES			

반응영역과 DQ 계열

Ⅰ : Wo.W+.Ddo	Ⅵ : Do.D+
Ⅱ : D+.DS+	Ⅶ : D+.Wo
Ⅲ : W+.Ddo	Ⅷ : W+.Do.DdSo
Ⅳ : W+.Do.Do	Ⅸ : Wo.D+
Ⅴ : Wo	Ⅹ : D+.Ddo.Ddo.D+

사례 17. 19세 여성의 처리관련 변인

EB = 2 : 5.5	Zf = 8	Zd = −4.5	DQ+ = 4
L = 1.22	W : D : Dd = 6 : 12 : 2	PSV = 1	DQv/+ = 0
HVI = NO	W : M = 6 : 2		DQv = 3
OBS = NO			

반응영역과 DQ 계열

Ⅰ : Wo.Do	Ⅵ : Wo.Do
Ⅱ : Do.DS+	Ⅶ : W+
Ⅲ : D+.Do	Ⅷ : Do.Dv
Ⅳ : W+.Do	Ⅸ : Do.DdSv
Ⅴ : Wo.Wo	Ⅹ : Do.Dv.DdSo

- 잠정적 결과 3: DQ+가 예상범위보다 높고 DQv와 DQv/+를 더한 값이 내향형과 양가형의 경우 1, 외향형의 경우 2를 넘지 않을 경우 처리의 질이 매우 양호하고 복잡할 수 있다는 것을 시사한다. 이런 결과는 교육수준이 높은 수검자에게서 흔히 관찰될 수 있지만 그렇다고 해서 이것이 효율적인 적응을 하고 있다는 것과 동일한 의미는 아니다. 이는 단지 처리의 질적 수준이 높다는 것을 의미할 뿐이다. 8단계로 갈 것.

┃ **사례 16의 자료에 대해 적용한 결과:** 11개의 DQ+ 반응은 내향형에게서

기대할 수 있는 수준 이상이다. DQv와 DQv/+ 반응은 없다. 즉, 처리의 질적 수준이 양호하다는 것을 의미한다. 수검자의 강박적 양식과 높은 교육수준을 고려할 때 놀랄 만한 결과는 아니고 이는 처리의 다른 결과와도 일치한다. ▮

- **잠정적 결과 4**: DQ+가 예상범위보다 높고 DQv와 DQv/+를 더한 값이 내향형과 양가형의 경우 1, 외향형의 경우 2를 넘을 경우 처리의 질적 수준이 매우 높고 상당히 복잡할 가능성을 시사한다. 이와 동시에 처리활동의 질이 때때로 매우 저하되고 그 결과 처리의 수준이 미숙한 형태로 나타날 수 있다. 이런 결과는 심리적 혼동상태에 있는 수검자에게서 주로 나타나고 다른 집단에서는 흔하지 않다. 전형적으로 이와 같은 처리문제는 중재와 개념화에도 위험을 줄 수 있다. 8단계로 갈 것.

- **잠정적 결과 5**: DQ+가 예상범위보다 낮고 DQv와 DQv/+를 더한 값이 내향성과 양가성의 경우 1, 외향형의 경우 2를 넘지 않을 경우 처리의 질이 적절하지만 일반적인 경우보다 더 보수적이고 더 경제적이라는 것을 시사한다. 회피적 양식이 있다면 이런 결과는 흔히 관찰할 수 있을 것이다. 심리적 활동에 회피적 양식이 상당히 지배적인 영향을 주고 있다는 것을 시사한다. 8단계로 갈 것.

- **잠정적 결과 6**: DQ+가 예상범위보다 낮고 DQv와 DQv/+를 더한 값이 내향형과 양가형의 경우 1, 외향형의 경우 2를 넘을 경우 처리의 질적 수준이 적절한 수준에 미치지 못하고, 복잡한 상황에서는 더 적절하지 못할 수 있다고 예상할 수 있다. 8단계로 갈 것.

▮**사례 17의 자료에 대해 적용한 결과**: 회피적 양가형인 이 수검자는 4개의 DQ+와 3개의 DQv 반응을 하였다. 이미 수검자의 처리노력이 상당히 보수적이고 새로운 자극영역을 탐색할 때 성급하거나 무시하는 경향이 있다고 가정되었다. 수검자의 경제적이고 단순화를 지향하는 성향이 전체적인 효율성을 떨어뜨리고 처리의 질적 수준도 크게 저하시킨다는 것을 시사한다. 이처럼 정교화되지 않게 처리한 결과 입력자극을 비효율적

으로 전환시킬 위험이 있고 사회적 요구나 기대에 부합하지 않는 행동을 할 가능성이 높다. ▌

8단계: DQ 계열

반응영역 기호의 계열과 마찬가지로 DQ의 계열도 처리노력의 질적인 수준을 평가하는 데 유용한 정보를 준다. 앞서 언급한 바와 같이 W 반응은 어떤 반점에서는 형성하기 쉬운 반면 어떤 반점에서는 형성하기 어렵다. DQ+ 반응도 이와 유사하게 카드 간 차이가 있지만 W 반응과는 정반대이다.

일반적으로 자극영역에 분리된 영역이 많을수록 DQ+ 반응을 하기가 쉽다. 따라서 DQ+ 반응은 카드 II, III, VII, VIII, X에서 하기 쉬운 반면 카드 I, IV, V, VI, IX에 대해서는 하기 어렵다. 극단적인 경우 DQ+ 반응은 카드 III에 가장 자주, 카드 V에 가장 적게 나타난다. 그렇지만 DQv 반응에 관한 자료를 보면 일관성이 떨어지는데 유채색 특성을 포함하는 카드, 특히 III, VIII, X에 나타나는 비율이 높다.

어느 반점에서 DQ+와 DQv 반응을 했는지를 살펴보면 처리의 질적 수준에 대한 가설을 좀 더 명료화시킬 수 있다. 마찬가지로 이 두 반응(DQ+와 DQv)이 한 반점 내에서 어떤 계열로 나타났는지를 살펴보는 것도 도움이 된다. 예컨대, 질적 수준이 매우 우수한 처리를 일관성 있게 나타내는 수검자의 경우 반점에 대한 첫 반응으로 DQ+ 반응을 하는 경향이 있다. 그렇다고 해서 이들의 처리가 반드시 더 효율적이라는 것은 아니고 단지 질적으로 양호한 처리를 하는 데 익숙하다는 뜻이다.

반면에 한 반점에 대한 반응계열에서 DQ+ 반응이 마지막 반응이었다면 수검자는 자극을 충분히 탐색하거나 조직화할 때까지 처리과제를 유지하고 있었다는 것을 시사한다. 이러한 점은 좋은 특성이기는 하지만 일상적으로 수검자는 새로운 정보에 대하여 좀 더 높은 수준의 처리를 하려고 애쓰지 않는 경향이 있다는 것을 시사하기도 한다.

때때로 DQ+ 반응은 공간반응을 통합시킨다. 물론 이는 양질의 반응이지만 환경에 대한 부정적 또는 적대적인 태도가 활성화되어 있을 때 주로 나타난다.

10세 이하의 어린 아동을 제외하고 대부분의 수검자들은 첫 반응으로 DQv 반응을 나타내지는 않는다. DQv가 첫 반응인 경우, 특히 한 개 이상을 첫 반응을 한 경우에는 두 가지 해석이 가능하다. 첫째, 인지적 충동성이 존재하여 이미지를 잘 설정하고 검토하기 전에 먼저 결정을 하게 된다. 둘째, 수검자는 이미지를 단기기억 속에 만들어 내고 유지하는 데 어려움이 있다. 이런 사람들은 흔히 주의초점을 유지하는 데 어려움이 있다.

대부분의 사례에서 DQ 계열을 살펴보면 DQv 반응은 하나의 반점에 대한 반응에서 중간이나 마지막에 나타난다. 흔히 수검자가 혼란스럽거나 불만족스럽거나 좌절되어 있을 때 또는 저장된 이미지나 과제의 위협을 받았을 때 나타난다. 따라서 수검자는 그 이미지를 변경시키려고 한다. 때때로 이런 상황에 놓인 수검자들은 반점을 돌려서 새로운 이미지를 형성한다. 이러한 처리전략은 DQv 반응을 하는 것보다 훨씬 더 정교하게 상황을 다루는 것이다. DQv는 이전의 처리노력을 무산시키고 저장된 이미지를 모호하게 재구성하므로 윤곽이 덜 중요하게 된다.

DQv 반응이 중간 또는 마지막 반응일 경우에 대한 대안적 설명은 수검자가 단기기억에서 이미지를 유지하는 데 어려움이 있다고 보는 것이다. 이는 일상적이지는 않은 현상으로 수검자에게 현저한 인지적, 신경학적 결함이 없다면 나타나기 어렵다. 이와 같은 결함이 있다면 전체 반응기록에서 DQv 반응이 상당히 많이 나타나고 전반적인 반응기록에서 혼란을 시사하는 증거가 나타날 것이다.

• 잠정적 결과 DQ 계열정보는 처리노력, 효율성 및 질적 수준에 관한 다른 결과들과 통합시켜서 이전에 나타난 결과들을 보완하거나 더 명료화시켜야 한다. 때로는 DQ 계열정보는 다른 결과와 상반될 수 있는데 이럴 경우 이전에 도출한 가정들을 수정해야 한다.

▌**사례 16의 자료에 대해 적용한 결과:** 11개의 DQ+ 반응 중 6개는 첫 반응이다. 이들 중 5개는 카드 II, III, VII, VIII, X와 같이 상대적으로 분리된 영역이 있는 반점에 대한 반응이었다. 나머지 5개 중 4개는 덜 분리된 반점에서 나타났다. 수검자는 카드 V를 제외하고 나머지 카드에 대해서는 최소한 1개의 DQ+ 반응을 하였고 DQv나 DQv/+ 반응은 없다. 이는

수검자가 질적으로 좋은 처리를 하고 있다는 것을 반영하는 것으로 처리 활동에 대한 다른 가정들을 확증해 준다.

▌사례 17의 자료에 대해 적용한 결과: 4개의 DQ+ 반응 중 3개는 분리된 반점에 대한 첫 반응이었다. 3개의 DQv 반응은 마지막 3개의 반점에서 나타났고 첫 번째 반응은 1개도 없다. 수검자는 회피적 외향형으로 사고와 의사결정에 감정을 개입시키기 쉽고 동시에 복잡성을 피하고자 한다. DQv 반응은 회피적 특성의 부산물일 수 있다. 전반적으로 수검자의 처리활동은 다소 질이 떨어지고 대충한 것처럼 보이고 예상보다 미성숙하게 보인다. 치료적 개입을 한다면 치료정보를 처리하는 과정에서 지나치게 과소통합하고 동시에 지나치게 단순화시키는 경향을 다루어야 할 것이다.

▌사례 18의 자료에 대해 적용한 결과: 7개의 DQ+ 반응 중 2개만이 처음의 5개 반점에 대한 반응이었다. 이와는 달리 나머지 5개 중 4개는 카드 VI에서 카드 IX까지의 첫 번째 반응이었고 마지막 카드 X에서는 두 번째 반응이었다. 이 마지막 반응은 두 개의 DQv 반응 중 하나이고 또 하나는 카드 I에 대한 세 번째 반응이었고 이어서 DQv/+ 반응을 하였다. 이러한 불규칙적인 패턴은 수검자의 처리의 질이 검사 초기에는 그다지 양호하지 않았지만 과제에 익숙해지면서 점차 향상되었다는 것을 반영한다. 그럼에도 불구하고 7개의 DQ+ 중 3개는 Dd 영역에 대한 반응이었고 카드 X에 대한 첫 반응이 DQv라는 사실은 수검자가 처리하는 데 상당한 노력을 하지만 여전히 매우 혼란스럽고 동요가 심하다는 이전 결론을 지지해 준다. 이와 같은 패턴은 일종의 인지적 혼란을 시사하고 신경학적 손상과 관련이 있을 수 있다는 의문을 제기해 준다. 예컨대, 중독상태에 있거나 정신분열병이나 심각한 상태의 정동장애에서 발견할 수 있는 만성적인 인지적 혼란상태와 직접적으로 관련이 있을 수 있다.

3. 처리에 관한 결과 요약

처리결과는 해석순서에서 정보저장 다음에 요약해야 한다. 비교적 간단하게 요약할 수 있다. 왜냐하면 처리결과는 지각적-인지적 처리에서 입력측면에 대해서만 나타내 주기 때문이다. 결과는 인지적 3요소의 다른 군집인 중재와 관념 군집에서 도출한 결론과 통합시킬 때 더 큰 의미가 있다. 이 장에서 예로 든 3명의 사례에 대한 요약은 다음과 같다:

사례 16(31세의 물리학 교수): 수검자는 강박적인 사람(전제)으로 완벽주의적이고 세부적인 사항에 관심을 기울인다. 정보를 처리할 때 새로운 자극영역을 탐색하는 데 매우 노력하고 이는 수검자의 정보처리에 대한 접근태도와 일치한다(1~5단계). 전반적으로 처리의 질은 상당히 양호하다(7~8단계).

사례 17(19세 보호관찰 준수사항 위반자): 수검자는 모호성이나 복잡성을 피하기 위해 노력하는 사람이다(전제). 따라서 새로운 정보를 직면할 때 지나치게 보수적이고 처리접근은 성의가 없고 기대 이상으로 미성숙하다(1~3단계). 새로운 자극영역을 탐색할 때 성급하고 단순화하는 경향도 있어서 의사결정을 하거나 행동을 할 때 상당히 중요한 단서를 놓치기 쉽다(5단계). 실제로 단순화시키려는 성향은 전반적인 효율성을 저하시키고 사회적 요구나 기대와 일치하지 않는 행동을 하게 할 가능성이 있다(7~8단계).

사례 18(28세 건축 도급자): 새로운 정보를 처리하는 데 상당한 노력을 기울이지만(1, 2, 5단계) 처리습관은 불규칙하고 때때로 혼란스러운 것으로 보인다(2, 3, 7, 8단계). 그 결과 때때로 처리의 질은 매우 세련되지 못한 수준으로 바뀐다. 실제로 새로운 정보를 다루는 방식이 매우 혼란스럽고 무질서한 것으로 나타나는데 이는 신경학적 손상이나 더 만성적인 인지적 혼란상태일 가능성을 시사한다.

연·습·문·제

사례 19. 14세의 남학생으로 사립학교에서 기숙사생활을 하는데 상담교사 두 명이 평가를 의뢰하였다. 상담교사들이 의뢰한 이유는 다음과 같다: (1) 수검자의 학업성적이 최상위권에서 최하위권으로 변동이 심하다, (2) 수검자는 조직화된 사회적 상황에서 철수하거나 회피하려는 경향이 현저하다.

수검자는 2년 동안 기숙사에서 지냈는데 공립학교에서 6학년을 마친 후 부모들이 현재의 학교로 전학을 시켰다. 왜냐하면 11세 된 동생과 자주 싸웠기 때문이다. 그 당시 어머니가 알코올중독 치료를 시작했다. 수검자는 키가 크고 마른 체형으로 붙임성이 좋고 말을 잘 듣고 지적 기능이 매우 우수하였다. WISC-R 실시결과 언어성 IQ 149, 동작성 IQ 120, 전체 IQ 139이었다.

아버지는 39세로 회계사이고 변호사이다. 어머니는 38세로 주부이고 미술사를 전공했지만 사회생활을 하지는 않았다. 어머니는 30세 때 알코올중독이 발병되었고 지난 3년 동안에는 더욱 심하게 기능이 저하되었다. 현재 1주일에 1회씩 정신과 의사와 면담을 하고 일주일에 2회씩 AA 모임에 참석하고 있다. 아버지에 따르면 어머니는 대략 8개월 동안 단주를 유지하고 있다.

수검자는 주말에는 집에 다녀오고 여름방학 때에는 최소한 3주간은 집에서 지냈다. 수검자는 기숙사에서 지내는 것에 만족한다고 하였다. 왜냐하면 '내가 하고 싶은 것을 할 수 있는 시간을 만들어 주기 때문'이라고 하였다. 수검자는 대부분의 시간을 컴퓨터를 배우며 지낸다. 컴퓨터 게임을 좋아하고 직접 제작하기도 하였다. 학업성적의 변화가 많은 이유는 수업내용의 질과 직접 관련이 있다고 하였다("선생님이 단순하고 쉬운 걸 하라고 하면 곧 지겨워지고 저는 다른 생각에 잠겨요"). 수학과 과학을 잘하고 현재 프랑스어에도 관심이 많다고 하였다.

수검자는 공립학교에서 성적이 나빴던 것은 그 과목 선생님이 마음에 들지 않았고 그 여자 선생님 역시 자신을 싫어했기 때문이라고 하였다. 수검자는 집에서 많은 시간을 보내고는 싶지만 자신이 동생과 자주 싸우고 어머니의 '약점'을 싫어하기 때문에 집에서 지내는 데 갈등이 있다는 것을 알고 있었다. 수검자는 대부분의 학급친구들이 '너무 유치해서' 싫다고 한다. 우연히 춤추러가서 한 여학생을 만났는데 그 여학생에게는 상당한 관심을 가지고 있다고 하였다. 약물이나 알코올 사용은 부인하였다.

평가를 의뢰한 목적 중 하나는 고립경향을 감소시키고 보다 일관성 있는 학업성적을 유지할 수 있도록 하는 치료적 계획을 세우는 것이다. 두 번째 목적은 가족과 소원해져 있는 상태를 해소할 수 있는 방법을 찾기 위해서이다.

사례 19. 14세 남성의 처리관련 변인

EB = 8 : 1.5	Zf = 13	Zd = +4.5	DQ+ = 8
L = 0.38	W : D : Dd = 12 : 3 : 1	PSV = 0	DQv/+ = 0
HVI = YES	W : M = 12 : 8		DQv = 0
OBS = NO			

반응영역과 DQ 계열

I : WSoWSo	VI: Dd+.Wo
II: W+	VII: W+
III: W+.Do	VIII: W+
IV: W+.Do	IX: Wo
V: Wo.Wo	X: W+.D+

1. 1, 2, 3단계에 근거해서 이 사례에 대해 설정한 다음 가설 중 가장 적합한 것은?

(1) 수검자가 새로운 정보를 처리하려는 노력 정도는 또래에서 기대되는 것과 비슷하다.

(2) 수검자가 새로운 정보를 처리하려는 노력 정도는 또래보다 많다.

(3) 수검자는 새로운 정보처리에서 세부사항을 무시하고 이로 인해 필요 이상의 노력을 한다.

(4) 수검자는 새로운 정보처리에서 세부사항에 지나치게 집착하고 이로 인해 필요 이상의 노력을 하게 된다.

2. 1, 2, 3단계에서 수검자의 노력에 대해서 결론을 내리게 된 가장 확실한 원인은?

(1) 수검자는 지적 기능이 매우 뛰어나다.

(2) 수검자는 내향형이다.

(3) 수검자의 Lambda는 매우 낮다.

(4) 수검자는 과도하게 민감하다.

3. 4단계의 결과를 볼 때 다음 중 가장 적절한 가정은?

(1) 수검자는 높은 목표들을 세우지만 자신의 능력에서 벗어나는 것들은 아니다.

(2) 수검자는 자신의 능력 밖의 목표를 추구한다.

(3) 수검자는 새로운 정보를 처리하여 목표를 설정할 때 매우 보수적이다.

(4) 수검자가 세부사항을 무시하는 점은 보다 쉽게 성취할 수 있는 목표를 추구하는 점과 일치한다.

4. 다음의 가정 중 5, 6단계의 결과를 가장 잘 설명하는 것은?

(1) 수검자는 새로운 자극영역에 대한 탐색이 매우 성급하고 계획 없이 하는 경향이 있다.

(2) 수검자는 동일 연령대의 수검자와 비슷한 수준으로 새로운 자극영역에 대해 효율적으로 탐색할 수 있다.

(3) 수검자는 새로운 자극영역을 탐색할 때 중요한 세부사항을 놓쳐 버릴까 염려하기 때문에 필요 이상으로 노력을 한다.

(4) 수검자는 새로운 영역에 대한 탐색을 할 때 과제에 대해 상당한 노력을 하지만 매우 변덕스럽다.

5. 다음 중 수검자의 처리의 질적 수준을 가장 잘 설명하는 가정은?

(1) 내향형인 수검자에게 적절한 질적 수준을 유지하고 있다.

(2) 처리수준이 내향형에게서 기대할 수 있는 수준에 미치지 못한다.

(3) 내향형 청소년에게서 기대하는 것보다 낮은 질적 수준을 보이고 있다.

(4) 수검자의 연령대에서 기대할 수 있는 처리의 질적 수준보다 월등히 높다.

사례 20. 34세의 남성으로 현재 이혼 판결, 양육권 결정과 관련된 재판이 계류 중이고 이 과정에서 평가를 받았다. 3형제 중 둘째이고 형은 37세, 여동생은 27세로 모두 결혼하였다. 아버지는 60세이고 주립 수립보호국의 감독자로 근무 중이다. 어머니는 58세이고 주부이다.

수검자는 18세에 고등학교를 졸업하고 2년간 주립대학에서 임학과에 다녔다. 성적은 평균 이상이었으나 학업을 중단하고 주립 산림보호소에 취직하였다. 현재는 산림조정팀의 책임자를 맡고 있다.

그는 25세에 결혼했다. 그 당시 부인은 22세의 정식 간호사였다. 결혼하여 첫 3년간은 아파트에서 살았는데 그때 수검자와 아버지 그리고 형은 집을 짓는 중이었다. 집이 거의 완공되었을 때 부인이 임신을 하게 되었고 이후 현재 6세인 딸을 낳았다.

딸이 돌을 지나자 부인과 수검자는 여러 문제들로 자주 싸우게 되었다. 부인은 다시 종일제 간호사로 취직하였고 사회적 관계를 넓히는 데 관심을 가지기 시작했다. 수검자는 부인의 많은 친구들 때문에 불편을 느꼈고 부인과 함께 참석하는 사회적 모임을 핑계를 대서 빠지곤 하였다.

수검자는 부인에게 신체적 폭행을 행사한 적은 없었다고 하였다. 하지만 별거 전 부인이 함께 근무하는 병원의 레지던트와 부정한 관계를 맺는다고 확신했을 때는 매우 화가 났었다고 하였다. 그는 결혼생활이 더 이상 의미가 없다고 느꼈다. 왜냐하면 "우리는 완전히 다른 세상에서 살았고 관심사도 너무 달랐어요. 그녀가 다른 사람을 만나는 것은 개의치 않겠지만 나의 딸에게 많이 관여하는 것은 원하지 않았어요." 또한 "그녀는 일과 사회에 대한 관심으로 집 안에 있는 시간보다 집 밖에 있는 시간이 더 많았어요."라고 불평하였다.

부인은 수검자와의 말다툼 끝에 수검자가 자신을 두 차례 폭행했다고 주장하였고 이때부터 16개월 동안 별거했다. 싸운 이유는 분명하지 않지만 아마도 부인이 수검자에게 함께 모임에 가자고 했지만 수검자는 가지 않겠다고 했고 딸을 사립학교에 입학시키는 문제 때문이었던 것 같다고 하였다.

현재 수검자는 형의 농장에서 지내고 있고 집은 법원의 사전명령에 따라 부인에게 넘어갔으며 부인에게 양육권이 있고 수검자는 주말에 딸을 방문할 수 있다. 수검자는 아동에 대하여 공동 양육권을 원하고 있었다.

재판관은 평가보고서에서 수검자의 양육 능력을 평가하고 성격적인 장점과 약점을 평가해 줄 것을 요청하였다.

사례 20. 34세 남성의 처리관련 변인

EB = 4 : 3.0	Zf = 11	Zd = −1.5	DQ+ = 6
L = 0.99	W : D : Dd = 8 : 11 : 2	PSV = 0	DQv/ + = 0
HVI = NO	W : M = 8 : 4		DQv = 0
OBS = NO			

반응영역과 DQ 계열

I : WoWSo	VI : Wo.Ddo
II : D + .Do	VII : W +
III : D + .Do	VIII : W + .DSo
IV : W + .Do.Do	IX : Wo.D +
V : Ddo.Wo	X : Do.Do.Do

1. 1, 2, 3단계에 근거해서 도출한 다음 가설 중 수검자의 처리노력을 가장 잘 기술하고 있는 것은?

(1) 수검자는 새로운 정보처리에서 매우 보수적이다.

(2) 수검자는 새로운 정보처리에서 대부분의 성인보다 더 많은 노력을 한다.

(3) 수검자는 새로운 정보처리에서 대부분의 성인만큼의 노력을 한다.

(4) 수검자의 처리노력은 매우 변덕스럽고 이로 인해 대부분의 성인보다 더 많은 노력을 해야 한다.

2. 수검자의 처리 포부를 가장 잘 설명하고 있는 것은?

(1) 수검자는 새로운 정보를 처리할 때 자신의 능력 이상의 목표를 세우는 경향이 있다.

(2) 새로운 정보를 처리할 때의 목표설정이 매우 경제적이다.

(3) 새로운 정보를 처리할 때 자신의 능력에 맞는 범위 내에서 목표를 설정한다.

(4) 새로운 정보를 처리할 때 지나치게 보수적으로 목표를 설정한다.

3. 다음 중 수검자가 새로운 정보를 다룰 때 탐색과 처리기능의 효율성에 대해 가장 잘 설명한 것은?

(1) 새로운 자극영역에 대한 탐색이 매우 성급하고 무계획적인 경향이 있다.

(2) 필요 이상으로 탐색하는 데 많은 노력을 하고 세부사항에 집착한다.

(3) 탐색과 처리의 효율성은 일관되지 않고 이미지를 지속하기 어렵기 때문에

비효율적이기도 하다.

(4) 탐색과 처리의 효율성은 대부분의 다른 성인과 비슷하다.

4. 수검자의 처리의 질적 수준을 가장 잘 설명하는 가정은?

(1) 처리의 질적 수준은 대부분의 성인에게서 기대되는 수준에 훨씬 미치지 못한다.

(2) 양호한 질적 처리가 기대되지만 때때로 세부사항에 지나치게 집착하여 손상되기도 한다.

(3) 처리의 질적 수준은 양가형 성인에게 기대할 수 있는 수준 이상이다.

(4) 처리의 질적 수준은 양가형 성인의 기대범위 내이다.

해 답

사례 19.

1. (2) Zf=13은 기대되는 범위의 마지막 값이고 '매우 많은 노력을 하고 있다.'는 것을 지지하지는 않는다. 그러나 이 가정은 세 가지 이유에서 잘못되었다. 첫째, 기록에는 16개의 반응밖에 없으나 Zf는 13개로, 반응 수의 상당 부분을 차지하고 있다. 둘째, W : D : Dd의 비율은 12 : 3 : 1로 W 반응비율이 상당히 높다. 이는 상당한 노력을 기울이고 있다는 것을 시사한다. 셋째, 반응영역에 관한 자료를 보면 10개의 카드 모두에 대해 최소한 한 개의 W 반응을 했다는 것을 알 수 있다. 이는 기대 이상의 노력을 했다는 것을 시사하고 있다.

2. (4) 과경계적인 사람들은 자극영역의 모든 특징들을 조사하고 신중하게 조직화하였는가에 신경을 많이 쓴다. 이러한 점은 병리적 문제가 있지 않는 한 우수한 처리노력을 하고 있다는 것을 시사한다.

3. (1) W : M=12 : 8로 약분하면 1.5 : 1이다. 내향형에게서 기대할 수 있는 범위이다.

4. (3) Zd=+4.5는 과도통합자라는 것을 의미한다.

5. (1) 8개의 DQ+는 내향형 청소년, 성인에게서 기대할 수 있는 범위이다.

사례 20.

1. (3) Z 반응빈도와 W : D : Dd 비율은 모두 예상범위이고 10개의 반점 중 7개에 W 반응을 하였다.

2. (3) W : M 비율은 2 : 1이고 양가형에게서 기대할 수 있는 범위이다.

3. (4) Zd = −1.5로 이는 0과 다름이 없고 보속반응도 없다.

4. (4) 6개의 DQ+ 반응은 양가형 수검자에게서 기대할 수 있는 범위이고 여섯 개 반점에 걸쳐 반응하였다.

제**6**장
인지적 중재

제6장
인지적 중재

인지적 중재(cognitive mediation)는 인지 3요소 중 두 번째 군집이다. 처리과정에서는 자극의 입력에 초점을 두고 정신적 상(mental image)이나 심상(icon)이 형성되는 과정을 주로 살펴보았다. 여기서는 상이 명명되고 해석되는 과정을 살펴볼 것이다. "무엇처럼 보입니까?"라는 질문에 답하기 위해서는 개인에게 이미 저장된 상과 가용한 기억 항목들 사이에서 조정(중재)하는 과정이 필요하다.

중재군집의 변인들은 하나의 광범위한 문제와 관련이 있다. 수검자의 정의(반응)와 반점의 자극특징이 일치하는 정도이다. 이는 현실검증력과 관련이 있다. 그러나 해석할 때는 단순히 반응이 사용된 영역과 적합한지에 대해서만 초점을 두는 것은 아니다. 반대로 중재활동의 몇 가지 특징에 대한 보다 정확한 정보, 특히 중재활동이 일상적인지 비일상적인지 또는 부정확하게 전환된 정도를 고려하여 해석하게 된다. 또한 부정확하게 전환되도록 만든 상황에 초점을 둔다.

해석의 정확성은 상당 부분 해석자의 반응과정에 대한 이해 정도에 달려 있다. 여기서 반응과정과 형태질 기호와의 관계를 이해하는 것은 형태질 기호와 이 군집 내의 다른 변인들의 관계에 대해 이해하는 것만큼이나 매우 중요하다.

1. 반응과정과 중재

"이것이 무엇처럼 보입니까?"라는 질문에 의해 활성화되어 반응을 생성하는데 관여된 정신과정은 의자 사진을 보여 주고 같은 질문을 했을 때 나타나는 정신과정과 유사하다. 지시는 간단하지만, 두 과제 모두 하나의 반응선택과 반응하기 위해 선택한 반점영역의 원위적 특성(distal properties)을 조정하는 것이 필요하다. 원위적 특성은 하나의 자극영역의 실제 요소들을 말한다. 잉크반점이 제시되었을 때는 다소 복잡한 조정작업이 필요한데 잉크반점은 의자 사진이 제시하는 것처럼 정확한 원위적 특성을 가지고 있지 않기 때문이다.

예컨대, 의자에는 다리, 좌석, 등받이가 있다. 물론 패드나 팔걸이와 같은 다른 모양도 있기는 하지만, 다리와 좌석과 등받이는 의자를 탁자나 발판 같은 다른 사물과 구별해 주는 가장 결정적인 원위적 특성이다.

결정적인 원위적 특징

결정적 특징은 자극영역의 가장 두드러진 원위적 특성을 의미한다. 이는 하나의 대상을 식별하는 데 필요한 범위를 한정시켜 주는 요소이고 구체적인 식별을 하는 데 필요한 자극요소들을 제공해 준다. 예컨대, 대부분의 사람들은 모양과 크기가 거의 비슷함에도 불구하고 오렌지와 야구공을 쉽게 구별할 수 있다. 이렇게 쉽게 구분할 수 있는 이유는 둘 다 변치 않는 결정적인 원위적 특성이 있기 때문이다. 오렌지는 울퉁불퉁한 재질과 특징적인 색깔이 있다. 야구공은 실밥과 흰색이 특징적이다.

잉크반점의 원위적 특징은 의자나 야구공처럼 정확하고 분명한 것은 아니지만 각 반점은 어느 정도는 결정적인 원위적 특징을 지니고 있다. 반점특징이 완전히 모호한 것은 아니다. 실제로 어떤 반점영역은 모호성 정도가 아주 낮다. Rorschach는 임의적으로 형태를 나타내기 위하여 각 반점을 신중하게 제작했다. 그는 좌우 대칭을 만들기 위해 단순히 백지에 물감이나 잉크를 떨어뜨리고 그것을 반으로 접은 것만은 아니다. 시작할 때는 그런 방법을 사용하였지만, 모호한 그림을 만들어 낸 뒤에 Rorschach는 반점의 세부적인 부분들을 신중하게 그려 넣었다. 그는 각 반점이 명백한 결정적인 원위적 특징을 갖게 하려고 하였다. 결정적 특징은 가능한 반응계열을 한정지어 줄 뿐만 아니라 반점이나 분명한 반점영역에 대한 구체적인 유형의 반응을 생성시키는 경향이 있다. 초기 로르샤하 연구의 목적은 심각한 지각문제가 있는 사람들, 주로 정신분열병 환자를 감별하는 데 있었다. 평범반응(popular response)의 존재가 이런 노력의 취지를 가장 잘 설명해 줄 것이다.

평범반응

평범반응은 프로토콜의 최소한 3분의 1에서 나타나는 반응으로 정의되어 있지만 선택기준은 더 엄격하다. 실제로 평범반응은 훨씬 더 자주 나타난다. 예컨대, 모든 수검자의 90% 이상이 카드 VIII의 D1 영역에 대해 네 발 달린 짐승으로 반응한다.[1] 왜냐하면 그 영역의 윤곽이 네 발 달린 짐승의 윤곽과 일치하고 카드 VIII의 다른 영역보다 훨씬 더 명확하게 보이기 때문이다. 그러므로 대부분의 사람들은 그 영역의 분홍색이 동물색깔과 일치하지 않는데도 불구하고 '동물' 반응을 한다.

이와 마찬가지로 모든 수검자의 약 85%는 카드 I과 V번 카드에서 박쥐나 나비와 같은 날개 달린 대상으로 지각하고 수검자의 80% 이상은 카드 III의 D9 영역에서 사람 형상을 지각한다. 실제로 평범반응을 추출해 내기 위해 7,500개의 프로토콜 자료를 사용하였는데 13개의 평범반응 중 2개만이 50%보다 적게 나타났다. 카드 IX의 D3 영역에서 인간이나 유사인간 반응은 7,500개 기록 중 39%에서만 나타났고 카드 II의 D1 영역에서 동물의 머리나 전체동물은 프로토콜의 35%에서만 나타났다.

경합적인 결정적 특징

때때로 경합적인 결정적인 원위적 특징 때문에 하나의 반점영역에 대해서 하

---

1) 역주: 원서에는 카드별 D와 Dd 영역도가 제시되어 있지 않지만 독자가 읽는 데 도움이 되도록 하기 위해 부록에 10개 카드로 D와 Dd 영역도를 제시하였다.

나 이상의 대상이 식별(전환)된다. 앞서 언급한 바와 같이 환자와 정상인을 포함한 수검자의 약 85%가 카드 V를 박쥐나 나비라고 하였다. 각 반응의 비율은 거의 비슷하다. 약 44%가 나비라고 대답하였고 약 41%가 박쥐라고 답하였다. 왜 어떤 사람은 반점을 박쥐라고 하고 다른 사람은 나비라고 하는 것일까? 이런 차이는 성별, 연령, 병리의 유형이나 심각성, 기본적인 반응양상(내향형 vs. 외향형)과는 관련이 없다.

이 문제를 다룬 연구에서 반응 차이는 카드 V에 있는 3개의 결정적 원위적 특징 중 어느 것에 더 비중을 두는가에 따라 달라진다고 보았다. 그중 하나는 잉크의 회색−검은색(grey−black) 색채이다. 이는 나비라는 대답과 불일치하는 것이다. 색을 분홍색으로 바꾸었을 때 반응빈도는 변화하였으나 기대보다는 변화된 정도가 적었다. 응답자의 약 55%는 나비라고 대답하였으나 약 30%는 계속 박쥐라고 반응하였다. 반점영역에서 나머지 두 가지 결정적 특징은 윤곽들이고 윤곽은 박쥐나 나비 반응을 선택하는 데 영향을 주는 잠재적 영향력(potency)이 있다. 첫 번째는 바깥쪽에 있는 D10 영역인데 이 영역은 나비와 박쥐의 윤곽과는 불일치하는 것으로 보이지만 반드시 그렇지는 않다. D10 영역을 반점에서 제외하였을 때 응답자의 약 15%만이 박쥐라고 반응한 반면 나비라고 대답한 응답자는 약 70%였다. D10 영역은 나비 반응은 방해하는 반면에 박쥐 반응은 촉진시키는 것이 분명하다. 두 번째 결정적 영역은 위쪽의 Dd34 영역이다. Dd34를 제거하면 응답자의 약 70%가 박쥐라고 반응하였고 나비라고 답한 사람은 15% 미만이었다. 분명히 Dd34 영역은 나비 반응을 선택하는 사람들에게는 중요한 원위적 특징이다.

원위적 특성의 잠재적 영향

원위적 특성이 잠재적으로 미치는 영향은 수검자의 시각영역에서 위치가 바뀌면 변화되게 된다. 예컨대, VII번 카드를 뒤집어 보았을 때 응답자의 약 65%가 D2 영역을 사람 형상으로 보았고, 약 25%는 동물, 흔히 토끼라고 하였다. 반대로 카드 VII을 옆으로 보면 D2 영역을 사람 형상이라고 하는 경우는 드물고 약 50%의 응답자가 개라고 하였다.

윤곽(contour)이 반점에서 가장 중요한 결정적인 원위적 특징이지만 색채와 음영 특징 역시 반응을 구성하는 데 중요한 잠재적인 요소가 될 수 있다. 예컨대, 카드 I을 검은 회색 대신 밝은 파랑색으로 바꾼다면 박쥐 반응은 현저히 줄어들 것이다. 카드 VI을 완전히 회색으로 만들어 제시하여 음영 변인의 요소를 없애면 D1 영역에 대한 평범반응인 동물 가죽이나 모피 반응의 빈도는 의미 있게 줄어들 것이다.

때때로 반점의 원위적 특징은 수검자가 반응을 말할 때 구체적으로 언급하지 않을 수 있지만 반응 형성에 영향을 준다는 것을 알 수 있다. 예컨대, 카드 II의 D1 영역에 대해 동물이라는 평범반응을 할 때 약 85%의 반응에서 동물운동(FM)이 결정인으로 포함된다. 동물반응을 한 응답자의 약 30%는 협동적 활동(COP)을 하는 것으로 지각하고 약 40%는 싸우거나(AG) 다친(MOR) 것과 같은 공격적인 활동으로 지각한다. COP 반응이 나왔을 때 응답자의 약 2/5는 반점의 붉은색 영역(보통 D3)을 언급한다. AG나 MOR 반응이 있을 때는 응답자의 약 3/5이 붉은색 영역(D2나 D3 모두)을 언급한다.

붉은색인 D2와 D3 영역을 반점에서 제외시키거나 검은 회색으로 바꾸면 동물 운동 반응의 빈도는 비슷하지만, AG와 MOR 운동반응의 비율은 5% 이하로 감소되고 COP 반응의 비율은 거의 70%까지 상승한다. 응답자의 약 40%는 붉은색을 언급하지 않았지만 II번 카드 영역에서 붉은색 영역은 AG 반응의 형성에 상당한 영향을 미치는 것은 분명하다.

형태질 표

정확한 형태질(form quality, FQ) 기호를 결정하기 위한 근거로 사용하는 형태질 표는 반응을 형성하는 데 있어 반점의 원위적 특성이 잠재적으로 영향을 준다는 것을 나타내 주는 또 다른 근거이다. 1993년 개정된 표는 209,480개의 반응을 포함하는 9,500개의 프로토콜을 사용하여 구성되었다. 9,500개의 프로토콜은 정상 성인 3,200명(69,769개의 반응), 비정신분열병 외래환자 3,500명(81,107개의 반응) 및 비정신분열병 입원환자 2,800명(58,604개의 반응)의 프로토콜로 구성되었다. 표는 5,018개의 항목을 포함하고 있으며 각각 ordinary(o), unusual(u), −(−)

로 구분하였다. W 반응에 속하는 1,051개 반응, D 영역에 대한 2,820개 반응, Dd 영역에 대한 1,147개 반응으로 구성되어 있다.

W 또는 D 반응을 o 반응으로 분류하려면 9,500개의 프로토콜 중 최소한 2%(190개)에서 나타나야 하고, 실제적인 윤곽을 포함하고 있어야 하고, 지각한 반응과 반점의 윤곽이 합리적 수준에서 일치해야 한다. Dd 반응 중 o 반응은 최소한 50개의 프로토콜에서 이 영역이 사용되어야 하고, 이 영역에 대한 반응들 중 2/3 이상에서 나타나는 반응이어야 한다. 표의 5,018항목 중 1,011개(21%)가 o로 분류되었는데 이 중 865개 반응은 W나 D 반응에서도 o로 분류된 것이다.

u로 분류하는 데 사용된 기준은 9,500개의 프로토콜 중 2% 이하에서 나타나기는 하였으나 최소 3명의 평정자가 독립적으로 평정한 결과 모두 '빠르고 쉽게' 지각할 수 있고 윤곽의 사용이 적절하다고 의견이 일치한 것이다. 표에는 2,176 항목(43%)이 u로 분류되었고, 그중 1,611 항목은 W와 D 반응에서 얻은 것이다. −로 분류된 1,831 항목은 9,500개의 프로토콜 중에서 최소한 4번 정도 나타난 것으로 제한하였다. W와 D 영역의 반응이 1,395개 포함되었다.

o 반응을 정의하기 위해 사용한 2%라는 분류기준이 지나치게 허용적인 것으로 보일 수도 있으나 실제로는 그렇게 허용적이지 않다. 실제로 9,500개의 프로토콜에서 o로 분류된 W와 D 항목 중 2% 정도 수준에서 나타나는 반응은 매우 적다. 앞서 지적한 바와 같이 평범반응도 1/3 이상 나타나는 경우가 많이 있었다. 여기에서 추가된 33개의 W와 D 항목은 9,500개의 프로토콜 중 16~25%에서 나타났고 약 157개는 기록의 11~15%에서 나타났다. 대부분의 o 항목, 즉 603개는 프로토콜의 6~10%에서 나타났고 59개 항목만이 기록의 2~5%에서 나타났다.

o와 u 모두 윤곽을 적절히 사용한 것에 해당하지만 u 항목이 o 항목보다 2배 이상 많으므로 가능한 u 항목을 모두 고려하는 것은 불가능하다. 그럼에도 불구하고 9,500개의 프로토콜에서 o 반응의 비율을 나타내는 X+%의 평균은 .64였다(정상인은 .74, 외래환자는 .64, 입원환자는 .52). 다시 말해 표본의 209,480개의 반응 중 134,067개의 반응이 1,011항목을 포함하거나 형태질 표에서 o로 분류된 항목을 포함하고 있다. 반대로 표본에서 Xu%의 평균은 단지 .17에 불과했다(정상인은 .15, 외래환자는 .17, 입원환자는 .20). 즉, 35,616개의 반응들은 반점의 윤곽을 적절히 사용하였지만 형태질 표에서 o로 분류될 만큼의 빈도가 충분하지 않았다는

것을 나타내 준다.

사실 이러한 수치는 209,480개의 반응 중 약 85%(178,582)개가 W나 D 영역에 대한 반응이므로 오해하기 쉽다. 앞서 언급한 대로 형태질 표는 단지 865항목만 기술하고 있고 이 항목들은 W와 D 영역에 대해 o로 분류된 항목이다. 9,500개의 기록 중에 W와 D 반응에 대해서만 계산한 X+%는 .66이므로 178,582개의 W와 D 반응 중 약 2/3 정도가 이 865항목 중 하나 이상을 포함하고 있다는 것을 의미한다.

〈표 7〉은 10개의 카드에서 W와 82개의 D 영역에서 나타난 o 반응의 수이다. 나중에 언급하겠지만 865개의 W와 D 항목이 10개의 잉크반점에 골고루 분포된 것은 아니다. VI, IX, X번 카드에서는 o 항목이 가장 많지만 V번 카드에서는 가장 적다.

〈표 7〉 카드와 반응영역에 따른 W와 D의 ordinary 항목

카드	W	D1	D2	D3	D4	D5	D6	D7	D8	D9	D10	D11	D12	D13	D14	D15	합계
I	44	11	14	7	12	–	–	8	–	–	–	–	–	–	–	–	96
II	11	10	12	12	10	16	4	–	–	–	–	–	–	–	–	–	75
III	3	11	21	9	–	5	–	10	3	10	–	–	–	–	–	–	72
IV	30	12	8	4	11	10	5	10	–	–	–	–	–	–	–	–	90
V	17	4	–	–	6	–	4	5	–	8	2	–	–	–	–	–	46
VI	18	13	15	18	17	12	6	–	11	–	–	–	7	–	–	–	117
VII	18	8	14	3	8	2	9	6	3	4	5	–	–	–	–	–	80
VIII	20	1*	4	6	5	8	8	3	2	–	–	–	–	–	–	–	57
IX	24	10	16	22	5	8	10	–	10	5	–	3	3	–	–	–	116
X	13	6	5	8	4	4	7	9	10	11	8	9	8	2	8	4	116

* 이 항목은 수십 가지 종의 동물을 포함함.

어떤 영역에서 o 항목의 빈도는 결정적인 원위적 특성의 잠재적 영향을 잘 나타내 준다. 예컨대, D 영역의 절반 이상(82개 중 48개)은 o 항목이 9개 미만이고 약 1/3은(82개 중 28개) 6개 미만이다. 영역에 대한 o 항목의 빈도가 낮을 때는 그 자극영역이 잘 분리되어 있어서 그 영역의 원위적 특성과 일치하는 반응의 수가 제한된다는 것을 알 수 있다.

의사결정으로서의 반응

수검자는 반점과 각 영역들을 훑어보면서 여러 개의 가능한 대답을 생각해 낸다. 결정적인 특성을 가지고 있는 원위적 특징이 있기 때문에 다양한 반응전환이 이루어진다. 예컨대, 대부분의 사람들은 I번 카드의 반점을 보면 바로 박쥐나 새 또는 나비로 볼 수 있지만, 세 개의 반응을 모두 하는 경우는 매우 드물고 세 반응 중 두 가지를 하는 경우도 드물다. 어떤 사람들은 가면이나 여자 등과 같은 다른 반응을 선호해서 이 세 가지 가능한 대답을 모두 하지 않을 수도 있다. 한 가지 가능한 반응과 또 다른 가능한 반응을 비교하는 것은 중재과정을 통해 이루어지게 된다. 많은 잠재적 반응들이 이런 비교와 검열과정을 통해 폐기된다.

주어진 반응들은 이러한 의사결정 과정의 산물이다. 다양한 요인이 수검자의 결정에 영향을 줄 수 있다. 관념적 태세, 반응양식, 개인적 욕구, 긍정적이거나 부정적인 감정, 사회적 요구 등이 수검자의 반응결정에 작용한다. 중재자료를 해석할 때는 무엇 때문에 그러한 반응(결정)을 했는지에 초점을 두고 살펴보는 것이 아니라 의사결정을 할 때 개인의 심리적 특성보다는 외부 현실(반점의 좀 더 명백한 원위적 특성)을 고려한 정도에 초점을 두고 평가해야 한다. 반응을 평범반응, o, u, - 등의 특정 범주로 구분하는 이유는 이 문제와 직접적으로 관련 있는 연속선과 이 문제를 해결하는 데 필요한 근거를 만들기 위해서이다.

2. 중재와 관련 있는 로르샤하 변인

중재군집은 6개의 변인[XA%, WDA%, X-%, P, X+%, Xu%], S를 포함한 -반응의 빈도, 모든 반응과 W와 D 반응에 대한 형태질 분포[+, o, u, -, none], 그리고 -반응의 계열과 특징에 대한 자료로 구성되어 있다. -반응이 나타났을 때 이를 동질적인 군집으로 볼 수 있는지와 왜곡수준에 대해서 검토하게 된다.

사전탐색 문제

자료를 해석하면서 다음과 같은 의문을 제기하게 된다: (1) 중재활동이 유도한 행동(반응)이 상황에 적절한(현실적인) 정도는? (2) 중재활동이 유도한 행동(반응)이 상황에 부적절한(비현실적인) 정도는? (3) 중재활동의 기능장애(dysfunction)가 특정한 방식으로 나타나는가? (4) 중재활동이 손상되었다는 증거가 있는가? (5) 기대되거나 수용되는 행동이 무엇인지 쉽게 알 수 있는 상황에서는 관습적인 행동(반응)이 어느 정도 발생하는가? (6) 입력된 자극에 대해 관습적으로 해석하려고 노력하는 정도는? (7) 자극을 과도하게 개인적으로 또는 관습적이지 않은 방식으로 해석하려는 정도는?

처리과정에 대한 해석방법을 설명하기 위해 이미 언급하였던 사례 16, 17, 18의 자료를 가지고 중재에 대한 결과들을 해석하기 위한 지침을 설명하였다.

사례 16. 31세 남성의 중재관련 변인

R = 24	L = 0.50	OBS = Pos	− & NoForm Features
FQx +	= 5	XA% = .92	Ⅶ 15. Wo FC' − Xy 2.5 PER
FQxo	= 13	WDA% = .95	Ⅹ 22. Ddo34 FY − An MOR
FQxu	= 4	X − % = .08	
FQx −	= 2	S − = 0	
FQxnone	= 0		
(W + D	= 19)	P = 8	
WD +	= 5	W + % = .75	
WDo	= 11	Xu% = .17	
WDu	= 2		
WD −	= 1		
WDnone	= 0		

사례 17. 19세 여성의 중재관련 변인

R = 20	L = 1.22	OBS = NO			− & NoForm Features
FQx +	= 0	XA%	= .75	Ⅲ	6. Do7 F − An MOR
FQxo	= 11	WDA%	= .83	Ⅷ	15. Dv2 C Hd,An PHR
FQxu	= 4	X−%	= .15	Ⅸ	17. DdSv29 F − Ad
FQx −	= 3	S −	= 2	Ⅹ	19. Dv9 C Bl
FQxnone	= 2			Ⅹ	20. DdSo22 CF − Hd PHR
(W + D	= 18)	P	= 4		
WD +	= 0	W + %	= .55		
WDo	= 11	Xu%	= .20		
WDu	= 4				
WD −	= 1				
WDnone	= 2				

사례 18. 28세 남성의 중재관련 변인

R = 18	L = 0.50	OBS = NO			− & NoForm Features
FQx +	= 0	XA%	= .39	Ⅰ	2. DdSo99 F − (Hd) 3.5 PHR
FQxo	= 3	WDA%	= .45	Ⅱ	5. Ddo99 Mp − Hd MOR PHR
FQxu	= 4	X−%	= .56	Ⅱ	6. Dd + 99 Ma.mp − 2 Hd 5.5 AG PHR
FQx −	= 10	S −	= 3	Ⅲ	7. Do7 FC' − An MOR
FQxnone	= 1			Ⅲ	8. WS + 1 FC'.C − 2 Ad,Art 5.5 AB,INC
(W + D	= 11)	P	= 1	Ⅴ	10. Wo1 F − A 1.0 MOR
WD +	= 0	W + %	= .17	Ⅵ	12. Dd + 99 Ma − Hd,Sx 2.5 DV PHR
WDo	= 3	Xu%	= .22	Ⅶ	14. WS + F − Fd 4.0 MOR
WDu	= 2			Ⅷ	15. Dd + 99 Ma.mp.CF − (H),Na,Ay 3.0 PHR
WD −	= 5			Ⅹ	17. Wv C Art PER
WDnone	= 1			Ⅹ	18. D + 2 Ma.C − H,Na 4.5 ALOG PHR

사례 16. 최근에 이혼한 31세의 교수인 남성으로 불안, 주의집중의 어려움, 쉽게 초조해짐, 전반적인 무력감을 호소함.

사례 17. 가석방 위반에 연루되어 평가를 받는 19세 여성으로 수검자가 보고하고 있는 우울감의 정도와 변화에 대한 동기, 치료 가능성에 대해 알아보기 위해 의뢰됨.

사례 18. 다양한 약물에 대한 개인력이 있는 28세의 남성 입원환자로 우울증 삽화가 정신분열병과 관련이 있는 것인지 약물에 의해 유도된 것인지 알아보고 환자의 퇴원 요구에 적절하게 대응할 수 있는 방법을 마련하기 위해 의뢰됨.

3. 해석순서

중재와 관련된 자료의 해석이 어렵지는 않다고 하더라도 가볍게 또는 너무 단순하게 접근해서는 안 된다. 불행히도 해석자 중 일부는 평범반응의 수와 구조적 자료의 비율을 훑어보는 것만으로 해석적 가설을 설정하려고 든다. 이는 몇 가지 타당한 가설을 만들어 내는 데 사용할 수 있는 유혹적인 전략이기는 하지만, 자료 해석을 여기서 그친다면 중재와 관련된 중요한 정보를 놓칠 수 있고 중재에 대한 가정에 구체성이 결여될 수 있다. 빈도 자료, 점수의 계열에서 얻은 정보 그리고 부적절한 반응들을 점검하는 절차 등을 통해서 현실검증력과 관련 있는 중재활동에 대하여 의미 있는 정보를 얻을 수 있다.

해석전략은 여섯 가지 기본 단계를 포함하는데 기록에 −반응이 있다면 8단계로 늘어날 수 있다. 처음 세 단계는 반응의 적절성 여부와 중재의 기능장애(dysfunction)가 있는 정도를 집중적으로 다루게 되는데 기능장애가 있다면 이는 현실검증력의 손상이 있다는 것을 반영한다. 나머지 세 단계는 중재적 활동이 유발시킨 적절한 반응이 얼마나 일반적이고 관습적인지 아니면 덜 일반적이고 개인적인지 등에 초점을 두게 된다.

사전 고려사항(R, OBS, Lambda)

해석자는 항상 전체반응 수(R)에 주의를 기울여야 한다. 이는 중재와 관련 있는 자료를 검토할 때 특히 중요하다. 중재자료 중 일부는 R과의 비율로 계산되고 단일 반응이 비율에 미치는 영향은 긴 프로토콜보다 짧은 프로토콜에서 더 크게 나타나기 때문이다. 예컨대, 15개 반응 중에서 3개의 −반응이 있다면 X−%=.20 인 반면 24개의 프로토콜 중에 −반응이 3개라면 X−%=.13에 불과하다. 피상적 수준에서 볼 때 .20은 .13보다 더 부정적으로 해석할 수 있지만 항상 그렇게 해석 할 수 없고 잘못된 해석일 수도 있다. 비율과 관련 있는 자료는 아니더라도 R은 때때로 해석에 대한 기본가정을 바꾸는 기준이 되기도 한다. 예컨대, 24개의 반 응 프로토콜에서 평범반응이 7개이면 기대되는 범위이지만 15개의 반응 프로토 콜에서 평범반응이 7개라면 기대치보다 높다.

두 번째로 사전에 검토해야 할 것은 OBS이다. OBS에 해당되면 수검자는 완벽 주의적 성향이 있고 세부적인 것에 대해 과도하게 집착하는 경향이 있다는 것을 시사한다. 이들은 정답을 맞히려 하고 관습적으로 보이려는 욕구가 강해서 자극 을 해석하는 데 지나치게 신중하다. 즉, 신중하고 정확하게 중재하므로 XA%, WDA%, X+%는 평균 이상일 것이다. 결과가 이런 기대와 일치하지 않는다면 수검자의 강박적인 특징이 역효과를 내고 있고 중재과정에도 방해요소가 되고 있다는 것을 시사한다.

세 번째 사전검토 사항은 Lambda이다. Lambda는 −반응의 동질성을 검토하고 중재과정에서 관습적인 면을 나타내고 있는 X+%와 Xu% 자료를 해석할 때 중요 한 지침을 제공해 준다.

1단계: XA%와 WDA%

중재자료를 해석할 때 근간이 되는 것 중 하나는 형태 사용의 적절성이다. XA%와 WDA% 두 변인은 이 주제에 대한 직접적인 정보를 제공해 준다. 이 두 변인은 중재활동이 상황에 적합한 행동(반응)을 유발시키는 정도를 나타내 준다. 두 가지 측정치 중 한 가지만으로는 형태를 적절히 사용했는지를 충분히 평가할 수 없으므로 두 가지를 동시에 살펴봐야 정확하게 평가할 수 있다. 첫째, XA%는 기록에서 '적절한 형태를 갖는' 모든 반응의 비율이다(Sum of FQ+, FQo, FQu/R). 둘째로 WDA%는 이러한 반응이 W와 D 반응영역에서 나타난 경우만을 계산한 것이다(Sum W+D of FQ+, FQo, FQu/Sum W+D).

모두 높은 값이 기대되고 두 값은 서로 비슷하겠지만 WDA%가 더 높을 것이다. 왜냐하면 WDA%는 반점의 명백한 부분에 대한 반응이고 가장 특징적인 원위적 특징을 포함하고 있기 때문이다. 따라서 대부분의 경우 XA%는 WDA%보다 낮게 나타나지만 반대의 경우도 있다. 각 변인들의 값과 두 변인 값의 차이에 근거해서 해석적 가정을 도출할 수 있다.

사례 16. 31세 남성의 중재관련 변인

R = 24	L = 0.50	OBS = Pos	– & NoForm Features
FQx +	= 5	XA% = .92	Ⅶ 15. Wo FC' – Xy 2.5 PER
FQx0	= 13	WDA% = .95	Ⅹ 22. Ddo34 FY – An MOR
FQxu	= 4	X – % = .08	
FQx –	= 2	S – = 0	
FQxnone	= 0		
(W + D	= 19)	P = 8	
WD +	= 5	W + % = .75	
WDo	= 11	Xu% = .17	
WDu	= 2		
WD –	= 1		
WDnone	= 0		

- **잠정적 결과 1:** .78≤XA%≤.90이고 WDA%≥XA%라면 일반적으로 중재는 상황에 적합하다. 달리 말하면 관습적인 현실검증을 하는 데 필요한 기본요건은 적절하다는 것을 의미한다. 2단계로 갈 것.
- **잠정적 결과 2:** XA%>.90이고 WDA%≥XA%라면 상황에 적합하게 중재활동을 하기 위하여 상당히 노력하고 있다는 것을 시사한다. 강박적 유형의 사람들에서 공통적으로 나타나기는 하지만 강박성을 의미하지는 않는다. 단지 상황에 정확하게 반응하려는 태도가 중재활동에 상당한 영향을 주고 있다는 것을 시사한다. 2단계로 갈 것.

▌**사례 16의 자료에 대해 적용한 결과:** XA%=.92 WDA%=.95로 대부분의 환자에게 기대되는 것보다 높은 수준이다. 그러나 수검자가 강박적인 성

향을 지니고 있다는 점을 고려해 볼 때 이것은 놀랄 만한 일은 아니다. 수검자는 신중하고 새롭게 입력된 자극을 해석하는 데 완벽성을 기하려는 것으로 보인다. 왜냐하면 그는 상황을 정확하게 해석하였다고 확신하기를 원하기 때문이다. ▌

• 잠정적 결과 3: XA%≥.78이고 WDA%<.75인 경우는 매우 드물게 나타나고 잘못 계산했을 가능성이 있다. 계산상의 오류가 없다면 반응 수가 너무 적고(16개 이하) FQo나 FQu로 부호화된 Dd 반응이 많고 -나 NoForm으로 부호화된 W와 D 영역 반응비율이 높을 것이다. 이런 프로토콜은 처리과정의 문제를 반영할 수도 있지만 심각한 혼란을 가장하려 할 때도 나타날 수 있다. 2단계로 갈 것.

사례 17. 19세 여성의 중재관련 변인

R = 20	L = 1.22	OBS = NO		− & NoForm Features
FQx +	= 0	XA%	= .75	Ⅲ 6. Do7 F − An MOR
FQx0	= 11	WDA%	= .83	Ⅷ 15. Dv2 C Hd,An PHR
FQxu	= 4	X −%	= .15	Ⅸ 17. DdSv29 F − Ad
FQx −	= 3	S −	= 2	Ⅹ 19. Dv9 C Bl
FQxnone	= 2			Ⅹ 20. DdSo22 CF − Hd PHR
(W + D	= 18)	P	= 4	
WD +	= 0	W +%	= .55	
WDo	= 11	F +%	= .70	
WDu	= 4	Xu%	= .20	
WD −	= 1			
WDnone	= 2			

• 잠정적 결과 4: .70≤XA%≤.77이고 WDA%≥.80일 때 일반적으로 명백한 상황에서는 중재적 해석이 적절하지만 명백하지 않은 환경에서는 적절하지 않을 수 있다. 여러 가지 요인이 중재적 효율성(현실검증력)을 저하시킬 수 있다. 대개는 정서적 또는 관념적 간섭 때문에 효율성이 저하되지만 때로는 처리과정

의 문제 때문에 생길 수도 있다. NoForm과 −반응의 특징을 살펴보면 이에 대한 정보를 얻을 수 있다. 2단계로 갈 것.

> ▌**사례 17의 자료에 대해 적용한 결과:** 20개의 반응 프로토콜에서 X%=.75, WDA%=.83이다. XA%가 기대되는 범위보다 아주 조금 낮다는 점에서 안심할 수 있고(reassuring) .08점의 차이는 적당한 것이다. 따라서 수검자의 중재활동은 대부분의 상황에서는 적절하지만 어떤 경우 약간의 기능장애를 보일 수도 있다. 역기능이 나타나는 특정 상황은 2, 3단계에서 설명할 것이다. ▌

- **잠정적 결과 5:** XA%<.70이고 WDA%≥.80일 때는 상황을 해석하는 데 적합한 단서가 분명하지 않은 경우에는 중재(현실검증력)활동이 혼란스러워질 수 있다는 것을 시사한다. 두 값이 이러한 차이를 나타내는 경우는 잘못 식별된 Dd 반응이 많기 때문일 수 있다. 앞서 언급한 바와 같이 Dd 반응은 경제적 처리과정을 반영하지 않는다. 오히려 방어, 사소한 측면에 대한 부적절한 집착, 거부적인 태도가 있어서 저장된 이미지를 재구성하는 과정을 포함한다. −와 NoForm 반응의 특성을 살펴봄으로써 무엇이 효과적인 중재활동을 간섭하는지 알 수 있을 것이다. 2단계로 갈 것.

- **잠정적 결과 6:** .70≤XA%≤.77이고 .75≤WDA%≤.79일 때 중재의 기능장애가 중등도 수준이라는 것을 시사한다. XA%<.70이고 .75≤WDA%≤.79라면 더욱 심한 기능장애를 시사한다. WDA%에 초점을 두고 살펴보아야 하고 왜 이 점수가 기대수준 이하로 떨어졌는지 이유를 알아보아야 한다. −Dd와 NoForm 반응이 많은 경우 XA%가 기대치보다 낮을 것이지만 WDA%에는 유의미한 영향을 주지는 않는다. 왜냐하면 W와 D 영역은 가장 뚜렷한 원위적 특징을 가지고 있고 이러한 특징에 근거한 해석은 잘 왜곡되지 않기 때문이다.

  WDA%<.80이라면 W와 D 영역에 대한 반응의 1/5 이상이 왜곡되거나 명백한 특징을 무시하고 있다는 것을 의미하고 현실검증력의 문제를 반영한다. 이는 정서적 또는 관념적인 간섭 때문에 나타날 수 있고 W와 D 영역에서 나타난 −와 NoForm 반응의 특성을 살펴보면 중재적 손상이 나타난 이유를 알 수도

있다. 2단계로 갈 것.

• 잠정적 결과 7: XA%<.70이고 WDA%<.75일 때 중재에 심각한 손상이 있다는
것을 시사한다. 중재장애가 얼마나 확산되어 있는지를 이해하려면 두 요소를
살펴보아야 한다. 첫째는 WDA%의 값이다. .65≤WDA%≤.74로 떨어져 있을
때는 기능장애가 매우 심하고 현실검증력에도 상당한 영향을 주고 있다는 것
을 시사한다. WDA%<.65라면 기능장애는 매우 심각하고 현실검증력도 역시
심하게 손상되었다는 것을 시사한다. 두 경우 모두 정신병과 유사한 과정을
밟고 있을 때 많이 나타나지만 중재와 관련된 모든 자료를 살펴보지 않고 결론
을 내리는 것은 시기상조일 것이다.

　두 번째로 고려해야 할 요소는 XA%와 WDA% 간의 차이이다. 이것은 현실
검증력의 손상이 일상적인 기능에 확산된 정도를 알려 준다. 두 값의 차이가
.10 이상이면 모호한 상황에서 중재의 기능장애가 더 현저하게 나타난다는 것
을 시사한다. 그러나 두 값의 차이가 .10 미만이면 중재장애가 확산되어 있고
명백한 원위적 단서가 있는 경우에도 기능장애가 나타날 수 있다는 것을 시사
한다.

사례 18. 28세 남성의 중재관련 변인

R = 18 L = 0.50		OBS = NO		− & NoForm Features		
FQx+	= 0	XA%	= .39	Ⅰ	2. DdSo99 F − (Hd) 3.5 PHR	
FQx0	= 3	WDA%	= .45	Ⅱ	5. Ddo99 Mp − Hd MOR PHR	
FQxu	= 4	X−%	= .56	Ⅱ	6. Dd+99 Ma.mp − 2 Hd 5.5 AG PHR	
FQx−	= 10	S−	= 3	Ⅲ	7. Do7 FC' − An MOR	
FQxnone	= 1			Ⅲ	8. WS+1 FC'.C − 2 Ad,Art 5.5 AB,INC	
(W+D	= 11)	P	= 1	Ⅴ	10. Wo1 F − A 1.0 MOR	
WD+	= 0	W+%	= .17	Ⅵ	12. Dd+99 Ma − Hd,Sx 2.5 DV PHR	
WDo	= 3	Xu%	= .22	Ⅶ	14. WS+ F − Fd 4.0 MOR	
WDu	= 2			Ⅷ	15. Dd+99 Ma.mp.CF − (H),Na,Ay 3.0 PHR	
WD−	= 5			Ⅹ	17. Wv C Art PER	
WDnone	= 1			Ⅹ	18. D+2 Ma.C − H,Na 4.5 ALOG PHR	

예컨대, 24개의 반응에서 XA%는 .58이다. W와 D 반응은 18개, Dd 반응은 6개이고 형태질의 분포는 o 반응은 10개, u는 4개, −반응은 9개, NoForm은 1개이다. 6개의 Dd 반응 중 u는 3개, 마이너스 반응은 3개이고 W와 D 반응에서 o 반응은 10개, u 반응은 1개이다. 따라서 WDA%(11/18)=.61이고 이는 현실검증력의 문제가 확산되어 있고 일상적인 대부분의 행동에서 현실검증력에 문제가 있다는 것을 의미한다. 이에 반해 Dd 반응 6개 중 u가 1개, 마이너스가 5개라면 18개의 W와 D 반응에서 형태질의 분포는 o는 10개, u는 3개가 되므로 WDA% (13/18)는 .72가 될 것이다. .14의 차이는 단서가 모호한 상황에서 중재손상이 더 뚜렷해지는 경향이 있다는 것을 시사한다.

▌**사례 18의 자료에 대해 적용한 결과:** 18개 반응기록에서 XA%=.39이고 WDA%=.45이고 두 값 모두 기대되는 범위 이하이다. 두 값의 차이는 단지 .06에 불과하므로 심각한 중재장애가 확산되어 있다는 것을 시사한다. WDA%가 매우 낮은 것은 당황스러운 수치인데 왜냐하면 이는 분명한 단서가 주어져서 해석이 용이한 상황에서도 중재적 기능장애가 일어나는 경향이 있다는 것을 나타내기 때문이다. 이것은 정신증과 같은 과정이 활성화되어 있고 현재 불능상태에 있다는 것을 시사한다. ▌

2단계: FQxnone

NoForm 반응(FQxnone)에 대한 구체적인 해석적 가정은 정동 또는 관념과 관련 있는 군집에서 다루어야 하지만 그 빈도가 의미 있다면 1단계, 특히 4, 5, 6 또는 7단계에서 도출한 가정을 약간 수정할 필요가 있다. NoForm 반응은 중재 과정에서 어떤 내적 촉구(Prompting) 때문에 반점의 윤곽 특징이 무시된 경우이다. 일반적으로 윤곽은 반점에서 가장 뚜렷한 원위적 특징이고 자극영역을 전환시키면서 이러한 특징을 무시한다는 것은 매우 드물고 중재과정에 결함이 있다는 것을 반영할 수도 있다. 대부분의 NoForm 반응에는 유채색(PureC)이 사용되어 있지만 무채색이나 음영 특징(C', T, Y)이 사용되기도 한다. NoForm 반응은 강한 정동과 관련이 있다. 매우 드물지만 인간운동 반응을 포함하는 NoForm

반응도 있다. 이는 관념활동이 잘 통제되지 않고 있다는 것을 시사한다.

대부분의 기록에서 NoForm 반응은 전혀 나타나지 않거나 하나 정도 나타나서 중재에 대한 다양한 비율을 계산할 때 거의 영향을 주지 않는다. 그러나 이런 반응이 더 자주 나타나면 중재자료, 즉 XA%나 NoForm 반응이 W나 D 영역에서 주로 나타나므로 WDA%에 영향을 줄 수 있다. 예컨대, 18개의 반응 프로토콜에서 14개의 W와 D 반응 중 NoForm인 반응이 4개 포함되어 있다면 10개의 W와 D 반응의 형태질이 +와 o라고 할지라도 WDA%는 .79를 넘지 않을 것이다.

• 잠정적 결과: NoForm 반응이 2개 이상이라면 때때로 중재활동이 관념적인 틀 (NoForm 운동반응이 나타난 경우) 또는 강한 정동(운동반응 이외의 다른 유형의 NoForm 반응이 나타난 경우)의 간섭을 받고 있다는 것을 시사하므로 1단계에서 제시한 가정을 수정해야 한다. −반응이 있으면 3단계, −반응이 없으면 4단계로 갈 것.

┃ 사례 17의 자료에 대해 적용한 결과: 20개의 반응 중 2개의 순수 C 반응이 포함되어 있는데 둘 다 D 영역에서 나타났다. WDA%=.83임에도 불구하고 이 결과는 때에 따라서, 즉 강력한 감정이 잘 조절되지 않을 경우에는 중재와 관련 있는 단서가 명백하더라도 중재작용이 왜곡될 수 있다는 것을 시사한다. ┃

3단계: X−%, FQx−, FQxS−, FQ−인 Dd

XA%와 WDA%는 반응이 적절한 정도를 나타내 주는 반면 이 단계와 두 개의 하위단계(3a, 3b)에서는 반응이 부적절한 정도, 즉 −반응에 초점을 두고 검토하게 된다. −반응은 반점의 특징이 반점의 원위적 특성과 일치하지 않게 전환된 경우를 말한다. 거의 대부분의 기록에서 나타난다. 매우 좋지 않은 반응인 −반응은 대부분 Dd 또는 S 반응영역에서 나타나는데 이는 W와 D 영역에서 나타나는 −반응보다는 덜 나쁘게 해석한다.

−반응은 다양한 이유 때문에 생길 수 있다. 일부는 잘못된 처리과정 때문에 생길 수 있고 대부분의 경우에는 처리과정은 적절하지만 정서적 요소나 관념적

요소 또는 집착 때문에 자극특성을 잘못 판단했기 때문에 나타나게 된다. 어떠한 이유든 −반응은 수검자의 개인적 측면 때문에 자극영역을 무시하고 개인의 내적 측면을 반응에 투사해서 대치시킨 것이다. −반응은 현실에 대한 무시나 왜곡을 나타낸다. −반응은 위치, 결정인, 반응 내용 등에서 일관성이 있는 경우가 많고 이는 중재적 기능장애의 원인에 대한 정보를 제공해 준다.

　−반응이 많이 나타나는 경우 심각한 심리학적 또는 신경학적 문제와 관련 있는 인지적 기능장애가 뚜렷하다는 것을 시사한다. 이 단계에서는 −반응의 비율(X−%)을 살펴보고 다음으로는 −반응의 실제적인 빈도(FQx−), 형태질이 −인 S 반응의 빈도 그리고 −반응이 나타난 반응영역의 분포 등을 살펴본다. 이 단계의 첫 번째 하위단계(3a)는 −반응의 순서, 결정인, 반응 내용에서 일관성 있는 특징이 있는가를 살펴보고, 두 번째 하위단계(3b)에서는 −반응에 반영되어 있는 기능장애가 어느 정도인지를 알아볼 것이다.

- **잠정적 결과 1:** X−%는 .15 미만이고 −반응의 빈도는 1~3개 사이에 있을 것으로 예상된다. 이럴 때는 중재적 기능장애가 일반인보다 더 많이 나타나지는 않는다고 결론내릴 수 있다. 거부적 태도와 분노가 이러한 상황에 영향을 미쳤는지를 알아보기 위해 S− 반응의 빈도를 검토한다. 3a단계로 갈 것.

사례 16. 31세 남성의 중재관련 변인

R = 24	L = 0.50	OBS = Pos	− & NoForm Features
FQx + = 5	XA% = .92		Ⅷ 15. Wo FC'− Xy 2.5 PER
FQx0 = 13	WDA% = .95		Ⅹ 22. Ddo34 FY− An MOR
FQxu = 4	X−% = .08		
FQx − = 2	S− = 0		
FQxnone = 0			
(W+D = 19)	P = 8		
WD+ = 5	W+% = .75		
WDo = 11	Xu% = .17		
WDu = 2			
WD− = 1			
WDnone = 0			

▌**사례 16의 자료에 대해 적용한 결과:** 이 기록에는 −반응이 2개뿐인데 1개는 W 영역 또 다른 1개는 Dd 영역에서 나타났다. 둘 다 S를 포함하고 있지 않다. X−%가 .08라는 것은 중재과정의 효율성이 적절하다는 것을 시사한다. 그러나 3a와 3b단계에서 두 개의 −반응의 원인이 무엇이고 기능장애가 어느 정도인지를 다룰 것이다. ▌

사례 17. 19세 여성의 중재관련 변인

R = 20	L = 1.22		OBS = NO		− & NoForm Features	
FQx +	= 0		XA%	= .75	Ⅲ 6. Do7 F − An MOR	
FQx0	= 11		WDA%	= .83	Ⅷ 15. Dv2 C Hd,An PHR	
FQxu	= 4		X − %	= .15	Ⅸ 17. DdSv29 F − Ad	
FQx −	= 3		S −	= 2	Ⅹ 19. Dv9 C Bl	
FQxnone	= 2				Ⅹ 20. DdSo22 CF − Hd PHR	
(W + D	= 18)		P	= 4		
WD +	= 0		W + %	= .55		
WDo	= 11		Xu%	= .20		
WDu	= 4					
WD −	= 1					
WDnone	= 2					

• **잠정적 결과 2:** X−%가 .15~.20 범위에 있다면 중재적 기능장애의 정도가 중등도 수준이므로 주의를 기울여야 한다. R과 −반응의 빈도는 여기서 매우 중요하다. 일반적으로 평균 길이의 반응기록에서 −반응이 3~4개이면 X−%는 .15~.20 범위에 속하게 되는데 반응 간의 동질성을 검토해 보면 기능장애의 원인이 좀 더 분명해질 수도 있다. 이에 반해 짧은 기록에서의 3개의 −반응이 나타났다면 더욱 우려스럽다. 왜냐하면 수검자가 검사를 수행할 때 상당히 신중했음에도 불구하고 기능장애가 발생하였기 때문이다. 짧은 프로토콜에서는 Dd와 S 반응은 잘 나타나지 않는다. 따라서 −반응은 W나 D 영역에서 주로 나타난다. 14~16개의 반응이 포함된 기록에서 −반응이 있고 X−%가 .15~.20범위에 속한다면 해석자는 기능장애를 간과해서는 안 된다. 즉, X−%가 지적하는

것 이상으로 확대해서 해석할 수 있다. 반대로 S-의 빈도가 FQx-와 같거나 비슷하다면 중재적 기능장애는 정동 특성과 관련이 있을 수 있다. 3a단계로 갈 것.

┃ **사례 17의 자료에 대해 적용한 결과:** 20개의 반응 중 3개가 -반응이므로 X-%=.15이다. 이것은 가끔 중재기능에 손상이 나타날 수 있다는 것을 시사한다. 3개의 -반응 중 2개는 DdS 영역에서 나타났는데 이는 기능장애가 부정적 정동의 간섭 때문에 나타났다는 것을 시사한다. 이러한 결과는 2단계에서 2개의 순수 C에 대해 가정한 것과도 일치한다. 즉, 수검자의 중재 노력은 적절한 반응을 하는 데는 대체적으로 도움이 되지만 반응으로 전환시키는 과정에서 강하고 부적절한 감정의 영향을 많이 받고 있다. ┃

- **잠정적 결과 3:** X-%가 .21~.25 범위일 때는 중재적 기능장애가 확산되어 있을 가능성을 시사한다. R, -반응의 빈도, S-의 빈도는 이러한 결과를 이해하는 데 중요하다. 예컨대, 14~16개의 반응 중 3~4개의 -반응이 W나 D 영역에서 나타났다면 중재적 기능장애는 확산되어 있고 아마도 심각한 수준인 것으로 생각된다.

  다른 극단적인 경우로는 평균 길이의 반응 프로토콜에서 -반응 중 절반 이상이 Dd 영역이나 S 영역에서 나타났을 때이다. 이런 경우 중재적 기능장애가 광범위하게 나타나기보다는 처리과정이나 정동상의 특정 문제와 관련이 있을 수 있다. 실제로 -반응 중 절반 이상이 S- 반응이라면 부적인 정동이 문제를 유발시키고 있고 이때는 정동과 관련 있는 자료를 검토하면 더 많은 정보를 얻을 수 있다. 중재적 기능장애가 광범위하게 나타나는지 아닌지와 상관없이 손상의 정도를 가볍게 여겨서는 안 되고 중재적 문제가 존재한다는 사실도 강조되어야 한다.

사례 18. 28세 남성의 중재관련 변인

R = 18	L = 0.50	OBS = NO	− & NoForm Features

FQx +	= 0	XA%	= .39	Ⅰ 2. DdSo99 F− (Hd) 3.5 PHR
FQx0	= 3	WDA%	= .45	Ⅱ 5. Ddo99 Mp− Hd MOR PHR
FQxu	= 4	X−%	= .56	Ⅱ 6. Dd+99 Ma.mp− 2 Hd 5.5 AG PHR
FQx −	= 10	S−	= 3	Ⅲ 7. Do7 FC'− An MOR
FQxnone	= 1			Ⅲ 8. WS+1 FC'.C− 2 Ad,Art 5.5 AB,INC
(W+D)	= 11)	P	= 1	Ⅴ 10. Wo1 F− A 1.0 MOR
WD+	= 0	W+%	= .17	Ⅵ 12. Dd+99 Ma− Hd,Sx 2.5 DV PHR
WDo	= 3	Xu%	= .22	Ⅶ 14. WS+ F− Fd 4.0 MOR
WDu	= 2			Ⅷ 15. Dd+99 Ma.mp.CF− (H),Na,Ay 3.0 PHR
WD −	= 5			Ⅹ 17. Wv C Art PER
WDnone	= 1			Ⅹ 18. D+2 Ma.C− H,Na 4.5 ALOG PHR

- **잠정적 결과 4:** X−%＞.25이고 특히 X−%≥.30이라면 심각한 중재적 손상이 있다는 것을 의미한다. 모든 반응의 1/4 이상이 −반응이다. −반응 간에 동질성이 나타날 수도 있다. 그러나 기능장애가 더 확산되어 있는 것으로 보인다. 이러한 결과가 나타날 경우에는 현실검증을 하는 데 필요한 기본적인 요소가 심각하게 손상되어 있기 때문에 상당히 무능력한 모습을 보일 수 있다.

▌**사례 18의 자료에 대해 적용한 결과:** 18개의 반응기록에서 X−%=.56이고 10개의 카드 중 8개의 카드에서 −반응이 10개가 나타났다. 10개 중 5개는 Dd 영역에서 나타났지만 처리과정의 문제가 기능장애를 일으켰다고 보기에는 비율이 너무 낮다. 또한 10개 반응 중 3개는 S−인데 이것 또한 원인을 탐색해야 할 만큼 뚜렷한 정도는 아니다. 일반적으로 이 결과는 현실검증력이 매우 심하게 손상되어 있고 확산되어 있으며 무능력해진 모습을 시사한다. ▌

- **잠정적 결과 5:** X−%＞.70일 때는 S−와 Dd 빈도와 상관없이 수검자는 자신의 증상을 과장하고 꾀병을 부리고 있을 가능성이 있다. X−%＞.70이 타당하려면

수검자가 검사를 수행하는 데 심한 어려움이 있어야 한다. 실제로 그 정도로 심각한 손상이 있는 사람들은 대체로 검사 실시 자체가 불가능하다. 수검자의 최근 행동을 살펴보면 활성기의 정신병적 상태와 유사한 상태가 있었는지를 확인할 수 있다. 생활사에서 정신증과 유사한 상태와 일치되는 증거가 나타나지 않는다면 꾀병일 가능성이 높다. 3a단계로 갈 것.

3a단계: 동질성 문제

중재적 기능장애를 알려 주는 징표(precursor)는 매우 구체적이다. 3단계의 첫 부분에서 다룬 S와 Dd의 빈도가 징표가 될 수 있다. 그러나 −반응은 관념적인 태도, 집착, 정서적 요소 등과 같은 다양한 이유 때문에 생길 수 있다. 3단계의 두 번째 부분에서는 중재적 기능장애와 관련 있는 다양한 요소들을 살펴보고자 한다. 3a단계의 잠정적 결과들은 서로 배타적이지 않다. 프로토콜을 해석할 때는 모든 가능성들을 고려해야 한다.

• **잠정적 결과 1:** 때로는 첫 두 개 또는 세 개의 카드에서 모든 −반응이 나타나기도 한다. 이때의 기능장애는 검사상황에 대한 태도를 반영하는 것으로 볼 수 있다. 즉, 수검자는 과제의 특성을 제대로 이해하지 못하고 이로 인해 불안해 하거나 매우 거부적인 태도로 검사를 수행할 수도 있다. 이때 −반응은 주로 S 영역을 포함하고 일시적으로 기능장애가 나타날 수 있다.

X−%가 전반적인 검사 수행을 나타내 준다고는 하지만 개인에게 더 친숙한 상황에서는 중재적 기능장애가 과대추정될 수 있다. 검사의 상황적 특징, 즉 검사에 대한 개인의 편견과 평가를 받게 된 사유 등을 고려하여 현재 나타나는 기능장애가 일시적인지 아닌지를 평가해야 하고 생활사를 검토하여 수검자가 친숙하지 않은 상황이나 원치 않은 요구를 받는 경우 현재와 같은 기능장애가 반복적으로 나타나는지를 평가해야 한다.

사례 16. 31세 남성의 중재관련 변인

R = 24	L = 0.50	OBS = Pos		− & NoForm Features
FQx +	= 5	XA%	= .92	Ⅶ 15. Wo FC'− Xy 2.5 PER
FQx0	= 13	WDA%	= .95	Ⅹ 22. Ddo34 FY − An MOR
FQxu	= 4	X−%	= .08	
FQx −	= 2	S −	= 0	
FQxnone	= 0			
(W + D	= 19)	P	= 8	
WD +	= 5	W + %	= .75	
WDo	= 11	Xu%	= .17	
WDu	= 2			
WD −	= 1			
WDnone	= 0			

사례 17. 19세 여성의 중재관련 변인

R = 20	L = 1.22	OBS = NO		− & NoForm Features
FQx +	= 0	XA%	= .75	Ⅲ 6. Do7 F − An MOR
FQx0	= 11	WDA%	= .83	Ⅷ 15. Dv2 C Hd,An PHR
FQxu	= 4	X−%	= .15	Ⅸ 17. DdSv29 F − Ad
FQx −	= 3	S −	= 2	Ⅹ 19. Dv9 C Bl
FQxnone	= 2			Ⅹ 20. DdSo22 CF − Hd PHR
(W + D	= 18)	P	= 4	
WD +	= 0	W + %	= .55	
WDo	= 11	Xu%	= .20	
WDu	= 4			
WD −	= 1			
WDnone	= 2			

• **잠정적 결과 2:** 앞서 언급한 바와 같이 −반응이 주로 S 영역을 포함하고 있을 때 기능장애는 거부적 태도나 분노와 같은 정동 문제 때문일 수 있다. 다른 종류의 정서도 중재에 방해 요인이 될 수 있다. 모든 또는 대부분의 −반응이 유채색을 포함하는 반점에서 나타났다면 중재의 손상이 정동 때문에 생겼다는

것이 거의 확실하다. 마찬가지로 분노와 부정적 태도 이외의 다른 정동이 중재적 기능장애의 중요한 원인이라면 −반응의 결정인 간에는 특징적인 동질성이 나타날 것이다. 대부분 유채색/무채색 결정인과 음영결정인을 포함할 것이다.

▌**사례 16의 자료에 대해 적용한 결과**: 이 기록에서 2개의 −반응은 음영 (FY)과 무채색(FC') 결정인을 포함하고 있는데 이는 초조감 때문에 힘들어 하고 있다는 것을 시사한다. ▌

▌**사례 17의 자료에 대해 적용한 결과**: 이 프로토콜에서 3개의 −반응이 색 채를 포함하고 있다. 이런 결과는 2/3의 −반응이 S 영역을 포함하고 있고 2개의 순수 C 반응을 갖고 있다는 앞의 다른 결과들과 일치한다. 이 자료 들은 수검자가 감정의 영향을 많이 받고 있고 감정이 중재적 문제들을 야기하고 있다는 것을 시사한다. ▌

사례 18. 28세 남성의 중재관련 변인

R = 18	L = 0.50	OBS = NO		− & NoForm Features
FQx +	= 0	XA%	= .39	I 2. DdSo99 F − (Hd) 3.5 PHR
FQx0	= 3	WDA%	= .45	II 5. Ddo99 Mp − Hd MOR PHR
FQxu	= 4	X − %	= .56	II 6. Dd + 99 Ma.mp − 2 Hd 5.5 AG PHR
FQx −	= 10	S −	= 3	III 7. Do7 FC' − An MOR
FQxnone	= 1			III 8. WS + 1 FC'.C − 2 Ad,Art 5.5 AB,INC
(W + D	= 11)	P	= 1	V 10. Wo1 F − A 1.0 MOR
WD +	= 0	W + %	= .17	VI 12. Dd + 99 Ma − Hd,Sx 2.5 DV PHR
WDo	= 3	Xu%	= .22	VII 14. WS + F − Fd 4.0 MOR
WDu	= 2			VIII 15. Dd + 99 Ma.mp.CF − (H),Na,Ay 3.0 PHR
WD −	= 5			X 17. Wv C Art PER
WDnone	= 1			X 18. D + 2 Ma.C − H,Na 4.5 ALOG PHR

• **잠정적 결과 3**: 때로는 −반응이 사고와 관련이 있는 운동결정인(M, FM, m)과 같이 나타나는 경우가 있다. −반응 중 상당 비율이 어떤 형태든 운동결정인을

포함하고 있을 때는 어느 정도의 비정상적 사고가 현실을 왜곡하고 있다는 것을 시사한다. 사고 특징은 인지적 3요인의 세 번째 군집(관념) 부분에서 자세히 살펴보겠지만 여기서는 FM과 m 반응에서 나타나는 −반응과 비교하여 M−반응의 빈도를 살펴보는 것이 중요하다. M− 반응은 목표지향적이고 통제된 사고 형태를 반영해 주기 때문이다.

일시적인 논리적 오류가 있을 때는 기록에서 M− 반응이 한 개만 나타날 수 있다. 그러나 프로토콜에서 두 개 이상의 M− 반응이 나타나고, 특히 −반응의 비율이 높게 나타나는 경우에는 비논리적인 사고 형태가 중재에 영향을 주고 있다는 것을 나타낸다. 반대로 FM−와 m− 반응은 부수적이고(peripheral) 덜 의도적인 형태의 관념적 활동을 나타낸다. 대부분의 −반응이 FM이나 m 반응이라면 욕구나 스트레스 때문에 생긴 부수적인 정신적 활동, 즉 주의집중의 문제나 논리적 사고를 방해하는 잠입적 사고 등이 효율적인 중재를 방해하고 있다는 것을 시사한다.

▌**사례 18의 자료에 대해 적용한 결과:** 18개의 반응 중 −반응이 10개이고 이 중에서 5개는 운동결정인이 있다. 5개 모두 M이다. 이것은 심각한 사고 문제가 있고 사고 문제가 중재에 영향을 주고 있다는 것을 시사한다. −반응 중 6개는 정서와도 관련이 있다(S, 무채색과 유채색). 통합해 보면 정신증과 유사한 상태에서 나타나는 인지적 혼란이 있다는 것을 시사한다. ▌

• 잠정적 결과 4: 어떤 경우에는 −반응 대부분 또는 전부가 반사(Fr, rF)나 형태차원(FD) 결정인을 포함한다. 이런 결과가 나타나는 경우 중재를 간섭하는 것은 자아상 문제와 관련이 있다.

• 잠정적 결과 5: −(FQ−)의 빈도가 3보다 크고 −반응 전부 또는 대부분이 순수한 F 반응이라면 Lambda값이 중요하다. 만약 Lambda값이 회피적 성향을 시사하는 .99보다 크다면 −반응의 동질성은 회피적 성향이 비효율적이고 현실왜곡을 통하여 회피적 성향을 유지하고 있다는 것을 시사한다. 반면 Lambda값이 1.0 미만이라면 −반응의 동질성은 수검자가 더 신중하고 방어적인 방식으로 현실을 왜곡하고 있다는 것을 시사한다. −반응은 주로 Dd 영역에서 나타나는

데 W와 D 영역에서 나타난다고 하더라도 이는 수검자가 현실을 왜곡하여 명백한 현실과 직면하는 것을 피하려 하고 있다는 것을 시사하는 것이다.

• **잠정적 결과 6:** −반응군에서 동질적인 내용이 나타나는 경우 집착 때문에 중재적 기능장애가 야기되고 있다는 것을 시사한다. 대부분의 경우 무엇에 집착하고 있는지는 내용 범주에서 나타나겠지만 때로는 자기지각과 관련 있는 자료를 검토함으로써 집착의 본질을 좀 더 명확히 알 수 있다.

┃ **사례 16의 자료에 대해 적용한 결과:** 앞서 지적하였듯이 수검자의 −반응은 모두 무채색과 음영결정인(FY, FC')을 포함하고 있다. 또한 둘 다 신체반응(An, Xy)이다. 이는 일시적인 중재손상이 부정적 감정을 유발시키는 신체 증상에 대한 걱정과 관련이 있다는 것을 시사한다. ┃

┃ **사례 18의 자료에 대해 적용한 결과:** 수검자의 10개의 −반응에는 내용상 동질성이 있다. 6개는 다양한 인간내용 반응을 포함하고 있는데 이는 사람에 대한 비정상적인 집착이 아마도 수검자의 인지적 혼란에 영향을 주고 있다는 것을 시사한다. ┃

• **잠정적 결과 7:** −반응의 빈도(FQx−)가 3보다 크고 각 반점에 대한 첫 번째 반응이 전부 또는 대부분 −반응인 경우 수검자가 중재과정을 무성의하고 성급하게 수행하고 있다는 것을 시사한다. 이러한 현상은 처리과정의 문제 때문에 생길 수도 있지만 충동적 중재 경향을 시사하는 것일 수도 있다. 하나의 반점에 대한 첫 반응 이후에 이어 나타나는 이후의 반응이 적절할 경우 이러한 가설은 더 확실해지게 된다. 반대로 모든 또는 대부분의 −반응이 각 반점에 대한 마지막 반응이었다면 두 가지 가능성을 고려해야 한다. 첫 번째 가능성이 더 높은데 반응이 수검자에게 특별한 의미가 있는 경우이다. 이것은 반응 내용을 검토하면 분명해진다. 두 번째는 어떤 이유에서든 수검자가 혼란스러운 특징을 과장하려고 하기 때문이다. 모든 −반응이 마지막 반응일 때 두 번째 가능성이 더 높다. 3b단계로 갈 것.

3b단계: − 왜곡수준

　−반응이 있다고 해서 모두 현실을 무시하는 정도는 같지 않다. 대부분의 −반응들은 어느 정도는 자극영역의 요소와 일치하는 특징이 있다. −로 기호화하더라도 어떤 반응영역은 합리적이고 정확할 수 있고 어떤 부분은 쉽게 알아차릴 수 있다. II, III, X번 카드에서의 얼굴 반응, II, III, VIII번 카드에서의 해부 반응, IV나 V 카드에서의 게 반응, VII번 카드에서의 부서진 쿠키나 크래커 같은 반응 등은 이러한 −반응에 해당한다. 이러한 −반응들은 중등도 수준의 왜곡을 반영한다. 더욱 심각한 유형의 −반응은 대부분 적합한 형태를 가졌지만 확실히 부적절한 중요한 요소를 첨가시킴으로써 형태질이 나빠져서 −가 된 경우이다. 예컨대, III번 카드에서 '두 남자(D9's)가 여자의 머리(D7)를 두드리고 있다.'는 반응이다. D9를 사람 모양으로 지각한 것은 적절하고 평범반응이지만 D7 영역을 인간의 머리로 본 것은 명백히 −반응이다.

　극단적인 −반응은 자극영역을 거의 모두 무시한 반응이다. 이 경우 반응영역을 구분해 낼 수 없고 아무리 이해하려고 해도 수검자가 지각한 대상이나 반응의 주요 요소들을 구별해 내는 것이 불가능할 수 있다. 예컨대, I번 카드 전체에서 '한 무리의 광부들이 지구의 중심부까지 깊이 굴을 파고 있다.', IV번 카드의 가운데 부분에서 '그렘린(영화에서 나오는 캐릭터)', X번 카드 전체에서 '홍학 무리가 높이 날아간다.'와 같은 반응이다. 이런 종류의 −반응들은 중재적 기능장애가 매우 심각하다는 것을 나타낸다. 즉, 정신증과 유사한 상태에서만 나타나는 것으로 현실로부터 심하게 동떨어져 있다는 것을 반영한다. 따라서 반응이 자극영역의 특징을 왜곡한 정도를 알려면 각각의 −반응을 검토하는 것이 중요하다.

　반응을 검토하는 것은 투사된 자료의 내용을 탐색하는 것은 아니므로 반응기호화에 포함된 특수점수가 기능장애의 심각성을 평가하는 데 영향을 주어서는 안 된다. 그 대신에 현실과 얼마나 심각하게 동떨어져 있는가에 초점을 두어야 한다.

• 잠정적 결과: 어떤 −반응에서건 심각한 왜곡이 나타난다면 3단계와 3a단계에서 도출된 가정은 다음과 같이 수정해야 한다. 즉, 때로는 중재와 관련 있는

인지적 작용에서 정신증과 유사한 상태에서 나타나는 심각한 붕괴가 있다. 하나의 −반응에서라도 심각한 왜곡이 나타난다면 아마도 주어진 상황에서 기대되는 적절한 행동을 하지 못하고 심하게 일탈된 행동을 할 수 있다는 것을 시사한다. −반응이 많이 나타난다는 것은 중재활동이 혼란스럽고 와해되어 결국은 무능하고 부적절한 행동을 하게 될 것이라는 결론을 내릴 수 있다. 4단계로 갈 것.

▌사례 16의 자료에 대해 적용한 결과: 2개의 −반응이 있다. **카드 VIII**(W): "전체가 하나의 X-ray에요. 아마도 골반이겠죠." [질문] "그냥 그런 모양이고 X-ray처럼 검거든요." **카드 X**(Dd34): "이 부분은 해골 같아요." [질문] "그런 모양이고 햇빛 아래 있었네요. 색깔이 조금 바랬어요." 이 두 반응 모두 심각한 왜곡은 나타나지 않았다. ▌

▌사례 17의 자료에 대해 적용한 결과: 3개의 −반응이 있다. **카드 III**(D7): "이것은 흉곽인 것 같아요." [질문] "그냥 모양 때문에 그렇게 생각했어요. 아마도 부서진 것 같아요. 왜냐하면 이게 좀 평평하고 둥근 모양이 아니잖아요." **카드 IX**(DdS29): "이 작은 흰 부분은 곤충류의 머리 같아요." [질문] "나에게는 그냥 곤충 같았고요, 머리 같은 것이. 어떤 곤충의 머리처럼 튀어나와 있어요." **카드 X**(DdS22): "이것은 누군가 약물을 하는 사람의 얼굴 같아요. 눈이 누렇고 뺨은 불그스름해요." [질문] "모든 색깔이 이상하게 보여요. 마치 누군가가 이상한 색깔로 칠을 했거나 진짜 독한 약을 먹었거나 해서, 눈은 누렇게 되고 볼은 불그스름하게 홍조를 띠었어요." 이 반응들에서 심각한 왜곡은 나타나지 않았다. ▌

▌사례 18의 자료에 대해 적용한 결과: 10개의 −반응이 있다.
카드 I(Dd99): "이 흰색 부분으로 원을 만들면 호박등[2] 같네요." [질문] "지금은 그렇게 보이지 않지만 이렇게 만들면(원을 그리며) 눈과 입이 있

---

2) 역주: 호박에 구멍을 만들어 등으로 만든 것. 할로윈 때 주로 사용.

는 호박이 될 수 있어요. 나머지 부분은 무시했어요."

카드 II(DD99[internal D3]): "아래 이건 슬픈 얼굴이에요. 어쨌든 눈이 슬퍼요." [질문] "바로 여기(지적) 사실상 얼굴을 찌푸리고 있잖아요. 아시다시피 드라마에서 슬픈 사람으로 가장한 거예요. 왜냐하면 이게 이쪽으로 내려오고 있으니까요."

카드 II(Dd99[D2+Dots]): "위에 이건 두 사람이 서로 침을 뱉고 있는 거예요. 왜냐하면 침이 둘 사이에 날아가고 있어요." [질문] "이건 그냥 몸이 없는 사람 머리에요. 왜냐하면 여기 그리고 여기 코와 입과 여기 그 사이에 침이 있어서요."

카드 III(D7): "이건 폐 같고 암에 걸린 것처럼 끔찍하네요." [질문] "담배를 너무 많이 피면 폐가 모두 까맣게 변해 버리는 것처럼, 암에 걸렸거나 다른 종류의 폐질환에 걸린 것 같아요. 진짜로 아픈 것 같아요."

카드 III(WS): "저, 이건 검은 미망인 거미 같아요. 왜냐하면 배꼽 위에 모래시계 모양이 있고 여기 팔이고 머리에요. 이건 진짜가 아니라 예술가들이 추상적으로 표현한 것이에요." [질문] "글쎄요. 전부는 아니지만 머리와 몸의 일부와 팔이고 여기와 저기 두 개의 붉은 표시는 그녀가 새끼를 낳은 다음에 수컷을 죽였음을 나타내요. 그러나 나머지는 희고 여기는 진짜로 검은데 왜냐하면 예술가가 그린 추상적인 것이기 때문이에요."

카드 V(W): "이건 토끼 같은 동물을 쪼개서 벌려 놓은 것 같아요." [질문] "양 옆이 똑같고 가운데를 잘라 놓은 것 같고 이것은 다리와 발톱, 귀가 여기 서 있고 그냥 고기를 나누어 놓은 것 같아요."

카드 VI(Dd99): "이건 분명히 모든 사람들이 성행위하는 것(fucking)이라고 말하겠지만 분명하지 않고 나는 그냥 잘 모르겠어요… 분명하지 않아요." [질문] "아 에, 이건 잘 모르겠어요. 여기에서 이쪽으로 질이 있고 (D12 영역을 따라가며) 페니스가 여기(D12) 있고 성관계를 하는 것 같기도 하네요."

카드 VII(WS): "이건 부서진 쿠키에요. 안에 구멍이 있는 쿠키로 데이지에요. 그건 우유와 먹으면 좋죠." [질문] "이 쿠키를 서로 등을 맞춰 놓으면 가운데 구멍이 뚫리지만 아마도 누군가가 한입 먹어서 예… 햇살 버터쿠키가 여기 구멍이 있고 조각이 남겨져 있어요."

카드 VIII(Dd99[거꾸로 된 D5+가운데 D5+가장자리의 D3]): "이쪽으로 이건 사람이 어떤 다른 사람을 당기는 거예요. 아마도 주님이 그의 아들을 하늘로 다시 당기는 건가? 화려한 빛이 주변에 빛나고 있어요." [질문] "오직 한 명의 아들이, 주님은 아들이 딱 하나예요. 왜냐하면 여기 팔이 밖으로 뻗어 있고 빛이 그의 머리 위로 비치니까요. 여기 위쪽으로 이것은 빛이 비추고 여기는 주님(D2 영역을 가리키며)이고 그 팔과 아래쪽 여기는 아들 다리가 나와 있고 이것은 머리가 위로 끌어올려진(따라 그리며), 아시다시피 당신은 상상력을 좀 사용해야 돼요."

카드 X(D2와 D6): "여기 수영 풀 안으로 뒤 공중제비를 하는 소녀라고 할 수 있겠네요. 왜냐하면 그들이 뒤 공중제비를 하고 있으니까요." [질문] "이건 당신도 아시다시피 정말 바보 같군요. 그래요. 마지막이죠. 그죠? 글쎄 여기 그녀나 그가… 뭐든지 간에… 둘 다가 될 수도 있겠지만 소녀가 되겠군요. 소녀가 뒤 공중제비를 하는 거예요. 여기 등이 여기에 잘 세워져 있고 이것 바로 여기 팔이 나와 있고 몸은 뒤로 구부려져 있어요(따라 그리며). 얼굴이 여기 푸른 물속으로 들어가 얼굴은 잘 볼 수 없어요. 물은 푸르죠. 아시다시피."

두 번째와 아홉 번째 −반응, 즉 카드 II의 D3의 안쪽 부분을 얼굴로 본 것과 카드 VIII에서 '주님' 반응은 그렇게 보기가 불가능한 반응이다. 두 반응은 심하게 왜곡되어 있다. 카드 VI의 중간 부분에서의 성(Sex) 반응과 카드 X에서의 '다이빙' 반응도 심하게 왜곡되어 있는 반응이다. 이러한 −반응들은 3단계의 가정을, 즉 정신병적 상태에서 나타나는 심한 손상 또는 손상 가능성이 있어 현실검증력이 심하게 손상되어 있으며 매우 비효율적이고 부적절한 행동을 할 경향이 있다는 가정을 지지하는 것이다.

4단계: 평범반응

평범반응은 반점의 가장 분명한 원위적 특성을 이용한 반응이다. 평범반응의 빈도는 기대되고 수용되는 행동이 무엇인가에 대한 단서가 분명한 상황에서 수검자가 분명한 관습적인 반응을 할 수 있는지에 대한 정보를 제공해 준다. 이론적으로는 검사를 받는 모든 수검자들은 가장 쉬운 반응을 할 것 같지만 항상 그런 것은 아니다. 왜냐하면 원위적 특성이 분명한 정도는 반점에 따라 다르기 때문이다. 대부분의 사람들은 6, 7 또는 8개의 평범반응을 한다. 아무리 긴 프로토콜이라도 9개에 훨씬 못 미치거나 10개 이상인 경우는 매우 드물다.

- **잠정적 결과 1**: R이 17~28개 사이일 때 평범반응의 수는 성인과 청소년에서는 5~7개, 12세 이하의 아동에서는 4~7개 정도 나타난다. R이 17개 미만이라면 P는 연령과 상관없이 4~6개 정도 나타난다. R이 28개보다 많다면 평범반응의 수는 연령에 상관없이 6~9개 정도이다. 만약 평범반응의 수가 예상범위 이내에 있다면 기대되거나 수용될 만한 반응에 대한 단서가 명백한 경우 이러한 반응을 하기 쉽다는 것을 시사한다. 처리과정에서 문제가 있는 경우라도 단순하고 분명한 상황에서는 비관습적 반응을 할 가능성은 낮다. 5단계로 갈 것.
- **잠정적 결과 2**: 평범반응의 수가 기대된 것보다 더 많다면 이것은 관습과 정답에 과도하게 관심을 두고 있다는 것을 시사한다. 이들은 사회적으로 기대되고 수용될 수 있는 행동에 대한 단서를 찾는 데 지나치게 연연하고 있다. 강박적인 유형에서는 드물지 않지만 강박적인 양상이 존재하지 않는다면 완벽주의적 성향이 심하다는 것을 반영할 수도 있다. 이것은 반드시 취약성으로 작용하는 것은 아니지만 수검자가 사회적으로 수용될 수 있는지에 과도하게 집착하고 있을 가능성은 시사한다. 이 결과는 6단계의 XA%와 X+%를 살펴볼 때 다시 평가하게 될 것이다. 5단계로 갈 것.

사례 16. 31세 남성의 중재관련 변인

R = 24	L = 0.50	OBS = Pos	– & NoForm Features
FQx +	= 5	XA% = .92	Ⅶ 15. Wo FC' – Xy 2.5 PER
FQx0	= 13	WDA% = .95	Ⅹ 22. Ddo34 FY – An MOR
FQxu	= 4	X – % = .08	
FQx –	= 2	S – = 0	
FQxnone	= 0		
(W + D	= 19)	P = 8	
WD +	= 5	W + % = .75	
WDo	= 11	Xu% = .17	
WDu	= 2		
WD –	= 1		
WDnone	= 0		

▌**사례 16의 자료에 대해 적용한 결과:** 8개의 평범반응이 있고 이것은 보통 기대되는 것보다 조금 더 많은 수이다. 수검자의 강박적인 성향을 고려해 볼 때 놀랄 일은 아니다. 혼란상태에 있지 않는 강박적인 성향의 사람이라면 정확성에 대한 우려 때문에 평균보다 많은 수의 평범반응을 보일 것이다. 이것 하나만 보면 수검자는 단서가 분명할 때는 수용될 수 있고 적절한 행동을 할 것으로 생각되지만 정확성에 대해 몰두하기 때문에 개성이 상실될 수 있다는 의문을 제기해 볼 수 있다. ▌

• **잠정적 결과 3:** 평범반응의 수가 평균보다 적다면 단순하고 좀 더 분명한 상황에서도 덜 관습적이고 더 개성적인 반응을 나타낼 수 있을 것이다. 이것은 꼭 취약하다는 것은 아니지만 지속적으로 사회적 관습을 무시하려는 경향이 있지는 않은지에 대해 의문을 제기할 수 있다. 이 문제는 6단계에서 좀 더 다룰 것이다. 5단계로 갈 것.

사례 17. 19세 여성의 중재관련 변인

R = 20	L = 1.22	OBS = NO		− & NoForm Features

FQx +	= 0	XA%	= .75	Ⅲ 6. Do7 F − An MOR
FQx0	= 11	WDA%	= .83	Ⅷ 15. Dv2 C Hd,An PHR
FQxu	= 4	X − %	= .15	Ⅸ 17. DdSv29 F − Ad
FQx −	= 3	S −	= 2	Ⅹ 19. Dv9 C Bl
FQxnone	= 2			Ⅹ 20. DdSo22 CF − Hd PHR
(W + D	= 18)	P	= 4	
WD +	= 0	W + %	= .55	
WDo	= 11	Xu%	= .20	
WDu	= 4			
WD −	= 1			
WDnone	= 2			

사례 18. 28세 남성의 중재관련 변인

R = 18	L = 0.50	OBS = NO		− & NoForm Features

FQx +	= 0	XA%	= .39	Ⅰ 2. DdSo99 F − (Hd) 3.5 PHR
FQx0	= 3	WDA%	= .45	Ⅱ 5. Ddo99 Mp − Hd MOR PHR
FQxu	= 4	X − %	= .56	Ⅱ 6. Dd + 99 Ma.mp − 2 Hd 5.5 AG PHR
FQx −	= 10	S −	= 3	Ⅲ 7. Do7 FC' − An MOR
FQxnone	= 1			Ⅲ 8. WS + 1 FC'.C − 2 Ad,Art 5.5 AB,INC
(W + D	= 11)	P	= 1	Ⅴ 10. Wo1 F − A 1.0 MOR
WD +	= 0	W + %	= .17	Ⅵ 12. Dd + 99 Ma − Hd,Sx 2.5 DV PHR
WDo	= 3	Xu%	= .22	Ⅶ 14. WS + F − Fd 4.0 MOR
WDu	= 2			Ⅷ 15. Dd + 99 Ma.mp.CF − (H),Na,Ay 3.0 PHR
WD −	= 5			Ⅹ 17. Wv C Art PER
WDnone	= 1			Ⅹ 18. D + 2 Ma.C − H,Na 4.5 ALOG PHR

❚ **사례 17, 18의 자료에 대해 적용한 결과:** 사례 17에서는 20개의 프로토콜 중 평범반응이 4개이고 이는 평균보다 다소 낮다. 수검자는 회피적 성향을 가졌으므로(L=1.22) 가장 단순하고 명백한 평범반응에 끌렸을 것 같으

나 실제로는 그렇지 않았다. 앞에서 처리과정을 다룰 때 언급된 바와 같이 이것은 성급하고 부주의한 처리과정의 결과일 수도 있지만 다른 한편으로는 관습적인 것을 의도적으로 무시하려고 했거나 관습적인 것을 규정하기 어려웠다는 것을 시사하는 것일 수도 있다. 이는 해석과정에서 좀 더 자세히 다룰 것이다.

사례 18의 기록에는 18개 반응 중 평범반응은 하나뿐이다. 평범반응이 지나치게 적은 것은 적절한 행동에 필요한 명백한 단서가 있을 때조차도 습관적으로 그렇게 행동하지 않는다는 것을 지적한다. P의 빈도가 낮은 경우 관습을 지나치게 무시하거나 또는 중재에 심각한 문제가 있다는 것을 시사한다. 이 사례는 중재에 심각한 문제가 있다는 것을 앞에서 이미 언급하였다. ▋

5단계: FQ+

성인과 나이 많은 청소년, 특히 지적이거나 교육을 잘 받은 사람은 FQx+ 반응의 빈도가 1~3개 정도로 낮게 나타난다. FQ+로 기호화하려면 먼저 관습적인 반응(o)이어야 하고 '과도하게 정교화'되어 있어야 한다. 왜냐하면 지각된 대상을 기술할 때 일반적으로 필요한 것보다 형태적 특징을 더 분명하게 말하기 때문이다. 빈도가 낮을 때는 수검자가 정확하게 반응하기 위해 노력하고 있다는 것을 시사한다. 예상되는 것처럼 FQ+ 반응은 회피적인 사람의 경우 드물게 나타나는 반응이다.

• 잠정적 결과 1: FQ+ 값이 0일 때 어떤 확실한 결론도 내릴 수 없지만 수검자가 좋은 교육을 받았거나 평균 이상의 지적 수준을 가졌을 때는 형태질 기호를 다시 점검해야 한다. 왜냐하면 FQ+ 반응이 없다는 것은 무성의하고 방어적이거나 아니면 중재적 접근이 손상되었다는 것을 시사하기 때문이다. 6단계로 갈 것.

▌**사례 17, 18의 자료에 대해 적용한 결과:** 이 기록에서는 모두 FQ+ =0이다. 사례 17의 수검자는 회피적인 양상이 있으므로 그리 놀랍지 않다. 그러나 사례 18의 수검자의 경우 대학을 졸업했다는 것을 감안해 보면 다소 놀라운 일이다. 그러나 앞에서 이미 수검자가 중재손상이 심각하고 정신증과 유사한 상태의 영향을 받고 있다고 언급하였다. ▌

• **잠정적 결과 2:** FQx+가 1~3개 범위라면 수검자는 입력된 자극을 중재하는 과정에서 정확하려고 애쓰고 있고 검사를 받는 것에 대한 동기가 대체로 적절하다는 것을 시사한다. 6단계로 갈 것.

• **잠정적 결과 3:** FQx+가 3개보다 많다면 엄밀하거나 정확성을 추구하는 경향이 뚜렷하다는 것을 나타낸다. 이것은 취약성을 구성하는 것으로 볼 수는 없으나 수검자가 의사결정을 할 때 과도하게 신중하다는 것을 의미한다. 이러한 결과가 강박적 양상이 있는 수검자에게서 지적되면 중재에서 완벽성을 추구하는 성향이 있다는 것을 시사한다. 6단계로 갈 것.

▌**사례 16의 자료에 대해 적용한 결과:** FQ+는 5개로 총 24개 반응의 약 1/5이다. 높은 비율이고 수검자의 강박적 성향과도 일치하는 것이지만 의사결정을 할 때 매우 조심스럽고 재확인하는 경향이 있다는 것을 시사한다. 관습적이고 정확성을 추구하는 것 때문에 개인적 성향을 희생시킬 수도 있다는 점에서 취약점으로 볼 수도 있다. 이러한 가능성은 해석을 진행하면서 다루어야 한다. ▌

6단계: X+%와 Xu%

이 단계에서는 적절한 반응계열을 검토하는데 관습적인 중재가 이루어진 것인지 아니면 보다 개체특이적인(idiographic) 중재가 이루어진 것인지를 살펴보게 된다. X+%는 프로토콜상에서 o 반응의 비율을 나타낸다. 이는 형태질 표에서 가장 자주 나타나는 반응들이다. 자극영역에 내재되어 있는 원위적 특성을 합리적으로 사용한 반응이고 동시에 주의를 끌고 이 영역과 일치하는 반응범위도 설정해 준다. 즉, o 반응은 자극영역 내에 존재하는 가능성 중에서 선택한 반응이고 개인의 중재적 결정이 상식적이고 관습적인 경향이 있다는 것을 나타내준다.

Xu%는 프로토콜에서 u 반응의 비율을 나타낸다. 이 반응이 중요한 이유는 모두 반점의 특징과 일치하기는 하지만 자주 나타나지 않는 반응이기 때문이다. 대부분의 프로토콜은 u 반응을 포함하고 있고 이 반응에 대한 해석은 가치가 있다. u 반응은 덜 관습적이고 더 개체특이적이라는 점은 명백하다. 투사된 요소가 포함될 가능성이 높지만 이것은 중재를 다룰 때 문제 삼을 것은 아니다. 반응 기록에서 Xu%는 관습을 무시하는 경향을 나타낸다.

일부의 u 반응은 o 반응이 다소 비일상적인 방식으로 표현된 것일 수 있다. 즉, u 반응은 더 신중하고 방어적으로 표현된 반응일 수도 있다. 예컨대, II번 카드의 D3 영역을 '나비'라고 한다면 o로 채점되겠지만 같은 영역을 '날개가 있는 곤충'이라고 한다면 u로 채점한다. 이러한 점은 논쟁거리가 될 수도 있다. 왜냐하면 나비도 날개를 가진 곤충이라는 식으로 부연 설명을 하게 되면 모두 o로 채점하기 때문이다. 그 경우 '곤충'이라는 반응이 독특하다는 점은 무시해야 한다. 일관성이 없는 것처럼 보일 수는 있으나 실제로는 그렇지 않다. o 반응은 표를 구성하기 위해 사용한 9,500개의 반응 중 최소 190개의 반응에서 나타난 반응이라는 점을 기억해야 한다. 실제로 '나비' 반응은 963개의 프로토콜에서 나타났지만 '날개 달린 곤충'은 37개의 반응에서만 나타났을 뿐이다. 이 반응은 부적절한 반응은 아니다. 단지 반점의 원위적 특성을 일상적 방식으로 전환시키기보다는 더 조직화시키고 더 신중하거나 방어적인 방식으로 전환시킨 것이다.

대부분의 u 반응은 수검자가 더 신중하고 방어적으로 반응한 나머지, o 반응이 단순히 변화되어 나타난 것만은 아니다. 반대로 대다수의 반응들은 더 독창적이거나 창의적이다. 예컨대, IV번 카드의 D1을 기둥으로 보고 전체를 '허수아비'라고 한 u 반응은 아마도 평범반응인 인간 또는 인간과 유사한 인물과 같은 반응만큼 쉽게 이해되고 W 영역에 대한 또 다른 o 반응인 '막대기 위의 장화', '배지', '지형도'보다 더 쉽게 이해되지만 9,500개의 프로토콜 중에서 단지 43번만 나타났을 뿐이다. 확실히 허수아비 반응은 더 창의적인 반응이다. 이 반응은 자아상이라는 측면에서 특별한 의미가 있을 수도 있지만 여기서 다룰 내용은 아니다. 중요한 것은 그 이미지가 적절한 방식으로 전환되기는 하였지만 비일상적인 방식이라는 점이다.

특히 R이 17개 이상일 경우에는 반응의 절반 이상, 흔히 3/4 이상이 o로 채점되지만 u 반응도 나타난다. u 반응의 비율은 상당히 다양하지만 항상 −반응비율보다는 더 높을 것으로 예상된다. Xu%가 .15~.25 범위일 때는 적절한 것으로 보지만 .25보다 크다면 수검자가 지나치게 개인적이고 관습적이거나 사회적으로 기대되는 행동을 무시하는 경향이 있는지를 검토해 보아야 한다.

사례 16. 31세 남성의 중재관련 변인

R = 24	L = 0.50	OBS = Pos		− & NoForm Features
FQx +	= 5	XA%	= .92	Ⅶ 15. Wo FC' − Xy 2.5 PER
FQx0	= 13	WDA%	= .95	Ⅹ 22. Ddo34 FY − An MOR
FQxu	= 4	X − %	= .08	
FQx −	= 2	S −	= 0	
FQxnone	= 0			
(W + D	= 19)	P	= 8	
WD +	= 5	W + %	= .75	
WDo	= 11	Xu%	= .17	
WDu	= 2			
WD −	= 1			
WDnone	= 0			

- **잠정적 결과 1:** X+%가 .70~.85이고 Xu%가 .10~.20이라면 수검자가 사회적 요구나 기대에 일치하는 행동을 하는 경향이 높다는 것을 나타낸다. Xu%가 .10보다 적다면 어떤 형태의 중재적 기능장애가 간헐적으로 이러한 성향을 방해하고 있다는 것을 시사한다.

▎**사례 16의 자료에 대해 적용한 결과:** X+%는 .75이고 Xu%는 .17이다. 높은 XA%와 평균 이상의 평범반응에서 기대되었던 결과이다. 이 사람은 확실히 관습적이거나 수용될 수 있는 행동을 하는 경향이 높다. ▎

- **잠정적 결과 2**: X+%가 .85보다 클 때는 Xu%의 값에 관계없이 관습적인 것에 대해 매우 집착하고 있다는 것을 시사한다. 이러한 특성이 꼭 취약성을 나타내는 것은 아니지만 사회적 인정에 대해 과도하게 신경을 쓰고 있어서 개인적인 특성이 희생될 수도 있다. 아울러 X+%의 상승은 강박적인 성향이나 완벽주의적 경향을 반영할 수 있다.

사례 17. 19세 여성의 중재관련 변인

R = 20	L = 1.22	OBS = NO	– & NoForm Features	
FQx +	= 0	XA% = .75	Ⅲ 6. Do7 F – An MOR	
FQx0	= 11	WDA% = .83	Ⅷ 15. Dv2 C Hd,An PHR	
FQxu	= 4	X –% = .15	Ⅸ 17. DdSv29 F – Ad	
FQx –	= 3	S – = 2	Ⅹ 19. Dv9 C Bl	
FQxnone	= 2		Ⅹ 20. DdSo22 CF – Hd PHR	
(W + D	= 18)	P = 4		
WD +	= 0	W +% = .55		
WDo	= 11	Xu% = .20		
WDu	= 4			
WD –	= 1			
WDnone	= 2			

- **잠정적 결과 3**: X+%가 .55~.69이고 Xu%가 .20 이상이라면 수검자는 대부분의 사람들보다 사회적 요구나 기대를 무시하는 중재적 결정을 내릴 경향이 높다는 것을 나타낸다. 이러한 성향은 환경과의 갈등 때문에 생긴 이차적인 것일 수 있고 주변 환경이 인정하는 것과는 상당히 다른 가치체계를 가지고 있다는 것을 시사할 수도 있다.

  원인이 무엇이든 간에 이러한 점수범위라면 관습적인 행동이 적게 나타날 가능성을 시사하지만 수용될 수 없거나 반사회적인 행동을 한다는 것을 의미하지는 않는다. 단지 대부분의 사람보다 개인적 성향을 강조하고 있다는 것을 시사한다. 이 결과가 회피적인 방식을 갖고 있는 사람(L>.99)에게서 나타난다면 사회적 소외나 사회적 방어를 나타내 주는 것일 수 있다. 즉, 이들은 위협적,

요구적이고 주는 것이 없는 것으로 생각되는 환경과 거리를 유지하기 위한 방식으로 관습적 행동을 회피하는 경향이 있다.

▌**사례 17의 자료에 대해 적용한 결과:** X+%가 .55이고 Xu%는 .20으로 대부분 사람보다 비관습적으로 행동할 가능성이 높다는 것을 시사한다. 회피적 성향이 있는 수검자의 비관습적인 태도는 사회적 소외나 사회적 방어와 관련이 높고 이러한 점은 수검자의 생활사와도 일치한다. ▌

사례 18. 28세 남성의 중재관련 변인

R = 18	L = 0.50	OBS = NO		− & NoForm Features
FQx+	= 0	XA%	= .39	Ⅰ 2. DdSo99 F − (Hd) 3.5 PHR
FQx0	= 3	WDA%	= .45	Ⅱ 5. Ddo99 Mp − Hd MOR PHR
FQxu	= 4	X −%	= .56	Ⅱ 6. Dd + 99 Ma.mp − 2 Hd 5.5 AG PHR
FQx −	= 10	S −	= 3	Ⅲ 7. Do7 FC' − An MOR
FQxnone	= 1			Ⅲ 8. WS + 1 FC'.C − 2 Ad,Art 5.5 AB,INC
(W + D	= 11)	P	= 1	Ⅴ 10. Wo1 F − A 1.0 MOR
WD +	= 0	W +%	= .17	Ⅵ 12. Dd + 99 Ma − Hd,Sx 2.5 DV PHR
WDo	= 3	Xu%	= .22	Ⅶ 14. WS + F − Fd 4.0 MOR
WDu	= 2			Ⅷ 15. Dd + 99 Ma.mp.CF − (H),Na,Ay 3.0 PHR
WD −	= 5			Ⅹ 17. Wv C Art PER
WDnone	= 1			Ⅹ 18. D + 2 Ma.C − H,Na 4.5 ALOG PHR

• **잠정적 결과 4:** X+%가 .55 미만일 경우에는 해석하는 데 있어서 X−%가 중요한 기준이 된다. X−%가 .20보다 크다면 매우 특이하거나 때로는 부적절한 행동을 할 가능성이 높다. 중재적 기능장애와 현실검증력의 문제로 인해 비관습적인 행동을 할 가능성이 높다. 해석할 때는 이러한 점을 강조하고 특징적인 개인적 성향에 대해서는 언급하지 않아야 한다.

반대로 X−%가 .20 이하라면 Xu%는 .25 이상이고 때로는 .30 이상일 수도 있다. X−%가 .15보다 작다면 Xu%는 .30 이상일 것이다. 이 두 경우 모두 중재적 결정이 비관습적이라는 것을 시사한다. 이는 현실검증력의 문제를 반영하는 것은 아니다. 왜냐하면 비일상적이기는 하지만 상황에 적절한 반응이기 때문이다. 그보다는 수검자가 사회적 요구나 기대의 영향을 많이 받지 않는다는 것을 시사한다. 이것이 꼭 취약점이 되는 것은 아니지만 사회적 관습이라는 문제를 무시하거나 회피하는 방식으로 행동을 나타낼 가능성은 높다. 비관습적인 행동이 효율적인 정도는 행동이 얼마나 창의적인지와 개인적 특성을 고려할 때 환경에 대해 어느 정도 융통성이 있는지에 따라 다를 것이다.

❚ **사례 18의 자료에 대해 적용한 결과:** X-%는 .56으로 앞서 지적한 것처럼 중재에 손상이 있다는 것을 시사하므로 X+%는 .17, Xu%는 .22를 해석하는 것은 무의미하다. 확실히 수검자는 관습을 상당히 무시하고 행동할 수 있지만 이것을 개인적 특성으로 해석하는 것은 바람직하지 않다. ❚

4. 중재에 대한 결과 요약

중재에 대해서 얻은 결과는 인지적 3요소의 다른 두 군집으로부터 얻은 자료와 통합하여야 한다. 이 장의 앞에서 다룬 세 가지 사례는 다음과 같이 요약할 수 있다.

사례 16(31세의 물리학 교수): 수검자는 새로 입력된 정보를 해석하는 데 매우 조심스럽고 완벽주의적인 성향이 있다(1단계). 신체적 증상에 대해 걱정으로 인해 무력감을 느끼고 있고 이로 인해 일시적인 중재의 기능장애 에피소드를 나타내기도 하지만(3a단계) 손상이 확산되어 있다는 증거는 전혀 없다(4단계). 정확한 것에 대해 주의를 기울이고 있고(4단계) 자신의 의사결정이 확실하다는 것을 재확인하려는 경향이 있는 것 같다(5, 6단계).

사례 17(19세의 가석방 위반자): 수검자의 중재는 대부분의 상황에서는 적절해 보인다(1단계). 그러나 강하고 부정적인 감정에 영향을 받으면 중재과정이 손상되기 쉽다(2, 3, 3a단계). 일부 중재기능의 손상은 처리과정의 부주의 때문에 나타날 수 있으나 수검자는 대부분의 사람들보다 더 관습을 무시하는 것으로 보인다.

이는 사회적 고립이나 사회적 방어와 관련이 있는 것 같다. 어떠한 이유든 대부분의 사람들보다 비관습적인 행동을 더 많이 나타내는 경향이 있다(4, 6단계).

  사례 18(28세의 건축 도급자): 수검자의 중재과정은 매우 손상되어 있고 이것 때문에 효과적인 현실검증에 장애가 초래된다. 손상은 상당히 확산되어 있고 매우 무력화될 수 있다(1, 3단계). 중재작용을 황폐화시키고 정신증과 유사한 특징이 나타나게 하는 심각한 사고 문제가 있을 가능성이 높다. 수검자는 정확하게 식별하는 데 필요한 단서가 있는 상황에서조차도 중재활동이 적절한 전환(반응)을 만들어 내지 못할 정도로 현실검증능력이 손상되어 있다(3a, 3b, 4단계).

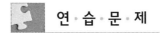

연·습·문·제

  사례 21. 스스로 내원한 21세 여성으로 우울과 불안, 집중력 문제를 호소하고 있다. 수검자는 현재 대학 4학년으로 경제학을 전공하고 있다. 두 아이 중 첫째로 태어났다(남동생은 18세). 아버지는 46세로 영화제작사의 간부이다. 어머니는 46세로 합동대표 서기관이다. 발달력에서 심각한 외상이나 병은 없었고 특이한 점은 없었다. 14세에 걸스카우트에 입단하였고 11~16세에 2~3주 동안 다양한 여름 캠프에 참석하였다. 17세에 평점 B로 고등학교를 졸업하였고 그 해 가을 대학에 입학하였다. 대학에서는 보통 C와 B 정도의 성적을 받았다.

  고등학교 때 또래집단에게 귀찮게 매달렸지만 데이트를 많이 하지는 못했다. 대학에서도 유사한 방식이 지속되었다. 남자든 여자든 몇몇의 친구들에게 매달리곤 하였다고 하였다. 2학년 때는 한 남학생과 자주 데이트를 하였고 그와 첫 성관계를 가졌다. 그녀가 가까이 하던 집단은 마약을 하고 술을 마셨고 3학년 때 자신도 과도하게 복용한 적이 있지만 일시적 의식소실과 3~4차례의 기억상실이 있은 뒤로는 끊었다고 하였다. 지금은 가끔 와인을 마시기는 하나 어떤 약물도 하지 않는다고 하였다.

  4개월 전에 임신하였다가 유산한 적이 있다. 아이의 아버지가 누구인지 확신할 수 없다고 했고 그 문제에 대해서는 두 명의 친한 친구와 상의하였다. 그 일이 있은 이후로 몇 번 데이트를 하였으나 "편하게 느껴지지 않았어요. 한 남자 하고만 있으면 불안해져요."라고 말했다. 지난 한 달 동안 그 문제에 대해 골몰해 왔고 "나는 에너지가 그리 많지 않아요. 그냥 우울함 같은 것이 느껴져요."라고 했다. "유산에 대한 죄책감 같은 것은 느끼지 않는다고 생각해요. 그건 옳은 일이었지만 뭔가 잘못되었어요. 나는 더 이상 똑바로 생각할 수 없어요. 나는 이 점 때문에 도움이 필요해요."라고 말했다. 치료자는 수검자의 난잡한 행동이 반응적인 현상인지 아니면 더 만성적인 문제 때문에 생긴 것인지에 대해 의뢰하였다. 또 어떤 치료모형이 적합한지에 대하여도 문의하였다.

사례 21. 21세 여성의 중재관련 변인

R = 28	L = 0.93	OBS = NO	– & NoForm Features
FQx +	= 2	XA%	= .86	Ⅲ 8. DdSo99 FC.FC' – (Hd),Sc 4.5
FQxo	= 13	WDA%	= .89	Ⅲ 9. Do1 F – Hd MOR,INC
FQxu	= 9	X – %	= .11	Ⅵ 17. Dd + 33 Ma – 2H 2.5
FQx –	= 3	S –	= 1	Ⅹ 27. Wv C.Y Art MOR
FQxnone	= 1		
(W + D	= 18)	P	= 5
WD +	= 2	W + %	= .54
WDo	= 9	Xu%	= .32
WDu	= 5		
WD –	= 1		
WDnone	= 1		

1. 1, 2단계에서 발견한 것을 가장 잘 설명해 주는 것은?

　(1) 중재적 결정은 단서가 명백한 상황에서는 적절하지만 그렇지 않은 경우 적절하지 않은 것 같다.

　(2) 중재적 결정은 정서가 강하게 개입된 상황에서는 결함을 나타낸다.

　(3) 중재적 결정은 대체로 상황에 적절한 것으로 보이고 현실검증력이 손상되었다고 판단할 이유는 없다.

(4) 중등도의 중재적 손상이 있고 이는 중재적 활동 전반에 확산되어 있는 것 같다.

2. 다음 중 3단계의 결과를 가장 적절하게 설명한 것은?

(1) 중재적 기능장애는 부정적이거나 분노 감정의 영향을 받을 때 가장 자주 일어난다.

(2) 중재적 활동은 수검자의 교육적 배경에서 기대되는 수준보다 훨씬 더 손상되었다.

(3) 중재적 기능장애가 확산되어 있다는 것을 시사한다.

(4) 대부분의 사람들과 비슷한 정도의 중재적 기능장애를 나타낸다.

3. 다음 중 3a단계를 가장 잘 설명하는 것은 무엇인가?

(1) 중재적 기능장애의 원인이 같다는 증거는 없다.

(2) 일시적으로 나타내는 중재적 기능장애는 사람이나 자신의 자아상에 대해 걱정했기 때문에 유발되었다는 증거들이 있다.

(3) 사고 문제가 중재적 노력을 방해하고 이것이 기능장애를 야기한 것으로 생각된다.

(4) 중재적 기능장애는 비정상적인 신체에 대한 집착과 관련이 있다.

4. 4, 5단계의 결과를 가장 적합하게 기술한 것은?

(1) 단서가 명백할 경우 입력자극을 정확히 중재하고 기대되거나 수용될 만한 반응을 하려고 애쓰고 있다.

(2) 관습성에 대해 과도한 관심을 갖고 있고 중재활동에서도 완벽성을 추구하고 있는 것 같다.

(3) 새로 입력된 정보를 해석할 때 대부분의 사람들보다 관습적인 것을 더 많이 무시하는 것으로 보인다.

(4) 새로운 정보를 중재할 때 정확성을 추구하는 경향이 있음에도 불구하고 대부분 사람들보다 훨씬 더 관습적 반응을 회피하는 경향이 있다.

5. 6단계 결과를 가장 잘 설명한 것은?

(1) 사회적으로 수용될 수 있는 반응을 하는 데 대해 과도하게 몰두하고 있다.

(2) 대부분의 사람들보다 사회적 요구나 기대를 무시하는 중재적 결정을 더 많이 하는 경향이 있다.

(3) 대부분의 중재적 결정은 사회적 요구나 기대에 일치하는 방향으로 내려질 것이다.

(4) 대부분의 사람들보다 중재적 결정을 할 때 개인적인 성향을 중요시하고 일상적인 행동을 할 때도 사회적 관습을 무시하거나 회피하려는 경향이 있다.

사례 22. 12세의 여아로 가정에서의 문제 때문에 의뢰되었다. 환아는 종종 분노발작을 일으키고 최근에는 자살하겠다고 위협하곤 했다. 환아가 입원해 있는 병원의 심리학자가 사설 평가클리닉에 평가를 의뢰하였다. 환아의 아버지는 40세의 회계사이고 어머니는 37세의 임시교사이다. 오빠는 14세로 고등학교 1학년이다. 부모님은 환아가 나이가 들수록 문제가 더 커진다고 보고하였다. 오빠를 때리기도 하고 최근에는 집에 있는 테라스에서 뛰어내려 자살을 하겠다고 위협하였다.

가족관계에도 심각한 문제가 있었다. 이들 가족은 외할머니와 가까이 살고 있는데 할머니가 가족의 의사결정에 많은 관여를 하고 있었다. 환아는 외할머니를 좋아하지 않는다고 보고했다. 어머니는 관계가 좋다고 말하지는 않았지만 환아와 외할머니 간에 문제가 있다는 것을 시인하였다. 외할머니가 환아에게 매우 엄격한 기준을 요구하기 때문이라고 하였다. 부모의 보고에 따르면 환아는 지난 수년간 학교 가는 것에 대해 거부적인 태도를 가끔 나타내었고 지난해에는 학교에서는 아주 잘 지내면서도 거부적 행동이 더 증가하였다. 부모는 환아가 자신들에게 욕을 하기도 하고 억지로 학교에 보내면 자살하겠다고 위협하기도 한다고 보고하였다. 부모는 환아가 신체적으로 성장하고 있고 점점 다루기 힘들어지고 있기 때문에 신체적인 공격적 행동을 나타낼까 봐 걱정하고 있었다.

환아는 학교생활은 쉽고 스페인어와 과학 과목은 우수반에 속해 있다고 하였다. 환아는 선생님과는 어떤 문제도 없다고 말했지만 틀에 박힌 생활이 싫고 자주 지겨워진다고 하였다. 학교에 몇 명의 친구들이 있지만 어떤 급우와도 사교적 관계를 맺지 않는데 그 이유는 아이들과 다른 지역에 살고 있기 때문이라고 하였다. 환아는 남학생은 아직 귀여운 아이들이라 관심이 없다고 하였다. 오빠가 '끔찍한 말을 했기 때문에' 자주 싸웠으며 "나는 정말로 오빠를 때리고 싶었어요." 하면서 자신의 행동을 인정하였다. 부모가 너무 엄격하고 절대로 자신의 말을 귀 기울여 들어주지 않는다고 했다. 또한 어머니와 아버지, 할머니가 제시하는 규칙에 일관성이 없다고 하였다. 규칙이 계속 바뀌었기 때문에 정당하지 않게 벌을 받는다고 느꼈다고 하였다. 자살사고에 대해서는 부인하였지만 부모에게 화가 났을 때 자살하겠다고 하면서 부모를 두 번 정도 위협했다고 하였다.

로르샤하 검사에 대해서는 다소 저항적이었지만 다른 평가과정에서는 매우 협조적이었다. WISC-III를 실시한 결과 언어성 IQ=119, 동작성 IQ=120이었고 언어성과 동작성 지능 간에 유의미한 차이는 없었다. 의뢰된 내용은 자살 가능성, 입원과 약물치료의 필요성, 행동치료가 적절한지 그리고 가족치료를 할 필요가 있고 해야 한다면 우선적으로 해야 할지 아니면 보완적인 방법으로 해야 하는지에 대한 것이었다.

사례 22. 12세 여아의 중재관련 변인

R = 23	L = 0.44	OBS = NO		- & NoForm Features
FQx +	= 0	XA%	= .74	III 6. Do7 FY - Hd
FQxo	= 12	WDA%	= .79	IV 8. Dd+99 FMp - A,Id 4.0 FAB
FQxu	= 5	X-%	= .26	VIII 15. D+1 FMa.Ma - 2A,Hd 3.0 FAB
FQx -	= 6	S -	= 1	IX 19. Do1 FMp.FC - 2A
FQxnone	= 0			X 21. D+1 Ma.FMa - 2H,A 4.0
(W+D	= 19)	P	= 6	X 23. DdSo99 FC - Hd
WD+	= 0	W+%	= .52	
WDo	= 12	Xu%	= .22	
WDu	= 3			
WD -	= 4			
WDnone	= 0			

1. 1, 2단계의 결과를 가장 잘 설명한 것은?

  (1) 중재적 결정은 명백한 상황에서는 적절한 경향이 있으나 적절한 전환과 관

련이 있는 단서가 명확하지 않은 상황에서는 적절하지 않은 경향이 있다.

(2) 중재적 전환이 상황에 맞는지를 확인하려고 상당히 노력한다.

(3) 중재적 활동은 중등도로 손상된 것으로 보인다. 부분적으로는 반복적으로 현실을 왜곡하는 것과 관련이 있을 뿐만 아니라 강한 정서가 중재활동의 손상을 가져온다.

(4) 중재적 활동은 중등도로 손상되어 있다. 전환하는 것과 관련 있는 단서가 명백한 경우에도 왜곡하고 무시하는 경우가 잦다.

2. 3, 3a단계의 결과를 가장 잘 설명한 것은?

(1) 1, 2단계에서 기술된 기능장애 수준은 심각하고 아마도 사고 문제와 관련 있는 것으로 보인다.

(2) 1, 2단계에서 설명된 기능장애 수준은 심각하고 아마도 정서통제의 어려 움과 관련이 있는 것으로 보인다.

(3) 1, 2단계에서 설명된 기능장애 수준은 상당히 확산되어 있고 처리과정의 문제 때문인 것 같다.

(4) 1, 2단계에서 설명된 기능장애는 주로 수검자가 거부적이고 분노 감정을 잘 통제하지 못하는 것과 관련이 있는 것 같다.

3. 4, 5단계의 결과를 가장 잘 설명한 것은?

(1) 관습적인 것에 지나치게 관심을 나타내고 있고 사회적으로 기대되는 반 응을 하기 위해 상당한 노력을 하고 있다.

(2) 반응단서가 명백할 때에는 기대되고 수용될 만한 반응을 하는 경향이 있다.

(3) 기대되고 수용되는 행동에 대한 단서가 매우 명백할 때조차도 관습적인 반응을 하지 않는 경향이 있다.

(4) 기대되고 수용될 수 있는 행동을 하기 위해 상당히 노력하고 있고 행동을 할 때도 매우 정확하기 위해 노력한다.

4. 6단계에 근거한 가정 중 이 사례에 가장 적합한 것은?

(1) 연령수준에 기대되는 것보다 훨씬 더 비전형적이거나 심지어 부적절한 행동을 할 가능성이 높다.

(2) 수검자 연령의 대부분의 사람들보다 사회적 요구나 기대를 무시하고 중재

적 결정을 할 가능성이 높은 경향이 있지만 현실검증력의 문제는 뚜렷하지 않다.

⑶ 과도하게 관습적인 것에 집착하고 있고 사회적 기대에 따라 결정을 하기 위해 매우 노력하고 있다.

⑷ 관습적인 반응을 하기 위해 상당히 몰두하고 있지만 강한 사회적 소외감 때문에 지장을 받을 수 있다.

해 답

사례 21.

1. ⑶ XA%=.86이고 WDA%=.89이며 NoForm 반응은 1개뿐이다.

2. ⑷ X−=.11

3. ⑵ 3개의 −반응은 사람과 관련 있는 내용반응이다.

4. ⑴ 평범반응이 5개이고 FQ+ 반응은 2개이다.

5. ⑷ ⑵도 옳지만 X+%가 .54에 불과한 데 비해 Xu%=.32로 상대적으로 상승되어 있어 가정 적절한 답은 ⑷이다.

사례 22.

1. ⑷ XA%은 .74인데 WDA%는 .79에 불과하다. WDA%가 낮은 것은 NoForm 반응이 없기 때문일 수 있다.

2. ⑴ X−%는 .26이고 6개의 −반응 중 3개는 D 영역에 대한 반응이다. 6개 중 4개의 −반응은 운동결정인이고 4개 중 2개는 각각 인간과 동물 운동결정인으로 구성되어 있다.

3. ⑵ 프로토콜에 6개의 평범반응이 있다.

4. ⑴ XA%와 WDA%가 모두 .70으로 중간 이상임에도 불구하고 X−%는 .26이라는 것은 매우 중요하다. 즉, 부적절한 반응을 유발할 수 있을 정도로 현실검증력의 심각한 손상이 있을 수 있다는 것을 나타내 준다.

제7장
관념

제7장
관 념

관념(ideation)은 인지 3요인 중 세 번째 군집이다. 인지 3요인 모두 정신활동을 다루지만 관념이 그중 가장 복잡한 군집일 것이다. 처리과정(processing)은 이미지를 만드는 과정, 중재는 이미지를 전환(translation)시키는 역할과 관련이 있다고 보면 관념은 전환시킨 입력자극을 어떻게 개념화하고 이용하는가를 말한다. 즉, 상징이나 개념을 개인에게 의미 있는 방식으로 조직화시키는 과정을 포함하는 사고유형이다. 개념적 사고는 현실검증에 필요한 가장 기본적인 요소이다. 개념적 사고는 모든 의사결정을 내리고 계획적인 행동을 하게 만드는 심리적 활동의 핵심요소이다.

대부분의 로르샤하 반응이 개념화를 내포하고 있지만 때로는 잘 드러나지 않고 반응 자체에서 분명하지 않을 수도 있다. 예컨대, 어떤 사람이 I번 카드를 보고 '박쥐'라고 했다면 단순히 이미지를 전환시켜서 언어적으로 표현한 것에 불과할 수 있다. 질문 단계에서 검사자가 어느 부분에서 박쥐를 보았고 또 어떤 점 때문에 그렇게 보았는지를 물어보아도 개념적인 요소는 드러나지 않을 수 있다. 질문 단계에서 "이것은 날개이고 이것 몸통이네요." 하고 반응하였다면 이것은 중재적 전환을 단순히 기술한 것에 불과하다. 이러한 반응을 형성하고 말하는 과정에서 일종의 관점적(개념적) 활동이 일어났지만 활동을 반영하는 언어적 반응에는 그러한 면이 나타나지 않았다.

다행히도 로르샤하 반응들은 이미지를 전환시켜 말하는 과정을 넘어서는 반응들도 많이 있다. 반응 단계나 질문 단계에서 "박쥐가 날아다니고 다이빙하고 자고 매달려 있다."는 등의 반응을 한다면 이것은 모두 개념화를 포함하는 반응이다. 마찬가지로 화가 난, 다친, 죽어 있는 등의 반응도 개념화를 포함하는 반응이고 관념활동의 결과물이다. 개념화가 더 확실한 반응들도 있다. 카드 III에 대해 "두 사람이 냄비에 요리를 하고 있다." 또는 카드 V에 대해 "두 사람이 등을 맞대고 기댄 채 앉아 있다."는 등의 반응을 하는 데는 상당한 사고와 개념화가 필요하다.

1. 관념과 관련 있는 로르샤하 변인

이 군집은 14개의 변인(EB, Lambda, EBPer, eb, a : p, HVI, OBS, Ma : Mp, Intellectualization Index, MOR, Sum6, WSum6, M− & Mnone), M 반응에 대한 질적인 검토 및 6개의 결정적인 특수점수로 구성되어 있다. 개념적 활동을 드러내 주는 대부분의 반응들은 관련된 사고의 미묘한 의미를 드러내는 데는 부족한 경향이 있지만 이러한 반응들에서 도출한 자료군집을 살펴보면 개인의 관념적(개념적) 활동을 이해하는 데 필요한 유용한 자료를 얻을 수 있다.

실제로 관념은 여러 가지 방식으로 표현된다. 모든 운동반응(M, FM, m)은 대상에 대해 운동 속성을 부여하는 과정에서 개념화를 하고 있으므로 관념이 포함되어 있다. 때로는 운동반응에 포함된 관념적인 특징들이 결정인으로만 나타나기도 하지만 또 다른 반응에서는 개념적 활동이 언어표현에서 더 뚜렷하게 나타난다.

예컨대, "한 사람이 나무 그루터기에 앉아 있다."는 반응과 "오랫동안 여행을 한 남자가 지금은 지쳐서 이 울퉁불퉁한 나무 그루터기에 다리를 뻗고 앉아 있다."는 반응을 비교해 보자. 모두 Mp 반응이지만 첫 번째 반응은 이미지를 어떻게 해석했는가에 대한 정보만 제공해 주는 반면 두 번째 반응은 개념적인 요소가 훨씬 더 풍부하다는 것을 알 수 있다. 투사와 개념화를 혼동하지 않는 것이 중요하다. 투사는 개념화한 자료에서 나타내는 경우가 많고 이와 관련된 주제는 자기지각과 대인지각 부분에서 다룰 것이다. 그러나 자료를 관념이라는 맥락에서 해석할 때는 사고의 특징, 관념의 질과 명료성, 나타나는 빈도, 사용되는 방식 등에 초점을 두어야 한다.

예컨대, 앞서 언급한 두 가지 반응에는 개념화(한 사람이 나무 그루터기에 앉아 있다)가 포함되어 있다. 그러나 두 번째 반응이 개념적으로 더 정교화되어 있다(~오랜 기간 동안 ~지쳐서 ~울퉁불퉁한 등). 이 반응에는 투사된 자료들이 포함되어서 개념화가 확장되어 있지만 관념 맥락에서 볼 때는 개념화의 질이 더 중요하다.

첫 번째 고려 대상은 운동반응이지만 반응의 다른 속성들도 관념활동을 이해하는 데 중요한 정보를 제공해 준다. 6개의 결정적인 특수점수(DV, DR, INCOM, FABCOM, ALOG, CONTAM)는 인지적 오류, 관념적 오류, 잘못된 판단 등에 대한 정보를 제공해 준다. 또 다른 특수점수인 MOR 역시 관념사고가 있다는 것을 나타내 주고 하위자료군인 AB, Art, Ay는 개념적 활동을 방어적 방식으로 사용하고 있다는 것을 시사한다.

사전탐색 문제

관념을 다룰 때 사전에 고려해야 할 사항들은 다음과 같다: (1) 일상적인 대처 방식과 의사결정 과정에서 신중한 사고를 하는지 아니면 직관적인 사고를 하는지를 기술하는 데 필요한 유형적 특징이 나타나는가? (2) 과도하게 나타나는 주변적인 관념활동이 있는가? (3) 사고의 융통성을 저하시키거나 개념화와 의사결정에 과도하게 영향을 주는 비일상적인 특징이 뚜렷한 사고가 있는가? (4) 관념이 항상 명료하고 현실검증에 부정적인 영향을 미칠 수 있는 특이한 점이 있는가?

사례 16, 17, 18은 처리와 중재를 다룬 장에서 이미 사용하였던 것이다. 이번에는 관념을 적용해서 살펴보고자 한다. 이 장의 후반부에는 인지 3요인의 세 군집에서 도출한 결론을 통합하고 요약할 것이다.

사례 16. 최근에 이혼한 31세의 물리학 교수로 매사가 편안하지 않고 주의집중에 문제가 있고 산만하고 무기력감을 느끼고 있었다.

사례 17. 19세 여성으로 가석방 규정을 위반하여 평가가 의뢰되었다. 의뢰 이유는 우울증의 심각성, 변화 동기, 결점을 보완할 수 있는 특징, 치료적 가능성 등이었다.

사례 18. 28세 남자 입원환자로 약물을 과도하게 복용한 전례가 있다. 의뢰 이유는 현재 환자가 나타내고 있는 정신병적 증상이 정신분열병과 관련되어 나타나는 것인지, 아니면 약물과 관련되어 나타나는 것인지를 알고 싶어 하였다.
또한 환자가 우울한지 그리고 환자의 퇴원 요구에 대해 어떻게 대처하는 것이
바람직한지를 알고 싶어 하였다.

사례 16. 31세 남성의 관념관련 변인

L = 0.50	OBS = Pos	HVI = No		결정적 특수점수	
			DV = 0		DV2 = 0
EB = 7 : 3.5	EBPer = 2.0	a : p = 9 : 7	INC = 0		INC2 = 0
		Ma : Mp = 3 : 4	DR = 0		DR2 = 0
eb = 9 : 6	(FM = 4m = 5)		FAB = 1		FAB2 = 0
		M− = 0	ALOG = 0		CON = 0
Intell Index = 2	MOR = 3	Mnone = 0	Sum6 = 1		WSum6 = 4

(R = 24)

M 반응의 특징

Ⅰ　2.　W+　Mp.FMa+2(H),A,Art　4.0　GHR

Ⅲ　6.　W+　Ma.mp.C.FD+2　H,Fi,Fd　P　5.5　COP,MOR,GHR

Ⅳ　8.　W+　Mp.FDo　(H),Bt　P　4.0　GHR

Ⅶ　14.　D+　Mpo　2　H　P　3.0　GHR

Ⅸ　20.　D+　Ma.mpo　H　4.5　GHR

Ⅹ　21.　D+　Mao　2　A　4.0　FAB,AG,PHR

Ⅹ　24.　D+　Mp+　H,Sc　4.0　GHR

사례 17. 19세 여성의 관념관련 변인

L = 1.22	OBS = NO	HVI = No		결정적 특수점수	
			DV = 1		DV2 = 0
EB = 2 : 5.5	EBPer = 2.8	a : p = 3 : 0	INC = 0		INC2 = 0
		Ma : Mp = 2 : 0	DR = 3		DR2 = 0
eb = 1 : 4	(FM = 0m = 1)		FAB = 0		FAB2 = 0
		M− = 0	ALOG = 0		CON = 0
Intell Index = 1	MOR = 2	Mnone = 0	Sum6 = 4		WSum6 = 10

(R = 20)

M 반응의 특징

Ⅲ　5.　D+　Mp.FC'o　2　H,Hh　P　3.0　COP,GHR

Ⅶ　13.　W+　Mao　2　H,Sc　P　2.5　COP,GHR

사례 18. 28세 여성의 관념관련 변인

L = 0.50	OBS = NO	HVI = No	결정적 특수점수	
			DV = 2	DV2 = 0
EB = 5 : 6.5	EBPer = N/A	a : p = 6 : 4	INC = 1	INC2 = 0
		Ma : Mp = 4 : 1	DR = 0	DR2 = 1
eb = 5 : 4	(FM = 1m = 4)		FAB = 0	FAB2 = 0
		M− = 5 ALOG = 1		CON = 0
Intell Index = 5	MOR = 5	Mnone = 0 Sum6 = 5		WSum6 = 15
		(R = 18)		

M 반응의 특징

Ⅱ   5. Dd + Mp − Hd MOR,PHR

Ⅲ   6. Dd + Ma.mp − 2 Hd 5.5 AG,PHR

Ⅵ 12. Dd + Ma − Hd,Sx 2.5 DV,PHR

Ⅷ 15. Dd + Ma.mp.CF − (H), Na, Ay 3.0,PHR

Ⅹ 18. Dd + Ma.C − H,Na 4.5 ALOG,PHR

2. 해석순서

해석전략은 11개의 단계와 M 반응 및 6개의 결정적인 특수점수를 포함하고 있는 반응에 대한 질적 분석으로 구성된다. M 반응은 개념화의 질을 평가하는 데 중요한 역할을 한다. 전체반응 수와 특수점수, 특수점수에 부여된 가중치를 같이 고려하면 관념의 오류와 판단상의 문제를 명확하게 이해할 수 있다.

해석단계의 처음 7개 단계에서는 수검자가 일상적인 활동에서 신중하게 사고 하는지 아니면 직관적인 사고를 하는지와 관념활동의 효율성을 저하시키는 비정 상적인 특징이 있는지에 대해 초점을 두게 된다. 나머지 단계에서는 관념의 명료 성에 초점을 두고 검토한다.

1단계: EB와 Lambda

EB와 Lambda에 대해서는 4장에서 정서를 다루면서 논의하였다. 4장에서 언급 한 내용들은 관념을 다룰 때도 유용했지만 일부 내용들은 좀 더 구체화시킬 필요가 있다. 4장에서 언급한 바와 같이 EB는 EA가 10보다 작을 때는 한쪽 항이 다른 쪽 항보다 2점 또는 그보다 크면, 또는 EA가 10보다 클 때는 한쪽 항이 다른 쪽 항보다 2점 이상 크면 내향형이나 외향형을 나타내는 것으로 해석한다. 좌항이 클 때는 내향형, 우항이 클 때는 외향형이라는 것을 시사한다. 어느 한쪽 도 유의미하게 크지 않은 경우 양가형에 해당한다. 4장에서 언급한 예외적인 경우도 고려해야 하는데 이는 관념을 탐색할 때 특히 유용하다.

첫 번째 예외는 EA가 4.0보다 작은 경우이다. 종종 이러한 자료는 0 : 2.0, 0 : 3.5, 2 : 0, 3 : 0 등과 같이 좌항이나 우항이 0인 경우가 많다. 그러나 때로는 2 : 1, 1 : 2.5, 3 : 0.5와 같이 양쪽 모두 점수가 낮은 경우도 있다. 어떤 경우이든 이 경우 EB 점수가 너무 낮아서 해당하는 방식의 선호도를 가려내기에는 충분하지 않다. 즉, EB 점수로 내향형인지, 외향형인지, 양가형인지를 판단하는 것은 바람직하지 않다. 회피적인 성향을 보이는 사람들은 주로 이러한 프로토콜을 보인다.

두 번째 예외적인 경우는 사고와 더 직접적인 관련이 있다. EB의 좌항이 0점이고 우항은 3.5가 넘는 0 : 4.0, 0 : 6.5 등과 같은 경우이다. 이 값은 외향형이라는 것을 나타내지만 비일상적인 정서적 환경에서는 맞지 않을 수 있다. 정서에 압도되어 있을 때를 예로 들 수 있다. 이때는 대처양식에 대해 어떤 가정을 하는 것은 피해야 하고, EB 결과는 매우 강렬한 정서가 사고과정을 방해하고 있고, 특히 주의집중을 하지 못하게 하고 있다는 결론을 내리는 데만 사용해야 한다. 강렬한 정서는 매우 파괴적이어서 관념적 또는 행동상 충동성을 야기하게 된다. 정서가 사고에 이러한 방식으로 침투하는 경우는 일시적인 현상으로 강렬한 감정을 효과적으로 처리할 수 없는 기간 동안만 나타나게 된다.

이상의 경우에 해당되지 않는다면 EB와 Lambda로부터 몇 가지 해석적 가정을 할 수 있다. 4장에서 언급한 것처럼 두 변인을 조합하면 다음과 같은 6가지의 대처방식 또는 의사결정 방식을 알 수 있다: (1) 내향형, (2) 외향형, (3) 양가형, (4) 회피적 내향형, (5) 회피적 외향형, (6) 회피적 양가형 등이다. 관념은 각각의 심리적 활동에 지속적으로 중요한 역할을 한다. 그러나 관념이 미치는 효과와 영향력은 어떤 대처방식을 지니고 있는 사람인가에 따라서 상당히 달라진다. 물론 관념이 미치는 영향이 대처방식에 따라 고정되어 있는 것은 아니지만 6개의 대처방식 중 4개에서는 많은 영향을 주고 상당히 고정된 방식으로 사고하도록 만든다.

- **잠정적 결과 1:** EB가 내향형이라는 것을 지적하고 Lambda가 1.0보다 작으면 관념적인 사람이라는 것을 시사한다. 이런 사람들은 개념적인 사고에 상당히 의존한다. 사물을 꼼꼼히 탐색하는 경향이 있고 다양한 대안들을 모두 고려할 때까지 행동을 지연시킨다. 외부의 피드백보다는 내적 평가를 더 신뢰하는 경향이 있고 감정의 직접적인 영향을 받는 것을 피하려고 한다. 결정을 내릴 때까지 신중하고 정확하고 논리적인 결정을 하려고 애쓰고 시행착오를 범할 수 있는 행동을 하지 않으려고 한다. 이러한 대처방식은 사고가 논리적이고 분명하고 일관성이 있고 동시에 직관적이고 시행착오적인 접근이 바람직한 환경에도 적응할 수 있을 만큼 융통성이 있다면 일상적인 생활에서 요구되는 것들을 효과적으로 처리하는 데 매우 효과적일 수 있다. 2단계로 갈 것.

사례 16. 31세 남성의 관념관련 변인

L = 0.50	OBS = Pos	HVI = No	결정적 특수점수			
				DV = 0		DV2 = 0
EB = 7 : 3.5	EBPer = 2.0	a : p = 9 : 7	INC = 0		INC2 = 0
		Ma : Mp = 3 : 4	DR = 0		DR2 = 0
eb = 9 : 6	(FM = 4 m = 5)		FAB = 1		FAB2 = 0
		M − = 0	ALOG = 0		CON = 0
Intell Index = 2	MOR = 3	Mnone = 0	Sum6 = 1		WSum6 = 4
			(R = 24)		

M 반응의 특징

Ⅰ 2. W+ Mp.FMa+ 2(H),A,Art 4.0 GHR

Ⅲ 6. W+ Ma.mp.C.FD+2 H,Fi,Fd P 5.5 COP,MOR,GHR

Ⅳ 8. W+ Mp.FDo (H),Bt P 4.0 GHR

Ⅶ 14. D+ Mpo 2 H P 3.0 GHR

Ⅸ 20. D+ Ma.mpo H 4.5 GHR

Ⅹ 21. D+ Mao 2 A 4.0 FAB,AG,PHR

Ⅹ 24. D+ Mp+ H,Sc 4.0 GHR

▌**사례 16의 자료에 대해 적용한 결과:** EB는 7 : 3.5이고 Lambda는 0.5이므로 내향적이고 관념적인 사람이라는 것을 알 수 있다. 어떤 결정을 할 때 정서의 영향을 받지 않으려 하고 다양한 대안들을 충분히 고려할 때까지 행동으로 옮기거나 결정을 내리는 것을 보류하는 성향이 있다. ▌

- **잠정적 결과 2:** EB가 내향형이라는 것을 지적하고 Lambda가 0.99보다 크면 회피적 내향형이라는 것을 의미한다. 회피적 내향형은 관념지향적이기는 하나 순수한 내향형과는 본질적으로 다르다. 이들은 다양한 대안들을 고려하여 결정을 지연시키기는 하지만 회피적인 성향이 우세하기 때문에 철저히 탐색하고 결과적으로 개념적 활동이 훨씬 단순한 것이 특징이다. 이들 역시 문제를 해결하거나 의사결정을 하는 동안 감정을 보류하려고 노력하지만 복잡하거나 모호한 상황에 직면하게 되면 감정이 바로 사고에 영향을 미치게 되는 취약성이 있다. 이들은 논리적인 것을 좋아하지만 복잡하지 않아야 하고 가능하면 시행착오적인 접근을 하지 않으려고 한다. 이러한 대처방식은 상황이 규칙적이고 모호하지 않을 때는 상당히 효율적일 수 있고 명확하고 일관성 있는 개념적 사고를 보여 줄 수도 있다. 2단계로 갈 것.

- **잠정적 결과 3:** EB는 외향적 대처방식을 지적하고 있고 Lambda는 1.0보다 작으면 문제해결이나 의사결정 과정에서 감정의 영향을 많이 받는 경향이 있다. 내향형은 개념을 형성하고 판단할 때 과도하게 신중한 반면 외향형은 감정에 의존하게 된다. 그렇다고 내향형보다 사고의 일관성이 부족하고 비논리적이라는 것을 의미하는 것은 아니고 단지 정서가 관념에 영향을 주어서 사고가 더 복잡하게 된다는 것이다. 외향형은 부정확하고 더 모호한 논리체계도 수용하는 경향이 있다. 이들은 외부의 피드백에 근거해서 확신을 얻고 시행착오적인 행동의 결과에 근거해서 판단을 하기도 한다. 직관에 의존하는 스타일이므로 사고가 상당히 명확하고 일관성이 있고 강렬한 감정에 압도되거나 이로 인해 혼란스러워지지 않는다면 일상적인 생활에서 매우 효율적일 수 있다. 2단계로 갈 것.

사례 17. 19세 여성의 관념관련 변인

L = 1.22	OBS = NO	HVI = No	결정적 특수점수			
			DV = 1		DV2 = 0	
EB = 2 : 5.5	EBPer = 2.8	a : p = 3 : 0	INC = 0		INC2 = 0	
		Ma : Mp = 2 : 0	DR = 3		DR2 = 0	
eb = 1 : 4	(FM = 0m = 1)		FAB = 0		FAB2 = 0	
		M − = 0	ALOG = 0		CON = 0	
Intell Index = 1	MOR = 2	Mnone = 0	Sum6 = 4		WSum6 = 10	
			(R = 20)			

M 반응의 특징

Ⅲ　5. D+　Mp.FC'o 2 H,Hh P 3.0 COP,GHR

Ⅶ　13. W+　Mao 2 H,Sc P 2.5 COP,GHR

• **잠정적 결과 4:** EB는 외향형이라는 것을 나타내고 있고 Lambda는 0.99보다 크면 회피적 외향형이라는 것을 지적하는 것이다. 순수한 외향형처럼 회피적 외향형인 경우도 감정에 치중하는 경향이 있고 감정의 영향을 많이 받는다. 이들은 외부의 피드백에 많이 의존하고 의사결정이 필요한 경우 시행착오적인 행동을 자주 하게 된다. 그러나 회피적인 성향이 우세하기 때문에 정서적인 경험을 잘 분화시키지 못하고 감정이 사고에 과도하게 영향을 주는 경우가 많다. 자신의 감정을 조절하는 것을 게을리 해서 때로는 충동적인 사고를 하기도 한다. 결과적으로 논리적으로 너무 단순하거나 결함이 있을 수 있어서 상황에 맞지 않고 효과적이지 않은 행동이나 의사결정을 하기도 한다. 회피적 외향형은 예측 가능하고 복잡하지 않고 감정표현이 수용되고 인정받을 수 있는 상황에서 가장 잘 적응할 수 있다. 2단계로 갈 것.

┃사례 17의 자료에 대해 적용한 결과: EB는 2 : 5.5이고 Lambda는 1.22이다. 수검자는 회피적 외향형이다. 일반적으로 감정이 사고에 상당한 영향을 주고 의사결정할 때 시행착오적인 접근을 선호한다. 복잡하고 모호한 것을 피하는 경향이 있는데 왜냐하면 이러한 상황에서는 스스로 자신의 감정을 정확히 파악하기가 힘들기 때문이다. 결과적으로 정서가 사고에 쉽게 그리고 상당한 영향을 주므로 사고는 매우 단순하고 논리적 결함을

나타낼 수도 있다.

• **잠정적 결과 5:** EB에 근거해서 볼 때 외향형인지 내향형인지 알 수 없고 Lambda 는 1.0보다 작으면 양가형으로 볼 수 있다. 양가형은 관념활동에 일관성이 없 다. 때로는 사고방식이 내향형과 유사하여 감정의 영향을 받지 않고 합리적이 며 심사숙고하여 의사결정을 하는 모습을 보인다. 또 다른 경우에는 매우 직관 적이고 감정의 영향을 받는 외향형의 모습을 보이기도 한다. 개념적 사고를 하는 방식에도 일관성이 없어서 효율성이 저하된다.

양가형은 판단오류를 범하기 쉽고 이전에 내린 판단을 번복하기도 한다. 문 제를 해결할 때 자신이 저지른 실수로부터 배우지 못하기 때문에 문제를 효과 적으로 해결하지 못하고 지나치게 많은 시간을 허비한다. 양가형이 항상 적응 문제를 일으키는 것은 아니지만 사고의 일관성이 결여되어 있어서 일상적인 일을 처리해 가는 데 지나치게 많은 시간과 노력을 투자하게 되므로 상당히 비효율적이고 심리적으로도 쉽게 취약해진다.

사례 18. 28세 남성의 관념관련 변인

L = 0.50	OBS = NO	HVI = No	결정적 특수점수	
			DV = 2	DV2 = 0
EB = 5 : 6.5	EBPer = N/A	a : p = 6 : 4	INC = 1	INC2 = 0
		Ma : Mp = 4 : 1	DR = 0	DR2 = 1
eb = 5 : 4	(FM = 1m = 4)		FAB = 0	FAB2 = 0
		M − = 5 ALOG = 1		CON = 0
Intell Index = 5	MOR = 5	Mnone = 0 Sum6 = 5	WSum6 = 15	
		(R = 18)		

M 반응의 특징

Ⅱ 5. Dd + Mp − Hd MOR,PHR

Ⅲ 6. Dd + Ma.mp − 2 Hd 5.5 AG,PHR

Ⅵ 12. Dd + Ma − Hd,Sx 2.5 DV,PHR

Ⅷ 15. Dd + Ma.mp.CF − (H), Na,Ay 3.0,PHR

Ⅹ 18. Dd + Ma.C − H,Na 4.5 ALOG,PHR

▌**사례 18의 자료에 대해 적용한 결과:** EB는 5 : 6.5이고 Lambda는 0.50이

다. 수검자는 양가형으로 개념을 형성하고 적용하는 방식이 일정하지 않다. 어떤 때는 감정을 밀어 내고 논리적으로 문제를 처리하려고 애쓰다가도 또 어떤 경우에는 감정이 판단과 의사결정에 많은 영향을 주기도 한다. 어떤 방식이든 지속적으로 사용하지 않기 때문에 효율적이지 않고 결과적으로 일상생활의 요구를 처리하는 데 더 많은 노력을 투자해야만 한다. ▮

• **잠정적 결과 6**: EB는 양가이고 Lambda는 0.99보다 크면 회피적 양가형이다. 이 유형은 EB와 Lambda로 나눌 수 있는 여섯 가지 유형 중 가장 바람직하지 않은 유형이다. 덜 효율적인 양가형이 회피적 양식에 의해 좌우되는 바람직하지 않은 심리적 속성이 합쳐진 경우이다. 복잡한 것을 피하려는 성향과 일관성이 결여된 개념적 사고가 합쳐져서 비효율성이 더 커진다. 회피적 양가형은 사고가 정리되어 있지 않고 정서 역시 통합되어 있지 않다. 어린아이들에게는 흔히 나타날 수 있지만 이러한 점을 주변 사람들이 이해해 준다. 그러나 나이가 들어서도 이러한 성향을 보이면 주변에서 수용해 주기가 힘들다. 따라서 회피적 양가형은 복잡한 환경에 적응하기가 힘들다.

2단계: EBPer

내향형이나 외향형이 분명해지면(회피적 내향형, 회피적 외향형은 제외) EBPer 점수를 고려하여 현재 나타내고 있는 유형이 의사결정 상황에서 얼마나 확고하게 자리 잡고 있는지를 평가한다. 앞서 언급한 것처럼 외향형이든 내향형이든 일상생활의 요구에 대해 효과적이고 효율적일 수 있다. 그러나 때로는 다른 대처 방식이 훨씬 더 효과적인 상황도 있다. 내향형인 사람들은 시행착오적인 접근이 더 효과적일 수 있는 상황에 부딪힐 수도 있고 외향형인 사람들도 잠시 결정을 보류하고 다양한 측면을 심사숙고하는 것이 효과적인 상황에 직면할 수도 있다. EBPer 자료는 대처양식이 너무 확고부동하여(pervasive) 융통성 있는 대처를 방해하는 것은 아닌지를 평가하게 된다. EBPer에서 대처양식이 확고한 정도를 평가할 때는 양적 비교를 하기보다는 이분법적(예, 아니요) 범주로 결정하게 된다. 확고부동한 대처방식은 반드시 취약한 요소로 작용하는 것은 아니지만 융통성이 부족할 가능성은 있다.

- 잠정적 결과 1: 내향형이고 EBPer가 2.5보다 작으면 관념적인 방식을 주로 사용하는 사람이지만 때로는 감정이 결정에 중요한 역할을 할 수도 있다. 반면 EBPer가 2.5 이상인 경우 직관적이고 시행착오적인 결정이 바람직한 상황에서도 정서는 의사결정에 제한적 역할만을 하게 된다. 3단계로 갈 것.

사례 16. 31세 남성의 관념관련 변인

L = 0.50	OBS = Pos	HVI = No	결정적 특수점수		
			DV = 0		DV2 = 0
EB = 7 : 3.5	EBPer = 2.0	a : p = 9 : 7	INC = 0		INC2 = 0
		Ma : Mp = 3 : 4	DR = 0		DR2 = 0
eb = 9 : 6	(FM = 4m = 5)		FAB = 1		FAB2 = 0
		M－ = 0	ALOG = 0		CON = 0
Intell Index = 2	MOR = 3	Mnone = 0	Sum6 = 1		WSum6 = 4
				(R = 24)	

M 반응의 특징

Ⅰ 2. W+ Mp.FMa + 2(H),A,Art 4.0 GHR

Ⅲ 6. W+ Ma.mp.C.FD + 2 H,Fi,Fd P 5.5 COP,MOR,GHR

Ⅳ 8. W+ Mp.FDo (H),Bt P 4.0 GHR

Ⅶ 14. D+ Mpo 2 H P 3.0 GHR

Ⅸ 20. D+ Ma.mpo H 4.5 GHR

Ⅹ 21. D+ Mao 2 A 4.0 FAB,AG,PHR

Ⅹ 24. D+ Mp+ H,Sc 4.0 GHR

▌사례 16의 자료에 대해 적용한 결과: 내향형이고 EBPer는 2.0이다. 전형적으로 관념적인 유형이지만 어떤 일에 대해 대처하거나 의사결정할 때는 융통성 없는 접근을 할 수 있다고 할 만한 이유는 없다. ▌

- 잠정적 결과 2: 외향형이고 EBPer가 2.5보다 작으면 대부분의 경우 감정이 사고에 영향을 주지만 신중한 결정이 필요할 때는 감정을 잠시 미뤄 놓고 관념적인 접근을 할 수도 있다. 역으로 EBPer가 2.5보다 크면 대처방식이 변하지 않고 정서가 사고에 지속적으로 상당한 영향을 주게 되므로 신중한 결정이 요구되

는 상황에서도 직관적인 접근을 하게 되어 비효율적일 수 있다(주의: 사례 17에서 EB는 2 : 5.5이므로 외향형이라는 것을 시사한다. 계산해 보면 EBPer는 2.8, 그러나 Lambda는 1.22이므로 이 수검여성은 회피적 외향형이다. 회피적인 성향이 있게 되면 다른 양식들은 부차적인 것이 되고 이 경우 EBPer의 설명력이 떨어지게 된다.). 3단계로 갈 것.

3단계: a : p

융통성 결여를 평가할 때 사용할 수 있는 또 다른 자료는 a : p 비율이다. EBPer가 대처방식의 융통성을 평가한다면 a : p 비율은 가치관과 태도의 융통성을 평가한다. 가치관과 태도에 융통성이 없는 사람은 개념화할 수 있는 폭이 매우 좁다. 태도와 가치관이 고정되어 있다면 그러한 태도와 가치관과 관련되어 있는 상황에서는 관념적인 융통성 역시 부족하게 된다. 관념적인 융통성이 부족한 사람은 주어진 상황에서 다양한 개념들의 가능성을 충분히 고려하지 못하고 또 하지 않으려고 한다. 이러한 사람들의 사고는 상당히 좁고 좁은 개념적인 틀을 지니게 된다.

융통성이 없는 사고라면 왜곡과 편견을 떠올리게 되지만 a : p 비율이 시사하는 융통성이 결여된 관념은 가치체계를 능가한다는 점에서 매우 중요하다. 이러한 성향은 다양한 심리적 상황에서 나타날 수 있다. 예컨대, 양육권 분쟁에서 자신의 자녀가 다른 부모를 좋아한다는 것을 '믿을 수 없다'고 주장하거나 주어진 과제를 해결하는 데 있어서 자신이 주장하는 방식만이 유일한 방법이라고 주장하는 윗사람을 생각해 보라. 이러한 특성을 가진 사람이 환자가 되면 치료자는 문제의 원인이나 상황에 대한 대안적 관점을 제안하는 것이 힘들기 때문에 좌절감을 자주 느낄 수 있다.

a : p 비율에서 한 항의 값이 다른 항의 두 배가 넘지 말아야 한다. 이 비율에서 두 값의 차이가 클수록 이것은 관념적인 틀과 가치기준이 지나치게 고정되고 변화시키기 힘들다는 것을 지적하는 것이다. a : p 비율 두 값의 합(a+p)이 4 이상인 경우에만 해석할 수 있다.

- 잠정적 결과 1: a : p 비율에서 두 값의 합이 4이고 한쪽의 값이 0인 경우 사고와 가치기준에서 융통성이 부족하고 다른 사람들보다 경직되어 있다는 것을 시사한다. 4단계로 갈 것.

- 잠정적 결과 2: a : p 비율에서 두 값의 합이 4를 초과하고 한쪽의 값이 다른 쪽 값의 2배 이상에서 3배인 경우, 수검자의 관념의 틀과 가치기준이 고착되어 있으며 바꾸기 힘들다는 것을 시사한다. 4단계로 갈 것.

- 잠정적 결과 3: a : p 비율에서 두 값의 합이 4를 넘고 한쪽의 값이 다른 쪽의 값보다 3배 이상인 경우 수검자는 관념의 틀과 가치기준이 상당히 고착되어 있고 융통성이 결여되어 있다. 이러한 사람들은 자신의 태도나 견해를 바꾸기가 매우 어렵고 자신과 다른 입장을 받아들이기 힘들다. 4단계로 갈 것.

▌사례 16, 17, 18의 자료에 대해 적용한 결과: 위의 세 사례에 대해서는 a : p 비율에 대한 해석을 적용할 수 없다. 16과 18은 각각 9 : 7, 6 : 4이다. 사례 17은 3 : 0으로 두 항의 합이 4를 넘지 않으므로 해석적 가정을 적용할 수 없다. ▌

4단계: HVI, OBS 및 MOR

이 세 변인들은 개념이 형성되고 사용되는 방식에 영향을 주는 정신적 태세 (sets) 또는 태도와 관련이 있다. HVI와 OBS는 처리과정과 중재에 관한 자료를 검토할 때 매우 중요한 사전 검토 정보이고 이미 살펴보았다. 그러나 이 두 지표는 관념과도 관련이 있다. 마찬가지로 MOR 반응 빈도가 부적절하면 개념적 사고에 강한 영향을 주고 있는 정신적 태세가 있다는 것을 시사한다. 각 변인들이 시사하는 특징들은 서로 배타적인 것이 아니다. 세 지표의 결과들을 모두 통합해서 고려해야 한다.

- 잠정적 결과 1: OBS에 해당되면 완벽주의적인 성향이 있다는 것을 시사한다. 강박적 성향을 지니고 있는 사람들은 개념을 형성하고 적용하는 데 상당히 조심스럽다. 자기 자신을 표현하는 데 있어서도 다른 사람들보다 말이 많은(wordy)

경우가 많은데 이는 개념적인 사고가 복잡하고 또 이것을 정확히 표현하려 한 다는 것을 시사한다. 강박적 유형은 관념적 노력과 활동을 지나치게 많이 한 다. 그러한 면에서 비효율적일 수 있다. 그러나 사고의 일관성이 없고 반복적 이거나 부적절한 언어를 사용하고 이상한 표현을 하며 이야기를 끝마치지 못 하는 것과 같은 인지적 오류가 나타나지 않는 한 취약성으로 간주하는 것은 옳지 않다.

- **잠정적 결과 2**: HVI에 해당되면 특성(trait) 같은 특징이 개인의 심리상태에 중요 한 역할을 하고 개념적 사고에도 중요한 영향을 준다는 것을 시사한다. 과경계 를 하는 사람들은 항상 준비된 상태에 있기 위하여 많은 에너지를 소비한다. 과각성되어 있는 상태는 환경에 대하여 부정적이고 신뢰하지 못하는 태도와 관련이 있는데 이는 발달과정의 경험과 관련이 있을 수 있다. 주로 어린 시절 에 중요한 대상의 반응(특히 정서적 행동이나 반응)을 제대로 예측할 수 없었던 사건들이 누적되면서 형성된다. 이러한 경험은 개인에게 불안정감과 취약성을 유발시키고 그 결과 행동을 할 때 더 조심하게 된다. 점차적으로 대인관계에서 경계심을 갖게 되고 개인적 공간에 집착하게 된다.

  과경계를 보이는 사람들은 지나친 친밀감을 기대하지 않고 때로는 다른 사 람들이 친밀감을 보이면 혼란스러워하고 의심스러워하기까지 한다. 과경계적 인 태세는 개념적 사고를 불명확하고 융통성 없게 만들고 때로는 사고가 비논 리적인 모습을 띠게 만든다. 정신병리적인 상태는 아니지만 악화되면 망상과 같은 사고를 나타낼 수도 있다.

- **잠정적 결과 3**: MOR 반응은 자기상과 직접적으로 관련이 있으므로 이를 포함 하고 있는 군집을 자세하게 검토해야 한다. MOR 반응이 3개 이상인 경우 사고 가 매우 비관적이라는 것을 시사한다. 3개가 기준이고 이는 매우 의미 있는 수치(중등도의 수준)이다. 3개 또는 그 이상일 경우 비관적 태도가 사고에 상당 한 영향을 주고 있다는 것을 의미한다.

  중등도이든 심한 정도이든 비관적인 태도를 가지고 있는 사람들은 세상과 관계를 맺을 때 의심과 낙담으로 개념화된 사고를 하게 된다. 자신이 한 노력 의 질을 고려하기보다는 노력의 결과를 항상 부정적일 것으로 예상한다. 비관적인 사람들은 사고가 매우 좁아지고 구체적인 사고를 하는 경향이 있다. 논리의 오류, 잘못된 판단 등을 하기도 한다. 전반적으로 비관적인 정신태세는 개념적인 사고의 질을 상당히 저하시키고 때로는 혼란스러운 관념을 유발하기도 한다. 5단계로 갈 것.

사례 16. 31세 남성의 관념관련 변인

L = 0.50	OBS = Pos	HVI = No	결정적 특수점수	
			DV = 0	DV2 = 0
EB = 7 : 3.5	EBPer = 2.0	a : p = 9 : 7	INC = 0	INC2 = 0
		Ma : Mp = 3 : 4	DR = 0	DR2 = 0
eb = 9 : 6	(FM = 4m = 5)		FAB = 1	FAB2 = 0
		M − = 0	ALOG = 0	CON = 0
Intell Index = 2	MOR = 3	Mnone = 0	Sum6 = 1	WSum6 = 4
			(R = 24)	

M 반응의 특징

Ⅰ 2. W + Mp.FMa + 2(H),A,Art 4.0 GHR
Ⅲ 6. W + Ma.mp.C.FD + 2 H,Fi,Fd P 5.5 COP,MOR,GHR
Ⅳ 8. W + Mp.FDo (H),Bt P 4.0 GHR
Ⅶ 14. D + Mpo 2 H P 3.0 GHR
Ⅸ 20. D + Ma.mpo H 4.5 GHR
Ⅹ 21. D + Mao 2 A 4.0 FAB,AG,PHR
Ⅹ 24. D + Mp + H,Sc 4.0 GHR

▌**사례 16의 자료에 대해 적용한 결과:** 수검자는 강박적인 성향이 있고 3개의 MOR이 있다. 강박적인 성향이 사고의 취약성으로 작용하지는 않는 것 같다. 내향형이지만 지나치지는 않고 모든 인간운동 반응의 형태질도 좋다. 특수점수(INC)도 1개뿐이다. 강박적인 성향이 취약점으로 작용하지는 않지만 중등도의 비관적인 태도를 악화시키는 역할은 할 수 있을 것 같다. 강박적인 성향은 정확성을 추구하는 반면 비관적인 성향은 의심하고 낙담시키고 실패할 것을 예상하게 한다. 이렇게 서로 상반되는 사고들이 환자에게 심리적 불편감, 의욕 저하, 주의집중의 문제 등을 야기하는 것 같다. ▌

사례 18. 28세 남성의 관념관련 변인

			결정적 특수점수	
L = 0.50	OBS = NO	HVI = No		
			DV = 2	DV2 = 0
EB = 5 : 6.5	EBPer = N/A	a : p = 6 : 4	INC = 1	INC2 = 0
		Ma : Mp = 4 : 1	DR = 0	DR2 = 1
eb = 5 : 4	(FM = 1m = 4)		FAB = 0	FAB2 = 0
		M − = 5	ALOG = 1	CON = 0
Intell Index = 5	MOR = 5	Mnone = 0	Sum6 = 5	WSum6 = 15
			(R = 18)	

M 반응의 특징

Ⅱ   5. Dd + Mp − Hd MOR,PHR

Ⅲ   6. Dd + Ma.mp − 2 Hd 5.5 AG,PHR

Ⅵ   12. Dd + Ma − Hd,Sx 2.5 DV,PHR

Ⅷ   15. Dd + Ma.mp.CF − (H), Na,Ay 3.0,PHR

Ⅹ   18. Dd + Ma.C − H,Na 4.5 ALOG,PHR

▌ **사례 18의 자료에 대해 적용한 결과:** OBS와 HVI에는 해당되지 않지만 MOR은 5이므로 심리상태가 매우 비관적이라는 것을 시사한다. 부정적인 심리상태는 인지적 활동 전반에 영향을 주어서 의심, 실패에 대한 걱정을 증가시키고 개념적인 사고에도 상당한 영향을 주는 것 같다. ▌

5단계: eb의 좌항(FM, m)

eb의 좌항의 값은 FM과 m 값을 합한 것이다. 앞 장에서 언급한 바와 같이 이 변인들은 의식적인 주의를 기울이지 않는 정신활동과 관련이 있다. 욕구를 경험(FM)하고 외부의 미묘한 기대를 인식(m)하게 되면 자동적으로 생성되는 정신활동이다. 이러한 유형의 주변적(peripheral) 사고들은 주의변화를 일으키는 각성자극 역할을 하게 되고 결과적으로 관념의 초점을 변화시키게 된다. 주변적 사고에 주의를 기울이는 것이 빈번해지고 강렬해지면 목표지향적인 개념적 사고의 효율성이 저하된다. 즉, 주변적인 사고에 주의를 기울임으로써 주의분산이 나타나게 된다.

대부분의 사람들은 이러한 경험을 하게 되고 주의집중이 힘들어지고 개념적으로 사고를 조직화하는 것이 어려워진다. 많은 경우 이러한 현상이 일시적으로 나타날 수 있다. 그러나 주변적인 정신활동을 증가시키는 원인이 충분히 해소되지 않으면 만성적으로 관념이 과부하될 수 있고 개념적인 사고가 점점 더 단편화되고 일관성이 결여될 수 있다.

eb의 좌항 값은 주변적 관념을 밝히는 데 유용한 정보를 제공해 줄 뿐이다. 좌항 값은 평균(아이들과 어른에게서 3~6개), 평균 이하, 평균 이상으로 나눌 수 있다. FM과 m 값은 각각 이러한 정신활동의 원인에 대한 보다 더 구체적인 정보를 제공해 준다. FM은 두 값 중 좀 더 안정적이고 욕구 때문에 생긴 정신활동과 관련이 있다.

어른과 아이들의 경우 FM 값은 3~5이고 FM+m 값과 1점 정도의 차이를 나타낸다. m 변인은 매우 불안정하고 상황적인 스트레스 때문에 생기는 주변적 정신활동과 관련이 있다. m 값은 0~2이고 대부분 FM 값보다 적다.

사례 18. 28세 남성의 관념관련 변인

L = 0.50	OBS = NO	HVI = No	결정적 특수점수		
			DV = 2	DV2 = 0	
EB = 5 : 6.5	EBPer = N/A	a : p = 6 : 4	INC = 1	INC2 = 0	
		Ma : Mp = 4 : 1	DR = 0	DR2 = 1	
eb = 5 : 4	(FM = 1m = 4)		FAB = 0	FAB2 = 0	
		M − = 5	ALOG = 1	CON = 0	
Intell Index = 5	MOR = 5	Mnone = 0	Sum6 = 5	WSum6 = 15	
			(R = 18)		

M 반응의 특징

Ⅱ   5. Dd + Mp − Hd MOR,PHR

Ⅲ   6. Dd + Ma.mp − 2 Hd 5.5 AG,PHR

Ⅵ   12. Dd + Ma − Hd,Sx 2.5 DV,PHR

Ⅷ   15. Dd + Ma.mp.CF − (H),Na,Ay 3.0,PHR

Ⅹ   18. Dd + Ma.C − H,Na 4.5 ALOG,PHR

• 잠정적 결과 1: eb의 좌항 값이 평균 수준(3~6개)인 경우 FM 값은 2 이상인 경우가 많다. 만약 m의 값이 FM보다 크다면 이것은 주변적인 관념이 상황과

관련된 스트레스 때문에 증가되었다는 것을 시사한다. FM 값이 2 이하이면 수검자가 욕구 때문에 생기는 자연적 정신활동이 잠입되는 것을 피하거나 최소화시키려고 노력하고 있다는 것을 시사한다. 어떤 사람들, 특히 회피적인 사람들은 욕구를 경험할 때마다 신속히 욕구를 감소시키려는 행동을 하게 된다. 또 다른 사람들은 더 통제되어 있고 목표지향적인 사고에 주변적 사고를 방어적으로 포함시켜서 일시적으로나마 욕구를 감소시키려 한다. 그러나 이러한 욕구는 결국 지속되고 때로는 더 강화되기도 한다. 예컨대, 매우 배고픈 사람이 음식목록들을 개념화하거나 음식에 더 집중하기도 한다. 이러한 방법은 배고픔을 감소시키는 데는 아무런 도움이 되지는 못하지만 배고픔 때문에 생긴 주변적 정신적 활동을 중화시키는 경향이 있다. 6단계로 갈 것.

▌ **사례 18의 자료에 대해 적용한 결과**: eb의 좌항은 평균수준(5)이지만 FM은 1개인 반면 m이 4개나 된다. FM 값은 지나치게 작은데 이는 욕구를 지나치게 서둘러서 충족시키려는 행동을 하거나, 아니면 주변적 사고와 관련 있는 욕구를 개념적 관념에 포함시킬 수 있다는 것을 시사한다. 그럼에도 불구하고 현재의 상황적인 스트레스는 평상시보다 높은 수준의 주변적인 사고들을 유발하고 있다. ▌

• **잠정적 결과 2**: eb의 좌항 값이 3보다 작은 경우는 많지 않다. 회피적인 대처를 하고 있는 사람들에게 가장 잘 나타나는 프로토콜이다. 만약 회피적인 태도가 나타나지 않는다면 이 사람은 방어적으로 주변적 사고를 목표지향적인 개념적 사고에 포함시켰을 가능성이 있다(앞의 잠정적 결과 1을 볼 것). 회피적인 성향이 존재한다면 주변적인 사고가 침입해서 생기는 불편함을 반사적으로 신속히 감소시키려고 한다. 후자는 FM이 0이나 1인 경우에 해당되는 경우가 많다. 이러한 전략은 항상성 측면에서는 긍정적일 수 있지만 조급하게 만들어 낸 반응이어서 심사숙고하지 않은 경우가 많고 그 때문에 장기적 효율성은 매우 제한적이라는 점에서 부정적일 수 있다. 6단계로 갈 것.

사례 17. 19세 여성의 관념관련 변인

L = 1.22	OBS = NO	HVI = No	결정적 특수점수		
			DV = 1		DV2 = 0
EB = 2 : 5.5	EBPer = 2.8	a : p = 3 : 0	INC = 0		INC2 = 0
		Ma : Mp = 2 : 0	DR = 3		DR2 = 0
eb = 1 : 4	(FM = 0m = 1)		FAB = 0		FAB2 = 0
		M− = 0	ALOG = 0		CON = 0
Intell Index = 1	MOR = 2	Mnone = 0	Sum6 = 4		WSum6 = 10
			(R = 20)		

M 반응의 특징

Ⅲ 5. D+ Mp.FC'o 2 H,Hh P 3.0 COP,GHR

Ⅶ 13. W+ Mao 2 H,Sc P 2.5 COP,GHR

▌**사례 17의 자료에 대해 적용한 결과:** eb의 좌항 값은 1개의 m으로만 구성되어 있다. FM 반응은 하나도 없다. 이는 주변적 사고가 없다는 것을 나타내는 것이 아니다. 오히려 이 수검자는 주변적 사고의 영향을 회피하거나 무시하기 위해 뭔가를 하고 있다는 것을 의미한다. 회피적 외향형이고 단순화시키려고 하고 있으나 분명히 감정의 영향을 상당히 받고 있다. 욕구를 감소시키기 위하여 서둘러 행동을 하는 사람이다. 욕구를 감소시키기 위해 선택한 반응들은 너무 조급하게 만들어진 것이고 장기적 결과의 고려를 심사숙고하지 않을 수 있다는 점에서 위험할 수 있다. ▌

• **잠정적 결과 3:** eb의 좌항 값이 7이고 모두 FM 값으로 이루어져 있거나 1개의 m이 포함되어 있는 경우 또는 값이 7보다 크고 FM 값이 5보다 크면 개인은 내적인 욕구상태 때문에 상당한 수준의 주변적인 정신적 활동을 경험하고 있다는 것을 의미한다. 대개는 일시적이기보다는 더 지속적이고 주의와 집중을 방해받을 가능성이 높아진다. m 값이 2 이상이면 주변적인 정신적 활동은 상황적인 스트레스 때문에 증가되었을 수 있다. 6단계로 갈 것.

• **잠정적 결과 4:** eb의 좌항 값이 7이지만 FM 값이 4를 넘지 않거나, 7 이상이지만 FM 값이 5를 넘지 않는 경우 eb 좌항 값이 높아진 것은 m 값이 증가되었기 때문일 수 있다. 이는 주변적인 정신적 활동이 상황과 관련된 스트레스 때문에

생겨났다는 것을 의미한다. 일시적으로 나타나는 경우가 많고 이 기간 동안 주의집중 활동은 현저하게 저하된다는 것이 중요하다.

사례 16. 31세 관념관련 변인

L = 0.50	OBS = Pos	HVI = No	결정적 특수점수	
			DV = 0	DV2 = 0
EB = 7 : 3.5	EBPer = 2.0	a : p = 9 : 7	INC = 0	INC2 = 0
		Ma : Mp = 3 : 4	DR = 0	DR2 = 0
eb = 9 : 6	(FM = 4 m = 5)		FAB = 1	FAB2 = 0
		M − = 0 ALOG = 0		CON = 0
Intell Index = 2	MOR = 3	Mnone = 0 Sum6 = 1		WSum6 = 4
		(R = 24)		

M 반응의 특징

I	2. W + Mp.FMa + 2 (H),A,Art 4.0 GHR
III	6. W + Ma.mp.C.FD + 2 H,Fi,Fd P 5.5 COP,MOR,GHR
IV	8. W + Mp.FDo (H),Bt P 4.0 GHR
VII	14. D + Mpo 2 H P 3.0 GHR
IX	20. D + Ma.mpo H 4.5 GHR
X	21. D + Mao 2 A 4.0 FAB,AG,PHR
X	24. D + Mp + H,Sc 4.0 GHR

▌ **사례 16의 자료에 대해 적용한 결과**: eb의 좌항 값은 4개의 FM과 5개의 m으로 구성되어 있다. 상황과 관련된 스트레스가 주변적인 사고를 비정상 적으로 증가시켰다. 이로 인해 산만해지고 주의집중의 문제를 나타내고 있다. 이는 수검자가 호소하는 불편감과도 관련이 있는 것 같다. 주변적인 사고가 목표지향적인 사고를 방해하고 있고 수검자는 좌절감을 느끼고 있 고 자신의 강박적인 행동방식 때문에 더 혼란스러워하고 있다. ▌

6단계: Ma : Mp

누구나 때로는 환상(fantasy)에 빠진다. 환상은 개념적인 관념을 사용하여 일시 적으로나마 현실의 요구와 짐에서 벗어나기 위한 편리한 방법이다. 책, 텔레비

전, 라디오, 영화 등은 모두 환상을 부추긴다. 나름대로 현실에서 벗어날 수 있는 손쉬운 방법을 제시해 주기는 하지만 환상에 빠질 때 이러한 것들이 반드시 필요한 것은 아니다. 많은 사람들은 백일몽, 개념적 사고가 현실 이외의 다른 어떤 것에 초점을 두게 되는 환상과정에 빠질 수 있다.

기억, 미래에 대한 생각, 욕구, 욕망 등과 같은 자료를 이용해서 즉각 백일몽으로 빠져들 수도 있다. 이는 매우 흔히 나타나는 현상으로 이러한 때 관념의 목표는 현실세계의 지루함을 거부하고 더 쉽게 다룰 수 있는 상황으로 대치시키는 것이다. 흔히 환상은 현실의 고통을 일시적으로 제거시켜 주는 것 이상의 역할을 한다. 비록 현실적이지는 않지만 이것은 보상적이고 아마도 어떤 사람들의 경우에는 절대적 통제감을 가져다준다는 측면에서 매우 중요할 수 있다.

환상이 가져다준 심리적인 안도감은 일시적이기는 하지만 방어체계를 구성하는 한 요소이기 때문에 이를 사용하는 사람도 있다. 이런 사람들은 통상적인 경우보다 더 자주 환상에 빠지는 경향이 있다. 그러나 환상을 과도하게 사용하면 일시적으로 강화적일 수는 있으나 점점 현실에서 너무 자주 멀어지게 되므로 심리적으로 취약해질 수 있다. 관념적인 부정을 너무 자주 하면 불유쾌한 상황이 발생할 때마다 그 상황을 충분히 오랫동안 피하기만 하면 외부의 힘이 이 문제를 해결해 줄 것이라는 막연한 생각을 갖게 되고, 따라서 더욱더 의존적인 모습을 나타내게 된다. 환상을 과도하게 사용하는 것은 누구에게나 위험한 일이지만 내향형의 경우 더 위험하다. 왜냐하면 기본적인 대처방식이 장기간 동안 비효율적일 수 있기 때문이다.

Ma : Mp 비율은 개인의 환상에 대한 직접적인 정보를 제공해 주지는 않는다. Ma 값은 항상 Mp 값보다 크다는 사실을 알아야 도움이 된다. 사례 17과 18처럼 차이값의 크기는 해석적인 의미가 별로 없다. 그러나 Mp가 Ma보다 크면 지나치게 환상을 많이 사용한다는 것을 의미한다. 이 비율이 해석적인 의미를 가지려면 M 값이 1보다는 커야 한다.

- **잠정적 결과 1**: Mp 값이 Ma 값보다 1점 이상 크면 개인은 스트레스를 받을 때 현실을 환상으로 대치하려는 방어적 성향이 높다는 것을 의미한다. 만약 이 사람이 지나치게 의존적이라는 근거가 다른 자료에서 나타나지 않으면 효

율적인 방어전략일 수 있고 심리적 취약점이 되는 것으로 보아서는 안 된다. 그러나 다른 사람에게 지나치게 의존하는 것으로 나타나면 환상을 과도하게 사용하는 것이 의존 성향을 더 악화시킬 수 있다. 7단계로 갈 것.

사례 16. 31세 남성의 관념관련 변인

L = 0.50	OBS = Pos	HVI = No	결정적 특수점수	
			DV = 0	DV2 = 0
EB = 7 : 3.5	EBPer = 2.0	a : p = 9 : 7	INC = 0	INC2 = 0
		Ma : Mp = 3 : 4	DR = 0	DR2 = 0
eb = 9 : 6	(FM = 4m = 5)		FAB = 1	FAB2 = 0
		M− = 0 ALOG = 0		CON = 0
Intell Index = 2	MOR = 3	Mnone = 0	Sum6 = 1	WSum6 = 4
			(R = 24)	

M 반응의 특징

I   2. W+ Mp.FMa+2 (H),A,Art 4.0 GHR
III   6. W+ Ma.mp.C.FD+2 H,Fi,Fd P 5.5 COP,MOR,GHR
IV   8. W+ Mp.FDo (H),Bt P 4.0 GHR
VII 14. D+ Mpo 2 H P 3.0 GHR
IX 20. D+ Ma.mpo H 4.5 GHR
X 21. D+ Mao 2 A 4.0 FAB,AG,PHR
X 24. D+ Mp+ H,Sc 4.0 GHR

┃ **사례 16의 자료에 대해 적용한 결과:** Mp가 Ma 값보다 1 이상 큰 경우로 환상에 몰두하고 있다는 것을 시사한다. 현재의 불편감과 관련이 있는지 또는 심리적 취약성과 관련이 있는지 알려면 대인관계 양상을 파악해야만 한다. ┃

• **잠정적 결과 2:** Mp 값이 Ma보다 2점 이상 클 경우, 즐겁지 않은 상황에 직면하면 습관적으로 환상세계로 도망가 버리는 경향이 있다는 것을 시사한다. 이를 백설공주 증상(Snow White Syndrome)이라고 하는데 책임을 지거나 의사결정을 해야 하는 상황을 회피하려는 성향이 뚜렷한 것을 말한다. 현실을 부정하려고 환상을 과도하게 사용하지만 그 결과는 자신의 욕구와의 정반대로 나타나는 경우가 많다.
　다른 사람에게 지나치게 의존적이고 스스로 상당한 무기력감을 느낀다. 불행히도 다른 사람들에게 이용당하기 쉽다. 내향형이 이러한 방어적 대처양식을 과도하게 사용하면 복잡하고 스트레스를 주는 상황에서 비굴하리만큼 의존적인 모습을 보여서 더 문제가 될 수 있다.

7단계: 주지화지표

주지화는 개념적 사고를 방어적으로 사용하는 또 다른 방법이다. 감정을 누그러뜨리고 약화시키기 위하여 관념을 사용하는 것에 대해서는 4장에서 이미 언급하였다. 주지화는 현실을 다소 변형시켜 비정상적인 사고를 하는 부인의 한 형태이다. 예컨대, 분명히 슬퍼 보이는 사람이 "나는 괜찮아요." 라고 말한다면 자신의 말이 옳다는 것을 믿기 위해 내부단서에 대한 개념화를 왜곡시키고 있는 것이다.

많은 사람들이 주지화 기제를 사용하지만 지나치게 사용하면 논리적 오류를 범할 수 있고 내적 단서를 왜곡하기도 한다. 주지화가 자동적으로 사고 문제를 유발하는 것은 아니지만 잘못된 개념을 형성하고 사용할 가능성은 높아진다. 극단적인 경우 주지화는 망상적인 사고에서 나타나는 매우 잘못된 개념을 만들고 유지시키는 기본적인 요소가 될 수도 있다.

사례 18. 28세 남성의 관념관련 변인

L = 0.50	OBS = NO	HVI = No	결정적 특수점수			
			DV = 2		DV2 = 0	
EB = 5 : 6.5	EBPer = N/A	a : p = 6 : 4	INC = 1		INC2 = 0	
		Ma : Mp = 4 : 1	DR = 0		DR2 = 1	
eb = 5 : 4	(FM = 1m = 4)		FAB = 0		FAB2 = 0	
		M− = 5	ALOG = 1		CON = 0	
Intell Index = 5	MOR = 5	Mnone = 0	Sum6 = 5		WSum6 = 15	
			(R = 18)			

M 반응의 특징

Ⅱ 5. Dd+ Mp− Hd MOR,PHR

Ⅲ 6. Dd+ Ma.mp− 2 Hd 5.5 AG,PHR

VI 12. Dd+ Ma− Hd,Sx 2.5 DV,PHR

Ⅷ 15. Dd+ Ma.mp.CF− (H), Na,Ay 3.0,PHR

Ⅹ 18. Dd+ Ma.C− H,Na 4.5 ALOG,PHR

- **잠정적 결과 1**: 주지화지표의 값이 4~6이면 주지화 경향이 매우 강하다는 것을 시사한다. 특정 상황의 실제적 영향을 부인하기 위해 개념적인 사고를 왜곡된 형태로 받아들이는 경향이 있다는 것을 시사한다. 8단계로 갈 것.

  ▎**사례 18의 자료에 대해 적용한 결과**: 지표값이 5이므로 수검자는 주지화 하는 경향이 매우 강하고 왜곡된 개념화를 형성하거나 수용할 가능성이 높다. ▎

- **잠정적 결과 2**: 지표값이 6을 넘으면 스트레스를 느끼는 상황에서 주된 방어기 제로 주지화를 사용하고 있다는 것을 시사한다. 부정기제 사용을 감추거나 허용하는 유사 주지화가 나타날 수 있고 이를 사용하게 되면 자신의 감정을 직접적, 현실적으로 다룰 가능성이 감소한다. 이러한 상황에서는 매우 취약해져서 왜곡된 개념을 수용하기도 하고 스트레스의 양이 많아지면 주지화가 효율적이지 않아서 강한 정서를 경험하게 되고 결과적으로 관념이 혼란스러워질 수도 있다.

8단계: Sum6과 WSum 6

사고가 명료한지 특이한지를 살펴보는 4단계 중 첫 번째 단계이다. 6개의 특수 점수를 통해 개념적인 사고에 문제가 있는지를 살펴보고 관념이 명료한지 여부에 대해서도 간접적으로 정보를 얻을 수 있다. 특수점수들은 각각 인지적 오류, 관념적 실수 등을 나타내 주지만 각각이 나타내는 문제의 심각성에는 상당한 차이가 있다. 따라서 가중치를 두게 된다. 다음과 같이 세 수준으로 나누어서 DVI을 제일 왼쪽, CONTAM을 가장 오른쪽에 배열하는 것이 가장 바람직하다.

DVI, INC1, DR1	DV2, FAB1, INC2, ALOG	DR2, FAB2, COMTAM
MILD	SERIOUS	SEVERE

두 번째와 세 번째에 속하는 특수점수들이 개념적 또는 관념적 문제를 더 잘

나타내 준다는 것을 알 수 있다. 첫 번째 세 항목(DV1 INC1 DR1)은 인지적 부주의를 나타내 준다. 이것이 관념을 연구하는 데 중요하지 않다는 것은 아니다. 사고의 명료성이 부족하다는 것을 시사하고 빈도가 매우 높으면 개념적 사고의 문제가 있다는 것을 시사한다.

DV1 반응은 인지적 관리에 문제가 있다는 것을 나타내 주는 간단한 지표이다. 언어를 부적절하게 사용하거나 특이한 언어적 표현을 한다면 의사소통을 분명히 할 수가 없다. 이러한 점은 말을 배워 가고 있는 아이들에게는 흔히 나타난다. DV1이 2~3개일 때까지는 별로 중요하지 않다. 그러나 성인의 경우 빈도가 높으면 인지적 문제가 있다는 것을 시사하고 언어능력에 대해서도 철저히 탐색해 보아야 한다. DV2는 훨씬 더 심각한 인지적 관리의 오류를 시사한다. 흔히 개념적 조작에 침투하는 집착이 있다는 것을 나타내 준다.

INCOM1은 6개의 특수점수 중에서 비환자 성인집단에서 가장 흔하게 나타나는 특수점수이고 아동의 반응에서도 매우 흔하게 나타난다. 반점의 어떤 부분들을 비정상적으로 통합하여 하나의 대상으로 지각한 경우에 채점한다. 기괴하지는 않지만 구체적인 추론을 하거나 변별을 해야 하는 상황에서 개념적으로 적절하지 않다는 것을 시사한다. DV1이 있고 1~2개의 INCOM1 반응이 있다는 것만으로 걱정할 필요는 없다. 반면에 INCOM2 반응은 단순히 변별을 하지 못했다는 것만을 의미하지는 않는다. 현실을 지나치게 무시하거나 집착하는 것이 사고에 영향을 주는 사람들에게서 흔히 나타나는 것으로 기이하고 매우 경직된 논리가 있다는 것을 반영한다.

DR1 반응은 우유부단하고 과제와 거리를 두려는 방어적인 태도를 나타낸다. 이런 면에서 단순히 판단력이 좋지 않다는 것을 시사할 수 있다. 그러나 빈도가 지나치게 높거나 과도하게 산만한 경우에는 관념적인 충동성을 통제하지 못할 수도 있다. DR2 반응은 관념이나 충동통제에 더 큰 문제가 있다는 것을 시사한다. 목표에 정확히 맞추는 능력이 심하게 손상되어 있다는 것을 의미한다. 하나의 DR2 반응이 있어도 개념적인 사고가 충동적이고 산만하다는 것을 나타내 준다.

FABCOM1 반응은 관념의 형태가 미성숙하다는 것을 시사한다. 연상이 이완되어 있고 비합리적인 통합을 하는데 이러한 현상은 사고가 명료하지 않을 때 나타난다. 어린아이들에게는 드물지 않은 일이지만 청소년과 성인에게서는 잘 나타나지 않는다. 12세 이상인 사람에게 FABCOM1이 2개 이상 나타났다면 좋지 않은 징후이다. 사고가 이완되어 있거나 미성숙한 사고가 있다는 것을 시사한다. FABCOM2 반응은 더욱 기괴하고 개념화에 손상이 있다는 것을 시사한다. 현실을 극도로 무시하고 판단에 심각한 오류가 있고 통제할 수 없는 관념의 영향을 과도하게 받고 있다는 것이다. FABCOM2 반응이 하나만 있어도 심각한 사고 문제를 나타내고 개념왜곡이 심해서 현실검증 능력이 손상되어 있을 가능성이 높다는 것을 의미한다.

ALOG 반응은 잘못된 인과관계를 만들어 내고 지속시킨다는 점에서 논리적인 문제가 있다는 것을 나타내 준다. 일반적으로 기괴하기보다는 지나치게 구체적이고 부적절한 판단이 개념화에 영향을 주게 된다. 어린아이에게는 드물지 않은 현상이지만 청소년이나 성인에게 나타날 경우 판단력에 문제가 있고 미성숙한 사고를 하고 있다는 것으로 보아야 한다. CONTAM 반응은 매우 드물고 심각하게 관념이 와해되어 있다는 것을 시사한다. 부자연스러운 논리와 결합될 수 있는 유동적인 개념화를 나타낸다. 결국 현실과는 매우 동떨어진 형태의 사고를 나타내게 된다.

대부분의 프로토콜은 특수점수를 포함하게 되고 특수점수의 빈도는 아동에게서 훨씬 더 높다. DR2, FAB2, CONTAM를 제외하고 빈도가 낮을 경우 그리 중요한 것은 아니다. 총점(Sum6)은 잘못된 인지적 관리와 실수가 얼마나 자주 나타나는지를 알려 주기 때문에 해석할 때 중요하다. 가중치를 준 총점(WSum6)을 R과 관련지어 보면 사고의 명료성과 사고장애가 있는지에 대해 구체적으로 알 수 있다.

Sum6, Wsum6은 관념과정이 명료한지를 알려 주고 6개의 특수점수의 빈도도 이에 대한 간접적인 정보를 제공해 준다. 현저하게 부정적인 특징이 없다는 것은 인지적 관리나 관념적 오류가 기대하는 것보다 자주 나타나지 않는다는 것을 의미한다. '무소식이 희소식'이라는 말처럼 사고의 명료성을 의심할 만한 자료는 나타나지 않았다는 것이다. 그렇다고 해서 사고가 적절하고 효과적이라는 것을 의미하지는 않는다. 관념의 명료성은 또 다른 단계에서 검토해야 하고 그 결과에 따라 명료성에 대한 가설을 수정할 수도 있다.

• 잠정적 결과 1: 성인이나 14세 이상의 청소년의 경우 반응 수와 무관하게 Wsum6이 6 이하이고 수준 1의 DV, INCOM, DR 반응을 하나만 포함하고 있는 경우는 흔히 나타나므로 개념적 사고의 명료성을 의심할 만한 결과로 보지 않는다.

사례 16. 31세 남성의 관념관련 변인

L = 0.50	OBS = Pos	HVI = No	결정적 특수점수	
			DV = 0	DV2 = 0
EB = 7 : 3.5	EBPer = 2.0	a : p = 9 : 7	INC = 0	INC2 = 0
		Ma : Mp = 3 : 4	DR = 0	DR2 = 0
eb = 9 : 6	(FM = 4m = 5)		FAB = 1	FAB2 = 0
		M− = 0	ALOG = 0	CON = 0
Intell Index = 2	MOR = 3	Mnone = 0	Sum6 = 1	WSum6 = 4
			(R = 24)	

M 반응의 특징

I	2.	W +	Mp.FMa + 2(H),A,Art 4.0 GHR
III	6.	W +	Ma.mp.C.FD + 2 H,Fi,Fd P 5.5 COP,MOR,GHR
IV	8.	W +	Mp.FDo (H),Bt P 4.0 GHR
VII	14.	D +	Mpo 2 H P 3.0 GHR
IX	20.	D +	Ma.mpo H 4.5 GHR
X	21.	D +	Mao 2 A 4.0 FAB,AG,PHR
X	24.	D +	Mp + H,Sc 4.0 GHR

• 잠정적 결과 1a[어린 수검자]: 어린 수검자의 경우 개념적 사고는 성인이나 나이 많은 청소년보다 명확하지 않고 정교하지도 않다. 이들은 인지적 오류도 많고 관념적 실수를 더 많이 한다. 그런 맥락에서 다음의 지침은 CONTAM 반응이 없을 때 관념의 명료성에 대한 결론을 내릴 때 사용할 수 있다.

　－11~13세 WSum6이 8보다 작고

　－8~10세 WSum6이 10보다 작고

　－5~7세 WSum6이 12보다 작으면 9단계 진행.

▌**사례 16의 자료에 대해 적용한 결과:** Sum6는 1, WSum6 값은 4이고 FABCOM 반응이 하나 있다. 현재 개념적 사고의 명료성을 의심할 만한

이유는 없다. ▌

- **잠정적 결과 2:** 성인이나 14세 이상의 청소년의 경우 반응 수와 상관없이 WSum6의 값이 6 이하이면서 CONTAM이나 수준 2 반응을 포함하고 있지 않지만 FABCOM이나 ALOG 반응을 하나라도 포함하고 있을 때는 판단의 장애나 관념적인 오류를 범할 가능성이 일반인보다 높다. 항상 사고에 문제가 있는 것은 아니지만 사고가 명확하지 않고 미성숙하고 정교하지 않은 개념화를 나타낼 수 있다. 9단계로 갈 것.

- **잠정적 결과 3:** 성인이나 14세 이상의 청소년으로 반응 수가 17개 이상이고 WSum6의 값이 7~10의 범위이지만 CONTAM과 수준 2 반응을 보이지 않으면 관념적 활동과 판단오류가 자주 나타날 수 있다. 항상 사고 문제가 나타나는 것은 아니지만 사고가 명확하지 않고 상당히 덜 정교한 경향이 있다. 이러한 가정은 성인이나 청소년 중 반응 수가 16개보다 적고 WSum6 값이 7~9 범위이고 CONTAM과 수준 2 반응을 보이지 않는 경우에도 적용할 수 있다.

- **잠정적 결과 3a [어린 수검자]:** CONTAM 반응이 없고 다음과 같은 연령일 경우 유사한 결론을 적용할 수 있다.
  - -11~13세의 경우 WSum6이 9~12 범위
  - -8~10세의 경우 WSum6이 11~14 범위
  - -5~7세의 경우 WSum6이 13~15 범위이면 9단계로 갈 것.

사례 17. 19세 여성의 관념관련 변인

L = 1.22	OBS = NO	HVI = No	결정적 특수점수	
			DV = 1	DV2 = 0
EB = 2 : 5.5	EBPer = 2.8	a : p = 3 : 0	INC = 0	INC2 = 0
		Ma : Mp = 2 : 0	DR = 3	DR2 = 0
eb = 1 : 4	(FM = 0m = 1)		FAB = 0	FAB2 = 0
		M− = 0 ALOG = 0		CON = 0
Intell Index = 1	MOR = 2	Mnone = 0	Sum6 = 4	WSum6 = 10
		(R = 20)		

M 반응의 특징
Ⅲ 5. D+ Mp.FC'o 2 H,Hh P 3.0 COP,GHR
Ⅶ 13. W+ Mao 2 H,Sc P 2.5 COP,GHR

▌**사례 17의 자료에 대해 적용한 결과:** WSum6의 값이 10으로 1개의 DV와 3개의 DR로 구성되어 있다. DR 반응은 과제로부터 거리를 두려는 방어적인 태도를 나타내고 관념적 충동을 제대로 통제하지 못하기 때문에 판단이 정확하지는 않을 수 있다. 이러한 가정이 맞으려면 회피적인 대처양식을 나타내야 하는데 이것은 9단계에서 다시 언급할 것이다. ▌

사례 18. 28세 남성의 관념관련 변인

L = 0.50	OBS = NO	HVI = No	결정적 특수점수	
			DV = 2	DV2 = 0
EB = 5 : 6.5	EBPer = N/A	a : p = 6 : 4	INC = 1	INC2 = 0
		Ma : Mp = 4 : 1	DR = 0	DR2 = 1
eb = 5 : 4	(FM = 1m = 4)		FAB = 0	FAB2 = 0
		M− = 5 ALOG = 1		CON = 0
Intell Index = 5	MOR = 5	Mnone = 0	Sum6 = 5	WSum6 = 15
			(R = 18)	

M 반응의 특징

Ⅱ   5. Dd+ Mp − Hd MOR,PHR

Ⅲ   6. Dd+ Ma.mp − 2 Hd 5.5 AG,PHR

Ⅵ 12. Dd+ Ma − Hd,Sx 2.5 DV,PHR

Ⅷ 15. Dd+ Ma.mp.CF − (H),Na,Ay 3.0,PHR

Ⅹ 18. Dd+ Ma.C − H,Na 4.5 ALOG,PHR

• **잠정적 결과 4:** 성인이나 14세 이상의 청소년이 반응 수가 17개 이상이고 WSum6이 11~17 범위일 경우 심각한 사고 문제가 있다는 것을 시사한다. 관념이 제대로 연결되지 않고 사고를 혼탁하게 만드는 개념화의 오류가 나타나고 판단의 오류가 더 자주 나타날 수 있다. 결과적으로 의사결정의 오류가 상당히 증가할 수 있다. 성인과 나이가 많은 청소년 중 반응 수가 16개 이하이고 WSum6의 값이 10~12인 경우에도 적용된다.

• **잠정적 결과 4a [어린 수검자]:** 다음과 같은 연령기준에 맞는 어린 수검자들에게도 위에서 언급한 결론을 적용할 수 있다.

-11~13세 WSum6이 13~17

-8~10세 WSum6이 15~19

-5~7세 WSum6이 16~20 사이에 있으면 9단계로 갈 것.

▌ **사례 18의 자료에 대해 적용한 결과:** 18개의 반응에서 WSum6 값이 15이다. 5개의 특수점수로 이루어져 있다. 이는 대학교를 졸업한 집단에서는 잘 나타나지 않는 점수이고 사고에 심각한 문제가 있다는 것을 시사한다. 사고가 충동적이고 잘 연결되지 않고 매우 경직된 논리를 가지고 있는 것 같다. ▌

• **잠정적 결과 5:** 성인이나 14세 이상의 청소년에서 반응 수가 17개 이상이고 WSum6이 18 이상인 경우 사고가 심하게 혼란되어 있다는 것을 시사한다. 개념화가 손상되어 있고 현실검증 능력은 매우 낮다. 사고는 혼란스럽고 일관성이 결여되어 있고 잘못된 판단을 하는 경우가 많다. 기괴한 개념화도 자주 나타나고 일상적 요구를 효과적으로 처리할 수 없다. 성인이나 나이가 많은 청소년 중 반응 수가 16개 이하이고 WSum6 값이 12 이상인 경우에도 똑같이 적용할 수 있다.

• **잠정적 결과 5a[어린 수검자]:** 이상의 결론은 다음과 같은 연령 범위의 어린 수검자들에게도 적용할 수 있다.

-11~13세 WSum6이 18 이상

-8~10세 WSum6이 19 이상

-5~7세 WSum6이 20 이상이면 9단계로 갈 것.

9단계: 특수점수의 평가

때로는 WSum6가 관념의 부정적인 특징을 과소평가하거나 과대추정할 수도 있다. 따라서 특수점수가 부여된 반응을 재검토해 볼 필요가 있다. 예컨대, 수검자가 동물을 기술할 때 습관적으로 발이나 발톱 대신에 손으로 기술하여 WSum6 값이 채점되었을 수도 있다. 이 경우 4~5개의 WSum6 값을 얻게 되면 전체 값에 부정적인 영향을 주게 된다. 즉, INCOM 채점이 정확할 수는 있지만 WSum6 값은 잘못 해석될 수 있으므로 8단계의 의미는 다소 축소된다. 반대로 프로토콜에 2~3개의 특수점수가 있고 다소 기괴하기는 하지만 수준 2의 기준에 맞지 않는 경우도 있다. 이 경우 WSum6은 실제보다 관념적 오류를 낮게 평가할 수 있다.

이 단계에서는 다음의 세 가지 측면에 초점을 두고 다소 주관적인 평가를 하게 된다: (1) 특수점수가 특정 문화의 현상을 반영하는 정도 또는 교육적인 한계나 지속적으로 단어 선택에 오류를 나타내는 정도, (2) 불명확한 사고와 판단의 오류가 반응에 나타나고 있는 정도, (3) CONTAM, 수준 2 반응, ALOG 반응에서 나타나는 기괴한 특징이 병리적인 사고를 나타내 주는 정도.

- **잠정적 결과 1**: 대부분의 반응들이 특수점수를 포함하고 있다면 특정 문화권에서 일상적으로 사용하는 용어일 수 있거나 또는 비슷한 교육적 배경에서 흔히 사용되는 용어일 수 있으므로 관념적 실수의 의미는 감소한다. 그러나 이를 완전히 무시해서는 안 된다. 마찬가지로 대부분의 특수점수가 반복적인 단어 선택 문제 때문에 나타난 것이라면 8단계의 결론은 수정해야 한다. 8단계에서 수정했다면 10단계에서 재평가해야 한다.
- **잠정적 결과 2**: 때로는 결정적인 특수점수가 부여된 반응들이 기괴하지는 않지만 해당 연령의 사람들에게 기대할 수 있는 것보다 지나치게 허점이 많고 논리적으로 미성숙할 수 있다. 이런 경우에는 8단계에서 설정한 가설을 확대시켜 수검자는 사회적으로 부적절하고 관념을 적절히 사용하는 것이 불가능하다고 생각할 수 있다. 때로는 통제에 관한 자료들이 이러한 결론을 뒷받침해 줄 수도 있다. 그러나 이를 고려하지 않더라도 개념화는 잘못된 판단과 논리의 영향을 받을 가능성이 높다.
- **잠정적 결과 3**: ALOG, CONTAM 및 수준 2 반응이 기괴하여 사고가 상당히 혼란되어 있다는 것을 시사하고 있는 경우, 최근 행동을 통해서도 이를 알 수 있다. 최근의 행동이 이러한 결과를 지지해 주지 않는다면 과장하고 있거나 꾀병을 부리고 있을 가능성을 고려해 보아야 한다. 10단계로 갈 것.

▌**사례 16의 자료에 대해 적용한 결과**: 1개의 FABCOM 반응이 있다.

카드 X(D2) "이 윗부분(D8)은 두 마리의 개미가 막대든지 뭔가를 가지고 논쟁하고 있다." [질문] "막대기가 하나씩 있고 그걸 다리로 서로 밀면서 상대방의 것을 빼앗으려고 하고 있다. 여기 더듬이 그리고 다리, 이것이 뭔지 모르겠지만 막대기 같다." 이 반응은 FABCOM으로 채점해야 한다. 개미는 논쟁할 수 없다. 그러나 어떤 면에서 보면 DV 같기도 한데 '논쟁하다'라는 단어를 '싸운다'라는 단어 대신에 선택하였기 때문이다. 개미들은 싸울 수 있다. 따라서 인지적 통제가 제대로 이루어지지 않고 있다는 것을 나타내 주는 작은 증거에 불과하다. 여기서 제시하고 있는 결정적 특수점수는 관념의 명료성에 대하여 의문을 제기할 정도는 아니며 사고에 문제가 있다는 것을 나타내는 것도 아니다.

사례 17의 자료에 대해 적용한 결과: 이 프로토콜에서 4개의 특수점수가 있다.

카드 II(D6): "나에게 공포 때문에 몸서리치고 있는 나방처럼 보여요." [질문] "나는 '공포 때문에 몸서리치고 있는'이라고는 말하지 않았어요. 무시무시하다고 했어요. 무시무시하다는 것은 나방이 무시무시하다는 것이고 특히 이렇게 검은색이 그러네요. 여기에 날개가 있구요."[DV]

카드V(W): "내가 창조적이 되어야 할 것 같아요. 앞에서는 커다란 새라고 했는데 지금은 커다란 독수리라고 해야 할 것 같지만, 사실 진짜 독수리로 봤는지는 잘 모르겠어요. [질문] 그냥 커다란 날개, 발톱들 같다. 독수리들은 발톱을 가지고 있으니까."[DR]

카드 IX(D1): "이 부분은 누군가가 나무 위에 색칠을 해 놓은 것 같아요. 나는 왜 이 사람이 나무 위에 칠을 해 놓았는지 모르겠어요." [질문] "나무 위에서 내려다보면 어떤 것은 다른 것보다 가깝게 보이잖아요. 여기 검은 점들이 보이네요." (검사자: 내가 제대로 보고 있는지 잘 모르겠습니다.) "누군가가 나무 위에다 칠을 해 놓은 것처럼 둥글고 녹색이네요."[DR]

카드 X(D9): "이것은 끔찍하네요. 내가 이것은 피라고 말했죠." [질문] "나도 왜 이렇게 했는지 모르지만 어쨌든 누군가가 이렇게 했어요. 모두 빨간색이고 이것은 피 같잖아요, 당신이 나에게 물어보는 것이 매우 바보 같은 짓이에요."[DR]

8단계에서 특수점수를 통해 수검자가 과제로부터 거리를 두려는 방어적인 시도를 하고 있고 판단력이 부족하고 관념적인 충동성을 제대로 통제하지 못하고 있다는 것을 알 수 있다. 반응을 검토한 결과 수검자의 사고는 매우 구체화되어 있고 미성숙하다는 가설을 재확인할 수 있었다. ▌

▌**사례 18의 자료에 대해 적용한 결과:** 이 프로토콜은 5개의 반응에 특수점수를 부여할 수 있다.

카드 I(W): "이것은 아무도 본 적이 없는, 발견되지 않은 땅의 지도 같아요." [질문] "여기 모두가 그런 것 같은데 아무도 본 적이 없다면 아마도 아틀란티스일 거예요. 그러나 내가 아틀란티스라고 한 것은 아니고 그렇게 본 것은 아니지만 뭔지 아무도 알 수 없는 것 같아요."[DR2]

카드 III(WS): "저, 이것은 검은 과부 거미네요. 왜냐하면 배에 모래시계가 있고 여기가 팔 그리고 머리네요. 진짜는 아닌 것 같고 예술가가 추상적으로 그려 놓은 것 같아요." [질문] "실제로 그런 게 있지는 않죠. 여기가 머리이고 몸 그리고 팔과 모래시계 그리고 여기 있는 빨간 표시 둘은 이 거미가 새끼를 낳은 후 배우자를 죽였다는 것을 나타내는 것이에요. 나머지 부분은 하얗고 검은데 이것은 예술가가 추상적으로 표현한 것 같아요."[INC]

카드 IV(W): "아마도 매우 거대한 성적 상징물로 조그만 머리를 가지고 있고 큰 팔을 가지고 있네요. [질문] 작은 머리에 커다란 코가 앞쪽으로 뻗어 나와 있어요. 그리고 여기 펄럭거리는 것이 팔(지적) 같아요. 아마도 네오 호에 있는 바다괴물 같아요. 거대한 지느러미가 여기 있고(흔적들) 여기 조그만 머리이고 이것에 대하여 책에서 본 적이 있는 것 같아요."[DV]

카드 VI(Dd99): "모든 사람들이 성교하는 것으로 보겠지만 나는 딱 그렇게 보이지는 않네요." [질문] 여기는 여성의 질 같고 여기는 남자 성기 같고 서로 성교하는 것 같아요."[DV]

카드 X(D2): "보세요. 여자 아이가 풀장에서 뒤로 공중제비를 하고 있어요. 마치 다이빙 대회에서 뒤 공중제비를 하고 있는 것 같아요." [질문] "이것은 진짜 바보 같은 짓이에요. 마지막 맞죠?" (검사자: 예.) "여자든 남자든 누구일 수도 있으나 여자인 것 같아요. 여자들이 뒤 공중제비를 하잖아요. 여자 등은 그걸 하기 더 좋게 만들어졌거든요." (검: 내가 당신이 본 것처럼 보고 있는지 잘 모르겠어요.) "여기 오른쪽 팔이 뻗어 있고 몸이 뒤쪽으로 구부러져 있어요(흔적). 얼굴은 잘 보이지가 않아요. 여기 아래 푸른색은 물이에요. 물은 푸른색이잖아요."[ALOG]

8단계에서는 수검자에게 심각한 사고 문제가 있고 관념이 잘 연결되지 않고 충동적이라는 것을 알 수 있다. 5개의 반응을 검토해 보면 이러한 생각이 옳다는 것을 알 수 있다. 수검자의 말은 조리가 없고 과장된 인지적 특성을 보이기도 한다. 판단력은 별로 좋지 않고 때로는 카드 X의 반응처럼 지나치게 구체화되어 있다. 그러나 망상적인 반응을 보이지는 않는다. 관념의 문제를 나타내고는 있는데 이는 통제된 방식으로 개념화하는 어려움과 관련이 있는 것 같다. 이러한 점은 현실검증 능력에 부정적 영향을 줄 것이다.

10단계: M 반응의 형태질

인간운동 반응은 가장 분명하게 개념적인 사고를 표상해 주는 반응이므로 관념의 명료성을 평가할 때 인간운동 반응의 형태질을 평가하는 것은 매우 유용한 정보를 제공해 준다.

대부분 M 반응은 +, o 또는 u의 형태질을 나타내지만 관념이 기대되는 것보다 모호하고 독특하거나 혼란된 사고를 나타낼 경우 그렇지 않을 수도 있다. 이 자료는 8, 9단계와 일치한다. 그러나 어떤 경우에는 관념상의 미묘한 문제를 앞 단계에서 미처 파악하지 못할 수도 있으므로 이 단계에서 M 반응의 형태질을 검토하면 더 분명하게 알 수 있다.

사례 16. 31세 남성의 관념관련 변인

L = 0.50	OBS = Pos	HVI = No	결정적 특수점수	
			DV = 0	DV2 = 0
EB = 7 : 3.5	EBPer = 2.0	a : p = 9 : 7	INC = 0	INC2 = 0
		Ma : Mp = 3 : 4	DR = 0	DR2 = 0
eb = 9 : 6	(FM = 4m = 5)		FAB = 1	FAB2 = 0
		M− = 0	ALOG = 0	CON = 0
Intell Index = 2	MOR = 3	Mnone = 0	Sum6 = 1	WSum6 = 4
			(R = 24)	

M 반응의 특징

I   2. W+ Mp.FMa+2(H),A,Art 4.0 GHR
III   6. W+ Ma.mp.C.FD+2 H,Fi,Fd P 5.5 COP,MOR,GHR
IV   8. W+ Mp.FDo (H),Bt P 4.0 GHR
VII   14. D+ Mpo 2 H P 3.0 GHR
IX   20. D+ Ma.mpo H 4.5 GHR
X   21. D+ Mao 2 A 4.0 FAB,AG,PHR
X   24. D+ Mp+ H,Sc 4.0 GHR

사례 17. 19세 여성의 관념관련 변인

L = 1.22	OBS = NO	HVI = No	결정적 특수점수	
			DV = 1	DV2 = 0
EB = 2 : 5.5	EBPer = 2.8	a : p = 3 : 0	INC = 0	INC2 = 0
		Ma : Mp = 2 : 0	DR = 3	DR2 = 0
eb = 1 : 4	(FM = 0m = 1)		FAB = 0	FAB2 = 0
		M− = 0	ALOG = 0	CON = 0
Intell Index = 1	MOR = 2	Mnone = 0	Sum6 = 4	WSum6 = 10
			(R = 20)	

M 반응의 특징

III   5. D+ Mp.FC'o 2 H,Hh P 3.0 COP,GHR
VII   13. W+ Mao 2 H,Sc P 2.5 COP,GHR

- 잠정적 결과 1: 사례16, 17처럼 M 반응의 형태질이 모두 +, o 또는 u인 경우 해석은 무의미하다. 11단계로 갈 것.
- 잠정적 결과 2: 때로는 프로토콜에 M− 반응이 한 개만 나타나기도 한다. 형태가 없는 M 반응이 없고 M− 반응이 1개만 나타나는 경우 수검자가 무엇인가에

집착하고 있어서 명확하게 사고하고 중재하지 못하고 있으며 이와 관련하여 특이한 사고가 나타날 수 있다. 어떤 경우에는 M- 반응이 하나뿐이면 관념상의 혼란을 나타내 주는 신호가 되기도 한다. 그러나 이 경우에도 특수점수에 근거해서 앞에서 내린 결과들은 그대로 의미가 있다.

- 잠정적 결과 3: 가끔 프로토콜에 M- 반응도 없고 형태가 없는 M 반응(NoForm M)이 나타나는 경우도 있다. NoForm M 반응은 관념적인 통제가 제대로 되지 않아서 사고가 명확하지 않다는 것을 시사한다. 대부분의 NoForm M 반응은 슬픔, 분노, 고통, 황홀 등과 같은 감정적인 요소를 포함하지만 어떤 것들은 평화, 창의성, 지능과 같은 esoteric quality를 포함하기도 한다.

  전자는 감정이 사고를 지배해서 취약점으로 작용하게 되고 결과적으로 현실에서 동떨어진 모습을 나타내고 있다. 후자는 관념이 유동적이 된 경우로 내적 집착이 과도하게 현실을 가렸거나 대치한 경우이다. 둘 다 모두 사고를 통제하는 능력이 손상된 경우이다. 그러나 좀 더 esoteric한 NoForm M 반응은 환각적 경험에서 나타나는 것과 유사한 과정을 내포하고 있다.

- 잠정적 결과 4: NoForm M 반응과 M- 반응이 2개 이상인 경우 사고가 매우 특이하고 혼란되어 있을 가능성이 높다. 비록 일부 단절되어 있는 집착 때문일 수 있으나 관념의 혼란이 확산되어 있는지를 알려면 WSum6 값의 상승 여부를 확인해 보아야 한다.

사례 18. 28세 남성의 관념관련 변인

L = 0.50	OBS = NO	HVI = No	결정적 특수점수			
			DV = 2		DV2 = 0	
EB = 5 : 6.5	EBPer = N/A	a : p = 6 : 4	INC = 1		INC2 = 0	
		Ma : Mp = 4 : 1	DR = 0		DR2 = 1	
eb = 5 : 4	(FM = 1m = 4)		FAB = 0		FAB2 = 0	
		M- = 5	ALOG = 1		CON = 0	
Intell Index = 5	MOR = 5	Mnone = 0	Sum6 = 5		WSum6 = 15	
			(R = 18)			

M 반응의 특징

- II 5. Dd+ Mp- Hd MOR,PHR
- III 6. Dd+ Ma.mp- 2 Hd 5.5 AG,PHR
- VI 12. Dd+ Ma- Hd,Sx 2.5 DV,PHR
- VIII 15. Dd+ Ma.mp.CF- (H),Na,Ay 3.0 PHR
- X 18. Dd+ Ma.C- H,Na 4.5 ALOG,PHR

▎**사례 18의 자료에 대해 적용한 결과:** 5개의 M 반응은 모두 마이너스 형태 질을 가지고 있으므로 사고가 매우 특이하고 혼란되어 있다는 것을 시사한다. 이 결과가 8, 9단계의 결과와 완전히 일치하지는 않으나 M 반응이 모두 마이너스라는 것은 놀라운 일이다. M- 반응이 5개인 것은 매우 드물고 매우 심각한 수준의 사고장애를 시사하는 것이고 아마도 WSum6=15가 지적하는 것보다 더 광범위하고 손상적일 수 있다. 의뢰 이유에는 혼란된 상태가 약물중독에 의한 것인지 아니면 정신분열병 증상이 나타난 것때문인지를 밝히는 것이었다. 5개의 M- 반응과 WSum6=15 간에 상당한 불일치가 나타난다는 것은 인지적 3요인 군집의 결과들을 통합하기 전까지는 이러한 문제를 해결하기 어렵다는 것을 의미한다. ▎

11단계: M 반응의 질과 결과 요약

앞서 언급한 것처럼 프로토콜에 있는 반응들은 수검자가 반점을 어떻게 해석했는지를 알려 줄 뿐만 아니라 개념적 사고에 대한 정보도 제공해 준다. 또한 반응의 언어적 표현이 개념화에 대한 정보를 제공해 주기도 한다. 개념화가 가장 직접적이고 지속적으로 나타나는 것은 인간운동 반응이고 인간운동 반응은 사고의 질과 명료성을 주관적으로 평가하는 데 가장 중요한 근거가 된다.

물론 기록에서 M 반응의 빈도가 낮으면 이러한 판단을 하는 데 필요한 전제조건에 맞지 않을 수도 있다. 회피형이나 외향형은 1~2개의 M 반응, 내향형은 4~6개의 M 반응을 나타낸다. 반응의 빈도가 낮더라도 앞 단계에서 사고에 대해 내린 결과들을 확장하고 명료화시키기 위해 M 반응을 꼭 검토해야 한다.

대부분 M 반응은 반점영역에 대해 적절한 반응이고 표현방식도 매우 정확하고 목표에 부합된다. 언어적 표현이 혼란스럽거나 논리가 의심스러운 측면은 나타나지 않는다. 상식적인 M 반응이 있다면 사고가 명확하다는 것을 나타낸다. 상식적인 M 반응은 관념이 발달하고 표현되는 방식에서 관념의 질에 대한 정보를 포함하고 있다. 많은 M 반응은 전형적이든 비전형적이든 간에 사고의 질에 대한 풍부한 정보를 제공해 준다. 개념화가 매우 정교하게 진행된 것도 있고 어떤 것들은 유치하거나 매우 원시적인 형태의 개념화를 반영하는 것일 수 있다.

- **잠정적 결과:** 성인의 운동반응에서 나타나는 개념의 질은 상식적이거나 좀 더 정교하게 나타날 것으로 기대된다. 정교하게 나타나면 긍정적인 결과이므로 관념에 대해 요약할 때 포함시켜서 언급해야 한다. 성인이나 후기 청소년기의 반응에서 1~2개의 M 반응이 미성숙한 개념화를 포함하고 있다면 사고의 질이 미성숙하다는 것을 시사한다. 이는 아이들이나 어린 청소년에게서 특징적으로 나타나는 인간운동 반응이고, 더 어린 사람들의 기록에서 이러한 특징이 나타나지 않는다면 사고가 또래들보다 성숙하다는 것을 의미한다. 원시적 형태의 개념화를 나타내는 M 반응은 9세 이하의 어린이 외에는 잘 나타나지 않는다. 원시적 특성이 몇 가지 방식으로 나타날 수 있고 이때 사용되는 언어적 표현은 적대적이거나 특수점수가 더 많이 채점된다. 원시적 특성을 지니고 있는 M 반응들은 사고의 질이 매우 구체적이고 미성숙하고 성인이나 나이 많은 청소년의 경우 침입적인 집착으로 인해 사고가 손상되어 있다는 것을 나타낸다.

사례 16의 M 반응:

카드 I(W): "가운데 여자가 팔을 들고 있는 조각상이 있네요. 양쪽에 두 마리 새가 있고 날개를 펼쳐 펄떡거리고 그 여자에게 의지하고 있어요. 가운데 여기 조각상이 있고 팔을 들고 있어요. 여자의 팔이 있고 엉덩이, 다리 그리고 양쪽에 커다란 새가 있어요. 날개가 이쪽으로 뻗쳐 있어요. 머리, 부리, 새들이 양쪽에서 조각상을 들고 있는 것 같아요."

카드 III(W): "두 사람이 요리를 하거나 요리를 하려고 준비하고 있어요. 뒤에 고기조각들이 걸려 있어요. 요리하려고 준비해 놓은 것 같아요." [질문] "양쪽에 서서 가운데 불을 향해 단지를 움직이는 것 같아요. 여기 팔, 다리, 코 그리고 신발이에요. 가운데 물건은 단지이고 요리하려고 놓은 것 같아요." [검사자: 고기조각들이 뒤에 있다고요.] "예, 두 개의 빨간 조각이요. 뭔가를 죽여서 걸어 놓은 것 같아요. 조리하지 않은 고기처럼 붉은 색이네요. [검: 불이라고 했어요?] 가운데가 불이에요."

카드 IV(W): "나무에 앉아 있는 괴물이고 당신이 그를 올려 보는 것 같아요. 큰 발이 앞으로 뻗어 있고 커다란 털로 덮인 발이고 몬스터 같아요. 여기가 발,

위에 여기는 작은 털, 머리, 이것은 나무 그루터기 같아요."

카드 VII(D2): "서로 마주보고 있는 작은 소녀들 같아요. 양쪽에서 서로 마주보면서 쭈그리고 앉아 있네요. 여기가 얼굴, 코, 팔이에요."

카드 IX(D1): "작은 소녀를 따라가는 커다란 여자이거나 사람이에요. 이 소녀는 뛰어 가고 있고 그래서 머리가 뒤로 날리고 있어요. 여기가 큰 사람이에요. 머리, 목, 다리는 확실하지 않아요. 그 앞에 있는 것은 작은 소녀에요. 그녀는 뛰고 있어요. 왜냐하면 머리가 위로 날리고 있으니까요. 여기 보세요."

카드 X(D2): "윗부분(D8)에서 두 마리 개미가 막대기나 무엇인가를 들고 서로 싸우고 있어요." [질문] "각자 막대기를 하나씩 들고, 다리로 그것을 밀면서 서로 뺏으려고 하고 있는 것 같아요. 여기가 촉수고 여기가 다리에요. 이게 뭔지는 모르겠지만 그냥 막대기 같아요."

카드 X(D10): "한 남자가 신호용 깃발이나 바통을 들고 있고 아마도 경주가 시작될 것 같아요. 이 사람은 깃발을 들고 경기를 시작하기 위해 준비하고 있는 것 같아요. 이 사람이 별로 특이하지는 않아요. 머리, 다리, 팔이 여기 있고 이것들은 신호를 보내기 위한 것들로 깃발, 바통 등을 들고 있어요. 두 손에 하나씩 들고 신호를 보내려고 준비하고 있어요. 경주가 곧 시작될 것 같지만 다른 사람들과 의사소통 방법으로 깃발로 신호를 보낼 것 같아요. 여기서 신호를 보내려고 하고 있어요."

사례 16 요약. M 반응은 상당히 복잡하다. 3개는 일반적인 반응이고(카드 IV, VII 그리고 카드 X의 첫 번째 반응) 나머지 4개는 좀 더 정교하다. 종합해 보면 모두 사고가 명확하고 개념의 질이 좋고 창의적이다. 이러한 결론은 사고가 명료성에 대해 앞의 8, 9, 10단계에서 내린 결과와도 일치하고 특히 관념양식(1단계)을 고려해 볼 때 중요하다. 수검자는 다양한 대안들을 철저히 검토한 후 행동하기를 좋아한다. 그렇다고 대화하고 의사결정할 때 융통성이 결여되어 있다는 것을 의심할 만한 증거는 없다(2단계).

또한 수검자는 강박적인 사람이지만 강박적 경향이 강한 취약점이 될 수 있다는 것을 나타내 주는 확실한 증거는 찾을 수 없다. 다만 이러한 경향이 수검자가 내재하고 있는 중 정도의 비관적 태세를 악화시킬 수는 있는 것 같다(4, 5단계).

강박성 때문에 완벽을 추구하고 비관적 태세로 인해 의심하고 실패에 대해 걱정하게 된다. 이러한 상반된 사고는 심리적 불편감, 에너지의 저하, 주의집중의 어려움 등과 같은 현재 수검자가 호소하고 있는 문제와 직접적으로 관련이 있는 것 같다.

상황과 관련된 스트레스가 주변적인 사고를 증가시키고 이것이 주의산만과 주의집중 문제를 유발했을 것이다(5단계). 이러한 측면은 편안하지 않다는 수검자의 보고와도 일치하는 것이다. 목표지향적인 사고가 주변적인 사고의 방해를 받고 있고 무력감, 좌절감 등을 느끼게 된다. 수검자는 아마도 환상세계에 더 몰두할 것으로 보이지만(6단계) 이에 대해서는 대인관계에 대한 정보를 좀 더 살펴본 후에 결론을 내릴 수 있을 것 같다.

사례 17의 M 반응:

카드 II(D1): "두 명의 흑인 여성이 테이블이나 무엇에 구부리고 있어요." [질문] "두 여자가 있고 여기가 가슴, 다리, 머리에요. 중간에 있는 이것을 향해 구부리고 있어요. 내가 보기에는 테이블 같고 뭔가를 집으려고 준비하는 것 같아요."
카드 VII(W): "시소에서 놀고 있는 두 명의 작은 소녀에요. 양쪽에 하나씩 여기 각각 앉아 있고 이것은 시소 같아요. 이쪽은 당신이 밀 때마다 올라갔다 내려갔다 하는 것 같아요. 여기 머리가 올라가 있어요. 여기는 코네요. 두 명의 아이들이에요. 정말 그런 것 같아요. 누구든지 그렇게 볼 수 있을 것 같네요."

사례 17 요약. 2개의 M 반응은 상식적이고 분명하고 논리적이다. 회피적 외향형이고(1단계) 사고가 미성숙하다는 앞의 8, 9단계의 결과를 고려해 볼 때 기대보다 훨씬 좋은 반응이다. 감정이 사고에 상당한 영향을 주고 있고 복잡하고 모호한 것을 피하려는 경향이 매우 심해서 자신의 감정을 명확히 구별해 내지 못하고 있다. 즉, 정서가 사고에 너무 많은 영향을 주고 반대로 관념이 너무 단순해지고 논리적 오류를 나타내고 있다(8, 9단계).

수검자는 욕구를 감소시키려고 너무 빨리 행동하는 유형이다. 성급하게 행동하는 경향으로 인해 장기적인 결과를 충분히 고려하지 못한다는 것이 큰 단점이다. 또한 복잡한 상황을 피하려는 방어적 태도가 너무 자주 나타나고 구체적이고 미숙한 판단을 하게 한다(5단계). 반대로 2개의 M 반응은 수검자가 자신의 감정과 단순화시키려는 욕구를 통제할 수 있을 때는 사고의 질과 효율성을 상당히 증가시킬 수 있다는 것을 의미한다(11단계).

사례 18의 M 반응[ALOG]:

카드 II(Dd 99[internal D3]): "슬픈 얼굴이네요. 아래 눈들이 어쨌든 슬퍼요. 오른쪽 여기는 눈살을 찌푸리고 있네요. 드라마에서 나오는 마스크를 쓰고 있고 이것은 슬픈 거예요. 옆에 어떻게 되는지 보세요."

카드 II(Dd 99[D2+Dots]): "위에 두 사람이 서로 찢어지고 있어요. 찢어져서 날아가고 있어요." [질문] "머리는 2개인데 목이 여기 있어요. 코, 입, 여기는 두 사람이 찢어지는 거예요."

카드 VI(Dd99): "모든 사람들이 성교하는 것으로 보겠지만 나는 딱 그렇게 보이지는 않네요." [질문] "여기는 여성의 질(D12) 같고 여기가 남자 성기(D12) 같고 서로 성교하는 것 같아요."

카드 VIII(Dd99 [inverted D2+middle of D5+sides of D31]): "한 사람이 다른 사람을 끌어당기고 있는데 아마도 신이 자신의 아들을 천국으로 끌어 올리는 것 같아요. 뒤에는 총천연색이 빛을 발하고 있고요." [질문] "단지 한 명의 아들, 신이 가진 유일한 아들이니까요. 여기 팔이 펼쳐져 있고 머리에서 빛이 나와요. 여기를 보면 이것이 빛이 발사되는 거예요. 여기 신(traces part of D2)의 팔이 있고 여기 아래 아들의 다리가 벌려져 있어요. 이것은 위로 끌려 올라가는 것 같아요. 아시다시피 상상력을 동원해야 합니다."

카드 X(D2 & D6): "보세요, 여자 아이가 풀장에서 뒤로 공중제비를 하고 있어요. 마치 다이빙 대회에서 뒤 공중제비를 하고 있는 것 같아요." [질문] "이것은 진짜 바보 같은 짓이에요. 마지막 맞죠? 여자든 남자든 누구일 수도 있으나 여자인 것 같아요. 여자들이 뒤 공중제비를 하잖아요. 여자 등은 그걸 하기 더 좋게 만들어졌거든요. 여기 오른쪽 팔이 뻗어 있고 몸이 뒤쪽으로 구부러져 있어요(흔적). 얼굴은 잘 보이지가 않아요. 여기 아래 푸른색은 물이에요.

물은 푸른색이잖아요."

사례 18 요약. 흔하지 않는 반응들이고 매우 특이하다. 모든 반응이 마이너스라는 점을 무시하면 지능이 높을 것이라는 추측을 할 수 있다. 그러나 정교하지만 논리적 명료성은 결여되어 있다. 카드 II의 '슬픈 얼굴'을 제외한 모든 반응은 매우 정교화된 방식으로 구성된 반응이다. 반응의 질을 보면 개념 형성을 위해 노력하고 있다는 것을 알 수 있다. 예컨대, 카드 X에 대한 '뒤로 제비돌기'는 매우 창의적인 반응이지만 '이게 제비돌기할 때 하는 것이다.'라는 말에서 곧바로 반응의 질이 손상되어 나타난다. 그리고는 '여자 등은 그걸 하기 더 좋게 만들어졌거든요.'라는 말에서 매우 구체적 수준으로 반응하게 된다. 손상된 반응의 질은 수검자가 심각한 인지적 혼란을 보이고 있다는 앞의 결과들과 일치한다.

양가형이고 개념을 형성하고 유지하는 데 일관성이 없고 때로는 감정을 배제한 채 사려 깊게 판단하려고 노력하다가도 지나치게 감정적인 판단을 하기도 한다. 그러나 어떤 대처방식도 효과적이지 않고 일상생활의 요구를 처리하려면 상당한 노력이 필요하다(1단계). 현재 수검자가 처해 있는 상황은 여러 가지 부정적 특징들 때문에 매우 복잡한데 가장 심각한 것은 사고 문제이다. 사고는 매우 충동적이고 단절되어 있고 논리적으로 경직되어 있다. 때로는 혼란스럽고 인지적으로 과대사고에 빠지는 경향도 있다. 판단력도 좋지 않고 구체성을 띠게 된다(8, 9, 10단계). 사고가 때로 기괴해지기도 하지만 망상을 가지고 있지는 않다.

수검자는 개념을 통제하는 데 문제가 있는 것 같다. 이 문제가 현실검증 능력에 부정적인 영향을 주고 있다(9, 10, 11단계). 여기에 앞서 언급한 비관적 태도가 첨가되어 개념적 사고에 상당한 영향을 주는 의심, 실패에 대한 우려 등을 나타내고 있다(4단계). 분명히 수검자는 성급하게 욕구를 충족시키고 스트레스를 해결하려고 했지만 사고가 명료하지 않기 때문에 대처방식이 성공적이지는 못했다(5단계). 대부분의 다른 사람들보다도 더 자신의 문제를 지적으로 해결하려고 하지만 오히려 이것 때문에 개념 형성이 어렵고 너무 단순하거나 왜곡된 개념화를 하게 된다(7단계). 전반적으로 수검자의 문제는 매우 무능하다는 것이다(quite disabling).

3. 인지작용에 대한 결과의 통합

인지 3요인 군집을 각각 다루었으나 통합된 결과를 제시해야 이러한 결과들이 더욱 의미 있을 것이다. 한 군집에서 도출한 결론을 다른 군집의 결론을 통해 입증하고 명료화시킬 수 있기 때문에 통합하는 것이 중요하다. 예컨대, 혼란된 사고는 비효율적인 처리과정으로 인해 나타날 수 있다. 동시에 잘못된 처리과정은 잘못된 중재를 유도하고 결과적으로 특이한 개념화를 만들어 낸다. 그러나 이렇게 1 : 1의 대응관계가 바로 나타나는 것은 아니다. 따라서 결과를 해석할 때는 3가지 인지군집의 자료들을 검토하고 통합하여 평가받은 사람과 제기된 문제들을 종합적으로 이해하려고 노력해야 한다.

대부분의 경우 3가지 인지적 요인들 간의 인과관계를 쉽게 파악할 수 있다. 하나의 인지 세트에서 나타나는 장점과 단점의 영향은 다른 인지 세트에서도 분명히 나타나고 이를 통해 환자의 모습을 이해하고 의뢰 이유를 해결할 수 있다. 그러나 어떤 경우에는 해석자는 '달걀이 먼저인지 닭이 먼저인지에 대한 딜레마'에 빠지기도 한다. 각 인지활동에서 장점과 단점은 분명하지만 단점에 관해서는 인과관계가 분명하지 않을 수도 있다. 인과관계가 분명하지 않을 때에도 결과를 통합하면 인지적 장점과 약점을 충분히 이해하고 이러한 장단점이 전반적인 기능에 미치는 영향도 이해할 수 있다.

인지 3요인의 세 군집들을 각 사례별로 통합하여 요약함으로써 한 개인을 폭넓게 이해할 수 있고 매우 중요한 쟁점들을 더욱 부각시킬 수 있다.

사례 16. 수검자는 강박적인 사람으로 완벽성을 추구하고 세부적인 사항에 주의를 기울인다. 정보를 처리할 때 새로운 영역을 모두 살펴보려고 애쓰는 면이 지속적으로 나타나고 있다. 대체로 처리과정의 질은 매우 좋다. 완벽주의적인 성향이 새로운 정보를 해석하는 방식에도 영향을 주고 있다. 신중하고 정확하게 일을 하려고 하고 자신이 내린 결정이 바람직하다는 것을 확인하려고 한다.

신체 증상에 대한 걱정 때문에 무기력해져 있고 이 때문에 일시적으로 중재적 기능장애 에피소드를 나타낼 수 있으나 심각한 손상을 나타낼 정도는 아니다. 어떤 행동을 하기 전에 감정을 억제한 채 다양한 가능성을 생각해 보는 유형의 사람이다. 그러나 이러한 접근방법 때문에 대처행동을 하거나 의사결정을 할 때 융통성이 부족할 것 같지는 않다.

사고는 명확하고 때로는 개념적 사고의 질이 매우 창의적일 수 있다. 강박적 특징이 있고 이러한 특징이 단점으로 작용하지 않을 수는 있지만 내재하고 있는 비관론적 관점을 더 악화시킬 수는 있는 것 같다. 정확성을 추구하지만 비관적 태도 때문에 의심과 실패에 대한 걱정이 생겨날 수 있다. 이러한 상반된 사고는 수검자가 현재 호소하고 있는 심리적 불편감, 무기력과 관련이 있는 것 같다.

상황과 관련된 스트레스는 수검자가 호소하고 있는 주의산만과 주의집중의 문제와 더 직접적 관련이 있는 것 같다. 이는 편안하지 않다는 수검자의 보고와도 일치한다. 환상세계에 몰두하는 경향이 있는데 이러한 경향이 수검자의 현재 호소와 관련이 있는지 또는 지속적인 단점으로 작용하는지는 대인관계에 대한 정보를 더 살펴본 후에 결론을 내릴 수 있을 것 같다.

요약: 위에서 요약한 내용은 매우 간단하다. 처리에서 중재, 관념까지 포함하고 있다. 전반적으로 결과는 긍정적이다. 수검자는 처리과정이 적절하고 반응으로 적절히 전환시키고 있고 사고도 분명하고 전반적으로 좋은 수준이다. 핵심적인 문제는 수검자가 매우 비관적이라는 것(이것은 실제로 인지적 문제는 아니다)과 상황적인 스트레스와 관련하여 주변적인 관념들이 상당히 증가되어 있다는 것이다. 이러한 요인은 현재 수검자가 나타내고 있는 문제와 직접적 관련이 있고 자기지각과 대인지각 군집을 살펴보면 이 문제에 대한 더 확실한 답이 나올 수 있을 것 같다. 그리고 인지적 기능에 대해서는 상당히 긍정적인 결과가 나타나고 있는데 이는 장점으로 작용할 수 있고 치료에 관한 결정을 내릴 때 매우 중요할 수 있다.

사례 17. 수검자는 모호하거나 복잡한 상황을 피하려는 경향이 있고 복잡한 상황과 거리를 두려는 방어적인 태도가 사고에도 영향을 주고 있다. 이로 인해 사고가 구체적이고 미성숙한 판단을 하게 된다. 이러한 경향은 다음의 두 요소와 관련되어 악화될 수 있다.

첫째, 복잡한 것을 피하려고 하기 때문에 새로운 정보를 성급하게 그리고 마지못해 처리하는 경향이 있다. 따라서 때로는 의사결정을 할 때 매우 중요한 정보를 간과할 수 있다. 둘째, 정서가 사고에 많은 영향을 주고 자신의 감정을 정확하게 파악하지 못하는 경향이 있다. 이는 새로운 정보를 다룰 때도 영향을 주고 지나치게 단순하고 논리적으로 오류가 많은 관념을 만들어 내기도 한다.

반면에 새로운 정보를 처리할 때 시간을 들여서 조심스럽게 처리하고 자신의 감정과 단순화시키려는 욕구를 통제할 수 있으면 사고가 명확하고 논리적이고 사고의 질과 효율성이 상당히 향상될 수 있다. 불행하게도 이러한 측면이 자주 나타나지는 않는다. 수검자는 욕구를 감소시키려고 너무 성급하게 행동한다. 장기적인 결과를 충분히 고려하지 않고 행동할 수도 있다.

관습을 무시하는 경향이 있기 때문에 상황은 더 복잡해질 수 있다. 관습을 무시하는 경향은 사회적 고립감 또는 사회적 방어와 관련이 있을 수 있다. 매사를 단순화시키려는 태도와 결부되면 사회적 요구와 기대에 일치하지 않는 방향으로 행동할 가능성이 있다.

요약: 통합한 요약이 사례 16과는 상당히 다르다. 사고가 논리적이고 명확할 수는 있지만 항상 그렇지는 않다고 기술하고 있다. 수검자의 회피적인 성향을 강조하고 있고 성급한 처리, 관습에 대한 무시, 감정이 인지적 활동에 미치는 강한 영향 등에 대하여 기술하고 있다. 또한 사회적, 대인관계적 문제가 수검자의 핵심문제일 수 있다는 것을 제시하고 있다.

사례 18. 수검자는 개념을 형성하고 적용하는 방식에 일관성이 없는 것 같다. 즉, 어떤 때는 판단을 하고 의사결정을 할 때 감정은 고려하지 않은 채 사고에 의존하다가도 어떤 때는 감정에 의존하여 결정을 내리기도 한다. 그러나 어느 쪽도 효율적이지 않아서 일상적인 요구들을 처리하는 데 힘들어하고 있다. 이것 자체가 단점이라고 볼 수는 없지만 몇 가지 부정적인 특징(일차적으로는 심각한 사고 문제)이 있기 때문에 더 복잡해질 수 있다.

사고는 매우 충동적이고 단절되어 있고 논리적으로 경직되어 있다. 따라서 인지적 활동이 매우 혼란스럽다. 예컨대, 새로운 정보를 처리하려고 상당히 애쓰다가도 습관적으로 매우 혼란스러운 행동을 나타내기도 한다. 결과적으로 새로운 정보를 다루는 방식이 매우 부적절하다. 이는 새로운 정보를 해석하는 과정에도 상당한 영향을 주고 효율적인 현실검증에 장애가 된다. 사실 어떻게 해석하는 것이 적절한지를 알 수 있는 단서가 분명히 있는데도 불구하고 새로운 정보를 현실적으로 해석하지 못한다.

사고 문제는 심각한 비관론적인 태도와 혼합되어 나타난다. 이로 인해 의구심을 나타내기도 하는데 도움이 되기보다는 사고에 상당한 영향을 주게 된다. 확실히 수검자는 성급하게 욕구를 만족시키고 스트레스를 처리하려고 하지만 사고가 명확하지 않아서 이러한 시도는 성공적이지 못하다.

지적인 사람으로 보일 수 있으나 자신의 지적 능력을 적절히 활용하지 못하는 것 같다. 사고가 혼란스럽고 과대적 사고를 가지기 쉽다. 판단력도 좋지 않고 사고가 구체화되기도 한다. 이로 인해 개념화를 형성하지 못하거나 단순화시켜 개념화하거나 왜곡시킬 수도 있다. 망상을 가지고 있다는 분명한 증거는 없지만 유동적이거나 기이한 방식으로 개념화하기도 한다. 이러한 점은 분명히 현실검증 능력에 부정적인 영향을 주게 된다.

요약: 의뢰 이유는 입원의 계기가 되었던 혼란 상태가 약물중독 때문인지 아니면 정신분열병에 의한 것인지를 아는 데 있었다. 위의 요약은 이러한 의뢰 사유를 직접적으로 다루지 못하고 있다. 단지 사고가 혼란되어 있고 이것이 다른 인지적 활동에도 부정적인 영향을 준다는 것을 시사할 뿐이다. 여기서 인과관계를 가정할 수는 있지만 논의하기에는 적절하지 않으며 약물 때문인지 정신분열병에 의한 것인지를 논의하는 것도 적절하지 않은 것 같다. 개인력을 통해 이에 대한 정보를 얻을 수 있다. 입원 후 짧은 기간 내에 사고가 다시 명료해졌다는 것은 약물의 가능성을 지적하는 것이고 정신분열병과는 맞지 않는 것이다. 로르샤하 검사는 입원 후 10일째 실시되었다. 만약 문제가 약물에 의해서 나타난 것이라면 10~20일 내에 사고는 더 명료해질 것이다. 그 기간 동안 로르샤하를 다시 실시한다면 약물에 의한 것인지 아니면 정신분열병에 의한 것인지를 좀 더 명확히 알 수 있을 것이다.

연·습·문·제

사례 23. 28세 여자로 상담자가 평가를 의뢰하였다. 일반의가 이 환자를 상담자에게 의뢰하였는데 의뢰 당시 환자는 약을 복용하여도 신체적 증상이 호전되지 않았다. 주로 호소하는 증상은 두통과 목의 통증, 위장장애였다. 치료자는 10주 동안 불안과 통증 관리치료를 하였으나 증상이 호전되지 않았다. 치료자는 부부 사이에 문제가 있다는 것을 발견하고 부부치료로 대치하거나 보완적인 방법으로 부부치료를 적용하는 것이 도움이 되는지 궁금해하였고 신체적 문제의 원인을 알고자 하였다.

26세에 결혼하였고 남편은 34세로 회계사이다. 결혼 전 5개월 동안 연애를 하였다. "우리는 대체로 잘 지내지만 다른 사람들처럼 문제도 좀 있어요." 하고 말했다(치료자는 수검자가 감정을 우선적으로 말하였고 수검자와 수검자의 남편 사이에 공동의 관심사가 없는 점에 대하여 불평했다고 하였다). 고등학교를 졸업한 후 2년 동안 전문대학에 다녔고 21세 때 현재 있는 곳에서 법률비서로 일하게 되었다. 자신의 일을 좋아했다. 그러나 현재 자신이 가지고 있는 문제가 업무의 효율성을 떨어뜨릴까 봐 걱정하고 있었다. 치료자는 이 여성이 우울한지, 수검자가 인정하는 것보다 더 많은 정서적 혼란이 있는지를 알고 싶어 하였다.

사례 23. 28세 여성의 관념관련 변인

L = 0.21	OBS = No	HVI = No	결정적 특수점수	
			DV = 1	DV2 = 0
EB = 5 : 5.5	EBPer = N/A	a : p = 8 : 2	INC = 0	INC2 = 0
		Ma : Mp = 4 : 1	DR = 0	DR2 = 0
eb = 5 : 4	(FM = 2m = 3)		FAB = 0	FAB2 = 0
		M− = 1 ALOG = 0		CON = 0
Intell Index = 8	MOR = 1	Mnone = 0	Sum6 = 1	WSum6 = 1
			(R = 17)	

M 반응의 특징

Ⅰ 2. W+ Mpo 2 (H),Sc,Art 4.0 DV,GHR
Ⅲ 5. D+ Ma+ 2 H,Id P 3.0 COP,GHR
Ⅲ 6. DdS+ Ma.FC'.FDu Art,(A),Cg 4.5 GHR
Ⅶ 11. W+ Ma+ 2 H,Cg 3.0 COP,GHR
Ⅹ 17. WS+ Ma.FC'.FC.mp− Hd,Ay,Art 6.0 DR,PHR

5개의 M 반응은 다음과 같다.

카드 I: "저, 양쪽에서 두 명의 천사가 종을 들고 있는 것 같아요. 교회에서 볼 수 있는 것 같이 모양을 낸 조각상 같네요. 아마도 교회의 종에는 양쪽에 천사들이 있겠죠." [질문] "여기가 종(Dd 24)이에요. 모양을 보세요. 종이고 양쪽에 천사가 있어요. 여기가 날개이고 왜 내가 천사라고 했냐면 종의 윗부분은 종을 잡고 있는 장식품이잖아요."

카드 III: "오, 알았어요. 두 명의 댄서가 있고 춤 같은 것을 추고 있어요." [질문] "손을 잡고 서로 기대고 있을 때 어떻게 하는지 알잖아요. 여기가 몸이고 가슴이고 팔, 다리, 등이고 두 사람이 춤추고 있는 것 같아요."

카드 IIIv: "이것은 아이들 캐릭터 같아요. 디즈니랜드에 나오는 만화같이 커다란 나비넥타이를 매고 흰색 셔츠를 입고 있어요. 보세요, 개구리처럼 붉은 눈에, 튀어나와 있고, 머리에서부터 부풀어 있고, 마치 개구리를 형상화한 것 같네요. 어린이가 교통정리를 하는 것 같아요."

카드 VIIv: "두 명의 댄서가 옛날 영화에 나오는 모습처럼 머리를 위로 올리고 있네요. 여기가 어깨이고 다리고 춤추는 자세를 하고 있네요." [질문] "머리는 이렇게 위로 올렸고 코를 높이 들고 팔은 여기 뻗어 있어요. 이게 치마이고 다리, 춤추고 있네요."

카드 Xv: "전시하기 위하여 또는 전쟁 같은 것을 위하여 옷을 입혀 놓은 인디언 얼굴 같아요. 눈하고 입, 얼굴을 모두 전시하기 위하여 해 놓은 것처럼 그려져 있어요. 처음에는 흰색으로 칠하고 그 다음에 흰색 위에 여러 다른 색을 칠해 놓았어요. 아마도 전쟁 춤을 추면서 깃털 장식들을 흔들 것 같아요." [질문] "여기가 눈이고 입인데 전쟁 그림으로 잘 그려져 있어요. 여기 양쪽에는 깃털들이 떨어져 있는데 전쟁 춤이나 비 춤 등을 하다가 떨어진 모습 같아요. 인디언들처럼 여러 가지 색이 섞여 있네요. 누가 만들었든지 간에 매우 창의적인 사람이에요."

1. 다음 중 수검자의 일상적인 의사결정 방식을 가장 잘 기술한 것은?
   (1) 다양한 대안들을 주의 깊게 고려할 때까지 결정을 미루는 것을 선호한다.
   (2) 결정을 할 때 주로 감정에 의존한다.

(3) 중요한 결정에 대하여 책임을 지지 않으려고 하고 다른 사람의 의견에
따르려고 한다.

(4) 의사결정 방식에 일관성이 없다.

2. 3단계의 결과를 가장 적절하게 기술한 것은?

(1) 가치관과 의견은 확고하고 융통성이 부족하다.

(2) 가치관과 의견에 대해 상당히 융통성이 많다.

(3) 의견과 가치관은 상당히 확고하지만 자신과 상반되는 의견에 대해 상당
히 개방적이다.

(4) 의견과 가치관에 융통성이 부족하다는 것을 의심할 만한 증거는 없다.

3. 4단계와 5단계의 결과를 가장 잘 기술한 것은?

(1) 일반적인 경우보다 침투적인 주변적 사고가 많고 이것이 집중력 문제를
야기하는 것으로 보인다.

(2) 매우 비관적인 사람으로 이러한 태도가 의사결정에 상당한 영향을 준다.

(3) 주변적인 사고는 대부분의 사람들보다 심하지는 않지만 상황적 스트레스
때문에 생긴 주변적 사고가 많은 것 같다.

(4) 욕구가 생겨나면 빨리 행동하므로 대부분의 사람들보다 주변적인 사고가
적다.

4. 7~10단계의 결과들을 가장 잘 기술한 것은?

(1) 대체로 사고가 명확하기는 하지만 과도하게 주지화하는 경향이 있고 이
로 인하여 때로는 너무 단순하거나 왜곡된 개념을 수용하기도 한다.

(2) 인지적 통제가 제대로 되지 않고 관념적인 오류를 범하는 경우가 많고
잘못된 판단을 하는 경우도 자주 있다.

(3) 사고의 연속성이 결여되어 있고 판단오류가 많다.

(4) 수검자의 사고는 잘못된 개념을 형성하거나 빈약한 논리를 수용하게 만
드는 집착이 특징이다.

5. M 반응의 질을 가장 잘 기술한 것은?

(1) 매우 정교하고 논리적인 오류는 없다.

(2) 성인들에게 기대되는 것보다 구체화되어 있고 미성숙하다.

(3) 분명히 정교하기는 하지만 미숙한 주지화가 뚜렷하게 나타난다.

(4) 사고가 느슨하고 연속성이 결여되어 있고 이는 때로는 개념화가 매우 혼란스럽다는 것을 시사하고 있다.

사례 24. 25세 남자로 일반의가 정신과 의사에게 의뢰하였고 정신과 의사가 한 시간 동안 자문상담을 한 후 평가를 의뢰하였다. 수검자는 일반의를 세 번 방문하였고 가슴의 통증과 어지러움이 잦다고 호소하였다. 의사의 말에 따르면 이러한 증상을 설명할 만한 신체적인 이상은 없고 아마도 이러한 증상은 개인적 또는 직업적 문제와 관련이 있는 것 같다고 하였다. 정신과 의사는 말의 속도가 느리고 정서가 둔화되어 있는 점에 주목하고 우울증이나 성격장애의 가능성을 고려하였다.

수검자는 검사하는 동안 협조적이었으나 말의 속도가 상당히 느렸고 매우 조심스러워하는 것 같았다. WAIS-R을 사용해서 평가한 결과 전체 지능은 111(언어성 114, 동작성 108)이었다. 수검자는 두 아이 중 둘째이고 손위의 누나는 32세로 결혼하였고 현재 간호사로 일하고 있다. 아버지는 54세로 커다란 제조회사에서 배송관리자로 일하고 있고 어머니는 53세로 가정주부이다. 직계가족 중에서 정신과적인 문제는 없었다.

수검자는 19세에 고등학교를 졸업하였다. 1년 늦은 이유는 10세에 류머티즘성 열병을 앓았기 때문이다. 이때 다른 합병증은 없었고 심장의 이상은 12세 때 사라졌다. 약국에서 일 년 동안 점원으로 일한 후에 20세에 대학교에 입학하였다. 대학시절에는 집에서 통학하였다. 역사를 전공하였고 24세 때 졸업하였다. 방학 기간 동안 계속 약국에서 일하였고 졸업 후 고등학교에서 역사를 가르쳤다. 수검자는 교사자격증을 얻기 위하여 추가적인 교육과정을 밟아야 했다.

다음 해 계약이 갱신되지 않았는데 '그들은 나에 대하여 만족하지 않았다. 아이들과 문제가 있었다. 어쨌든 그 일은 내가 하고 싶었던 일은 아니었다.'고 하였다. 그 이후 계속 집에 있었고 류머티즘성 열병과 가슴의 통증이 관련이 있을 것으로 생각하고 있지만 신체검진에서 원인을 알 수 없자 낙담하고 있었다. 고등학교와 대학교 때는 몇 차례 데이트를 하였고 직장생활을 하는 동안 주변 사람들이 몇 번 소개를 해 주었으나 잘 되지 않았다. '나는 아무래도 대학원에 가야할 것 같다. 대학에서 가르치는 것이 더 적성에 맞을 것 같다.'고 하였다. 아버지는 엄하고 직설적인 분이라고 하였고 어머니는 정말 이해심이 많아서 언제든지 편하게 이야기할 수 있는 분이라고 하였다.

사례 24. 25세 남성의 관념관련 변인

L = 0.67	OBS = No	HVI = No	결정적 특수점수			
			DV	= 0	DV2	= 0
EB = 3 : 3.0	EBPer = N/A	a : p = 4 : 2	INC	= 1	INC2	= 0
		Ma : Mp = 0 : 2	DR	= 1	DR2	= 0
eb = 4 : 2	(FM = 4m = 0)		FAB	= 0	FAB2	= 0
		M − = 1	ALOG	= 1	CON	= 0
Intell Index = 4	MOR = 1	Mnone = 0	Sum6	= 3	WSum6	= 10
			(R = 15)			

M 반응의 특징

Ⅲ   4. D + 1 Mpo 2 H,Art,Hh,Cg 4.0 DR,COP,GHR

Ⅳ   5. W +   Mpo 2 H,(Hd),Hh P 4.0 ALOG,GHR

Ⅺ   17. DdS + 22 Mp − Hd,Sc 4.0 PHR

수검자는 3개의 M 반응을 하였다.

카드 Ⅲ: "오, 여기 두 명의 남자 댄서의 그림이네요. 몸이 춤을 추려고 구부러져 있어요. 어떤 이유인지 장갑을 끼고 있고 무언가를 가운데 들고 있네요." [질문] "여기요(지적). 머리와 다리 그리고 항아리를 들고 있어요." (검사자: 장갑을 끼고 있다고요?) "저 어떤 이유인지 화가는 이들이 장갑을 끼고 있는 것으로 그렸네요. 항아리를 들고 있다면 장갑을 낄 수 있지만 춤출 때는 적절하지 않은 것 같은데 어쨌든 항아리를 들고 커다란 장갑을 끼고 있네요. 손은 보이지가 않아요. 장갑이에요."

카드 Ⅳ: "부두교 의식 같아요. 의자에 주술사가 앉아 있어요." [질문] "주술사 중 하나인 것 같아요. 마스크를 쓰고 있어서 얼굴은 볼 수가 없어요. 그리고 의자에 앉아 있어요." (검사자: 부두교 의식 같다고 하였나요?) "여기에 다리가 있고 이것이 마스크라서 부두교 의식 같아요."

카드 Xv: "얼굴 찡그리고 있고 웃기는 모양의 안경을 쓰고 있어요. 잠깐만요, 진짜 안경은 아니고 단지 코 연결 부분(D6 지적)이네요. 여기가 눈이고(D2) 안경은 보이지 않아요." [질문] "여기 노란 부분이 눈이고 푸른 부분이 안경의 코 연결 부분 같은데 좀 이상해요. 이것은 입(D3)이고 수염이고(D11) 인상을 찡그리고 있는 웃기게 생긴 남자예요."

다음의 진술이 옳은지(T) 틀린지(F)를 기록하시오.

1. 의사결정 시 관념적 접근을 하는 방식에 일관성이 없다.

2. 상황적인 스트레스로 주변적인 사고가 지나치게 많아져서 주의집중 문제를 경험하고 있다.

3. 가치관과 태도에 융통성이 없다.

4. 사고는 대부분의 다른 성인보다 감정의 영향을 더 많이 받는다.

5. 경계심이 많고 주변 환경을 믿지 못하는 태도가 사고에 영향을 주고 있다.

6. 대부분의 다른 성인들보다 주지화하는 성향이 강하다.

7. 불쾌한 상황에서 도피하기 위한 방어적인 방법으로 환상을 가장 많이 사용한다.

8. 사고는 기대되는 것보다 구체화되어 있고 명료하지 못한 것 같다.

9. 사고는 비관적인 태도의 영향을 자주 받는다.

10. 심각한 사고 문제가 있을 가능성이 있다.

사례 23.

  1. (4) EB는 5 : 5.5

  2. (1) a : p는 8 : 2

  3. (2) eb는 5 : 4 그러나 좌항 값에서 m 값이 3이다.

  4. (1) 주지화지표는 8, 2개의 특수점수(DV & DR)가 있고 M– 반응이 1개이다. 심각한 사고 문제를 가지고 있지는 않으나 주지화로 인해 때때로 인지적 오류를 범할 수 있다.

  5. (3) M 반응의 질, M–반응까지도 좋은 것으로 보인다. 그러나 과도하게 부연 설명하는 성향이 있고 이러한 태도가 반응의 질 향상에 도움이 되지 않는다.

사례 24.

  1. T 양가적인 사람이다.

  2. F eb의 좌항 값이 단지 4이며 m은 하나도 없다.

  3. F a : p는 4 : 2이다.

  4. F 양가형이다.

  5. F HVI에 체크되지 않았다.

  6. T 주지화지표는 4이다.

  7. T Ma : Mp 비율은 0 : 2이다.

  8. T 처음 2개의 M 반응은 매우 구체화되어 있고 세 번째는 제대로 통합되어 있지 않다.

  9. F MOR 반응이 1개뿐이다.

  10. T 반응 수는 15개이고 3개의 특수점수, WSum6=10 그리고 M– 반응이 1개 있다.

제**8**장

자기지각

제8장
자기지각

　심리학에서 자기(self)에 대한 견해는 상당히 변화해 왔다. 따라서 자기에 대한
정의를 하고 자기와 관련 있는 로르샤하 변인들의 군집을 살펴보는 것이 순서일
것이다. 자기지각은 자기상(self image)과 자기관여(self involvement)로 이루어져
있다. 자기상은 개인이 자신의 특징에 대해 가지고 있는 인상이다. 즉, 자신의
특징을 내적 언어를 통하여 개념화한 것이다. 이들 중에는 의식적인 수준에서
접근 가능한 것도 있지만 어떤 것은 의식적인 접근이 부분적으로만 이루어지거
나 접근 자체가 불가능한 것도 있다. 스스로 원하지 않거나 갈등을 일으키는 특
징은 억누르고 억압해 버리기 때문이다.

　사람들은 자신에 대한 인상을 '나는 평범한 사람이다, 나는 좋은 사람이다.'
등과 같이 일반적인 용어로 표현하기도 하지만 때로는 연속성상의 한 특징으로
좀 더 구체적으로 개념화하여 표현하기도 한다(똑똑하다 vs. 바보다, 매력적이다 vs.
매력적이지 않다, 나서기를 좋아한다 vs. 수줍음이 많다 등). 그리고 창의적인, 취약한,
친절한, 친근감을 주는, 민감한, 신중한, 믿을 만한 등과 같은 특징을 고려하지
않은 채 인상을 형성하기도 한다.

　어휘는 경험과 함께 증가하고 개인이 스스로 자신에게 부여하는 어휘는 실제
경험에 근거를 두고 있다. 반면 자신에게 부여한 어휘 중 어떤 것은 경험을 잘못
해석하여 생긴 것일 수도 있고 때로는 단순히 상상을 통해 획득한 것일 수도
있다. 어떠한 근거에서 형성되었건 간에 어휘는 개인이 자기 자신에 대해 지각한

내적 표상이다. 자기상이 실제 모습과 일치하는 정도는 적응수준과 관련이 있다.

자기관여는 자기상에서 생겨난다. 자기관여는 외부세계에 대한 관심과는 대조적으로 자기 자신에 관심을 기울이는 정도를 나타낸다. 자기관여는 자기중심성(self centeredness)의 의미와 같지만 자기관여 또는 자기중심성이라는 말은 개인이 자신을 항상 높게 평가한다는 것을 의미하지는 않는다. 자기관여를 많이 할수록 자신을 높게 평가할 가능성이 많은 것은 사실이다. 이러한 사람들은 자기 자신을 평가할 때 외적 요소보다 자기상이나 자신이 가지고 있는 특성에 더 가치를 부여하는 사람들이다. 그러나 지나치게 자기관여적이고 외부세계에 적절한 관심을 기울이지 못하면 문제를 야기하게 된다. 이 경우 실제적이건 상상적이건 간에 다른 사람들보다 자신의 가치가 낮다는 점에만 주의를 기울이기도 한다.

자기관여는 긍정적, 부정적일 수 있고 일반적으로 기술될 수도 있고('나는 대부분의 사람들보다 훨씬 창의적이다') 구체적으로 기술할 수도 있다('나는 그녀만큼 잘하지 못한다'). 자기관여는 성취목표가 있을 때는 더 중요한 기능을 하기도 한다. 앞서 언급한 바와 같이 자기상과 자기관여는 서로 관련되어 있지만 기대하는 것처럼 직접적인 관련이 나타나지 않는 경우도 있다. 예컨대, 사람은 자기 자신의 가치를 높게 평가하기는 하지만 어떤 특징에 대하여는 보통 또는 평균적인 수준으로 평가할 수도 있다('나는 매우 좋은 사람이지만 재능이 많은 것은 아니다').

상상이나 왜곡된 현실에 근거해서 자기지각이 이루어졌다면 잘못된 자기가치감이 생겨날 수 있다. 예컨대, 실제적인 자기상과 일치하지 않게 부정적 자기상을 가지고 있다면 자존감은 낮을 수밖에 없다. 마찬가지로 자기상을 지나치게 높이 평가하면 지나치게 자기관여를 하게 되고 자신의 가치를 과도하게 평가하게 된다. 과장된 자기상을 가지고 있는데 실제로 자신이 성취한 것이 대인관계에서 입증되지 못할 때는 고양된 자존감을 유지하기 위해 과도한 방어적 전략을 사용하게 된다. 이 때문에 내적 또는 외적 문제가 발생한다.

1. 자기지각과 관련 있는 로르샤하 변인

자기지각과 관련 있는 로르샤하 자료는 매우 다양하고 해석은 투사된 내용을 파악하고 사용할 수 있는 능력에 따라 달라진다. 이 군집은 9개의 구조변인(OBS, HVI, Reflections, Egocentricity Index, FD, Sum V, the ratio H : (H)+Hd+(Hd), An+ Xy, & MOR), 인간내용을 포함하는 모든 반응들의 기호, 자기표상이 투사된 반응에 대한 탐색 등을 포함한다. 그리고 인간내용에 대한 자료를 검토하기 전에 R과 EB를 먼저 평가하는 것이 필요하다.

자기상에 대해서는 부정적인 정보뿐만 아니라 긍정적인 정보를 찾는 것도 매우 중요하다. 우리는 부정적인 정보에는 주의를 기울이는 반면에 긍정적인 정보는 간과하는 경향이 있다. 긍정적인 특징은 찾아내기 어렵다는 점 때문에 간과하는 경우도 있으나 평가과정을 단계적으로 밟으면 긍정적인 특징을 좀 더 쉽게 찾을 수도 있다. 그러나 각 단계에서 하는 질문도 주로 부정적인 특성에 초점을 맞추는 경우가 많다는 점에 주의해야 한다.

사전탐색 문제

자기지각에 관한 자료를 해석할 때 기본적으로 고려해야 할 사항은 다음과 같다: (1) 구체적인 자기상을 나타내는 유형적 성격특징이 있는가? (2) 자존감과 자기관심이 같은 연령대 사람의 전형적인 모습인가 아니면 특이한가? (3) 자기상의 특정 측면에 집착하고 있는가? (4) 자기상의 부정적 특징은 어떤 것이 있는가? (5) 자기상의 긍정적인 특징은 어떤 것이 있는가? (6) 긍정적이든 부정정이든 자기상의 특징을 상당히 왜곡하고 있다는 증거가 있는가? 세 가지 사례를 통하여 자기지각을 탐색하는 과정을 설명할 것이다. 먼저 구조적인 변인들을 살펴볼 것이다.

사례 25. 35세 남자로 8세 된 아들의 양육권 분쟁과 관련하여 평가가 의뢰되었다. 30개월 전 이혼할 때 33세 된 전부인이 아들의 법적 양육권을 갖는 대신 수검자는 주말에 방문할 수 있는 권리가 있고 방학기간 중 30일 동안 일시적인 양육권을 갖는 데 동의하였다. 수검자는 이혼할 때 근본적으로는 공동의 법적 양육권을 가지고 있다고 생각하고 이 조항에 동의하였고 변호사가 자신에게 잘 못 알려 주었다고 주장하였다. 약 2개월 전 아들의 선생님은 전부인에게 아들이 사회적으로 미성숙하고 3학년 또래친구들에게 무시당하는 경향이 있다고 하였다. 이 사실을 알게 된 후 수검자는 자신이 아들의 생활에 대하여 제안을 하고 싶었지만 아들에 대해 결정할 수 있는 법적 권리가 자신에게 없다는 것을 알게 되었다. 따라서 수검자는 공동 양육권을 법원에 청구하게 되었다. 전부인은 이에 대하여 매우 비협조적이었고 자신이 재혼을 하려니까 남편이 복수를 하기 위해 이러한 행동을 하고 있다고 믿고 있었다. 수검자는 이에 대해서는 부인하였고 아내의 재혼에 대해서는 긍정적이라고 하였다. 다만 사회적 발달과정에서 나타날 수 있는 현재와 같은 문제가 아들에게 나타날 경우 적극적으로 개입할 수 있는 권리를 갖고 싶다고 하였다.

수검자는 3형제 중 맏이(남동생은 30세, 여동생은 26세)이다. 아버지는 57세로 은퇴한 소방관이고 어머니는 55세로 가정주부이다. 부모는 멀리 떨어진 지역에서 생활하고 있다. 수검자는 고등학교를 18세에 졸업하고 군대에 입대하였다. 3년 동안 군복무를 하였는데 이 중 18개월 동안은 해외에서 장갑부대원으로 근무하였다. 22세에 제대하여 주립대학에 입학하였으나 1년 후 공부를 중단하였고 자동차 매매소에서 자동차 기계공으로 일하였고 스톡카 경주장에서 아르바이트를 하였다. 수개월 후 친구를 통해 아내를 만나서 데이트를 하였는데 당시 아내는 대학교 4학년이었다. 아내가 졸업한 후 바로 결혼하였고 이후 아내는 대학원에서 비즈니스를 전공하였다.

결혼 후 3년째 되던 해에 수검자는 자동차와 관련된 상점에서 매니저로 일하게 되었다. 지난 2년 동안 이 가게의 지분을 사 모아서 현재는 지분의 1/3을 소유하고 있다. 첫 아이가 태어난 이후 아내는 광고회사에 취직하였다. 아내는 직장에서 매우 성공적이었다. 이 동안 아이는 유아원에 다녔고 오후에 수검자의 아버지가 아이를 집에 데려다 주는 일을 도와주셨다. 아내는 그에게 자신의 동료들과 좀 더 많은 사회적 교류를 갖기를 요구하였는데 이것이 부부간 불화의 이유가 되었다. 그의 수입보다 아내의 수입이 훨씬 더 많았다. 아들이 유치원에 입학할 무렵에는 부부간에 애정이 더 이상 남아 있지 않았고 서로 결혼생활에 대하여 불만감을 나타내었다. 그들은 별거를 시작하였다. 아내는 자신들이 살고 있던 아파트를 소유하였고 아이를 돌보기 위하여 도우미를 고용하였다. 수검자도 이혼이 나쁘지 않다고 생각하고 있었고 이혼 절차는 합리적이고 만족하다고 느꼈다. 지금 수검자는 자신이 너무 순진했었다고 느끼고 있다. 다시 결혼할 수도 있지만 최근에 데이트하고 있는 여성 중 결혼 대상자는 없다고 하였다. 수검자는 자신이 아들에게 좋은 역할모델이 될 수 있다고 느끼고 있고 아들이 성장하는 데 지금보다 더 많은 것을 제공해 줄 수 있다고 하였다. 수검자는 여름에는 어린이 야구 리그의 보조자로 일하고 있고 적십자에서 자원봉사자로 일하고 있다.

사례 25. 35세 남성의 자기지각 관련 자료

R = 26	OBS = No HVI = No	Human Content, An & Xy Responses
		I 2. Do Fo Hd PHR
Fr + rF = 0	3r + (2)/R = 0.35	II I 6. D+ Mao 2 H,Id P 3.0 COP,GHR
		VI 13. D + Mp.FD + H,Sc 2.5 GHR
FD = 3	SumV = 0	VII 14. W+ Mao 2 H,Ls P 2.5 COP,GHR
		VIII 15. W+ Mao 2 H 3.0 COP,GHR
An + Xy = 1	MOR = 2	IX 19. D+ Ma.FCo 2 (H),Id P 2.5 COP,GHR
		IX 20. D+ Mao H,Sc 2.5 GHR
		X 21. D+ Mau 2 (H),Bt 4.0 COP,GHR
H : (H) + Hd + (Hd) = 6 : 3		X 24. Dv Fu An MOR
[EB = 8 : 5]		X 25. D+ Ma.FCo H,Bt 4.0 GHR

사례 26. 23세 여자, 의사가 권유하여 사설 정신건강센터에 내원하였다. 의사는 수검자의 경련성 대장 증상을 7개월 동안 치료해 왔다. 수검자의 증상이 자주 재발하였으므로 증상이 스트레스와 관련 있는 것 같다고 하였다. 수검자는 두 딸 중 둘째이다(첫째는 25세로 대학을 졸업하였고 결혼한 지 3년 되었다). 아버지는 50세로 회사의 중역이고 어머니는 48세로 주부이다. 자매 사이는 매우 가까운 편이다. 서로 다른 주에 살지만 전화 통화를 자주 한다. 언니가 쌍둥이 딸을 낳은 후 지난 18개월 동안은 특히 연락을 자주 하였다. 언니에게 전화를 하는 것은 수검자의 생활 중 매우 중요한 부분으로 '내 삶에 균형 감각을 준다.'고 말하였다.

수검자는 18세에 고등학교를 상위 20% 성적으로 졸업하였고 초등교육을 전공하기 위하여 대학에 입학하였다. 2학년이 끝나 갈 때 선생이 되는 것에 환멸을 느끼기 시작하였다. 사회 경험을 통해 자신이 하고 싶은 일을 찾기 위하여 2년 동안 학업을 중단하였다. 법률비서로 일하게 되었고 그 일이 매우 흥미롭다는

것을 느끼게 되었다. 일에서는 만족감을 얻었지만 개인적인 삶은 그렇지 못하였
다. 직장을 가진 이후로 아파트에서 생활하였고 약 2년 전에는 규칙적으로 데이
트를 하던 남자(학생)와 동거를 시작하였다. 이 관계는 4개월 후에 깨졌는데 "나
는 내가 사람을 그렇게 잘못 봤다는 것을 믿을 수가 없어요. 그 남자는 항상
요구만 하고 아무것도 도와주지 않아요. 내가 가정부 같다는 것을 느낀 후 그를
쫓아낼 용기가 생길 때까지 약 한 달이 소요되었어요."라고 말하였다. 그 다음
해에도 수검자는 자주 데이트를 하였다. 그 시기에 수많은 성적 경험을 하였고
"문제를 일으킬 소지가 많았어요. 정말 바보 같은 짓이에요."라고 말하였다. 1년
전 쯤에 37세의 남자와 데이트를 하였는데 그 남자는 별거 중이고 곧 이혼할
것이라고 하였다. 3개월 동안 관계를 맺은 후 남자가 수검자의 아파트로 옮겨와
약 3개월 동안 함께 살았다. 이 관계는 동거를 시작한 남자가 아내를 만나고
있고 아내와 서로 재결합하기를 원하고 있다는 것을 알게 된 후 끝났다.

　수검자는 지난 6개월 동안 "내 삶은 쓰레기 같았어요."라고 말하였다. 직장에
서도 업무에 집중하기 힘들었고 수면장애가 있었고 상당한 통증을 느끼곤 하였
다. 친한 사람이 여러 명 있기는 하지만 정말 어려운 이야기를 할 수 있는 사람은
언니뿐이었다. "나는 내 자신을 바로잡기 위해 무슨 일이든 할 거예요."라고 말하
고 있어서 치료적 개입의 필요성을 인식하고 있는 것 같았다. 의뢰자는 수검자의
성격특성을 알고 싶어 하였고 치료적 과정에서 자신이 노출되는 것에 대해 어떻
게 생각하는지 그리고 개인치료와 함께 집단치료를 하는 것에 대하여 어떤 태도
를 가지고 있는지에 대해 알고 싶어 하였다.

사례 26. 23세 여성의 자기지각 관련 자료

R = 19	OBS = Yes	HVI = No	Human Content Responses
Fr+rF = 3	3r+(2)/R = 0.74		II　3. WS+ CF.FT.Mp− Hd,BL 4.5 MOR,PER,PHR
			III　5. D+Ma+ 2 H,Cg P 4.0 COP,GHR
FD = 1	SumV = 1		III　6. DS+ Ma.FC'o 2 H,Cg,Hh P 4.5 COP,GHR
			V　10. W+ Ma.mpo 2 H,Cg 2.5 GHR
An+Xy = 0	MOR = 1		VII　13. W+ Mp.Fr+ H,Hh,Cg P 2.5 GHR
			X　17. Dd+ Mpo 2 (Hd),Cg 4.5 GHR

H : (H)+Hd+(Hd) = 4 : 2
〔EB = 6 : 3.5〕

사례 27. 26세 남자로 법원의 결정으로 개인정신병동에 입원되었다. 수검자는 평가받기 9일 전에 입원하였다. 입원하기 3주 전 수검자는 성적 희롱 금지명령을 위반하여 체포되었다. 금지명령은 수검자가 일했던 사무실에서 비서로 있던 23세 여성의 요청에 의해 발효된 것이었다. 수검자가 하루에 4~6회씩 집이나 직장으로 전화를 하고 전화 내용은 주로 외설적인 것이라고 하였다. 또한 수검자는 퇴근 후 그녀를 미행하고 유리창에 메모를 남겨 놓기도 하였으며 그녀의 아파트에 침입하려고 한 것이 세 번이나 된다고 하였다. 그녀는 집 전화번호를 바꾸고 전화번호부에도 기록하지 않았으나 수검자는 번호를 알아내곤 하였다. 금지명령이 내려진 이후 수검자가 그녀에게 두 번 전화를 한 기록을 경찰이 가지고 있었다. 두 번 모두 수검자는 청혼을 하였고, 전부인이 그녀에게 한 말은 모두 거짓말이고, 수검자는 세상에서 가장 멋진 섹스를 할 수 있다고 하였으며, 이 경우 성적인 세부사항까지 묘사하였다. 두 번째 전화 후 수검자는 구속되었다. 법원의 명령에 따라 수검자는 평가와 치료를 위해 입원할 것에 동의하였다.

수검자는 두 자녀 중 첫째이다(여동생은 22세로 대학 졸업 후 최근에 결혼하였다). 아버지는 51세로 보험회사 영업직이고 어머니는 50세로 법률회사 비서이다. 어머니는 39세 때 우울증으로 5개월 동안 외래치료를 받은 경험이 있다. 수검자는 정상적인 발달과정을 거쳤다고 보고하였다. 고등학교에서는 중상위권 학생이었고 육상경기에서 상을 받은 경험도 있었다. 여러 여학생과 데이트를 하였고 첫 성적 경험은 16세 때였다. 동성애적인 성향은 부인하였다. 고등학교는 18세에 졸업하였고 주립대학에 입학하였으나 입학을 연기하고 수습 벽돌공으로 취직하였다. 이 기간 동안 집에서 기거하면서 일을 하였으므로 돈을 많이 저축해서 걱정 없이 대학에 갈 수 있었다고 하였다.

대학에는 20세에 입학하였으나 매우 지루하게 느꼈고 성적은 좋지 않았다(1학년 2학기 때 학사경고를 받았다). 친구의 소개로 20세 여비서와 데이트를 시작하여 여름에 약혼을 하였다. 2학년 때 학교에 대하여 환멸을 느껴 5주 후에 학교 다니는 것을 중단하였고 건축회사에 벽돌공으로 취직하였고 한 달 후 결혼하였다.

전부인의 말에 따르면 결혼생활은 4개월 만에 망가지기 시작하였다. 수검자는 늦게까지 TV를 보며 맥주를 마셨다고 하였다. 수검자는 대학교수들이 공정하지 않았다고 불평을 하였고 아내가 직장에 나갈 때 화장을 하면 다른 남자들에게 매력적으로 보이려고 화장을 한다며 못하게 하였다. 마침내 아내는 남편을 떠나 친정으로 돌아갈 것을 결심하였다. 수검자가 다시 돌아와 줄 것을 간청하였고 한 달 후에 되돌아왔다. 그러나 부부싸움 도중에 아내를 때렸고 그 일로 바로 이혼하였다. 수검자는 이혼에 반대하지는 않았지만 수차례 전화를 하고 편지를 써서 다시 한 번 기회를 달라고 애원하였다.

이혼 후 전부인은 수검자를 두 번 만났는데 두 번째 만났을 때 수검자가 섹스를 요구하였다. 전부인이 거절하자 수검자는 전부인 자신도 모르는 수검자의 동료와 성관계를 가졌다고 매도하며 비난하였다. 그래서 전부인은 수검자에게 "당신은 도움이 필요해요."라고 말하려고 했으나 너무 위협적이어서 차를 타고 도망쳐 버렸다. 지난 4년 동안 전부인은 수검자를 만난 적은 없으나 수검자는 생일, 밸런타인데이, 부활절, 크리스마스 때마다 전부인에게 카드를 보내고 있다.

이혼 후 수검자는 4개의 다른 회사에서 벽돌공으로 일하였다. 직장을 바꾼 이유는 업무량이 많기 때문이라고 주장하였고 서류상 해고된 기록은 없다. 이혼 후 여러 여자들과 데이트를 하였고 이 중 한 사람이 금지명령을 제소하였다. 수검자는 그녀가 전화를 건 횟수를 과도하게 과장하였고 수검자에게 섹스를 하기 원한다고 말하였다고 하였다. 하지만 그녀는 전부인을 알고 있었고 이것이 걸림돌이 되었다고 하였다. 수검자는 "내 전부인은 나의 인생을 망치고 싶어 한다. 스스로 행복하지 않기 때문에 내가 행복해지는 것을 원하지 않으며 나에 대하여 거짓말을 많이 한다."라고 하였다.

수검자는 우울하다는 것은 인정하였지만 한 번도 직장을 빠진 적은 없다고 하였다. 대학교 이후로 계속 우울하였고 인생의 의미를 찾으려고 노력하고 있다고 하였다. 수검자가 다시 좋은 사람과 결혼하면 만사가 모두 좋아질 것 같다고 하였다. 수검자는 병원에 입원했다는 사실에 화가 나 있었고 "이곳은 미친 사람들이 있는 곳인데, 나는 미치지 않았다."라고 하였다. 그럼에도 불구하고 다른 남자 환자들을 가끔 언어적으로 학대하는 것을 제외하고는 대체로 협조적이었다. 수검자는 망상, 강박사고, 환각은 모두 부인하였다. 수검자는 가끔 직원들과 농담을 하였고 건물을 보수하라고 하면서 "그래야 내가 할 일이 있지."라고 하였다. 진단평가를 마치기 전까지 약물처방은 보류하고 있었다.

사례 27. 26세 남성의 자기지각 관련 자료

R = 18	OBS = No	HVI = Yes	Human Content, An & Xy Responses

$Fr + rF = 0$ $3r + (2)/R = 0.28$ Ⅲ   5. W+ Ma.C.FDo 2 H,Art,Sx,Cg P 5.5 GHR

Ⅳ   8. Wo Fu A,An 2.0 MOR

$FD = 4$ SumV = 0   Ⅸ 16. WSo CF.Mp.FD− Hd,An 5.5 MOR,PHR

$An + Xy = 2$ MOR = 4

$H : (H) + Hd + (Hd) = 1 : 1$
〔EB = 2 : 7.5〕

2. 해석순서

해석은 8단계로 진행한다. 처음 7개 단계는 구조적 자료와 인간내용을 포함한 반응의 기호를 검토하게 된다. 마지막 단계에서는 프로토콜의 내용과 투사가 이루어진 언어표현들을 검토한다.

1단계: OBS와 HVI

OBS와 HVI는 인지기능을 다룰 때 살펴보았으나 자기지각의 맥락에서 다시 한 번 검토할 필요가 있다.

• OBS에 대한 잠정적 결과: 앞에서 언급한 바와 같이 OBS에 해당된다는 것은 완벽성에 대한 집착을 시사한다. 이것은 반드시 약점이 되지는 않지만 그 정도가 지나치거나 또는 심각한 실패를 경험하고 있다면 취약성으로 작용할 수 있다. 강박적인 사람은 정확하고 꼼꼼한 것을 상당히 중요시하고 그렇지 않은 사람들을 경멸하는 경향이 있다. 강박증의 원인에 대하여는 다양한 이론이 있지만 대체적으로 다음과 같은 가정을 받아들이고 있다: 강박적인 사람들은 자신의 적합성에 대해 의문을 가지고 있기 때문에 불안정감이 항상 내재되어

있다. 완벽하기 위해 노력하는 것은 불안정감으로 인한 걱정을 통제하기 위한 방법이고 자신의 부적합성을 입증해 주는 끔찍한 실수를 하지 않으려는 노력으로 볼 수 있다.

강박적인 사람의 자기상에 과대적 특징이 나타나는 경우는 별로 없다. 오히려 자기 자신에 대하여 상당히 조심스러운 평가를 하고 실제보다 더 부정적이다. 강박적인 사람의 자기상이 비현실적으로 과장되어 있다면 실패했을 때 심리적인 문제를 야기할 가능성이 매우 높다. 왜냐하면 강박적인 사람은 실수를 지나치게 확대하여 중요하게 생각하고 그 결과 자기 자신을 평가절하하기 때문이다.

▌사례 26의 자료에 대해 적용한 결과: 수검자는 강박적인 경향이 있고 자신의 능력에 대하여 걱정하고 있으며 이 때문에 자신이 원하는 것보다 안정감을 느끼지 못하고 있다. ▌

• HVI에 대한 잠정적 결과: HVI에 해당된다는 것은 취약성에 집착하고 있다는 것을 시사한다. 집착은 구체적이기보다는 일반적인데 앞서 언급한 바와 같이 주변 환경에 대해 불신하는 태도 때문에 생겨난다. 과경계적인 사람은 자신의 내적 통합을 보호하려고 애쓰기 때문에 실패나 어려움을 겪게 되면 현실적인 상황은 무시하고 외적인 힘의 탓으로 돌리려는 경향이 있다. 다른 사람의 행동이나 반응에 대하여 확신이 없어지면 자신의 행동이 적절하다는 것을 입증하거나 자신이 평가절하되거나 이용당하는 것을 피하기 위하여 더 많은 노력을 하게 된다. 과경계적인 사람은 경계심을 갖는 데 융통성이 없기 때문에 과경계 상태를 항상 유지하기 위하여 많은 에너지를 투자한다. 주변 환경적 요소가 과경계를 부추기면 망상적 특성이 관념에서 나타날 수도 있다.

▌사례 27의 자료에 대해 적용한 결과: 수검자는 과경계를 하는 사람이고 환경을 신뢰하지 않는다. 또한 자신이 평가절하되거나 이용당하는 것에 대해 집착하는 경향이 있다. 수검자는 이러한 가능성을 확인하고 또 이와 싸우기 위하여 준비하는 데 많은 에너지를 사용하고 있다. 내적 통합이

매우 중요하므로 이를 방어하기 위해 부정적 사건에 대해서는 객관적인
상황을 무시하고 무조건 외부 탓으로 귀인하는 경향이 있다.

2단계: 반사반응

반사반응은 자기애적 성향과 관련이 있다. 이것은 자기의 핵심요소이고 자신
의 가치를 매우 높게 평가하는 경향을 포함한다. 어린아이들에게는 흔히 나타나
지만 청소년기에 들어 형식적인 인지적 작용이 증가하고 사회적 관계가 중요해
지면 점차 사라지고 약해지게 된다. 과장된 자존감이 있다고 해서 항상 병리적인
요소가 있는 것은 아니다. 자기 자신을 높게 평가하는 사람이 인생에서 매우 성
공적일 수도 있다. 그러나 자기중심성은 자기통합과 타인통합을 균형 있게 발전
시키는 데 방해요소로 작용할 수도 있다.

자기가치가 확장되어 적응문제를 일으킬 가능성은 개인이 인정을 받는 정도에
따라 달라진다. 자기 자신에게 높은 가치를 부여하는 것은 목표에 도달하기 위한
원동력이 될 수도 있다. 인정을 받게 되면 정신병리적이나 부적응적 측면이 발생
할 가능성은 감소한다. 반면에 자신의 가치를 인정받지 못하게 되면 좌절감을
느끼고 부정적인 태도를 가지게 된다. 그렇게 되면 특별하다고 생각하는 자기가
치감을 보호하기 위해 정교한 개인적 방어체계를 발전시키게 된다. 그 결과 정신
병리나 부적응이 야기될 수 있다. 이때 합리화, 외현화 및 부정 방어기제를 주로
사용하게 된다.

사례 26. 23세 여성의 자기지각 관련 자료

R = 19	OBS = Yes	HVI = No	Human Content Responses
Fr + rF = 3	3r + (2)/R = 0.74	Ⅱ	3. WS+ CF.FT.Mp − Hd,Bl 4.5 MOR,PER,PHR
		Ⅲ	5. D+Ma+ 2 H,Cg P 4.0 COP,GHR
FD = 1	SumV = 1	Ⅲ	6. DS+ Ma.FC'o 2 H,Cg,Hh P 4.5 COP,GHR
		Ⅴ	10. W+ Ma.mpo 2 H,Cg 2.5 GHR
An + Xy = 0	MOR = 1	Ⅶ	13. W+ Mp.Fr+ H,Hh,Cg P 2.5 GHR
		Ⅹ	17. Dd+ Mpo 2 (Hd),Cg 4.5 GHR

H : (H) + Hd + (Hd) = 4 : 2
〔EB = 6 : 3.5〕

• 잠정적 결과: Fr+rF 값이 0보다 클 경우 개인의 지각을 지배하는 과장된 자기관여와 확장된 자기가치감이 있다는 것을 지적하는 것이다. 이러한 특징은 의사결정과 행동에 큰 영향을 주는 성격특징이다. 왜냐하면 자존감이 확장되어 있으면 끊임없이 확인받고 강화 받아야 하기 때문이다. 이러한 특징을 지니고 있는 청소년과 성인들은 깊이 있고 의미 있는 대인관계를 맺고 유지하기 힘들다. 때로는 자기탐색을 하게 만들고 그로 인해 자기 자신에게 부여한 높은 가치와 그에 걸맞지 않다는 자기자각 사이에 갈등이 유발되기도 한다. 환경적 사상이 확신을 제공해 주지 않으면 비사회적 또는 반사회적 태도가 나타나기도 한다. 3단계로 갈 것.

▌사례 26의 자료에 대해 적용한 결과: 수검자의 프로토콜에는 3개의 반사 반응이 있어서 매우 자기중심적이고 자존감이 과장되어 있다는 것을 알 수 있다. 이러한 특징은 의사결정과 행동에도 영향을 주고 성숙한 대인관계를 맺고 유지하기가 어려울 수 있다. 비난을 외부 탓으로 돌려서 원하지 않는 스트레스를 피하려고 한다. 매우 강박적인데 이는 흔치 않은 결과이다. 강박적인 사람은 자신에 대해 불안정감을 느끼므로 자기애적인 관심을 보이는 것과는 일치하지 않을 수 있다. 반면에 완벽주의, 정확성에 대한 집착 등은 자신에 대하여 높은 가치를 부여하는 것과 논리적으로 일맥상통한다. 자신에 대해 높은 가치를 부여하는 것이 사실이라면 인생의 부정적인 사건들에 대해서는 모두 외부 탓으로 돌리는 경향이 높을 것이다. ▌

3단계: 자기중심성 지표

자기중심성 지표는 수검자의 자기관심과 자존감에 대한 추정치를 제공해 준다. 자기 자신을 보살피는 행동에 대한 대략적인 정보를 주기도 한다. 이 값이 평균 이상인 경우 자기 자신에 대한 지나친 관여를 나타내지만 반사반응이 나타나지 않으면 반드시 긍정적인 자존감을 시사하는 것은 아니다. 반면에 평균보다 낮으면 자존감이 낮다는 것을 시사한다. 즉, 자기 자신과 다른 사람들을 비교할 때 자신에 대한 평가가 부정적인 경향이 있다.

성인들의 경우 .33~.45 범위의 값이 기대되지만 더 어린 수검자들의 경우 아래와 같이 기대범위가 달라진다.

— 5세: .55~.83	—11세: .45~.58
— 6세: .52~.82	—12세: .38~.58
— 7세: .55~.72	—13세: .38~.56
— 8세: .48~.74	—14세: .37~.54
— 9세: .45~.69	—15세: .33~.50
—10세: .45~.63	—16세: .33~.48

어린 수검자의 경우 기대되는 값이 증가하는 것은 당연하다. 특히 사춘기 이전 연령에서는 대부분의 성인보다 더 많은 자기관여를 하게 된다. 자기중심성은 아동이 현실을 인식하고 다른 사람과 대인관계의 중요성을 인식하게 됨에 따라서 점점 감소하게 된다.

• **잠정적 결과 1:** 자기중심성 지표가 평균 이상일 때 다른 사람들보다 자기 자신에 관여하는 정도가 많다는 것을 시사한다. 반응에 1개 이상의 반사반응이 있다면 자기애적인 경향이 개인의 심리에 내재되어 있고 자기 자신에 대해 상당히 호의적인 판단을 하고 있다는 것을 시사한다. 반사반응이 없다면 이것 역시 자기 자신에 대해 과도한 관심을 가지고 있어서 외부세계를 무시하는 경향이 있다는 것을 시사한다. 대부분의 경우 자기중심성 지표의 값이 평균 이상일 때는 자존감이 높고 자기평가에 대하여 긍정적이라는 것을 시사하지만, 때로는 자신에 대한 과도한 관심이 자기불만족감과 관련되어 나타날 수도 있다. 그럴 경우 수검자의 프로토콜에서 사회적 적응에 문제가 있거나 자신 자신을 평가절하한다는 증거가 나타나게 된다. 4단계로 갈 것.

사례 26. 23세 여성의 자기지각 관련 자료

R = 19	OBS = Yes	HVI = No	Human Content Responses
Fr + rF = 3	3r + (2)/R = 0.74	Ⅱ	3. WS + CF.FT.Mp − Hd,Bl 4.5 MOR,PER,PHR
		Ⅲ	5. D + Ma + 2 H,Cg P 4.0 COP,GHR
FD = 1	SumV = 1	Ⅲ	6. DS + Ma.FC'o 2 H,Cg,Hh P 4.5 COP,GHR
		Ⅴ	10. W + Ma.mpo 2 H,Cg 2.5 GHR
An + Xy = 0	MOR = 1	Ⅶ	13. W + Mp.Fr + H,Hh,Cg P 2.5 GHR
		Ⅹ	17. Dd + Mpo 2 (Hd),Cg 4.5 GHR
H : (H) + Hd + (Hd) = 4 : 2			
〔EB = 6 : 3.5〕			

▌**사례 26의 자료에 대해 적용한 결과:** 자기중심성 지표값은 .74, 성인의 평균값보다 높다. 3개의 반사반응은 지표값을 상승시키는 데 작용하였고 이것은 수검자가 과도하게 자기관여를 하고 있고 자신의 가치를 지나치게 높게 평가하고 있다는 것을 시사한다. ▌

• **잠정적 결과 2:** 성인의 경우 자기중심성 지표가 .33~.45 범위이면(어린 수검자의 경우 해당 연령의 평균범위에 해당하면) 수검자는 다른 사람들보다 자기관여가 지나치지도 부족하지도 않다는 것을 시사한다.

사례 25. 35세 남성의 자기지각 관련 자료

R = 26	OBS = No	HVI = No	Human Content, An & Xy Responses
		Ⅰ	2. Do Fo Hd PHR
Fr + rF = 0	3r + (2)/R = 0.35	Ⅲ	6. D + Mao 2 H,Id P 3.0 COP,GHR
		Ⅵ	13. D + Mp.FD + H,Sc 2.5 GHR
FD = 3	SumV = 0	Ⅶ	14. W + Mao 2 H,Ls P 2.5 COP,GHR
		Ⅶ	15. W + Mao 2 H 3.0 COP,GHR
An + Xy = 1	MOR = 2	Ⅸ	19. D + Ma.FCo 2 (H),Id P 2.5 COP,GHR
		Ⅸ	20. D + Mao H,Sc 2.5 GHR
		Ⅹ	21. D + Mau 2 (H),Bt 4.0 COP,GHR
H : (H) + Hd + (Hd) = 6 : 3		Ⅹ	24. Dv Fu An MOR
〔EB = 8 : 5〕		Ⅹ	25. D + Ma.FCo H,Bt 4.0 GHR

┃ **사례 25의 자료에 대해 적용한 결과:** 자기중심성 지표값은 .35이고 반사 반응은 없다. 수검자의 자기관여 정도는 다른 사람들보다 높지도 낮지도 않다는 것을 시사한다. ┃

- **잠정적 결과 2a:** 자기중심성 지표가 평균범위이고 반사반응이 1개 이상인 경우는 매우 드물게 나타난다. 자기애적인 사람들은 과도하게 자신에게 집중하는 경향을 나타내기 때문이다. 최소한 1개 이상의 반사반응이 있고 자기중심성 지표는 평균범위에 있는 경우 수검자는 자신의 높은 자존감이 허구일 수 있다고 스스로 인식하고 있고 자기의혹을 품는 경우가 많다.

  어린 청소년이 이러한 결과를 보이면 사회적 성숙이 진행되고 있는 과정으로 볼 수 있으므로 긍정적일 수 있다. 그러나 성인은 바람직하지 않다. 이들은 과장된 자존감이 도전받게 되면 이를 방어하기 위해 과거에 효과적이었던 방어기제에 더 집착하게 된다. 그렇게 되면 더 큰 혼란을 경험할 수 있고 심리적 기능의 효율성이 저하되고 정서적 동요를 느끼게 될 수 있다. 4단계로 갈 것.

- **잠정적 결과 3:** 자기중심성 지표가 평균 이하인 경우 자기가치에 대한 평가가 부정적이라는 것을 시사한다. 다른 사람과 비교하여 자기 자신이 바람직하지 못하다고 느낀다. 우울의 전조증상이 될 수도 있다. 반사반응이 있는 프로토콜에서는 잘 나타나지 않는 결과이다. 자기중심성 지표가 평균 이하인 프로토콜에서 반사반응이 있다면 이 사람은 자기상과 자기가치 사이에서 상당한 갈등을 경험하고 있다는 것을 시사한다. 정서적 동요가 나타날 수 있고 행동적 역기능도 있을 수 있다. 4단계로 갈 것.

사례 27. 26세 남성의 자기지각 관련 자료

R = 18	OBS = No	HVI = Yes	Human Content, An & Xy Responses

Fr + rF = 0	3r + (2)/R = 0.28	Ⅲ 5. W + Ma.C.FDo 2 H,Art,Sx,Cg P 5.5 GHR
		Ⅳ 8. Wo Fu A,An 2.0 MOR
FD = 4	SumV = 0	Ⅸ 16. WEo CF.Mp.FD − Hd,An 5.5 MOR,PHR

An + Xy = 2   MOR = 4

H : (H) + Hd + (Hd) = 1 : 1
〔EB = 2 : 7.5〕

▌사례 27의 자료에 대해 적용한 결과: 자기중심성 지표값은 .28로 평균이하이며 반사반응은 없다. 다른 사람과 비교하여 자기 자신을 평가할 때 자신의 부정적인 면에 초점을 맞춘다. 자존감이 대부분의 다른 성인들보다 낮다. ▌

4단계: FD와 SumV

FD와 차원(Vista)반응은 내성적 행동과 관련이 있다. 자기점검을 통하여 한 개인이 자기 자신을 더 잘 인식할 수 있다면 이는 긍정적인 특징일 것이다. 내성을 통하여 자기 자신을 객관적으로 보고 편견, 감정, 선입견 등을 배제시키고 현실적인 관점에서 자신을 탐색한다면 가장 바람직할 것이다. 자기탐색(self inspection)은 인식수준을 증가시키고 대부분의 사람들은 자신의 장단점을 더 잘 파악하기 위해 때때로 자기점검을 하게 된다. 내성은 자기통합에 방해가 될 수도 있으므로 약점으로 작용할 수도 있다. 극단적인 경우 반추 형태로 나타날 수도 있고 불편한 정서를 야기할 수도 있다.

FD는 내성하는 경향과 관련이 있다. 이 반응이 프로토콜에 있으면 긍정적으로 볼 수 있으나 빈도가 문제될 수 있다. 차원반응은 더더욱 긍정적이지 않다. 차원반응도 자기탐색 경향을 나타내지만 이 과정은 부정적 정서를 유발할 수 있다.

3, 4장에서 언급한 바와 같이 차원반응은 상황과 관련 있는 죄책감이나 후회와 관련이 있는 경우도 있지만 자기 자신의 부정적 특징에 대해 지속적으로 집착하는 것과 더 관련이 있다. 어떤 경우든 차원반응은 개인이 반복적으로 생각하는 자기 자신의 특징에 대한 집착을 나타내 주고 이로 인해 안절부절못하고 고통스러운 감정이 생겨날 수 있다.

- **잠정적 결과 1:** R 반응이 17개 미만이고 FD나 차원반응이 없는 경우 수검자는 자기 자신을 인식하는 데 덜 관여할 수 있다. 이들은 자기 자신에 대해 지나치게 단순하다. 어린이와 어린 청소년에서 흔히 나타나는 반응이다. 반응 수가 17개 미만이라는 것은 반응이 빈약하다는 것을 시사하므로 수검자의 어떤 특징에 대해 결론을 내리지 않아야 할 수도 있다. 5단계로 갈 것.
- **잠정적 결과 2:** SumV=0이고 FD가 1~2개이면 규칙적으로 자기탐색 행동을 하고 있다고 가정할 수 있다. 규칙적으로 자기탐색을 하면 자기상을 재평가하는 데 도움이 되므로 긍정적일 수 있다. 5단계로 갈 것.
- **잠정적 결과 3:** FD가 2개 이상이거나 SumV 값이 0보다 크면 비일상적인 자기탐색 행동이 있다고 가정할 수 있다. FD 반응이 3개 이상이면 차원반응이 없어도 자기상에 대해 비정상적으로 주의를 기울이고 있다는 것을 시사한다. 자기성장을 위해 노력하는 것이라면 긍정적일 수 있다. 반면에 단순히 자기 자신에 대한 반추 때문에 나타난 것이라면 부정적으로 작용하게 된다. 이때는 아마도 자기중심성 지표가 평균 이하일 것이다. 1개 또는 그 이상의 차원반응이 있다면 FD의 빈도와는 관계없이 수검자 자신이 부정적인 것으로 지각한 특징에 대해 집착하고 있다는 것을 시사하고 이 때문에 고통스러운 감정을 느끼게 될 것이다.

  사춘기, 노년기와 같은 생활주기에서 정서적 상실, 실패, 신체적 또는 심리적 문제와 같은 중요한 생활 사상이 있을 때 이러한 결과가 나타나는 것은 당연하다. 자기노출을 해야 하는 치료 초기에도 흔히 나타날 수 있는 결과이다. 어떠한 원인이든 간에 자기초점화가 상당히 나타나고 있다는 것을 시사한다. 이때 반사반응이 함께 나타나는 경우는 매우 드물지만 반사반응이 나타난다면 자기상에 대한 혼란을 경험하고 있다는 것을 시사한다. 1개 또는 그 이상의 차원반응이 있고 동시에 반사반응이 있다면 높은 자기가치감과 지각된 부정적인 자기특징 사이에서 갈등을 경험하고 있을 가능성이 높다. 5단계로 갈 것.

사례 25. 35세 남성의 자기지각 관련 자료

R = 26	OBS = No	HVI = No	Human Content, An & Xy Responses
			I 2. Do Fo Hd PHR
Fr + rF = 0	3r + (2)/R = 0.35		III 6. D+ Mao 2 H,Id P 3.0 COP,GHR
			VI 13. D+Mp.FD+ H,Sc 2.5 GHR
FD = 3	SumV = 0		VII 14. W+ Mao 2 H,Ls P 2.5 COP,GHR
			VII 15. W+ Mao 2 H 3.0 COP,GHR
An + Xy = 1	MOR = 2		IX 19. D+ Ma.FCo 2 (H),Id P 2.5 COP,GHR
			IX 20. D+ Mao H,Sc 2.5 GHR
H : (H) + Hd + (Hd) = 6 : 3			X 21. D+ Mau 2 (H),Bt 4.0 COP,GHR
〔EB = 8 : 5〕			X 24. Dv Fu An MOR
			X 25. D+ Ma.FCo H,Bt 4.0 GHR

▌사례 25의 자료에 대해 적용한 결과: 3개의 FD 반응이 있지만 차원반응은 없다. 자기탐색 행동을 지나치게 하고 자기상에 대해 과도하게 주의를 기울이고 있다는 것을 시사한다. 자기중심성 지표값이 평균인 것은 긍정적인 징후이고 수검자의 내성적 행동은 자기향상 동기와 관련 있을 수 있다. ▌

사례 26. 23세 여성의 자기지각 관련 자료

R = 19	OBS = Yes	HVI = No	Human Content Responses
Fr + rF = 3	3r + (2)/R = 0.74		II 3. WS+ CF.FT.Mp− Hd,Bl 4.5 MOR,PER,PHR
			III 5. D+Ma+ 2 H,Cg P 4.0 COP,GHR
FD = 1	SumV = 1		III 6. DS+ Ma.FC'o 2 H,Cg,Hh P 4.5 COP,GHR
			V 10. W+ Ma.mpo 2 H,Cg 2.5 GHR
An + Xy = 0	MOR = 1		VII 13. W+ Mp.Fr+ H,Hh,Cg P 2.5 GHR
			X 17. Dd+ Mpo 2 (Hd),Cg 4.5 GHR
H : (H) + Hd + (Hd) = 4 : 2			
〔EB = 6 : 3.5〕			

▌**사례 26의 자료에 대해 적용한 결과:** FD와 차원반응이 1개씩 있다. 반사반응은 3개이고 자기중심성 지표의 값은 매우 높다. 자기상에 대해 지나치게 주의를 기울이고 있고 매우 높은 자존감과 부정적으로 지각한 특성에 대한 집착 사이에서 많은 갈등을 느끼고 있다는 것을 시사한다. 수검자자신이 부정적으로 지각한 특징 때문에 상당한 고통을 느끼고 있고, 자신의 긍정적인 측면과 부정적인 측면 사이의 갈등 때문에 매우 혼란스러워하는 것으로 보인다. 개인력을 보면 스스로 자신을 평가절하하게 되는고통스러운 정서적 관계가 두 번 있었다고 하였다. 이러한 점을 두고 볼때 현재 나타내고 있는 차원반응이 상황적 결과일 가능성은 낮고, 좋은자기상과 나쁜 자기상 사이에서 생긴 갈등은 상당히 오래 지속되어 왔고,현재 수검자가 나타내는 증상에도 많은 영향을 준 것 같다. ▌

사례 27. 26세 남성의 자기지각 관련 자료

R = 18	OBS = No HVI = Yes		Human Content, An & Xy Responses
Fr + rF = 0	3r + (2)/R = 0.28	Ⅲ	5. W+ Ma.C.FDo 2 H,Art,Sx,Cg P 5.5 GHR
		Ⅳ	8. Wo Fu A,An 2.0 MOR
FD = 4	SumV = 0	Ⅸ	16. WSo CF.Mp.FD− Hd,An 5.5 MOR,PHR
An + Xy = 2	MOR = 4		

H : (H) + Hd + (Hd) = 1 : 1
〔EB = 2 : 7.5〕

▌**사례 27의 자료에 대해 적용한 결과:** 18개의 반응 프로토콜에 4개의 FD반응이 있는데 이는 자기상에 대한 지나친 관심을 지적하는 것이다. 자기중심성 지표값은 .28로 평균 이하이다. 따라서 수검자는 자기 자신에 대해 반복적으로 생각하고 자신이 남보다 못하다는 생각 때문에 괴로워하는 것 같다. 또한 지나친 경계심을 나타내고 있고 단점을 지각하게 되면모든 원인을 외부로 돌려 비난하는 경향이 있다. ▌

5단계: An + Xy

해부반응은 프로토콜에서 흔히 나타나는 반응이 아니고 X-ray 반응은 더 적게 나타난다. An + Xy은 대개 0점이거나 기껏해야 1점 정도일 것으로 기대한다. 1점을 넘을 경우 과도한 신체적 관심을 나타내고 이 값이 증가할수록 신체적 집착이 있을 가능성도 증가한다.

• 잠정적 결과 1: An + Xy = 2이면 신체에 대한 걱정이 있을 수 있다. 마이너스의 형태질 반응이 없거나 MOR 반응이 없다면 심리적 통합에 문제가 있다고 생각할 필요는 없다. 그러나 마이너스 형태질 반응이 있거나 MOR 반응이 있다면 신체에 대한 관심이 상당히 증가되어 있다는 것을 시사한다. 이 내용은 8단계에서 내용을 검토할 때 다시 다룰 것이다. 6단계로 갈 것.

> ▎**사례 27의 자료에 대해 적용한 결과:** 2개의 An 반응이 있고 둘 다 MOR 특수점수가 부여되어 있고 이 중 하나는 마이너스 반응이다. 수검자는 신체에 대해 지나친 관심을 보이거나 아니면 자신이 원하는 것보다 훨씬 더 취약하다고 스스로를 지각하는 것 같다. ▎

• 잠정적 결과 2: An + Xy = 3이거나 그 이상인 경우 형태질과 MOR 특수점수가 있는지 여부와 상관없이 신체에 대한 지나친 관심이나 집착이 있다는 것을 강하게 시사한다. 신체적 문제가 있는 사람에게는 드물지 않은 결과이다. 신체적 문제가 없는 경우, 신체나 자기상에 대해 반추하는 경향이 있고 자신의 취약성에 대해 당황스러워하고 있다는 것을 시사한다.

6단계: Sum MOR

프로토콜에서 1개의 MOR 반응이 나타나는 것은 드물지 않은 일이다. 가장 흔한 것은 카드 IV에서 평범반응인 동물 가죽 반응을 하는 것이다. MOR 반응이 2개 이상이면 수검자의 자기상에 부정적이고 결점이 있다는 인상이 포함되어 있을 수 있다. 자기 자신에 대해 부정적 인상을 가지게 되는 이유는 여러 가지일 것이다. 지속적인 좌절과 역경 때문에 생길 수도 있고 최근의 교육적, 직업적, 사회적 실패나 좌절 때문일 수도 있다. 따라서 부정적인 자기상의 원인을 이해하기 위해서는 개인력을 살펴보는 것이 중요하다. 어떤 원인이든 간에 부정적으로 귀인시키는 경향은 지속될 수 있고 자기 자신에 대한 비관적 관점이 증가할수록 그 정도도 증가할 수 있다. MOR 반응의 투사적 속성은 8단계에서 검토하겠지만 해석자는 MOR 반응의 빈도만으로도 수검자의 자기상에 바람직하지 않거나 손상된 특징이 포함되어 있을 가능성에 주목해야 한다.

• **잠정적 결과 1**: MOR이 2개인 경우 자기개념에 부정적 특성이 포함되어 있어서 비관적 관점을 촉진시킬 수 있다. 이러한 프로토콜에서 반사반응이 나타나는 것은 흔하지 않지만, 반사반응이 있을 경우 자기가치에 대한 갈등을 의미하고 어떤 경우에는 높은 자기존중감을 절하시킨 최근의 상황적 사건과 관련이 있을 수 있다. 7단계로 갈 것.

사례 25. 35세 여성의 자기지각 관련 자료

R = 26	OBS = No	HVI = No	Human Content, An & Xy Responses
			I 2. Do Fo Hd PHR
Fr + rF = 0	3r + (2)/R = 0.35		III 6. D+ Mao 2 H,Id P 3.0 COP,GHR
			VI 13. D+Mp.FD+ H,Sc 2.5 GHR
FD = 3	SumV = 0		VII 14. W+ Mao 2 H,Ls P 2.5 COP,GHR
			VIII 15. W+ Mao 2 H 3.0 COP,GHR
An + Xy = 1	MOR = 2		IX 19. D+ Ma.FCo 2 (H),Id P 2.5 COP,GHR
			IX 20. D+ Mao H,Sc 2.5 GHR
			X 21. D+ Mau 2 (H),Bt 4.0 COP,GHR
H : (H)+Hd+(Hd) = 6 : 3			X 24. Dv Fu An MOR
〔EB = 8 : 5〕			X 25. D+ Ma.FCo H,Bt 4.0 GHR

┃ **사례 25의 자료에 대해 적용한 결과**: 2개의 MOR 반응은 수검자가 자신에 대해 비관적인 태도를 가지고 있다는 것을 시사한다. 결혼의 실패로 인해 부정적 자기상을 가질 수 있고 법적 문제를 다루는 과정도 영향을 준 것 같다. ┃

사례 27. 26세 남성의 자기지각 관련 자료

R = 18	OBS = No	HVI = Yes	Human Content, An & Xy Response
Fr+rF = 0	3r+(2)/R = 0.28		Ⅲ 5. W+ Ma.C.FDo 2 H,Art,Sx,Cg P 5.5 GHR
			Ⅳ 8. Wo Fu A,An 2.0 MOR
FD = 4	SumV = 0		Ⅸ 16. WSo CF.Mp.FD− Hd,An 5.5 MOR,PHR
An+Xy = 2	MOR = 4		
H : (H)+Hd+(Hd) = 1 : 1			
〔EB = 2 : 7.5〕			

• 잠정적 결과 2: MOR 반응이 3개 이상이면 자아상에 부정적 요소가 지나치게 많고 자신에 대하여 과도하게 비관적인 태도를 보이고 있다는 것을 시사한다. 이러한 프로토콜에서 반사반응이 나타나는 것은 매우 드물지만 나타날 경우 다음의 두 가지 가능성을 생각해 볼 수 있다: 자기상과 자기가치 사이에 심각한 갈등을 경험하고 있고 힘들고 무기력하다는 것을 과장해서 드러내려는 경우이다.

▌**사례 27의 자료에 대해 적용한 결과:** 18개의 반응기록 중 4개의 MOR 반응이 있는데 이는 자기상에 부정적인 특성이 상당히 많이 내포되어 있고 자기 자신에 대한 지각 역시 매우 비관적이라는 것을 시사한다. 이 결과는 자기중심성, FD 반응 및 An 반응에서 도출한 결과와 일치하고 이러한 결과를 같이 고려해 보면 수검자가 자기 자신에 대한 걱정에 매우 집착하고 있다는 것을 알 수 있다. 그리고 수검자가 과경계적이라는 점은 부정적 자기지각의 원인을 외부 탓으로 돌릴 수 있고 자신이 다른 사람의 피해자로 볼 가능성이 높다는 것을 시사한다. ▌

7단계: 인간내용 반응의 기호화

이 단계는 두 부분으로 구성되어 있다. 각 단계에서는 관점은 다르나 상호

관련되어 있는 인간내용 반응의 속성에 대해 살펴보게 된다. 자기상과 자기가치에 대해 서로 다른 단서를 제공해 주므로 통합하면 매우 유용한 정보를 얻을 수 있다. 이 단계에서는 동일시이론, 반응과정 및 반점의 원위적 속성 등을 통합하여 해석하게 된다.

반응과정과 반점의 원위적 특성에 근거한 해석은 수검자가 검사를 받을 때 인간내용 반응을 할지를 선택한다는 관점을 지지하는 것이다. 동일시이론은 어떤 선택을 해야 할 때 개인 자신의 정체감과 가장 잘 일치하는 반응을 하고 자신에 대한 인상과 일치하지 않을 경우 제외시킨다고 가정하고 있다.

이 단계의 첫 번째 부분에서는 순수한 인간반응의 빈도를 검토한다. 두 번째는 인간내용 반응의 기호화 특징을 살펴보는 것이다. 반응의 기호화에서 나타나는 특징은 수검자가 자신에 대해 가지고 있는 인상에 대한 정보를 제공해 줄 수 있다. 이 두 단계에서 도출한 가설은 이전에 내린 가정과 일치할 수도 있고 않을 수도 있다. 어떻든 간에 8단계에서 투사적인 내용에 대한 결론과 통합할 때까지는 잠정적인 것으로 생각해야 한다.

7a단계－H : (H)＋Hd＋(Hd): H : (H)＋Hd＋(Hd)의 비율은 인간내용 반응이 3개 이상인 경우만 유용하다. 환자가 아닌 집단과 외래 환자들 중 치료가 효과적으로 진행되고 있는 환자들은 순수한 인간내용 반응(좌항)을 다른 인간내용 반응의 합(우항)보다 더 많이 하는 경향이 있다. 반대로 심각한 적응문제를 나타내는 사람은 순수한 인간내용 반응을 다른 인간내용 반응의 합보다 적게 나타내는 경향이 있다.

H는 인간 전체를 포함하는 유일한 내용반응이다. Hd 역시 실제 인간을 나타내기는 하지만 전체를 포함하고 있지는 않다. 가장 흔한 것은 얼굴과 머리이고 그 다음으로는 다리, 손, 눈, 성기 등의 신체 부분들이 드물지 않게 나타난다. 괄호로 표시한 인간내용 반응, (H)와 (Hd)는 실제 사람을 나타내지 않는다. 자기상이 실제 인간이 아닌 다른 대상을 동일시하여 이루어진 경우, 즉 상상이나 현실과 일치하지 않는 내적 표상을 동일시하여 자기상을 형성한 사람들은 순수 H 이외의 다른 인간내용 반응을 하는 빈도가 높다.

이 비율에 대한 자료를 검토할 때는 신중해야 한다. 신중하게 다루어야 하는 데는 두 가지 중요한 이유가 있다. 첫째, 모든 인간내용에 대하여 기대되는 빈도는 EB 양식에 따라 달라진다는 것이다. 〈표 8〉은 500명의 비환자 기록인데 반응 수와 반응양식에 따라 인간내용 반응의 평균을 계산한 것이다.

〈표 8〉 전체반응 수 (R)과 반응양식에 따른 500명 비환자 자료의 인간내용 반응의 평균

| | R = 14~16 | | | | R = 17~27 | | | | R = 28~55 | | | |
| | 반응유형 | | | | 반응유형 | | | | 반응유형 | | | |
	내향	양가	외향	회피	내향	양가	외향	회피	내향	양가	외향	회피
N	18	22	17	16	116	54	129	38	33	16	24	17
Category												
H	3.8	1.8	1.6	1.7	4.8	2.5	2.5	1.8	7.1	3.7	2.1	2.9
(H)	1.0	1.2	1.3	0.7	1.2	1.7	1.1	1.0	1.2	0.9	2.0	1.4
Hd	0.4	0.5	0.6	1.0	0.9	0.9	0.8	1.6	1.7	2.7	1.4	2.6
(Hd)	0.1	0.2	0.1	0.6	0.1	0.2	0.3	0.5	0.4	0.4	0.1	1.3
모든 인간내용 반응	5.3	3.6	3.6	4.0	7.0	5.3	4.7	4.9	10.4	7.7	5.6	8.2

표에서 알 수 있듯이 내향형은 양가형이나 외향형보다 인간내용 반응의 평균이 2~3배 많고 대부분 순수 H 반응이다. 흥미롭게도 회피적인 사람(high Lambda)은 양가형보다 약간 더 많은 인간내용 반응을 한다.

H : (H)+Hd+(Hd) 비율을 검토할 때 두 번째 주의를 기울일 것은 전체반응 수이고, 특히 짧은 프로토콜과 긴 프로토콜에 주의를 기울여야 한다. 특히 반응 기록이 짧을 때는 반점의 결정적인 원위적 특성이 H, Hd 또는 괄호로 표시된 인간내용 반응을 촉진시켰는지를 검토하는 것이 중요하다. 17개 미만의 반응을 하는 사람들은 전형적으로 검사에 대해 방어적이다. 이들은 검사할 준비가 되어 있지 않고 검사를 위협적으로 보는 성향이 있다.

방어적인 사람은 반점의 분명한 원위적 속성에 대해서는 반응하지 않으려는 경향이 있으므로 H 반응은 주로 카드 I(D4)나 III(D9)에서 나타나고 (H)는 카드 IV(W나 D7)와 카드 IX(D3), Hd는 카드 VII(D9)에서 나타나게 된다. 이러한 카드에

서만 인간내용 반응이 나타난 경우 H : (H)+Hd+(Hd) 비율은 1 : 3이고 카드 I을 제외하고 나머지 카드에서 인간반응을 한 경우에는 2 : 2, 카드 IX만 제외하고 나머지 카드에서 인간반응을 한 경우에는 2 : 3이 된다.

어떻든 간에 자기상이 실제 인간이나 실제 인간과의 경험에서 이루어진 사람들은 순수 H 반응의 빈도가 더 많을 것이라는 전제를 충족시키지 못하게 된다.

〈표 8〉의 자료에 따르면 반응 수가 17개 미만일 때는 내향형 집단의 평균이 다른 인간내용의 합보다 H 반응이 많았다. 또한 반응이 27개 이상이면 모든 집단의 인간내용 반응 수가 증가하였고 상대적으로 볼 때 Hd 반응도 모든 집단에서 증가하였다. H 반응이 다른 인간내용 반응의 합보다 많아야 한다는 전제는 내향형을 제외한 모든 양식의 짧은 프로토콜과 긴 프로토콜에서는 충족되기 어려울 수 있다.

- **잠정적 결과 1:** 인간내용 반응의 합이 3개일 때 다음 조건을 충족한다면 자기상은 상상보다는 실제적 경험에 더 많이 근거를 두었을 가능성이 높다고 가정하는 것이 합리적이다.

  1a. 내향형이고 순수 H 값이 다른 인간내용 반응의 합보다 최소 2점 이상 클 때

  1b. 내향형이지는 않고 R이 17~27 범위이고 순수 H가 다른 인간내용 반응의 합보다 크거나 같을 때

  1c. 내향형이지는 않고 R이 17 미만이거나 27보다 클 때, 순수 H 값이 다른 인간내용 반응의 합과 같거나 1점 이내로 작을 때

  이상의 조건에 맞으면 사회적 상호작용이 자기상을 형성하는 데 중요한 역할을 했다는 것을 시사한다. 그렇다고 해서 자기상과 자기가치가 절대적으로 정확하고 현실적이라고 해석해서는 안 된다. 7b단계로 갈 것.

- **잠정적 결과 2:** 다음 조건에서 3개 이상의 인간내용 반응이 있으면 자기상 또는 자기가치는 상상이나 왜곡된 현실 경험에 의존하고 있을 가능성이 높다.

  2a. 내향형으로 순수 H 반응 수가 다른 인간내용의 합보다 크지만 차이가 2점 미만이다.

  2b. 내향형이지 않고 R은 17~27 범위이고 순수 H 값은 다른 인간내용의 합보다 작다.

2c. 내향형이지 않고 R은 17 미만이고 27보다 크며 순수 H 값은 다른 인간내용 반응의 합보다 작다.

위의 세 조건 중 하나에 부합되면 미성숙하고 자신에 대하여 왜곡된 개념을 가지고 있다는 것을 시사한다. 자기자각이 왜곡될수록 의사결정과 문제해결 과정에 부정적인 영향을 주게 되고 다른 사람들과의 관계에서도 문제를 보일 가능성이 높다.

7b단계 – 인간내용 반응의 기호: 인간내용을 포함하는 반응의 기호는 7a단계의 결과를 명료화시키는 데 도움이 된다. 예컨대, 인간내용 반응이 모두 순수 H인 경우 7a단계에서 도출한 잠정적 결론은 '수검자의 자기 자신에 대한 인상은 주로 사회적 상호작용에 근거를 두고 있다.'일 것이다. 그러나 순수 H 반응이 모두 FQ-이고 이 중 일부 또는 모두 특수점수가 부여되어 있다면 7a단계에서 내린 가정은 틀릴 수 있다. 긍정적이든 부정적이든 간에 반복적으로 나타나는 특징에 대해 주의를 기울여야 한다.

한 가지 반응의 기호에 대해 과도하게 해석하는 것은 바람직하지 않지만 예외가 있을 수도 있다. 그러나 개인의 성향을 해석할 때는 7a와 7b 자료 모두에 근거해서 긍정적인 특징과 부정적인 특징을 비교해야 할 것이다.

기호를 해석할 때 빠르고 확실한 왕도는 없다. 그러나 경험이 많은 해석자는 긍정적인 특성과 부정적인 특성을 쉽게 구별해 낼 수 있을 것이다. 예컨대, 다음과 같은 기호화를 생각해 보자.

D+ Ma.FCo 2 H,Cg 4.0 COP

Do Mpo Hd MOR

DdSo FC'u (Hd)

D+ Ma.FV- H,Cg 4.0 DR

첫 번째 반응은 대부분 긍정적이다. 형태질이 적절하고 순수 H 내용반응, Ma, 적절히 사용한 무채색 반응, COP 특수점수 등이 나타나고 있다. 모두 긍정적인 특성으로 볼 수 있고 이 기호화만으로는 해석해서는 안 되지만 자기상은 매우 확고하다고 생각된다.

두 번째 반응은 형태질이 o이지만 내용반응은 Hd이고 더 중요한 것은 특수점수 MOR을 포함하고 있다는 것이다. 이는 자기상이 손상되었거나 부적절하다는 느낌을 시사하는 것이다.

세 번째 반응에서는 바람직하지 않은 특성이 4가지나 나타나고 있다. Dd 영역 반응은 S를 포함하고 있고, 무채색 결정인을 포함하고 있고, (Hd) 내용반응이 나타나 있다. 인간내용 반응은 무채색 반응을 보이고 있는데 차원반응, 확산된 음영반응 및 무채색 반응은 자기상에 대한 불편감을 느끼고 있는 사람에서 자주 나타난다.

네 번째가 가장 바람직하지 않다. 순수 H 반응을 포함하고 있지만 차원결정인, 마이너스 형태질, DR 특수점수를 나타내고 있다.

형태질이 마이너스인 인간내용 반응은 자기상에 대해 혼란스러워하거나 왜곡된 개념을 가지고 있는 경우이다. 앞서 언급한 바와 같이 MOR 특수점수를 가지고 있는 인간내용 반응은 손상된 자기상을 나타낸다.

Hx 내용반응이 있다는 것은 자기상이나 자기가치에 관한 문제를 다룰 때 현실을 무시하고 지나치게 주지화된 방식을 사용한다는 것을 나타낸다. 특히 AB 특수점수와 더불어 Hx 반응이 나타나면 이러한 특성은 더 뚜렷해진다. Hx와 AB를 모두 포함하는 반응을 한 사람들은 관념적 충동통제에 문제가 있고 결과적으로 자기상이 심각하게 왜곡되어 있을 수 있다.

다시 한 번 강조해야 할 것은 단일 반응의 기호화에 근거해서 해석적 가정을 형성해서는 안 된다는 것이다. 인간내용으로 채점된 모든 반응들을 검토해서 자기상과 자기가치에 대한 일반적 가정을 발전시켜야 한다. 아래에는 긍정적 특징과 부정적 특징을 구별하기 위한 지침이 제시되어 있다. 그러나 모든 것을 망라하는 것은 아니므로 너무 단정적으로 받아들여서는 안 된다. 긍정적 특징과 부정적 특징이 있을 수 있다는 가능성에 주의를 기울여야 하고, 동시에 긍정적 특징은 부정적 특징이 있는 반응에서도 나타날 수 있고 그 반대도 가능하다는 점을 염두에 두어야 한다.

긍정적 특징	부정적 특징
• W 또는 D 영역반응에 S가 없을 것 • 형태질은 +나 o일 것 • 순수 H 반응에서 M 반응이 있을 것 • 유채색 반응은 FC일 것 • 명암을 나타내는 특성이 없을 것 • 색채-음영 또는 음영 혼합반응이 없을 것 • An, Bl, Ex, Hx 내용반응이 없을 것 • COP를 제외한 특수점수가 없을 것	• Dd 영역반응이 있거나 W나 D 반응에서 S가 있을 것 • 형태질이 마이너스일 것 • (Hd) 반응에서 M 반응이 나타날 것 • 유채색 반응 중 순수 C 반응 • 명암특성이 있을 것, 특히 차원과 무채색 반응에서 있을 것 • 색채-음영 또는 음영 혼합반응이 있을 것 • An, Bl, Ex, Hx 내용반응이 있을 것 • COP를 제외한 MOR, AB, INCOM, FABCOM, ALOG, CONTAM 등의 특수점수가 있을 것

사례 25. 35세 남성의 자기지각 관련 자료

			Human Content, An & Xy Responses
R = 26	OBS = No	HVI = No	
			I 2. Do Fo Hd PHR
Fr + rF = 0	3r + (2)/R = 0.35		III 6. D+ Mao 2 H,Id P 3.0 COP,GHR
			VI 13. D+Mp.FD+ H,Sc 2.5 GHR
FD = 3	SumV = 0		VII 14. W+ Mao 2 H,Ls P 2.5 COP,GHR
			VII 15. W+ Mao 2 H 3.0 COP,GHR
An + Xy = 1	MOR = 2		IX 19. D+ Ma.FCo 2 (H),Id P 2.5 COP,GHR
			IX 20. D+ Mao H,Sc 2.5 GHR
H : (H)+Hd+(Hd) = 6 : 3			X 21. D+ Mau 2 (H),Bt 4.0 COP,GHR
〔EB = 8 : 5〕			X 24. Dv Fu An MOR
			X 25. D+ Ma.FCo H,Bt 4.0 GHR

▌**사례 25의 자료에 대해 적용한 결과:** 내향형으로 프로토콜에는 9개의 인간내용 반응이 있고 H : (H)+Hd+(Hd)는 6 : 3이다. 모두 W나 D 반응이다. 8개는 형태질이 +, o이고 마이너스인 반응은 하나도 없다. 6개는 순수한 H 반응이다. 3개는 혼합반응(2개의 FC, 1개의 FD 반응)이고 부정적인 특징을 나타내는 반응은 없고 부정적으로 생각되는 특수점수가 부가된 반응도 없다. 이러한 결과는 매우 긍정적이고 자기상이 잘 발달되어 왔고

주로 사회적 상호관계에 근거를 두고 있고 합리적이며 확고한 것으로 보인다. 그러나 앞의 결론에서 주의해야 할 것은 2개의 MOR 특수점수가 있다는 것이다. 이는 겉으로 드러나는 것보다 자기 자신에 대하여 부정적이거나 비관적일 수 있다는 것을 시사한다.

사례 26. 23세 여성의 자기지각 관련 자료

R = 19	OBS = Yes	HVI = No	Human Content responses
Fr + rF = 3	3r + (2)/R = 0.74		II 3 . WS+ CF.FT.Mp − Hd,Bl 4.5 MOR,PER,PHR
			III 5. D + Ma + 2 H,Cg P 4.0 COP,GHR
FD = 1	SumV = 1		III 6. DS+ Ma.FC'o 2 H,Cg,Hh P 4.5 COP,GHR
			V 10. W+ Ma.mpo 2 H,Cg 2.5 GHR
An + Xy = 0	MOR = 1		VII 13. W+ Mp.Fr+ H,Hh,Cg P 2.5 GHR
			X 17. Dd+ Mpo 2 (Hd),Cg 4.5 GHR

H : (H) + Hd + (Hd) = 4 : 2
〔EB = 6 : 3.5〕

사례 26의 자료에 대해 적용한 결과: 내향형이고 프로토콜에는 6개의 인간내용 반응이 포함되어 있고 H : (H)+Hd+(Hd)는 4 : 2이다. 5개는 W 또는 D 영역반응이지만 S 반응이 2개 포함되어 있고 FQ− 반응이 하나 있다. Dd 영역반응은 1개다. M을 포함하는 반응은 6개이고 이 중 4개는 혼합반응인데 추가된 결정인 중 긍정적인 특징이 뚜렷하지는 않다(CF.FT, FC', mp, & Fr). 2개는 음영반응을 포함하고 있다. 6개 중 4개는 순수한 H 반응이지만 Hd는 마이너스 반응이다. Dd 반응은 (Hd) 내용반응을 포함하고 있는데 특수점수는 MOR이 부가되어 있다. W, D, M 반응, H 반응의 수가 나머지 다른 인간내용 반응의 합보다 2점 크다는 것은 긍정적인 특징이지만 부정적인 특징들, 특히 S, FQ−, 2개의 음영결정인, MOR 특수점수 등을 가볍게 생각해서는 안 된다. 통합해 보면 부정적인 특징은 수검자가 자기상에 대해 불편해하고 있고 상처받은 느낌이 크다는 것이다. 이것은 자기가치감이 과장되었던 이전 결과들과 비교해 볼 때 특히 중요하다.

사례 27. 26세 남성의 자기지각 관련 자료

R = 18	OBS = No	HVI = Yes	Human Content, An & Xy responses
Fr + rF = 0	3r + (2)/R = 0.28	Ⅲ	5. W+ Ma.C.FDo 2 H,Art,Sx,Cg P 5.5 GHR
		Ⅳ	8. Wo Fu A,An 2.0 MOR
FD = 4	SumV = 0	Ⅸ	16. WSo CF.Mp.FD− Hd,An 5.5 MOR,PHR
An + Xy = 2	MOR = 4		
H : (H) + Hd + (Hd) = 1 : 1			
〔EB = 2 : 7.5〕			

▌**사례 27의 자료에 대해 적용한 결과:** 인간내용 반응이 2개뿐이다. 즉, 7a 단계는 적용할 수 없다. 더욱이 2개의 반응도 긍정적이지 않다. 모두 3개 변인이 혼합되어 있는데 FD 결정인 중 한 개는 긍정적이지만 또 다른 하나는 FQ− 반응으로 An 내용반응과 MOR 특수점수가 부가되어 있다. 다른 반응은 순수 C 반응이고 이차적으로 Sx 내용반응이다. 1~2개의 반응에서 너무 많은 추론을 할 위험성은 항상 가지고 있다. 그러나 이전 결과들 역시 자기상이 부정적이고 자존감이 낮다고 시사되었다. 이 두 반응에 대한 채점은 이전 결과들과 일치하는 것 같다. ▌

8단계: 투사된 자료에 대한 탐색

로르샤하 검사는 투사가 일어나기를 요구하거나 강요하지는 않는다. 그러나 반점의 다소 모호한 특성과 반응에 대한 허용적인 태도는 자극영역을 해석하고 윤색하는 과정에서 자극의 특성을 넘어서는 반응을 하게 한다. 그러한 반응들 대부분은 투사된 내용을 포함하고 있다. 투사는 대부분의 프로토콜에서 나타날 수 있으나 빈도는 상당한 차이가 있다. 즉, 반응에 투사가 전혀 나타나지 않을 수도 있고 투사된 내용을 전혀 포함하지 않는데도 타당한 프로토콜이 될 수 있다.

로르샤하 반응에서 나타나는 투사에는 두 가지 유형이 있다. 첫째는 잘못된 지각을 하는 것이다. 6장에서 언급한 것처럼 반점이나 반점영역의 분명하거나 결정적인 원위적 특징은 반점특징에 적합한 반응의 범위를 제한한다. 모든 반점은 무엇으로든 지각될 수 있지만 모든 반응이 다 적합한 반응은 아니다.

수검자가 반점을 적합하지 않게 지각한 경우 마이너스 반응이 된다. 마이너스 반응은 신경생리학적 손상 때문에 생기는 것이 아니고 정신적 활동이 투사된 것이다. 여기서 투사는 반점영역에 대한 현실적인 해석이 내적인 심리적 태세나 작용으로 대체되었다는 것을 말한다. 따라서 투사된 내용을 탐색하려면 모든 마이너스 반응을 주의 깊게 검토해야 한다.

두 번째 유형의 투사는 좀 더 쉽게 해석할 수 있다. 투사는 마이너스 반응에서 나타날 수도 있고 자극영역을 왜곡시키지 않고도 나타날 수 있다. 사람들은 단순히 자극영역을 넘어서거나 벗어나서 해석할 수도 있다. 이러한 종류의 윤색(embellishment)은 어떤 반응에서도 나타날 수 있고 수검자를 자극하는 것이 실제 자극영역이나 과제에 존재하는 것이 아니기 때문에 반응에 무엇인가가 반영되어 나타나는 경향이 있다.

이런 종류의 투사를 포함하고 있는 대부분의 반응들은 자극영역에서 벗어나거나 자극영역을 정교화시킨 것이 분명하기 때문에 해석하기 위해 많은 노력을 하지 않아도 된다. 투사된 자료가 나타난 반응들은 주로 인간내용 반응, 운동반응 및 MOR, AG, COP와 같은 특수점수가 포함된 반응들이지만 앞서 언급한 바와 같이 어떤 반응도 윤색될 수 있다.

단일 반응에 투사된 내용으로 한 개인에 대한 풍부한 정보를 얻기는 어려울 것이다. 그보다는 투사된 자료들을 통합적으로 고려하면 보다 신뢰할 수 있게 해석할 수 있다. 반응기록에서 특정 주제와 윤색반응이 반복적으로 나타나면 그러한 반응이 나타내고 있는 특징에 대해 더 확신을 가지고 해석할 수 있다.

예컨대, 운동반응에서 '즐겁게 놀고 있는'이라는 단어가 반복적으로 사용되었거나 대상을 기술하는 과정에서 '그로테스크한(grotesque), 손상된' 등의 단어가 반복적으로 사용되었다면 수검자의 자기상이나 자존감에 대한 풍부한 정보를 제공해 주는 것이다. 때로는 반복되는 주제가 명확하지 않은 경우도 있다. '아름다운, 매력적인, 호소하는' 등과 같은 단어들이 프로토콜에서 드문드문 나타나거나 '얼굴이 분명하지 않다, 돌아가는 것처럼 보인다, 뒷모습이다'와 같은 말이 기록의 군데군데에서 나타날 수 있다.

투사된 내용을 검토하는 방법은 두 가지이다. 하나는 처음부터 끝까지 모든 기록을 단순히 읽는 것이다. 이러한 접근은 장단점이 있다. 장점은 반점을 따라가면서 수검자에게 일어났던 정신활동의 흐름을 읽을 수 있다는 것이다. 단점은 모든 반응을 해석할 수 있도록 항상 주의를 기울여야 한다는 것이다. 투사된 내용을 가지고 있지 않은 반응도 많으므로 혼란스러울 수도 있다.

두 번째 접근은 좀 더 체계적이다. 투사된 내용을 가지고 있을 가능성이 높은 반응들을 묶어서 검토하는 것이다. 한 집단의 반응을 검토하고 난 후 마지막으로 전체 반응을 검토함으로써 확인해 내지 못한 윤색된 반응을 다루는 것이다.

여기서는 4개 군의 반응을 살펴보고(FQ-, MOR, 인간운동/인간내용, 그 외의 운동반응) 마지막으로 전체 프로토콜을 살펴보고자 한다. 형태질이 마이너스인 반응과 MOR 반응은 수검자 자신에 대해 가지고 있는 부정적 특징에 대한 정보를 제공해 주고 나머지 두 종류의 반응(인간운동과 인간내용, 그 외의 운동반응)은 긍정적 특징과 부정적 특징 모두를 나타내 준다. 어떤 반응은 한 가지 이상의 반응유목에 포함될 수도 있는데 이때는 반응을 철저히 살펴보고 적절한 맥락에서 해석해야 한다.

8a단계 – 마이너스 반응: 마이너스 반응은 중재활동에 영향을 줄 수 있는 심리적 특성을 반영하므로 제일 먼저 검토해야 한다. 마이너스 반응 중에는 투사의 산물이 아닌 반응도 있다는 점에 주의해야 한다. 즉, 잘못된 처리과정이나 중재로 인해 마이너스 반응이 나올 수 있다.

마이너스 반응에서 동일한 내용이나 언어적 표현이 반복된다면 무엇이 투사되었는지 분명할 수도 있다. 반면 마이너스 반응에서 투사된 내용이 분명하지 않다면 이를 해석하려는 시도는 포기해야만 한다. 분명하지 않은 내용으로부터 의미를 찾아내려는 것은 해석과정에 역효과를 낼 수 있기 때문이다.

8b단계 – MOR 반응: MOR로 채점된 반응은 자기 자신에 대한 부정적인 인상을 나타내지만 MOR이 흔하게 나타나는 반응도 있다. 카드 II에 대한 동물이 싸워 다친 반응, 카드 VI에 대한 굴러 넘어진 동물 반응 등이다. 이러한 반응들이 의미 없는 것은 아니지만 여기서 도출한 가정은 다른 자료를 통해서 타당성이 입증될

때까지는 잠정적으로 보류해야 한다.

여러 개의 MOR 반응에서 다친, 부서진, 매 맞은 등의 단어가 반복적으로 나타난다면 자아상을 좀 더 신뢰할 수 있게 개념화할 수 있다. 그러나 때로는 한두 개의 MOR 반응이 독특하고 극적일 수 있고 자기상을 이해하는 데 상당한 정보를 제공해 줄 수도 있다. MOR 반응이 마이너스 형태질을 보이면 투사가 직접적으로 나타났을 가능성이 더 높다.

8c단계 – 인간운동과 인간내용 반응: 수검자가 동일시하거나 집착하고 있는 대상의 특성을 나타낼 가능성이 높으므로 자기상이나 자존감에 관한 가정을 도출할 때 매우 유용하다. 인간운동 반응은 윤색을 포함하고 있고 반응에 인간운동이 부여되어 있으면 직접적인 자기표상이 더 분명할 수도 있다.

운동반응에는 특별히 주의를 기울여야 한다. 그러나 3개의 카드는 M 반응을 촉진시키는 자극특징이 있다(카드 II의 D1, 사람이 들고 있다. 당기고 있다; 카드 VI의 D1/D9, 아이들이 쳐다보고 있다 또는 놀고 있다; 카드 IX의 D3, 광대나 괴물이 기대고 있다 또는 싸우고 있다). 이러한 통상적인 반응들에 근거해서 가정을 도출했을 때는 다른 반응에서도 유사한 가정이 도출될 때까지 조심해야 한다.

8d단계 – 동물운동 또는 무생물운동 반응: 마지막으로 FM과 m 반응을 검토해야 한다. 동물운동 반응에서 가설을 도출할 때도 상당히 조심해야 한다. M 반응처럼 FM 반응을 자주 나타나게 하는 카드가 있다. 카드 I과 V(W, 날고 있는 날개가 있는 동물), 카드 VIII(D1, 기어오르는 동물)이다. 이러한 영역에 대한 FM 반응에 근거해서 가설을 설정하려면 반응에 비일상적인 특징이 있어야 한다.

FM과 m 반응에 투사된 내용들이 여러 반응에 걸쳐서 일관성 있게 나타날 때 더 의미가 있다. 즉, 대부분 반응이 수동적이거나 공격적일 때 또는 심하게 감정적일 때 투사가 더 분명해진다. 반복적으로 나타나는 반응에 근거해서 가설을 세우는 것이 중요하다. 어떤 주제나 특성이 자주 나타날수록 자기상과 자기존중감을 더 잘 드러내 준다.

8단계 – 그 외의 윤색된 반응을 탐색하기: 투사된 자료를 탐색할 때 마지막 단계는 앞 단계에서 다루지는 않았지만 자기표상을 반영하는 다른 윤색반응이 있는 지를 검토하는 것이다. 아직 검토하지 않은 반응들 중에 극적이고 특이한 단어를 사용하였거나 비일상적으로 정교화된 반응이 있을 수 있다.

이러한 반응에서 도출한 결과도 신중하게 다루어야 하고 대개는 앞 단계에서 발전시킨 가정과 쉽게 통합시킬 수 있다. 운동반응이나 특수점수가 있는 반응에 부적절한 특징이 나타나면 윤색과 비일상적인 언어가 누적되어 왜곡된 자기상을 형성했을 가능성을 시사한다.

반응을 전체적으로 검토함으로써 반응을 처음부터 끝까지 읽을 기회를 갖게 되고 이를 통해 수검자가 반점을 옮겨가면서 나타낸 인지적 흐름 또는 투사활동 의 흐름에 대한 정보를 얻을 수 있다. 예컨대, 어떤 수검자는 처음 몇 개 반점에 대해서는 방어적인 태도를 나타내다가 과제에 편안해지면 좀 더 개방적이 되고 어떤 사람들은 반대일 수 있다. 즉, 처음 두세 개의 반점에서는 매우 정교한 반응 을 하다가 점점 조심스러워져서 훨씬 더 보수적이고 더 각색된 반응을 하게 된 다. 때로는 투사와 관련된 자료들이 검사행동의 변화를 이해하는 데 도움을 주기 도 한다.

8단계를 사례 25에 적용한 결과

8a. 이 프로토콜에 마이너스 반응은 없다.

8b. 2개의 MOR 반응이 있다. 첫 번째(카드 VI, W, 12번 반응)는 "동물의 가죽을 벗긴 것"이다. 흔히 나타나는 반응이지만 수검자는 질문단계에서 흥미로운 언급 을 하였다. "모피처럼 놓여 있네요. 전리품 같아요." 수검자는 이혼과정에서 법적 절차가 진행되는 동안 자신이 잘못 알았다고 주장하였고 이용당했다는 것 때문 에 생긴 초조감이 이 반응에 반영되어 있는 것 같다.

두 번째(카드 X, D11, 24번 반응)는 "동물의 뼈와 비슷해요."인데 질문과정에서 다음과 같이 정교화 설명하였다: "죽은 동물의 뼈 같기도 해요… 아마도 등뼈나 관절 부분의 뼈 같아요." 등뼈나 관절 부분이라는 반응은 잘 나타나지 않는 드문 반응이다. 추론해 보면 자기상이 상당히 완강할 가능성도 있는 것 같다.

8c. 9개의 인간내용 반응 중 두 개(카드 I의 2번 반응과 카드 III의 6번 반응)와 8개의 M 반응 중 단지 한 개만이 기록의 전반부에서 나타났다는 것이 흥미롭다. 이것만으로 특별한 의미를 갖는다고 말하기는 어렵겠지만 두 반응에 주의를 기울일 필요는 있다. 첫째, "여기가 사람의 아랫부분 같아요."라는 반응은 M을 포함하지 않은 유일한 인간내용 반응이다. 이는 분명히 형태반응이고 "그냥 허리 아랫부분 같아서" 주목했을 뿐이고 "더 봐야 하나요?"라고 질문하였다. 이것이 의미하는 바는 없으나 수검자가 숨기고자 하는 것에 대해 힌트를 주는 것 같다.

두 번째로 카드 III에서 "두 사람이 드럼 주위에서 춤을 추고 있어요."라는 평범반응을 하였고 질문단계에서는 주석을 달아 "춤추는 동작처럼 구부리고 있어요. 실제는 드럼을 두드리고…"라고 반응하였다. "원주민 춤"이라는 것에 대하여 질문하자 수검자는 더욱 조심스러워져 한 걸음 물러서서는 "잘 모르겠어요. 원주민 춤인지, 현대 춤인지, 어쨌든 드럼이 있고 그 주위에서 춤추고 있어요."라고 반응하였다.

세 번째 인간내용 반응(카드 VI, 13번 반응)은 더욱더 창의적이고 세부적이고 "보트에 앉아 있는 사람"을 지각하였지만 매우 수동적이었다. 질문단계에서 낚싯대가 추가되었지만 그 사람이 낚시를 하고 있다고 말하지는 않았다. 수검자는 단지 보트에 앉아 있고 "사람 윤곽이 확실하지는 않아요."라고 기술하였다. 여기서 자신에 대한 확신감이 부족하고 이로 인해 과도하게 조심스러워하고 있다고 볼 수 있다.

네 번째와 다섯 번째 인간내용 반응(카드 VII, 14번과 15번 반응)은 더 활동적이지만 상당히 조심하고 있다는 힌트도 주고 있다. 소녀가 "앉아서… 게임이든 뭔가를 하고 있어요."라고 반응하였다. 여자가 춤을 추는데 "등을 맞대고… 거의 닿을 것 같아요."라고 반응하였다. 여섯 번째(카드 IX, 19번 반응)는 다소 평범한 "무언가를 만들고 있는 마녀 같은 캐릭터"이다. 특이한 언어적 표현은 "오렌지색 옷을 입고 독약인지 무엇인지를 만들고 있어요." 뿐이지만 이것이 해석적 의미가 있는지는 분명하지 않다. 일곱 번째 반응(카드 IX, 20번 반응)은 고립된 형태로 "누군가가 자전거를 타는 것 같아요… 앞으로 약간 기대서." 이것은 좋은 반응이지만 "바퀴가 잘 보이지 않아요."라는 기술에 주의를 기울여야 할 것이다.

사례 25: 35세 남성

카드	반응	질문
I	1. 새 같아요. 아마도 검은 새 같아요.	검: (수검자의 반응 반복)
		수: 저, 이것은 날개 같고 이것은 몸통 같아요. 그렇게 생각하지 않았었는데 이제 보니 박쥐 같기도 하네요.
	검: 시간을 가지고 좀 더 보십시오. 다른 것을 볼 수도 있습니다.	검: 검은 새라고요?
		수: 예, 딱 검은색이네요.
	2. 저, 여기가 사람의 아랫부분 같아요. 더 봐야 하나요?	검: (수검자의 반응 반복)
	검: 마음대로 하십시오.	수: 그냥 허리 아랫부분 같아요. 여기가 다리고(D3을 지적함) 여기 이 모양이요.
	수: 돌려봐도 되나요?	
	검: 마음대로 하십시오.	
	∨3. 이것을 조금만 늘려 보면 가운데가 발사대에 있는 로켓 같아요.	검: (수검자의 반응 반복)
		수: 저, 가운데 부분은 로켓이에요. 위에 캡슐이 있네요. 양쪽 옆(D2)은 발사대로 엔진이 가동하기 전에 붙잡고 있는 것 같아요. 여기(D1)는 떨어져 나갈 것이고 여기(Dd28)는 받침대 기둥이고 여기(Dd31)가 캡슐이에요.
II	4. 이 어두운 부분은 두 마리의 개가 서로 코를 비비고 있는 것 같아요. 서로 장난을 하는 것 같아요.	검: (수검자의 반응 반복)
		수: 저, 전체를 볼 수는 없고 머리만 있어요. 여기와 여기(D1) 서로 코가 닿아 있어요. 개들이 장난하고 있는 것 같아요. 사이좋게 코를 쿵쿵거리는 것 같아요. 여기 귀가 있고(지적) 그리고 목이네요.
	5. 빨간 부분과 흰 부분을 모두 함께 보면 로켓을 발사하는 것 같아요.	검: (수검자의 반응 반복)
		수: 흰 부분이 로켓 같고 붉은 부분은 발사할 때 배기가스가 분출되면서 나오는 불 같아요. 이렇게 밝은 붉은색이죠.

(사례 25. 계속)

카드	반응	질문
III	6. 두 사람이 드럼이나 혹은 어떤 물건 주위에서 춤을 추고 있어요.	검: (수검자의 반응 반복) 수: 춤추는 동작처럼 구부리고 있어요. 보세요. 머리, 팔이고 실제는 드럼을 두드리고 있어요. 여기가 다리고 아마도 원주민 춤 같아요. 검: 원주민 춤이라고요? 수: 아, 잘 모르겠어요. 원주민 춤인지, 현대 춤인지, 어쨌든 드럼이 있고 그 주위에서 춤추는 것 같아요.
	7. 가운데 부분은 붉은 연 같아요.	검: (수검자의 반응 반복) 수: 이것이 날개고 좁은 부분이 중앙이고 여러 가지 모양으로 연을 만들지요 이것은 새나 나비 같은데 꼬리는 없어요.
	∨8. 이 빨간 부분은 해마 같아요.	검: (수검자의 반응 반복) 수: 모양이 그래요. 해마가 붉은색이라고 생각하지는 않아요. 여기가 머리고 기다란 꼬리가 있어요(지적).
IV	9. 웅크리고 앉아 있는 털이 많은 개가 생각나네요.	검: (수검자의 반응 반복) 수: 여기 귀가 늘어져 있고(D4) 여기가 머리고(D3) 커다란 발(D6), 이 뒤에 있는 것은 아마도 꼬리 같아요(D1). 검: 털이 많은 개라고 하셨나요? 수: 온통 털이고 긴 머리, 털이 많은 개 같아요. 서로 다른 음영을 보세요. 그렇게 느껴져요.
	∨10. 가운데 부분은 곤충의 머리 같아요. 모충 같아요.	검: (수검자의 반응 반복) 수: 이 부분(D1)이요. 여기 작은 촉수가 있고 사각형의 머리가 모충 같아요.
V	11. 또 다른 새 같아요. 날고 있는 독수리나 매 같아요.	검: (수검자의 반응 반복) 수: 날개가 크고 몸은 날렵하네요. 이게 다리 같고(Dd34) 이건 꼬리털(Dd32) 같아요. 어두운 색깔이 독수리나 매 같네요.

(사례 25. 계속)

카드	반응	질문
VI	12. 동물의 가죽을 벗긴 것 같아요.	검: (수검자의 반응 반복) 수: 여기가 머리고 나머지는 모피처럼 놓여 있네요. 전리품 같아요. 털이 많은 것을 보니 여우나 늑대 같아요. 검: 털이 있는 동물이요? 수: 저 여기를 보면 가운데 부분이 특히 털 같아요. 짧은 털, 여우나 늑대 같아요. 검: 머리라고 하였나요? 수: 여기 위에요(D3). 목이고 코이고 깃털이나 그런 것 같아요.
	<13. 이것은 사람이 보트에 앉아 있는 것 같아요.	검: (수검자의 반응 반복) 수: 사람 윤곽이 확실하지는 않아요. 하지만 보트 같고 앞부분은 낚싯대(Dd24)인데 그것을 쳐다보고 있는 것 같아요. 검: 그것을 쳐다보고 있는 것 같다고요? 수: 해안선에서 모퉁이를 바라보고 있는 것 같아요. 여기가 사람이고 이것은 뾰족한 모자(Dd24)인 것 같아요. 이것이 보트(D4의 나머지 부분)이고 여기 나와 있는 것은 낚싯대예요.
VII	14. 두 명의 작은 소녀 같고 커다란 바위에 앉아서 같이 놀고 있어요.	검: (수검자의 반응 반복) 수: 머리에 깃털이 있네요. 여기 윗부분이요(D5). 이마, 뺨, 코, 여기 뻗어 있는 게 팔이고 아래는 돌이에요. 게임이든 뭔가를 하고 있는 것 같아요.
	∨15. 두 명의 여자가 춤을 추는 것 같아요. 등을 맞대고 머리가 뒤로 가 있어서 거의 닿을 것 같아요.	검: (수검자의 반응 반복) 수: 각각 양쪽에 커다란 머리장식을 하고 있어요. 이것이 팔, 다리 그리고 춤 같은 것을 추고 있어요. 검: 커다란 머리 장식이라고 했는데. 수: 그냥 머리로 보기에는 너무 커요(Dd23). 그래서 커다란 머리장식이라고 생각했어요. 아마 모자인 것 같아요.

(사례 25. 계속)

카드	반응	질문
VIII	16. 크리스마스트리 장식처럼 여러 가지 색깔이네요.	검: (수검자의 반응 반복) 수: 여러 색깔이 있어요. 끝이 뾰족하고 양쪽에 개나 고양이 같은 동물이 있네요. 특별한 장식물 같아요. 검: 여러 가지 색이라고요? 수: 네, 핑크, 푸른색, 흰색, 오렌지색, 동물들과 함께 자연스럽네요.
	17. 윗부분은 부메랑 같아요.	검: (수검자의 반응 반복) 수: 이것은 저의 아저씨가 뉴질랜드에서 가져다준 것 같아요. 뾰족한 게 딱 그렇게 생겼어요. 잘 던지면 다시 돌아와요.
IX	18. 꽃이 핀 식물 같아요.	검: (수검자의 반응 반복) 수: 뾰족한 오렌지색 꽃이고 녹색은 잎사귀 같아요. 가운데 줄기가 있고 분홍색은 화분이에요.
	19. 오렌지색만 보면 마녀 같아요. 커다란 솥에서 무언가를 만들고 있어요.	검: (수검자의 반응 반복) 수: 뾰족한 모자를 쓰고 있고 팔을 여기 커다란 솥에 뻗어 무언가를 젓고 있는 것 같아요. 오렌지색 옷을 입고 독약인지 무엇인지를 만들고 있어요. 검: 큰 솥에 대하여 좀 더 설명해 주세요. 수: 가운데 부분, 이것이 큰 통 아니면 큰 솥이에요 (D8의 윤곽).
	<20. 이 부분은 누군가가 자전거를 타는 것 같아요.	검: (수검자의 반응 반복) 수: 여기 대부분이 사람이에요. 앞으로 약간 기대고 여기가 핸들이에요. 여기가 머리고(Dd24) 여기는 몸, 바퀴는 잘 보이지 않아요.
X	21. 여기 윗부분은 신령 같은 모습으로 막대기 같은 것을 들려고 애쓰고 있어요.	검: (수검자의 반응 반복) 수: 무시무시한 모습이라서 신령이라고 했어요. 다리는 짧고 머리에 촉수나 무엇인가가 나와 있으며 막대기나 장대를 들려고 애쓰고 있어요.
	22. 푸른색 부분은 게들 같아요.	검: (수검자의 반응 반복) 수: 다리가 많아서 게 같아요.

(사례 25. 계속)

카드	반응	질문
<23. 여기 갈색 부분은 개가 누워 있는 것 같아요.	검: (수검자의 반응 반복) 수: 여기요(D13). 모양이 그래요. 머리고 앞발이 앞쪽으로 나와 있고 누워 있는 것 같아요. 편안하게.	
∨24. 회색 부분을 봤을 때 동물의 뼈와 비슷해요.	검: (수검자의 반응 반복) 수: 해골 같기도 하고 죽은 동물의 뼈 같기도 해요. 해골이 이렇게 생기지는 않았으니 아마도 등뼈나 관절 부분의 뼈 같아요.	
∨25. 이 부분은 타잔처럼 로프나 넝쿨을 타고 있는 사람 같아요.	검: (수검자의 반응 반복) 수: 여기(D5)가 사람이고 이 사람이 여기의 녹색 넝쿨을 타고 있어요. 그래서 타잔을 생각했어요. 여기가 다리고 몸, 팔을 위로 들고 넝쿨을 잡고 이 나무에서 저 나무로 옮겨가는 것 같아요.	
26. 이것 전체는 여러 가지 색의 꽃이 있고 끝에는 분수와 조각이 있는 정원 같아요.	검: (수검자의 반응 반복) 수: 여러 가지 색깔의 꽃들이 많이 있네요. 무슨 종류인지는 모르겠지만 매우 정교하게 놓여 있어요. 정확히 놓여 있는데, 아마도 핑크색은 나무나 돌 같은데, 여기에 좀 더 색깔을 추가하기 위하여 놓여 있는 것 같아요. 검: 끝 쪽에 분수와 조각이 있다고요? 수: 예, 회색 부분이요. 여기서 바라보면 당신이 서 있는 반대쪽에요.	

사례 25. 점수계열

카드 번호	반응 번호	영역과 발달질	영역 번호	결정인과 형태질	(2)	내용	평범 반응	Z점수	특수점수
I	1	Wo	1	FC'o		A		1.0	
	2	Do	3	Fo		Hd			PHR
	3	D+	1	mpu		Sc		4.0	
II	4	D+	1	FMao	2	Ad	P	3.0	COP,GHR
	5	DS+	5	ma.CFo		Sc,Fi		4.5	
III	6	D+	1	Mao	2	H,Id	P	3.0	COP,GHR
	7	Do	3	FCu		Sc			
	8	Do	2	Fu	2	A			
IV	9	Wo	1	FMp.FT.FDu		A		2.0	
	10	Do	1	Fo		Ad			
V	11	Wo	1	FMa.FC'o		A		1.0	
VI	12	Wo	1	FTo		Ad	P	2.5	MOR
	13	D+	4	Mp.FD+		H,Sc		2.5	GHR
VII	14	W+	1	Mao	2	H,Ls	P	2.5	COP,GHR
	15	W+	1	Mao	2	H		3.0	COP,GHR
VIII	16	WSo	1	CF.C'Fo	2	Art,A	P	4.5	
	17	Do	4	Fo		Sc			PER
IX	18	W+	1	FCo		Bt,Hh		5.5	
	19	D+	3	Ma.FCo	2	(H),Cg	P	2.5	COP,GHR
	20	D+	1	Mao		H,Sc		2.5	GHR
X	21	D+	11	Mau	2	(H),Bt		4.0	COP,GHR
	22	Do	1	Fo	2	A	P		
	23	Do	13	FMpo		A			
	24	Dv	11	Fu		An			MOR
	25	D+	10	Ma.FCo		H,Bt		4.0	GHR
	26	W+	1	CF.FDo		Bt,Art		5.5	

마지막 두 반응은 카드 X(21번과 25번 반응)에서 나타났다. 모두 흥미로운 반응이다. 21번 반응은 "막대기나 장대를 들려고 애쓰는 신령"이었다. "다리가 짧고" 무시무시한 모습이다. 다른 M 반응처럼 좋은 반응이지만 들고 있는 대신 들려고 애쓰고 있는 모습으로 불확실한 느낌을 주고 있다. 마지막 인간내용은 "타잔처럼

로프나 넝쿨을 타고 있는 사람… 덩굴을 잡고 이 나무에서 저 나무로 옮겨가는 것 같은"이었다. 타잔은 도시화되지 않고 사람들로부터 상당히 고립되어 있는 사람으로 사람보다는 동물과 대화를 더 잘한다. 반대로 8개의 M 반응 중 5개는 협동적인 운동으로, 이는 스스로를 사회지향적인 사람으로 지각하는 경향이 있다는 것을 시사한다.

이상의 반응에서 부정적인 특징이 뚜렷하지는 않지만 관심을 끄는 점이 여러 반응에 걸쳐 조금씩 나타나고 있다. 이들은 모두 좋은 반응들로 자아상이 상당히 잘 발달되어 온 것으로 해석할 수 있지만, 그럼에도 불구하고 자기 자신에 대한 안정감은 기대보다는 부족한 것 같다.

8d. 4개의 FM 반응(카드 II의 4번 반응, 카드 IV의 9번 반응, 카드 V의 11번 반응, 카드 X의 23번 반응)이 있고 2개의 m 반응(카드 I의 3번 반응 3, 카드 II의 5번 반응)이 있다. 2개의 m 반응을 먼저 검토하는 것이 좋을 것 같다. 이 반응들은 프로토콜의 기록 초반부에 나타나고 있고 양육권이라는 법적 문제와 관련하여 검사를 받는 스트레스와도 관련이 있을 수 있기 때문이다.

3번 반응은 "발사대에 있는 로켓… 엔진이 가동하기 전에 붙잡고 있는 것 같아요…"이다. 이것은 힘 있는 대상에 대한 수동적 반응이다. 두 번째 m 반응은 적극적인 반응으로 "로켓이 발사하는… 발사할 때 배기가스가 분출되면서 나는 불"이다. 이전 자료들과 같이 고려해 보면 수검자의 조심성은 정서적 통제에 대한 걱정과 관련이 있는 것 같다.

4개의 FM 반응은 적극적인 반응과 수동적인 반응으로 구분된다. 2개는 적극적이고 2개는 수동적인데 첫 번째 적극적인 반응은 매우 조심스럽게 나타나고 있다: "두 마리의 개가 서로 코를 비비고 있다. 마치 놀이를 하는 것 같다… 여기 서로 코가 닿아 있고 개들이 장난을 하는 것 같다. 서로 사이좋게 코를 킁킁거리고 있는 것 같다." 사실 개들은 장난을 할 때보다는 조심스럽게 탐색하는 과정에서 코를 킁킁거리게 된다. 또 다른 능동 FM 반응은 "새가 날고 있는 것 같고 독수리나 매 같다."고 하였다. 독수리나 매는 포식자이지만 자신을 그렇게 지각하고 있다는 것을 시사하는 기록은 다른 반응기록에서 찾아볼 수 없다.

나머지 2개의 FM은 매우 수동적이다: "털 많은 큰 개가 웅크리고 앉아서 귀가 늘어져 있고… 뒤에 꼬리가 있고" 그리고 "개가 누워서, 그냥 누워서, 편안하게"
라고 반응하였다. 이러한 반응은 그가 매우 조심스럽고 수동적인 사람이어서 기
대되는 것보다 자기 자신에 대한 확신이 없다는 것을 재확인시켜 준다. 그러나
평가가 법적인 문제와 관련해서 이루어졌고 이로 인해 매우 조심스러워했다는
점을 감안해야 한다.

8e. 26개의 반응 중 17개 반응을 검토하였다. 나머지 9개 반응은 다음과 같다:
카드 I에 대한 "검은 새", 카드 II에 대한 "붉은 연… 꼬리는 없네요." "해마 같다…
그런데 해마가 붉은색이라고 생각하지는 않아요.", 카드 IV에 대한 "곤충의 머리,
모충 같다.", 카드 VIII에 대한 "크리스마스트리 장식품… 특별한 장식품 같다."
그리고 "부메랑", 카드 IX에 대한 "꽃이 핀 식물", 카드 X에 대한 "게들"과 "정원…
매우 정교하게 놓여 있다… 핑크색은 나무나 돌 같은데 여기에 좀 더 색깔을
추가하기 위하여 놓여 있는 것 같다."는 반응.

크리스마스트리 장식품과 정원 반응을 제외하고는 비일상적으로 윤색된 반응
은 없고 이 두 반응도 수검자가 다소 민감해져 있다는 것을 나타내는 정도이다.
이상의 9개의 반응은 잘 조직화되어 있고 창의적인 특징도 나타나고 있다.

결과 요약: 전반적으로 볼 때 자아상이 부정적이기보다는 긍정적인 것으로 보
인다. 현실에 근거를 두고 있고 스스로를 점잖고 민감하고 때로는 생산적인 사람
으로 보고 있다. 반면 수검자는 매우 조심스러운 사람으로 쉽게 자기 자신을 드
러내지 않고 자기 자신에 대한 확신이 다소 부족한 것으로 보인다. 자신의 능력
에 대한 확신이 부족하여 과도하게 조심스러운 것 같고 문제에 직면하거나 의사
결정을 해야 하는 상황에서 매우 수동적인 접근을 하기도 한다. 중요한 것은 법
적 문제와 관련하여 평가가 이루어졌고 이로 인해 조심스러워졌을 수 있다는
점을 감안해야 한다는 것이다.

8단계를 사례 26에 적용한 결과

8a. 2개의 마이너스 반응이 있다. 처음(카드 II의 3번 반응) '다친 사람의 얼굴'

반응에는 투사가 극적으로 나타나고 있다. '사람'은 질문단계에서는 흥미롭게도 남자로 기술되어 있으므로 반응 내용을 자기 자신과 관련짓는 것을 원하지 않는 것 같다. 그러나 질문에 답한 내용들은 수검자의 개인사와 상당히 일치한다. "수검자는 다쳤다… 뺨과 턱수염에 피가 있다. 수검자는 수염이 많지만 이것은 피이다… 머리에도… 고통스러워하는 것 같다." 수염이 재질로 표현된 점이 매우 흥미롭고 상실감이나 고독감과 관련이 있는 것 같다. MOR 반응은 고통감과 비관적인 태도를 시사하지만 이를 겉으로 드러내는 것은 원하지 않는 것 같다.

두 번째 마이너스 반응(카드 IV의 8번 반응)은 "오리가 관목 속에서 서로 반대쪽을 내다보고 있어요."이다. 이는 극적인 반응은 아니지만 흥미로운 점은 일반적으로는 o 반응으로 채점될 수 있는 것이 마이너스 반응이 됐다는 점이다. D4 영역을 목이 긴 새로 지각하면 FQo로 채점한다. 그러나 흰 부분을 포함하여 (Dd22) 관목을 지각하였고 D4를 포함시켜 "검고 흰" 오리 머리를 지각하였다. 관목은 보호하는 역할을 하고 오리는 "서로 반대쪽을 보고 있다." 이는 공간과 차원을 포함하는 겁에 질린, 위축된 반응으로 소외와 후회를 나타내는 것 같다. 이 2개의 마이너스 반응은 의뢰 이유가 된 상황에 대한 많은 정보를 제공해 주고 있다.

사례 26. 23세 여성

카드	반응	질문
I	1. 어머, 야생동물 같아요. 여우요. 얼굴이 화가 나 있는 것 같아요. 검: 더 보시면 다른 것도 볼 수 있습니다. 피: 다른 것도 봐야만 하나요? 검: 하나 이상을 보기도 합니다.	검: (수검자의 반응 반복) 수: 으르렁거리는 것 같아요. 입이 말려 올라가 있는 것 같네요. 여기가 눈이고 뺨, 귀, 눈은 아래로 처졌네요. 확실히 화가 난 것 같아요.
	<2. 당나귀, 여기 아래 반사되어 있네요.	검: (수검자의 반응 반복) 수: 여기가 물이고(가운데) 돌이 있고 돌 위에 서 있는 것 같아요. 뒷다리, 앞다리, 귀는 올라가 있고 여기 아래 모두 반사되어 있네요.

(사례 26. 계속)

카드	반응	질문
II	3. 다친 사람의 얼굴 같아요.	검: (수검자의 반응 반복)
		수: 이건 맘에 안 들어요. 남자 얼굴이에요. 빰과 수염에 피가 있는 것을 보니 다쳤네요. 수염이 많지만 이건 피에요. 머리에도 피가 있어요. 여기 **빨간** 것을 보세요. 입(DS5)은 벌어져 있어 고통스러워하는 것 같아요.
	<4. 이렇게 보는 게 더 좋네요. 영화에서 본 토끼처럼 얼음 위에서 미끄럼을 타고 있어요. 이름이 밤비 텀퍼에요.	검: (수검자의 반응 반복)
		수: 여기가 코, 꼬리 그리고 흰 것이 미끄럼 타는 얼음, 얼음에 반사되어 있어요. 여기 아래를 보세요(윤곽). 빨간색은 생각하지 마세요.
III	5. 두 명의 댄서에요. 디스코장에서 같이 춤추고 있는 것 같아요.	검: (수검자의 반응 반복)
		수: 여기 그리고 여기(D9) 머리, 목, 재킷의 옷깃, 블라우스는 삐져나와 있고 팔, 다리, 서로 기대고 있어요. 모두 하이힐을 신고 있네요.
	6. 아니면 두 명의 웨이터가 테이블을 닦고 있어요.	검: (수검자의 반응 반복)
		수: 여기가 몸, 흰색 앞치마를 하고 검은색 옷을 입고 있어요. 서로 구부려서 테이블을 닦고 있어요.
IV	7. 다람쥐 같아요. 밑에서 보는 것 같아요. 여기 서서 다람쥐를 올려다보는 것 같아요. 꼬리고 커다란 발이에요.	검: (수검자의 반응 반복)
		수: 머리, 꼬리, 배에요. 다람쥐가 웅크리고 있고 아래에서 보는 것 같아요. 엷은 색은 털인 것 같고 다리가 위쪽에 있는 것 같네요.
		검: 왜 털인지 잘 모르겠어요.
		수: 이 선들이 촉감이 있는 것 같아요(문지름).
	8. 두 마리 오리가 관목 속에서 서로 반대쪽을 내다보고 있어요.	검: (수검자의 반응 반복)
		수: 검고 흰 오리 머리고 서로 반대쪽을 보고 있어요.
		검: 관목이요?
		수: 여기요. 서로 어두운 정도가 달라 두껍고 관목처럼 둥근 것 같아요. 그 뒤에서 숨어서 내다보는 것 같아요.

(사례 26. 계속)

카드	반응	질문
V	9. 이 끝부분을 고려하지 않는다면 날아다니는 곤충 같아요.	검: (수검자의 반응 반복) 수: 촉수고 날개, 꼬리, 모두 회색인 것을 보니 나방 같아요. 나방이에요. 나방처럼 날개를 펄럭거리고 있어요.
	10. 쇼를 하는 여자 같아요. 뒤에 꼬리가 길게 달린 옷을 입고 있어요.	검: (수검자의 반응 반복) 수: 다리고 머리장식을 하고 있고 팔은 위로 들고 있어요. 라스베이거스의 쇼걸 같아요. 걸을 때마다 옷이 아래로 물결치고 있어요. 커다란 깃털 같아요. 뒤에서 본 모습이에요. 검: 깃털이 뭔지 잘 모르겠어요. 수: 쇼 의상으로, 커다랗게 되고 걸을 때 바닥에 질질 끌리네요.
VI	11. 커다란 독수리가 돌 위에 앉아 있고 날개를 늘어뜨리고 있어요.	검: (수검자의 반응 반복) 수: 여기위에(D3)요. 머리, 날개를 늘어뜨리고 있고 여기가 돌이에요.
	12. 여기는 인디언 옷이나 담요, 커다란 모피 같아요.	검: (수검자의 반응 반복) 수: 여기(DI의 윤곽), 이것이 커다란 모피 같아요. 인디언 옷이나 담요처럼 형태가 잘 갖추어져 있지는 않는 것 같아요. 그냥 모피 옷(영역을 문지름) 같아요. 느낄 수 있을 것 같아요.
VII	13. 작은 소녀가 방석에 웅크리고 앉아 거울을 보면서 매무새를 다듬고 있어요. 수: 뒤집어서 봐도 되나요?	검: (수검자의 반응 반복) 수: 다리는 보이지 않아요. 아마 구부리고 있는 것 같아요. 여기가 머리고 코, 뺨, 머리는 뒤로 묶었고 이것은 방석이에요. 여기 커다란 나비넥타이나 무언가를 가지고 있어요 (Dd 21). 검: 마음대로 하세요.
	V14. 램프인데 주변은 그림자로 둘러싸여 있어요.	검: (수검자의 반응 반복) 수: 여기가 그림자고 박스처럼 아랫부분이 넓어요. 이것 모두(반점) 그림자예요. 회색이네요. 빛에서 어두운 쪽으로 갈수록 점점 더 회색이 되어 가네요.

(사례 26. 계속)

카드	반응	질문
VIII	15. 깃발 모양의 우표 같아요. 주를 나타내는 깃발 모양 우표 같아요.	검: (수검자의 반응 반복) 수: 양쪽에 곰 같은 동물이 두 마리 있어요. 대칭이네요. 꼭대기나 그런 곳, 산 정상이에요. 가운데 네모난 푸른색은 물이고 아래 오렌지색은 돌 같아요.
IX	16. 붉은색 항아리에 담겨져 있는 이국적인 오렌지와 흰색 꽃으로, 커다란 녹색 잎을 가지고 있어요.	검: (수검자의 반응 반복) 수: 꽃의 위쪽과 가운데 부분에 있네요. 가운데는 흰색 꽃잎이고 여기(지적)는 오렌지색이에요… 줄기가 가운데로 지나가고 커다란 녹색 잎과 항아리가 여기 있어요. 붉은색 항아리인데 윗부분만 보이네요.
X	17. 두 명의 작은 요정인데 잠잘 때 쓰는 모자를 머리에 쓰고 서로 쳐다보고 있어요.	검: (수검자의 반응 반복) 수: 여기 분홍색 꼭대기고 진짜 같지 않지만 동화에 나오는 요정의 머리 같아요. 뾰족한 모자를 쓰고 있고, 코, 뺨, 여기가 모자 꼭대기에요.
	18. 여기 작은 부분은 워크맨 헤드폰 같네요. 나는 조깅할 때 써요.	검: (수검자의 반응 반복) 수: 여기요. 귀 부분이고 이것들은 서로 연결되어 있어요.
∨19.	여기가 분홍색 꽃 두 개 같아요. 매우 아름답고 둘 다 같은 줄기에서 나온 것 같다.	검: (수검자의 반응 반복) 수: 이것(D11)은 줄기이고 전부가 보이지는 않네요. 핑크색은 꽃이고 큰 꽃, 실제로 둘은 똑같고 매우 예뻐요. 이전에 이런 꽃을 본 적은 없는 것 같아요.

사례 26. 점수계열

카드 번호	반응 번호	영역과 발달질	영역 번호	결정인과 형태질	(2)	내용	평범 반응	Z점수	특수점수
I	1	WSo	1	FMao		Ad		3.5	AG,PHR
	2	W+	1	FMp.Fro		A,Na		4.0	
II	3	WS+	1	CF.FT.Mp−		Hd,Bl		4.5	MOR,PER,PHR
	4	DS+	6	FMp.Fro		(A),Na		4.5	
III	5	D+	9	Ma+	2	H,Cg	P	4.0	COP,GHR
	6	DS+	1	Ma.FC'o	2	H,Cg,Hh	P	4.5	COP,GHR
IV	7	Wo	1	FD.FMp.FTu		A		2.0	
	8	DdS+	99	FMp.FC'.FV−	2	Ad,Bt		5.0	
V	9	Ddo	99	FMa.FC'o		A			
	10	W+	1	Ma.mpo		H,Cg		2.5	GHR
VI	11	D+	8	FMpo		A,Ls		2.5	
	12	Dv	1	TFo		Ad	P		
VII	13	W+	1	Mp.Fr+		H,Hh,Cg	P	2.5	GHR
	14	WS+	1	FYo		Hh,Na		4.0	
VIII	15	Wo	1	FC+	2	Art,A,Na	P	4.5	
IX	16	WS+	1	CF.C'F+		Bt,Hh		5.5	
X	17	Dd+	99	Mpo	2	(Hd),Cg		4.5	GHR
	18	Do	3	Fu		Sc			PER
	19	Ddo	21	CFo		Bt			

8b. MOR 반응이 1개뿐이고 이미 앞에서 검토하였다.

8c. 6개의 인간내용 반응이 있고 모두 M을 포함하고 있다. 첫째, 카드 II에 대한 반응은 이미 검토하였다. 다음 두 반응은 카드 III에 대한 반응이다. 5번 반응은 "두 명의 댄서, 디스코장에서 함께 춤추는 것 같아요." 이는 긍정적인 반응으로 다음과 같이 정교화되어 있다: "재킷의 옷깃, 아니면 블라우스가 삐져나온 것 같아요… 모두 하이힐을 신고 있어요."

다음 반응은 기본적으로 D1 영역이지만 공간이 추가되었다: "아니면 두 명의 웨이터가 테이블을 닦고 있어요… 흰색 앞치마를 하고 검은 옷을 입었어요." 처음 반응은 긍정적인 활동을 나타내었다. 반면 두 번째는 심부름을 하는 활동이다. S는 두 번째 반응에 포함되어 심부름하는 것에 대한 분노를 나타내는 것 같다 (기록에는 7개의 S 반응이 포함되어 있다).

네 번째 인간반응은 카드 V에서 나타났고 자기애적인 특성과 관련이 있다: "쇼를 하는 여자 같아요… 라스베이거스의 쇼걸 같아요. 걸을 때마다 옷이 아래로 물결치고 있어요… 뒤에서 본 모습이에요." 과시적인 반응이지만 대상이 뒤에서만 보인다는 점이 흥미롭다. 방어적 태도를 나타내고 과장된 자존감과 부정적인 특징에 대한 집착 사이에 갈등을 나타내었던 4단계의 결과와 관련이 있어 보인다.

다섯 번째는 카드 VII에 대한 반응이다. 세 번째 반사반응으로 "작은 소녀가 방석에 웅크리고 앉아 거울을 보면서 매무새를 다듬고 있어요." 이것은 분명히 자기중심적인 반응이다. 마지막 인간내용 반응, (Hd) 반응은 카드 X에서 나타났다: "두 명의 작은 요정, 잠 잘 때 쓰는 모자를 머리에 쓰고 서로 쳐다보고 있는, 동화에 나오는 요정 같아요." 요정은 작지만 마술적인 힘을 가지고 있다.

반응을 종합해 볼 때 반은 수동적이고 자기 자신에 대한 상반된 이미지를 주고 있다. 하나는 상당히 거부적이고 상처, 고통, 비굴한 모습을 나타내는 반면 다른 하나는 자기를 칭송하는 성향을 나타내고 있다. 흥미롭게도 후자는 마지막에 나타난 3개의 M 반응에서 나타났고 환상에 의존하는 특징을 나타내고 있다(쇼걸, 요정).

8d. 7개의 FM 반응과 m 반응이 있다. m 결정인은 카드 V의 쇼걸 반응에 포함되어 있다: "걸을 때마다 옷이 아래로 물결치고 있어요… 걸을 때 바닥에 질질 끌리네요." 분명하지는 않지만 앞서 언급한 은폐를 더 촉진시키는 것 같다. 7개의 FM 반응은 11번까지의 반응에서 나타났다. 5개는 혼합반응이고 3개는 S를 포함하고 있다. 이론적으로 볼 때 반응은 투사적인 속성을 포함할 때 더 풍부해진다.

첫 두 반응은 카드 I에서 나타났다. 처음에 "야생동물… 얼굴이… 화가 나 있는 것 같고 으르렁거리며… 확실히 화가 난 것 같아요." 이것은 평가상황에 대한 반응일 수도 있고 좀 더 만성적인 성향을 나타내는 것일 수도 있다. 두 번째 반응은 첫 반사반응이었고 수동적인 반응이다: "당나귀, 여기 반사되어 있고… 당나귀가 서 있고… 모두 반사되어 있네요." 당나귀는 고집 센 것으로 알려져 있지만 더 중요한 것은 수검자가 분노를 나타낸 후 자기관여(반사반응)를 했다는 점이다.

세 번째 FM 반응은 카드 II의 4번 반응이다. 이때 처음으로 카드를 돌렸고 이어서 상처난 얼굴 반응을 하였다: "이렇게 보는 게 더 좋네요. 영화에서 본 토끼처럼 얼음 위에서 미끄럼을 타고 있어요." 요정 반응처럼 환상을 사용한 반응이다. 카드 I에서와 같이 부정적인 감정을 포함하는 반응을 한 이후 자기관여(반사반응)를 하였다.

다음 2개의 FM 반응은 카드 IV에서 나타났다. 첫 번째인 7번 반응은 형태 차원 반응이고 수동적이고 3개의 재질반응 중 두 번째로 나타난 반응이다: "다람쥐 같아요… 여기 서서 다람쥐를 올려다보는 것 같아요… 엷은 색은 털인 것 같고…" 다람쥐는 작은 동물로 쉽게 포식자의 희생물이 된다. 다음 FM 반응은 관목 사이로 내다보고 있는 오리로 앞에서 검토하였다. 이것 역시 수동적이다.

여섯 번째 FM은 카드 V의 첫 번째 반응이다: "날아다니는 곤충… 나방이에요. 나방처럼 날개를 펄럭거리고 있어요." 나방은 매우 바람직하지는 않지만 날개를 펄럭거리는 것은 아무런 목적이 없는 빠른 동작이다. 아마도 수검자는 스스로 원하는 만큼 바람직한 모습이 아니라고 느끼고 있고 자신의 행동에 아무런 목적이 없다는 우려를 하는 것 같다. 마지막 FM은 카드 VI의 11번 반응이다: "독수리가 바위에 앉아 있어요. 날개를 뻗고 있어요." 독수리는 힘이 있는 동물이고 때로는 조각상의 상징이 되기도 한다. 이 반응 역시 수동적으로 독수리가 앉아 날개를 늘어뜨리고 있다.

FM과 m 반응의 가장 두드러진 특징은 수동성이고 8개의 결정인 중 6개가 이에 해당한다. 6개의 M 반응 중 3개는 역시 수동적이고 이는 수동성이 수검자의 기본적인 특성일 가능성을 시사한다. 어떤 사람들은 의사결정에 대해 책임지는 것을 두려워해서 수동적일 수 있고 어떤 사람들은 다른 사람들을 조종해서 행동하는 방식으로 수동성을 사용하기도 한다. 수검자가 표현한 동물 중 둘, 즉 화난 여우와 독수리는 포식자이다. 당나귀, 토끼, 다람쥐, 오리 그리고 나방 등은 더 약하고 희생물이 되기도 하는 것들이다. 이러한 불일치는 수검자가 보이기를 하는 자신의 모습에 불일치가 있다는 것을 의미한다.

8e. 나머지 6개 반응은 마지막 4개 카드에서 나타났다. 첫 번째인 12번 반응은 "인디언 옷이나 담요, 커다란 모피 같아요… 그냥 모피 옷…"이다. 평범반응이지

만 질문과정에서 촉감을 강조한 언어적 표현이 상당히 의미가 있다: "느낄 수 있을 것 같아요." 인디언 옷이나 담요는 보호하고 감싸 주는 것이므로 안정감을 주게 된다. 아마도 그 순간 수검자는 안정감이 부족했던 것 같다.

다음 두 번째 반응은 카드 VII에 대한 반응이다: "램프인데 주변은 그림자로 둘러싸여 있어요." 이는 수검자가 자신의 세상에 대해 가지고 있는 인상일 수 있다. 즉, 수검자는 빛이지만 자신의 주위는 모두 어둡고 불확실하다.

6개의 반응 중 세 번째는 카드 VIII에 대한 유일한 반응이다: "깃발 모양의 우표, 주를 나타내는 우표 같아요… 꼭대기나 그런 곳, 산 정상이에요." 이것은 신분을 나타내는 반응이다.

네 번째는 카드 IX에 대한 반응으로 "이국적인 오렌지와 흰색 꽃"이다. 평범한 꽃이 아니라 이국적인 꽃이고 매우 매력적이고 아름답다는 것을 의미한다. 다섯 번째는 카드 X에 대한 두 번째 반응으로 헤드폰이다: "나는 조깅할 때 써요." 헤드폰은 무엇을 들을지를 선택할 수 있다.

6개의 반응은 모두 긍정적이고 바람직한 특징, 즉 신분이나 특별한 특성 등을 강조하고 있다. 하나는 옷이나 담요로 보호를 받고 싶은 욕구를 나타내고 있고 두 번째는 램프로 수검자 주변의 세상이 명확하지 못하다는 것을 나타낸다. 헤드폰은 수검자가 듣고 싶은 것만 골라서 들을 수 있다는 점에서 매우 흥미로운 반응이다.

결과 요약: 수검자의 반응에서 투사는 두 가지 서로 상반되는 주제를 포함하고 있다. 하나는 부정적이고 상처입고 고통스럽고 화나고 위협을 느끼는 것이다. 또 하나는 자기중심적이고 상당히 긍정적이고 과시적인 특성을 포함하고 있다. 이렇게 상반된 주제는 수검자가 자기가치를 지나치게 높게 평가하는 것과 자기 자신을 부정적으로 보고 이에 집착하는 것 사이에서 상당히 갈등을 느끼고 있다는 것을 시사한다. 수검자는 부정적인 감정이나 위협감을 느낄 때 '안전한 휴식처'로 도망가기 위하여 자기관여태에 근거를 둔 환상을 사용하는 것 같다. 수검자는 매우 수동적인 인상을 주는데 이를 통해 책임을 피하려 하고 자신이 원하는 방식대로 다른 사람들이 행동하도록 조종하는 역할도 하는 것 같다. 신분에 대해 상당히 관심이 많고 자신의 신분이 위협받거나 품위가 떨어지게 되면 상당히 분개하는 것 같다.

8단계를 사례 27에 적용한 결과

8a. 4개의 마이너스 반응이 있고 이 중 3개는 S 반응을 포함하고 있다. 처음 반응(카드 II의 3번 반응)은 다음과 같다: "누군가가 벌레를 창문에 박살내 버렸네요… 모두 부서져 있어요. 빨간 피가 곳곳에 널려 있고… 항상 그런 것처럼 가운데 부분은 구멍이 있네요." 이것은 극적인 MOR 반응으로 자기 자신에 대한 인상을 나타내 주는 것 같다. 이것이 자기상에 대한 현재의 느낌인지 아니면 좀 더 만성적인지를 살펴보는 것이 중요하다. 현재는 전자일 가능성이 높다. 수검자는 체포되어 감금되었으므로 심리적으로 폭행을 당했다고 느낄 것이다. 그러나 아직 단정하기는 이르고 다른 반응들을 살펴보고 결과를 통합해야 할 것이다.

두 번째 마이너스 반응은 카드 VI의 11번 반응이다: "컵… 하얀 작은 컵이에요. 그걸로 뭔가를 마실 수 있을 것 같아요." 이 반응은 위치(카드 VI의 아래 흰 부분)와 내용이 흥미롭다. Dd 영역은 대부분의 사람들은 무시하는 영역이지만 때로는 열린 구멍이나 입구 또는 성기(질)로 지각되기도 한다. 투사된 내용을 살펴보면 상징을 가정하여 해석하는 것은 위험한 일이지만 이 반응은 위험을 감수할 필요가 있다. 개인력을 살펴보면 수검자는 성적으로 집착하고 있고 이 반응에서 나타나고 있는 음식(그걸로 마실 수 있다)은 의존성과 관련이 있다. 수검자에게 있어 성과 의존성은 서로 혼합되어 있는 것 같고 공간반응은 의존성이 충족되지 않을 경우 수검자가 매우 불안정해질 수 있다는 것을 시사한다.

세 번째 마이너스 반응(카드 IX의 16번 반응)은 처음의 경우처럼 다소 과장되어 있는데 독특한 내용 때문에 더욱 극적이다: "독감에 걸린 사람의 목인데… 연쇄구균에 감염된 목… 편도선인데 빨갛게 부어 있고 누군가가 입을 벌리고… 그렇게 좋은 모습은 아니에요." 앞서 제기되었던 의문, 즉 카드 II의 반응이 현재의 상황과 관련된 자기상을 나타내는 것인지에 대한 의문을 다시 제기할 수 있다. 이 반응은 그러한 자기상이 만성적이었음을 시사한다. 수검자의 "좋은 모습은 아니에요."는 반응을 보면 아마도 이러한 방식으로 오랫동안 지속된 것 같다.

마지막 마이너스 반응은 카드 X의 17번 반응이다: "한 쌍의 도마뱀이 이 파이프를 부수려고 하는 것 같아요." 4개의 마이너스 반응 중 가장 애매하다. 협동하는 모습과 공격적인 모습을 함께 포함하고 있고 도마뱀은 바람직한 것으로 지각되는 동물이 아니다. 수검자는 자기 자신을 부정적으로 지각하는 것 같고 적절한 사회적 관계를 맺는 데 혼란스러워하는 것 같다.

4개의 반응을 통합해 보면 손상된 자아상은 이미 상당 기간 지속된 것으로 보이고 최근의 상황으로 인해 더 악화된 것 같다. 또한 심리적으로 성적 활동과 의존성이 서로 혼합되어 있고 이와 관련 있는 불안정한 감정을 감추려고 애쓰고 있고 스스로 원하는 것보다 자기 자신이 사회적으로 바람직하지 않다고 지각하는 것 같다.

8b. 4개의 MOR 반응이 있는데 2개(부서진 벌레와 누군가의 목)는 앞에서 이미 다루었다. 세 번째 카드 III의 6번 반응도 극적이다: "두 마리의 죽은 고양이로 누군가 껍질을 벗겨 놓은 것 같아요… 지금 막 껍질을 벗겨낸 것 같아요… 그들은 고양이를 죽이고 껍질을 벗겼어요." 이것을 자신에 대한 인상이라고 가정해 보면 매우 절망적인 상태라는 것을 알 수 있다. 수검자는 희생당했고 패배했다. 비슷한 주제가 네 번째 MOR 반응(카드 IV의 8번 반응)에서도 확연히 나타나고 있다: "부서진 개구리, 온통 지저분하네요. 창자가 밖으로 나온 것 같아요."

두 개의 반응에 대한 결과를 8a단계의 가정에 추가해 보면 수검자는 자신이 심하게 상처받았고 또 역기능적이라고 생각하고 있다는 것을 나타내 준다. 과경계를 하고 있다는 것 역시 자아상을 이해하는데 도움이 될 것이다. 수검자는 스스로 희생당했다고 생각하고 있다. 벌레와 개구리는 부서졌고 고양이는 죽음을 당했고 껍질이 벗겨졌고 목은 감염되었다.

8c. 2개의 M 반응이 있는데 그중 하나(누군가의 목)는 앞서 검토하였다. 두 번째 반응(카드 III의 5번 반응)은 긍정적인 평범반응이지만 성적 집착을 나타내고 있다: "두 사람이 춤을 추고 있거나 아니면 에어로빅을 하고 있어요… 두 명의 여자로 젖꼭지를 보세요. 누드인 것 같아요. 와, 긴 다리, 높은 구두, 못생긴 코, 내겐 너무 커 보이지만 멋진 젖꼭지예요." 단순히 그들이 춤을 추고 있거나 에어로빅을 하고 있다면 긍정적인 상호작용을 하는 것이므로 COP 반응이었을 것이다. '춤을 추는 두 사람'은 앞서 언급한 어떤 반응보다 기본적으로 긍정적이다. 그러나 내용에 성적인 면이 추가되어서 덜 긍정적이다.

8d. 4개의 FM 반응과 4개의 m 반응이 있다. 처음 FM은 첫 반응이다: "여우의

머리, 매우 화가 나 있어요." 이 반응은 투사된 내용이 직접 드러나고 있다. S가 사용되면서 부적절한 추론을 하게 되었다는 점에 주의를 기울여야 할 것이다: "여우 눈은 화가 났을 때 하얗게 돼요." 두 번째는 카드 V의 9번 반응이다: "박쥐… 날 때 이렇게 돼요." 이것은 평범반응이지만 공격적인 특성('앞에 뿔')이 추가되어 비일상적인 반응이 되었다.

세 번째(카드 VI의 10번 반응)는 아주 다른 주제를 포함하고 있다: "모충 같고 잎사귀 밑에서 나오고 있어요… 기어 나올 때처럼 지저분하잖아요." 4개의 FD 반응 중 하나이고 다른 2개의 FM 반응보다는 훨씬 소심한 반응이다. 수검자는 "지저분하게 하는"이라고 해서 DV로 채점하였다. "지저분하게 하는"(scruffing)은 올바른 단어가 아니다. 지저분한(scruffy)은 헝클어진 상태로 이것은 그 자신을 의미하는 것 같다. 네 번째 FM(카드 X, 도마뱀)은 이미 다루고 이 4개 반응 중 3개는 공격적인 활동이나 특성을 나타내고 있다.

3개의 m 반응 중 첫 번째는 카드 II(4번 반응)에서 "폭발"이었다. 이것은 드문 반응은 아니지만 수검자는 질문단계에서 다음과 같은 특성을 부여함으로써 정도를 더 심화시켰다: "어휴, 날려 버리는 것 같아요. 폭발 꼭대기 불은 붉은색이고 나머지는 모두 검은 연기예요. 가운데 부분은 텅 빈 구멍 같은데 여기서부터 힘이 나타나는 것 같아요." 수검자는 자신의 감정을 드러내고 있고 그 결과는 "구멍 같은 공간"이다.

두 번째 m 반응(카드 IV의 7번 반응)은 강도가 비슷한데, "화산폭발… 올라올 때는 어떤 것도 막을 수 없을 것 같아요… 꼭대기에서 끓고 있고 양 옆으로 흘러내리는 것 같아요." 두 개의 m 반응이 정서를 반영하고 있다고 가정해 보면 수검자는 감정을 통제하는 것이 매우 힘들고 결과적으로 매우 부정적인 결과를 야기하게 된다는 것을 인정하고 있는 것 같다. 앞의 두 반응은 모두 회색이나 검은색 특징을 가지고 있고 다음 세 번째 반응도 마찬가지이다. 세 번째 m 반응은 카드 VII의 13번 반응이다: "무기고 로켓이 발사하는 것 같아요. 멀리 떨어진 것 같아요… 어두운 검은색 연기… 당신이 멀리 서서 올라가는 것을 보는 것 같아요." 그가 뒤로 물러서서 '멀리 떨어져' 보려고 한 것은 공격적인 물체이다. 이 세 반응은 수검자가 매우 공격적이고 파괴적인 감정을 지니고 있다는 것을 나타내 주는 동시에 이를 고통스럽게 인식하고 있고 통제할 수 없다는 것에 대한 허망함도 시사한다.

사례 27. 26세 남성

카드	반응	질문
I	1. 여우의 머리예요. 매우 화가 나 있어요.	검: (수검자의 반응 반복) 수: 이게 딱 머리고 여기는 귀, 여기는 눈이고 눈은 하얗고 이것은 입이에요. 검: 화가 나 있다고 하였나요? 수: 맞아요. 여우 눈은 화가 났을 때 하얗게 돼요.
	2. 서로 반대쪽을 보고 있는 두 마리 개예요. 더할 수 있지만 그만하겠어요.	검: (수검자의 반응 반복) 수: 양쪽에 하나씩 커다란 개의 커다란 코 같잖아요. 여기는 어깨고 아무 짓도 안 하고 있어요. 사실 다른 개가 있다는 것도 몰라요. 서로 다른 쪽을 보고 있잖아요. 검: 그들이 아무 짓도 하지 않고 있다는 것이 무슨 뜻인지 잘 모르겠어요. 수: 내가 말한 그대로예요. 두 마리 개의 머리고 그것뿐이에요. 여우는 화가 나 있다고 했죠? 이것은 그렇지 않아요.
II	3. 누군가가 벌레를 창문에 박살내 버렸네요.	검: (수검자의 반응 반복) 수: 모두 부서져 있어요. 빨간 피가 곳곳에 널려 있고 납작해졌어요. 양쪽 끝에 피가 있고 가운데 구멍이 있어요. 검: 납작해졌다고요? 수: 예, 검은색 부분이 남아 있는 전부예요. 항상 그런 것처럼 가운데 부분은 구멍이 있어요.
	V4. 이것은 폭죽 같아요.	검: (수검자의 반응 반복) 수: 터지는 것 같은데 이 빨간 부분(D2)은 고려하지 않았어요. 불이 여기로(D3) 솟구치는 것 같아요. 여기서부터 올라오네요(D4). 어휴, 날려 버리는 것 같아요. 다른 쪽은 연기인데 폭발 때 검은 연기가 나오잖아요. 폭발 꼭대기는 불처럼 붉은색이고 나머지는 모두 검은 연기예요. 가운데 부분은 텅 빈 구멍 같은데 여기서부터 힘이 나오는 것 같아요. 아, 대단한 힘이네요.

(사례 27. 계속)

카드	반응	질문
III	5. 두 사람이 춤을 추고 있거나 아니면 에어로빅을 하고 있어요.	검: (수검자의 반응 반복) 수: 춤을 추고 있거나 에어로빅을 하고 있는 것 같아요. 배경에 장식을 해 놓은 것 같아요. 이 빨간색들은 파티를 위해 색칠해 놓은 것 같아요. 검: 두 사람이라고요? 수: 여기요. 젖꼭지를 봐요. 두 명의 여자죠. 누드인 것 같네요. 와, 긴 다리, 높은 구두, 못생긴 코, 내겐 너무 커 보이지만 멋진 젖꼭지예요.
	V6. 두 마리의 죽은 고양이로 누군가가 껍질을 벗겨 놓은 것 같아요.	검: (수검자의 반응 반복) 수: 딱 그렇게 보이네요. 긴 꼬리, 작은 몸, 온통 빨간색으로 실험을 할 때처럼 지금 막 껍질을 벗겨낸 것 같아요. 고양이를 죽이고 껍질을 벗겼어요.
IV	7. 화산이 폭발한 거예요.	검: (수검자의 반응 반복) 수: 저, 용암이 여기서 올라오는 것 같아요. 여기로 흘러 내려가는 것 같은데 온통 주변에 퍼져 있는 것 같고 올라올 때는 어떤 것도 막을 수 없을 것 같아요. 검: 당신이 본 것을 나도 보고 있는지 잘 모르겠네요. 좀 더 자세히 설명해 주세요. 수: 보세요. 양쪽에 모두 서로 다른 선들이 있지요? 이것이 용암이 여기 꼭대기에서부터 흘러내리는 거예요. 꽝 하고 터져 올라오지는 않았지만 꼭대기에서부터 분출해서 이쪽으로 용암들이 흘러내리는 거예요. 보세요. 꼭대기에서 끓어서 흘러내리는 것 같아요.
	8. 부서진 개구리나 벌레, 아니 개구리예요.	검: (수검자의 반응 반복) 수: 온통 지저분하네요. 모두 납작해져서 창자가 밖으로 나온 것 같아요(D1). 검: 이게 부서진 개구리인지 잘 모르겠네요. 수: 여기가 머리고 앞발, 뒷다리, 큰 놈이네요. 납작해져 있어요. 여기가 개구리 내장 같아요.

(사례 27. 계속)

카드	반응	질문
V	9. 박쥐, 그렇게 보이네요.	검: (수검자의 반응 반복)
		수: 딱 그렇게 보이네요.
		검: 당신에게 그렇게 보이는 것 같은데 저도 볼 수 있도록 도와주세요.
		수: 이게 커다란 날개고 앞에 뿔이고 모두 검은색이네요. 날 때 이렇게 되죠. 날지 않을 때는 이런 모양이 아니에요. 거꾸로 매달려 있을 때는 날개가 보이지 않아요. 하지만 날 때는 이렇게 날개를 벌리고 앞에 뿔이 보이죠. 됐나요? (검: 좋습니다.)
VI	10. 모충 같고 잎사귀 밑에서 기어 나오고 있어요.	검: (수검자의 반응 반복)
		수: 여기(D6)요. 여기 잎사귀(d1) 밑에서 기어 나오네요. 기어 나올 때처럼 지저분하게 해요.
		검: 잎사귀 밑에서 나온다고요?
		수: 예, 여기가 잎사귀 끝 부분이고(D1의 꼭대기 모습) 모충의 일부분은 아직 이 밑에 있고 위에는 여기요, 여기 선(Dd22)을 보세요. 기어 나올 때처럼 지저분하잖아요.
	∨11. 여기 작고 하얀 부분은 컵이에요.	검: (수검자의 반응 반복)
		수: 하얀 작은 컵 모양인데 그걸로 뭘 마실 수 있을 것 같아요.
VII	12. 가운데 부분은 문손잡이예요.	검: (수검자의 반응 반복)
		수: 문손잡이 모양이에요.
	13. 이것은 무기고 로켓이 발사하는 것 같아요. 멀리 서서 보는 것 같아요.	검: (수검자의 반응 반복)
		수: 여기 작은 부분(Dd 26)이요. 그리고 여기 주변이 모두 어두운 검은색 연기인데 로켓이 발사대에서 막 떠난 것 같아요.
		검: 어두운 검은 연기요?
		수: 예, 많은 어두운 회색빛이 여기에 있어요. 당신이 멀리 서서 올라가는 것을 보는 것 같아요.

(사례 27. 계속)

카드	반응	질문
VIII	14. 매우 값이 나가는 예술품같아요. 추상화 같네요.	검: (수검자의 반응 반복) 수: 무언지 모르겠지만 멋진 것 같아요. 양쪽이 서로 대칭이고 두 마리 동물이 있는데, 두더지나 다람쥐가 양쪽에서 어떤 형태를 이루고 있는 것 같은데, 서로 뭔가를 통째로 들고 있는 것 같아요. 검: 매우 값이 나가는 것 같다고요. 수: 확실해요. 당신이 그것을 판다면 높은 가격을 받을 거예요.
	15. 여기 아래는 캔디 덩어리 같아요.	검: (수검자의 반응 반복) 수: 캔디 덩어리 같아요. 핑크와 오렌지색이네요. 모양은 똑같지 않지만 핑크와 오렌지 얼룩들이 캔디 덩어리 같아요. 색깔이 자꾸자꾸 섞인 것으로 이것을 만들 때 처음에는 흰색이지만 여기에 색깔을 자꾸 덧입히게 돼요. 애틀랜타 시티에 갔을 때 이런 것을 본 적이 있어요. 참 예쁘네요.
IX	16. 독감에 걸린 사람의 목을 들여다보면 이럴 것 같아요.	검: (수검자의 반응 반복) 수: 누군가의 목을 들여다본 적이 있는데 연쇄구균에 감염된 목은 온통 여러 가지 색이었어요. 핑크색은 혀이고 여기 흰색은 뿌리 부분이고 오렌지색은 편도선인데 빨갛게 부어 있네요. 누군가 입을 벌리고 그 안을 들여다보는 것 같아요. 그렇게 좋은 모습은 아니네요.
X	17. 한 쌍의 도마뱀이 이 파이프를 부수려고 하는 것 같아요.	검: (수검자의 반응 반복) 수: 여기 하나, 여기(D8), 파이프를 부수려고 하는 것 같아요. 검: 왜 도마뱀으로 봤는지 모르겠네요. 수: 딱 그렇게 생겼어요. 여기가 다리고 여기가 얼굴이에요.
	∨18. 부케처럼 한 묶음의 꽃다발 같아요.	검: (수검자의 반응 반복) 수: 아래 여기가 모두 다요. 여러 가지 색의 꽃들로 이루어져 있어요. 커다란 핑크색 꽃이고 작은 노란색, 어떤 것은 녹색, 푸른색, 정말 아름답네요.

사례 27. 점수계열

카드번호	반응번호	영역과 발달질	영역번호	결정인과 형태질	(2)	내용	평범반응	Z점수	특수점수
I	1	WSo	1	FMa.FC'o		Ad		3.5	AG,ALOG,PHR
	2	Do	2	Fo	2	Ad			
II	3	WS/	1	CF-		Ad,Bl		4.5	MOR,DV
	4	DS/	6	ma.CF.C'Fo		Ex,Fi		4.5	
III	5	W+	1	Ma.C.FDo	2	H,Art,Sx,Cg	P	5.5	GHR
	6	Do	2	FCo	2	Ad			MOR,DV
IV	7	W+	1	ma-p.YFu		Ls,Ex		4.0	
	8	Wo	1	Fu		A,An		2.0	MOR
V	9	Wo	1	FC'.FMao		A	P	1.0	INC
VI	10	W+	1	FMa.FD.FYu		A,Bt		2.5	DV
	11	DdSo	30	FC'-		Hh			
VII	12	DSo	10	Fu		Hh			
	13	Dd+	99	ma.C'F.FDu		Sc,Fi		1.0	
VIII	14	Wo	1	Fo	2	Art,A	P	4.5	DR
	15	Dv	2	C.Y		Fd			PER
IX	16	WSo	1	CF.Mp.FD-		Hd,An		5.5	MOR,PHR
X	17	D+	11	FMa-	2	A,Id		4.0	AG,COP,FAB,PHR
	18	W+	1	CFo		Bt		5.5	

8e. 이제 다섯 개의 반응이 남았다. 첫 번째(카드 I의 2번 반응)는 내용 때문이 아니라 반응이 나타내고 있는 억제 때문에 흥미롭다: "서로 반대편을 보고 있는 두 마리 개예요. 더할 수 있지만 그만하겠어요… 아무 짓도 안 하고 있어요. 사실 다른 개가 있다는 것도 몰라요… 여우는 화가 나 있다고 했죠? 이것은 그렇지 않아요." 수검자는 1번 반응에서 너무 많은 것을 드러냈다고 느끼는 것 같고 2번 반응에서는 그러고 싶지 않았던 것 같았다. 두 번째 반응(카드 VII의 12번 반응)에서는 다섯 번째로 S 반응을 나타내었고 "문손잡이"이다. 이 반응에서는 투사가 뚜렷하지는 않은 것 같다.

5개 반응 중 세 번째 반응(카드 VIII의 14번 반응)은 "매우 값이 나가는 예술품… 멋진 것 같아요… 어떤 형태를 이루고 있는 것 같은데… 당신이 판다면 높은 가격을 받을 거예요." 이 반응은 여러 가지 의미에서 흥미롭다. 수검자는 외향형인데 전체가 유채색인 첫 카드에 직면해서는 주지화된 예술반응을 나타내었고 색채를 전혀 사용하지 않았다. 질문단계에서는 "무언지 모르겠지만"이라는 말로 시작하였다. 평범한 동물반응이 포함되어 있는데도 불구하고 운동반응은 나타나지 않았다. 수검자는 동물을 "어떤 형태 같은데… 함께 뭔가를 통째로 들고 있어요."라고 하였다. 이것은 아마도 다소 과장된 방식으로 자신의 감정적인 반응을 억제하려는 반응인 것 같다.

바로 다음 반응(카드 VIII의 15번 반응)은 14번 반응에서 억제하였던 감정이 뚜렷하게 나타났다: "캔디 덩어리… 핑크와 오렌지색 얼룩들이 캔디 덩어리 같아요. 색깔이 자꾸자꾸 섞인 거예요. 만들 때 처음에는 흰색이지만 여기에 색깔을 자꾸 덧입히게 돼요." 이것은 색채음영 혼합(C.Y)반응으로 감정의 혼란을 나타내 주는 반응이다. 처음에는 흰색이지만 "거기에 색깔을 자꾸 덧입히게"라는 반응은 매우 중요한 반응이다. 이 반응이 형태를 포함하고 있지 않다는 것에 주목하자. 14번 반응에서 색채를 피하면서 "어떤 형태 같은데"라는 반응과는 대조적이다. 이 두 반응을 같이 고려해 보면 수검자는 감정이 자신을 덜 가치 있게 만들고 자기확신을 저하시킨다고 인식하고 있는 것 같다.

다섯 번째 반응은 여기서 다루는 마지막 반응으로 카드 X의 18번 반응이다: "한 묶음의 꽃다발, 부케처럼… 여러 가지 색의 꽃들이 있어요… 정말 아름다워요." 상당한 분노와 공격성을 나타내고 4개의 MOR 반응을 보이는 수검자에게는 매우 긍정적이고 다소 민감한 반응이다. 이것은 아마도 이상화된 자기상을 나타내 주는 것 같다.

최소한 이 5개 반응 중 3개에서 수검자는 정서가 혼란스럽고 문제가 많고 조절하는 것이 쉽지는 않다는 것을 인식하고 있다는 것을 알 수 있다. 마지막 반응은 수검자가 자신의 정서와 정서 표현을 보류하려는 열망을 반영하는 이상화된 이미지를 나타내 주는 것 같다.

결과 요약: 수검자는 자기상이 심각하게 손상되어 있고 매우 역기능적이라고 인식하고 있는 것 같다. 부정적인 인상은 상당 기간 지속되어 온 것으로 보이나 최근의 사태 때문에 더 악화된 것 같다. 수검자가 과경계를 한다는 것은 자아상

을 이해하는 데 중요하다. 이러한 사람들은 자신을 희생자로 보는 성향이 있기 때문이다. 분명히 수검자는 성과 의존적인 욕구를 혼합해서 나타내는 경향이 있다. 이에 대하여 스스로도 어느 정도는 인식하고 있는 것 같다. 또한 기대하는 것보다 자신이 사회적으로 바람직하지 않다고 지각하고 있다. 그럼에도 불구하고 긍정적인 사회적 관계를 맺을 기회가 있을 경우에도 성에 대한 파괴적 집착이 항상 우선시되는 경향이 있다.

수검자는 공격적이고 파괴적인 감정에 집착하는 경향도 있다. 이 때문에 고통스러워하지만 감정이 일단 강렬해지면 통제할 수 없다고 느끼는 것 같다. 좀 더 바람직한 모습, 즉 감정과 감정표현을 좀 더 좋은 방향으로 나타내기를 바라지만 자신의 감정이 매우 혼란스럽고 문제가 많고 보류하기 힘든 것으로 지각하는 경향도 나타나고 있다.

3. 결과 요약

다른 군집들처럼 이 군집의 결과도 통합하고 요약해야 한다. 부정적인 특징뿐만 아니라 긍정적인 특징도 고려해야 하고 가능하다면 상반되는 가정들을 설명하고 통합할 수 있어야 한다.

사례 25: 수검자는 다른 사람들보다 자기관여를 많이 하지도 적게 하지도 않은 것 같지만(3단계) 자기탐색은 더 많이 하는 것 같다. 즉, 자신에 대한 인상에 집착하고 있다(4단계). 이는 자기향상에 대한 욕구와 관련이 있을 수 있지만 보기보다는 자신에 대하여 비관적이다(6단계). 자신에 대한 부정적인 태도는 결혼의 실패 때문일 수 있고 최근의 양육권과 관련된 법적 문제 때문에 이러한 문제에 더 집착하게 되었을 수도 있으나, 비관적인 태도는 더 오래 지속된 것 같다.

자아상은 잘 발달되어 있고 사회적 관계에 기초를 두고 있는 것 같다(7, 8단계). 자아상은 부정적이기보다는 긍정적이고 합리적으로 잘 발달되어 있다. 수검자는 친절하고 민감한 사람이지만 안정감을 느끼지 못하는 상황에서는 지나치게 조심스러워진다. 자신의 능력에 대한 확신이 부족하여 지나치게 조심스러운 모습을 보이기도 하고 의사결정을 해야 하는 상황에서는 수동적일 수 있다(8단계). 자신에 대한 확신 부족이 오래된 것인지는 알기 어렵지만 결혼의 실패, 이혼할 때 이용당했다는 느낌, 양육권 분쟁 등으로 인해 자기확신이 부족하다는 인식을 촉진시키게 된 것 같다. 평가가 법적 문제와 관련해서 이루어졌고 수검자가 나타내고 있는 조심성은 현재 수검자가 처한 상황적 특징의 영향을 받고 있다는 점을 염두에 두어야 한다.

　　사례 26: 수검자는 과도하게 자기중심적이고 자기가치감을 과장하고 있다(2, 3단계). 이러한 특징은 의사결정과 행동에 많은 영향을 주고 성숙한 대인관계를 맺고 유지하는 데도 문제를 유발할 것으로 보인다. 또한 비난을 외부로 돌리는 경향을 증가시키고 원하지 않는 스트레스가 존재하는 것을 부인하는 경향 역시 증가시키는 것 같다. 강박적인 경향이 있는데(1단계) 이는 과장된 자기가치감과는 불일치할 수 있는 불안정감을 나타낼 수 있다는 것을 의미한다. 그러나 수검자는 완벽주의적이기 때문에 스스로에게 부여한 높은 자기가치감을 논리적으로 정당화시키려고 애쓸 것이다. 즉, 수검자는 자신의 생활에 존재하는 부정적인 사건들의 탓을 외부로 돌리려고 노력할 것이다.

　　과장된 자존감과 부정적인 특징에 대한 인식(4단계) 사이에서 갈등을 경험하고 있는 것은 분명한 것 같다. 자신의 부정적 특징에 대해 인식하게 되어 원하지 않는 고통스러운 감정이 생길 수 있고 자신에 대한 부정적인 특징과 긍정적인 특징 사이에서 느끼는 갈등으로 인해 매우 혼란스러울 수 있다. 자신을 긍정적으로 보기 좋아하지만 부정적인 특징을 인식하게 되면 자신의 이미지에 대해 매우 불편해하고 이 때문에 불완전하다는 인식을 가질 수 있다(7단계). 이러한 갈등은 매우 오래 지속되어 온 것 같고, 현재의 증상에도 상당한 영향을 주는 것 같다. 투사된 반응에서도 이러한 역동들이 나타나고 있고 자기 자신에 대한 상반된 특징을 표현하고 있다(8단계). 즉, 하나는 부정적 특징인 상처, 고통, 분노, 위협감을 나타낸다. 또 하나는 훨씬 긍정적인 것으로 과시적인 면을 나타내고 있다. 수검자는 외적인 위협과 부정적인 감정에 노출될 때는 자기관여에 근거를 둔 환상을 방어기제로 사용하는 것 같은데 여기서는 자신을 섬세하고 매력적으로 지각하고 있는 것 같다. 따라서 수동적으로 행동하고 책임감을 피하려고 하고 자신을 대신하여 다른 사람이 행동하도록 조종하기도 한다. 신분(사회적 위치)에 상당히 집착하는 사람으로 자신의 신분이 위협받거나 푸대접을 받게 되면 매우 흥분하게 된다.

사례 27: 수검자는 경계를 많이 하는 사람으로 환경을 잘 믿지 않고 자기가 평가절하되거나 조정당할 가능성에 대하여 집착하고 있다(1단계). 이러한 가능성을 검토하고 밝혀내려는 데 상당한 에너지를 사용하고 있다. 개인적 통합이 매우 중요하므로 이를 방어하기 위하여 현실적인 상황을 고려하지 않고 부정적인 사건의 원인은 무리하게 외부 탓으로 귀인시키는 모습도 나타내고 있다. 자신을 평가할 때 부정적인 특징에 초점을 두는 경향이 있다. 그 결과 자존감이 매우 낮고(3단계) 다른 사람들보다 자신이 부족하다고 느끼고 있고 이를 감추려고 애쓰고 있다(4단계).

신체적 상태에 지나치게 관심을 보이고 자신이 원하는 것보다 훨씬 약하다고 느끼는 것 같다(5단계). 사실 수검자의 자아상은 부정적 특징이 뚜렷하고 자기 자신에 대한 지각도 상당히 비관적이다(6, 7, 8단계). 자아상은 상당히 손상되어 있고 스스로 매우 역기능적이라고 느끼고 있다. 부정적 인상은 상당 기간 지속되어 왔지만 현재 수검자가 처한 상황으로 인해 더 악화된 것으로 보인다. 수검자는 자기 자신을 희생자로 보는 경향이 있는 것 같다. 수검자는 성과 의존욕구를 관련짓는 것 같다. 이에 대하여 어느 정도는 인식하고 있고 자신이 원하는 것보다 사회적으로 바람직하지 않다고 느끼고 있는 것 같다(8단계). 또한 수검자는 공격적이고 파괴적인 감정에 매우 집착하고 있다(8단계). 스스로도 인식하고 있지만 감정이 강렬해질 경우 감정을 통제할 수 없다고 느끼고 있다. 수검자는 자신의 감정을 혼란스럽고 문제가 많고 수용하기 힘들다고 느끼고 있는 반면에 좀 더 나은 상태, 즉 자신의 감정과 감정표현이 좀 더 바람직해지는 것을 원하는 것 같다. 불행히도 이러한 열망을 달성하기는 어려울 것 같고 성과 공격성에 대한 집착이 긍정적인 사회적 관계에 방해요소로 작용하는 것 같다.

연·습·문·제

사례 28. 26세 여자로 검사를 받기 5일 전에 입원하였다. 머리를 풀어헤친 채 새벽 4시에 경찰에 의해 발견되어 병원으로 옮겨졌다. 경찰의 질문에 반응하지 않을 뿐만 아니라 자기 자신이 누구인지도 몰랐고 신분증도 가지고 있지 않았다. 다음 날 수검자의 어머니가 그녀를 찾아내었다. 어머니의 보고에 따르면 직장을 마친 후 귀가하지 않았다고 한다. 어머니와 스태프의 질문에 반응하지 않았다. 가끔 대답을 할 때는 비논리적으로 우물거렸다. 실험실 검사 결과 약물이나 알코올을 복용한 증거는 나타나지 않았다.

병원에서의 두 번째 날 아침 논리적이었고 질문에도 반응하였다. 자신이 누구인지 그리고 시간, 장소, 간단한 가족사에 대해서 정확히 말하였고 치료에도 협조적이었다. 그러나 감정은 둔화되어 있었고 정신상태 검진에서 부적절한 특징을 나타내기도 하였다(분명한 이유 없이 울거나 남편의 죽음을 이야기하면서 부적절하게 웃기도 하였다.).

3남매 중 맏이이다(남자 형제는 23세, 21세로 모두 대학생이다). 아버지는 52세로 산업기술자이고 어머니는 50세로 대학교를 졸업하였지만 집 밖에서 일을 하지는 않았다. 아버지는 과도한 알코올 섭취로 3년 동안(40세에서 43세까지) 치료를 받았다. 그 외의 가까운 가족 내에 정신과적인 문제는 없었다. 교육학을 전공하기 위하여 18세에 대학에 입학하였다. 1학년 때 졸업반 전기공학도와 지속적인 만남을 가졌고, 그가 졸업한 후에 결혼하였다. 환자가 19세 때이다. 환자는 1년 더 학업을 계속하였고 남편은 회사에 취직하였는데 그 회사는 미개발국에서 전기사업을 하는 곳이다. 3학년 1학기 때 임신한 것을 알게 되었고 학업을 중단하였다. 그 후 4년 동안 3명의 아이를 낳았는데 다섯 살, 두 살 아들과 네 살 딸이 있다. 자신의 결혼이 더할 나위 없이 행복했다고 기술하였으나, 어머니에 따르면 남편의 잦은 해외출장으로 부부 사이에 갈등이 많았다고 하였다.

입원 11개월 전에 남편은 고압전기 케이블을 건설하다가 감전사하였다. 남편 사망 4개월 후 환자는 변호사 사무실에서 접수를 보는 일을 하였고 대학을 마칠 수 있는지를 알아보고 있었다. 최근 거액의 보험금을 받았다. 우울증을 부인하고 있었고 입원 전날 밤은 기억하지 못하고 직장을 떠난 것도 기억하지 못하고 있었다. 평가 이유는 다음과 같다: (1) 우울의 특성과 정도, (2) 입원 계기가 되었던 이번 에피소드는 정신병적인 것인지 아니면 해리성인지 그리고 정신분열병을 의심할 만한 특징이 있는지를 알아보는 것, (3) 치료계획에 대한 제안, (4) 지속적인 입원 필요성에 대한 결정.

사례 28. 26세 여성의 자기지각 관련 자료

R = 22	OBS = No	HVI = No	Human Content, An & Xy response
			Ⅱ 5. D+ Mp.FVu 2 (H),Id 3.0 GHR
Fr + rF1	3r + (2)/R = 0.55		Ⅲ 6. D+ Ma.FC'o 2 (H),An.Sc P 3.0 FAB2, PHR
			Ⅲ 7. D+ Mp.FCo 2 (H),Fi,Id 3.0 GHR
FD = 2	SumV = 3		Ⅳ 9. D+ Mp.FDo (H) P PER,MOR,PHR
			Ⅵ 12. W+ Mp.FC'o H,Ls 2.5 GHR
An + Xy = 2	MOR = 8		Ⅶ 14. W+ Mp.C'Fo 2 (H),Cl P 2.5 MOR,PHR
			Ⅸ 18. Ddo FCo Hd,Sx MOR,PHR
H : (H)+Hd+(Hd) = 1 : 7			Ⅹ 21. Do F − An,Sx DR
〔EB = 6 : 9.0〕			Ⅹ 22. D+ FMa.FC.FVo 2 A,Hd 4.0 FAB2,MOR,PHR

1. 다음의 진술이 맞으면 T, 틀리면 F로 표시하시오.

(1) 자기상의 핵심은 완벽주의에 집착하고 있다는 것이다.

(2) 비정상적으로 자기중심적이고 자신의 가치를 과도하게 높게 평가하고 있다.

(3) 대부분의 사람들보다 자기 자신에 대하여 비관적이다.

(4) 매우 경계심이 많고 대부분의 사람들이 자기를 이용할 것이라고 생각하는 것 같다.

(5) 비정상적으로 신체에 관심을 나타내고 있다.

(6) 과도하게 환상세계에 빠지는 경향이 있고 의사결정할 때 다른 사람들에게 책임을 미루는 성향이 있다.

(7) 해리증상은 자기애적인 성향과 관련이 있고 매우 고통스러운 현실세계로부터 도피하려는 시도로 보는 것이 논리적이다.

2. 다음 중 4단계의 결과를 가장 잘 기술한 것은?

(1) 다른 사람들보다 내성적이다.

(2) 부정적인 것으로 생각되는 자신의 인상에 대해 반추하는 경향이 있고 이는 자신을 높이 평가하고자 하는 성향과 갈등적이다.

(3) 남편의 죽음에 대한 죄책감을 숨기려고 상당히 애쓰는 것 같다.

(4) 다른 사람들보다 훨씬 더 내성적이지만 이는 남편의 죽음과 관련된 것을 끝내고 자신의 삶을 살고자 하는 열망과 관련이 있다.

3. 다음 중 7단계의 결론을 가장 잘 기술한 것은?

(1) 자아상은 잘 발달되어 있지 않으며 매우 혼란스럽고 불편해하는 것 같다.

(2) 자아상은 주로 실제적인 경험에 근거해서 발달해 왔다고 추론하는 것이 합리적이다.

(3) 자아상은 잘 발달되어 있지 않으며 많은 부분에서 미숙한 특징을 나타내고 있다.

(4) 자아상은 기대되는 것보다 확고하고 더 성숙한 것으로 보인다.

수검자의 인간내용 반응과 해부반응을 고려해 보자.

II(5): "여기 아래는 무언가의 사이에 귀신이 서 있는 것처럼 보인다." [질문] "으, 여기 작은 붉은 부분을 보세요(D3 부분). 흰색 같지만 흰색은 아니고 좀 더 밝은 붉은색 부분이, 사람 같기도 하고 귀신 같기도 한데, 벽 사이에 서 있어요. 여기 뒤쪽에 어두운 부분은 동굴 같고 여기 뒤쪽에 서 있는 것 같아요."

III(6): "해골이 볼링을 하고 있어요. 진짜 해골이 아니라 실루엣이라 검은색으로 보인 것이에요. 해골의 세부적인 부분이 다 보이지는 않아요." [질문] "진짜 해골로 보이지는 않아요. 서로 연결되어 있지 않으며 해골의 실루엣 같고 이것은 볼링공이고 구부리고 볼링을 하려고 하고 있어요."

III(7): "여기 위에 빨간 것은 로프에 매달려 있는 두 명의 악마 같고 장작을 보고 있어요." [질문] "그들이 거꾸로 매달려 있는 것 같아요. 머리에 작은 뿔이 있고 꼬리가 있어요. 악마처럼, 불 위에 있는 것 같이 모두 빨갛고 로프에 매달려 있어요."

IV(9): "노트르담의 꼽추 같아요." [질문] "가운데 부분은 아니고 나머지 부분들이, 그가 앞으로 등을 구부리고 있는 것 같고 윗부분은 등에 있는 혹이에요, TV에서 영화를 봤었어요. 수검자는 정말 크고 얼굴은 보이지 않아요. 다리와 혹이고 작은 팔이 나와 있고 등을 구부린 채 서 있는 것 같아요."

VI(12); "위에 어두운 부분이 사람 그림자 같아요. 바위 위에 서서 팔을 양옆으로 내리고 있어요." [질문] "몸매가 좋고 아랫부분은 그가 서 있는 바위 같아요. 보세요. 머리고 몸이고 다리, 그림자처럼 어둡네요."

VII(14): "구름 위에 앉아 있는 천동(天童) 같아요." [질문] "보세요. 얼굴 그리고 머리, 뭔가 휩쓸고 지나간 것 같아요. 여기는 팔이고 아랫부분은 구름이에요. 그런데 슬퍼 보이네요(검: 슬퍼요?) 구름이 너무 어두워서 비구름 같아요. 왜 이들이 비구름 위에 앉아 있는지 모르겠지만 그래서 슬퍼 보여요."

IX(18): "핑크예요. 으, 죽은 아이 같아요. 태어나지 않은 채 유산된 아이 같아요. 태아요." [질문] "완전히 다 갖춰지지는 않은 것 같아요. 머리가 보이고 태아 같은 자세예요. 피부는 분홍색이고 다소 기이한 모습이네요."

X(21): "난소 같아요." [질문] "정확히는 모르겠지만 이렇게 생겼을 거라고 생각했어요. 양쪽에 난자 같은 게 매달려 있고 내게는 난소같이 보이네요."

X(22): "끔찍하네요. 커다란 벌레가 사람의 왼쪽에 각각 있어요. 커다란 녹색 벌레요." [질문] "사람 위에 머리를 미끄러뜨리고 있어, 마치 팔을 먹으려고 하는 것 같이 보여요. 다리고 머리는 없어요. 벌써 먹은 것 같아요." (검: 그들이 사람 위에 있다고요?) "예, 검은 부분을 보세요. 마치 이것들을 통해 보는 것 같아요. 이것이 그의 왼쪽 팔이고 그가 먹은 것은 모두 꼬리로 가네요. 매우 크죠."

4. 다음 중 투사된 내용에 근거한 가설 중 가장 지지할 수 있는 것은?

(1) 남편의 죽음에 대해 죄책감을 느끼고 있고 이로 인해 상당한 우울감을 느끼고 있어서 정상적인 생활을 하는 데 방해가 되는 것 같다.

(2) 어려서 성적 학대를 받은 것 같고 이때의 상처가 계속해서 괴롭히는 것 같다.

(3) 남편이 죽은 후부터 비밀스러운 관계를 해 온 것 같고 최근에 유산을 한 것 같다.

(4) 남편의 상실은 상당한 혼란감, 무기력감을 야기한 것 같고 성인으로서의 새로운 역할에 부적절감을 느끼고 있는 것 같다.

해 답

사례 28.

1. (1) F. 강박적이지 않다.

(2) T. 반사반응이 있고 자기중심성 지표가 높게 나타났다.

(3) T. 8개의 MOR 반응이 있다.

(4) F. 과경계를 보이지는 않는다.

(5) T. 2개의 An 반응이 있다.

(6) T. 6개의 M 반응 중 5개는 수동반응이다.

(7) T. 매우 자기중심적이고 현재 준비되지 않았는데 독립성과 책임감 있는 역할을 요구받고 있다.

2. (2) 자아중심성 지표에서 높은 점수를 보였을 뿐 아니라 3개의 차원반응을 나타내고 있다.

3. (1) H : (H)+Hd+(Hd)는 1 : 7, 인간내용 반응 중 5개는 (H)이고 5개의 명암 반응, 3개의 MOR 특수점수가 포함되어 있다.

4. (4) 9개의 반응에서 나타난 투사는 상실감, 수동성, 무력감 및 압도된 느낌을 나타내고 있다. 슬프고 아마도 우울한 것 같지만 남편의 죽음에 대하여 죄책감을 느끼는 특징은 나타나지 않는다. 수동적인 역할을 해 온 사람으로 여겨지고 대부분의 결정에 대한 책임을 다른 사람이 지도록 해 온 것 같다. 이제 더 이상 수동적일 수 없지만 수검자 자신에게 부과된 책임을 수용할 준비가 되어 있지 않고 취약하다고 느끼고 있는 것 같다.

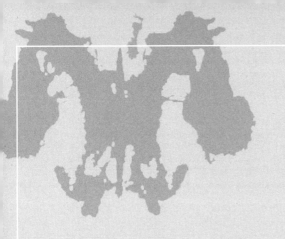

제 **9**장

대인지각과 행동

제9장
대인지각과 행동

　많은 요인이 다양한 대인관계 상황에서 한 사람이 다른 사람을 어떻게 지각하고 어떻게 행동할 것인가를 결정한다. 어떤 요인은 욕구, 태도, 정서상태, 대응유형과 같은 내적 특징이다. 이들 중 어떤 것은 사람과 환경에 대한 인상 형성에 매우 큰 영향을 준다. 이러한 내적 특징들은 일상적인 상호작용 행동유형을 결정하는 핵심적인 요인이 된다. 그러나 외적 요인도 역시 대인관계 행동을 결정하는 데 중요한 역할을 한다. 실제로 사회적 상호작용의 본질을 형성하는 데 외적 요인이 우세할 때도 있다.

　예컨대, 다른 사람과의 관계에서 주장적인 성향이 있는 사람도 자신의 주장적 행동이 수용될 수 없거나 비생산적인 상황에 처해 있다는 것을 발견할 수 있다. 이럴 경우 복종적인 역할을 취하게 된다. 마찬가지로 보통 감정을 자유롭게 표현하는 사람도 상황의 성격 때문에 감정을 억제하려고 할 수 있다.

　상호작용적 역할의 변화는 개인이 환경에 비추어 필요하다고 지각하기 때문에 일어난다. 이러한 변화는 일종의 적응을 의미하는데 효과적인 사회적 상호작용 유형을 생성하고 유지하는 데 매우 중요한 역할을 한다. 불행히도 어떤 사람들은 사회적 상황에서 매우 융통성이 부족하다.

　어떤 사람들은 사회적 상호작용과 관련된 강한 내적 특징을 가지고 있기 때문에 융통성이 부족하고 융통성 결여는 광범위한 대인관계 상황에서 적응력을 제한시킨다. 예컨대, 어떤 사람은 대인관계 상황에서 매우 불안정하게 느낄 수 있고 중요한 의사결정을 내리기 위해 다른 사람에게 의존하는 경향을 발전시킬 수 있다. 이런 사람은 의사결정이 요구될 경우 주저하거나 허둥댈 수 있고 그 결과 대인관계적 상호작용의 질이 저하될 수 있다.

또 어떤 사람들은 상이한 사회적 상황의 요소나 요구를 정확하게 이해하는 데 필요한 성숙성이나 민감성이 발달되지 않아 비틀거리는 경향이 있다. 이들의 대인관계적 접근은 뚜렷하게 고정되어 있는 경향이 있다. 이들은 다양한 환경에 대해 거의 동일한 방식으로 반응하고 이러한 융통성 결여는 효율성이 상당히 다른 사회적 행동유형을 유발한다.

로르샤하 해석자는 대인관계 행동을 기술하려고 시도할 때 다소 불리하다. 주된 이유는 검사자료가 개인의 실제적 환경이나 개인이 상호작용하는 사람들에 관한 정보를 나타내 주는 것은 거의 없기 때문이다. 대인지각과 관련 있는 자료에서 도출한 가정은 매우 믿을 수 있지만 행동에 대해 형성한 가정은 매우 추론적이고 때로는 요구되는 것보다 더 일반적이다.

1. 대인지각과 관련 있는 로르샤하 변인

이 군집은 14개의 구조변인(CDI, HVI, EBPer, a : p, Food, SumT, Sum of Human Contents, Pure H, GHR, PHR, PER, COP, AG, Isolation index)의 자료, COP와 AG 반응의 기호화, 쌍 반응을 포함하는 M과 FM 반응 내용에 대한 검토를 포함한다. 많은 변인이 혼합되어 있어서 광범위한 것처럼 보일 수도 있겠지만 그렇게 많은 것은 아니다. 이 변인은 여러 가지 '부적' 변인을 포함하고 있다. 즉, 어떤 변인이 정적일 때 대인지각이나 대인관계 행동에 부정적으로 영향을 미칠 수 있는 특징이 있다. 어떤 변인의 값이 정적이지 않을 때 그 변인은 개인이 다른 사람을 어떻게 지각하는지 또는 다른 사람과 어떻게 상호작용하는지에 대한 정보는 거의 제공해 주지 않는다. 때때로 해석자는 어떤 대인관계적 특징이 해당될 때(정적일 때) 그러한 특징에 비중을 두고 해석을 발전시키는 것이 중요하다.

자기지각과 대인지각 군집은 항상 순차적으로 검토한다. 대부분의 경우 자기지각에 관한 자료를 먼저 검토한다. 그러나 두 핵심변인에서 어느 하나의 결과가

정적이라면(DEPI > 5 & CDI > 3, CDI > 3) 자기지각 자료보다는 대인관계 자료를 먼저 검토한다. 어떤 순서로 검토하든 간에 대인지각에 대한 결과는 항상 자기지각에 대한 결과에 비추어 평가해야 한다. 왜냐하면 대부분의 경우 자기 이미지나 자기가치에 관한 결과는 대인지각과 행동을 이해하는 데 도움이 되기 때문이다. 이런 맥락에서 8장에 제시한 세 사례를 대인지각에 관한 자료를 해석하기 위해 다시 사용할 것이다.

사전탐색 문제

대인지각과 행동에 대해 다루어야 할 기본적인 문제는 다음과 같다: (1) 사회적 기술이 부족할 수도 있다는 것을 시사하는 증거가 있는가? (2) 다른 사람에 대한 지각이나 다른 사람과 상호작용하는 방식에 영향을 줄 수 있는 비일상적인 태세나 유형적 특징이 있는가? (3) 정서적 친밀감에 대해 개방적인가? (4) 다른 사람들에게 어느 정도 관심을 가지고 있는가? (5) 일반적으로 대인관계 상호작용을 긍정적으로 보는가? (6) 사회적 상호작용에 대해 방어적이거나 사회적으로 고립되기 쉽다는 것을 시사하는 증거가 있는가?

사례 25. 8세 된 아들의 양육권 분쟁과 관련하여 평가를 받은 35세 남성이다.

사례 26. 경련성 결장의 재발과 스트레스 관리 문제와 관련해서 평가를 받은 23세 여성이다.

사례 27. 성추행 금지명령을 위반하여 체포된 뒤에 정신과에 입원한 26세 남성이다.

사례 25. 35세 남성의 대인지각 관련 자료

R = 26	CDI = 1	HVI = No	COP & AG RESPONSES
			II 4. D+ FMa 2 Ad P 3.0 COP,GHR
a : p = 10 : 4 SumT = 2	Fd = 0		III 6. D+ Mao 2 H,Id P 3.0 COP,GHR
[eb = 6 : 5]			VII 14. W+ Mao 2 H,Ls P 2.5 COP,GHR
Sum Human Contents = 9 H = 6			VII 15. W+ Mao 2 H 3.0 COP,GHR
[Style = introversive]			IX 19. D+ Ma.FCo 2 (H),Id P 2.5 COP,GHR
			X 21. D+ Mau 2 (H),Bt 4.0 COP,GHR

GHR : PHR = 10 : 0

COP = 5   AG = 0   PER = 1

Isolation index = 0.19

사례 26. 23세 여성의 대인지각 관련 자료

R = 19	CDI = 4	HVI = No	COP & AG RESPONSES
a : p = 5 : 9 SumT = 3	Fd = 0		I 1. WSo FMa Ad 3.5 AG,PHR
[eb = 8 : 9]			II 5. D+ Ma+ 2 H,Cg P 4.0 COP,GHR
Sum Human Contents = 6 H = 4			II 6. DS+ Ma.FCo 2 H,Cg,Hh P 4.5 COP,GHR
[Style = introversive]			

GHR : PHR = 5 : 2

COP = 2   AG = 1   PER = 2

5solat I on I ndex = 0.63

사례 27. 26세 남성의 대인지각 관련 자료

R = 18	CDI = 3	HVI = Yes	COP & AG RESPONSES
a : p = 8 : 2 SumT = 0	Fd = 1		I 1. WSo FMa.FCo Ad 3.5 AG,ALOG,PHR
[eb = 7 : 8]			X 17. D+ FMa− 2 A,Id 4.0 AG,COP,FAB,PHR
Sum Human Contents = 2 H = 1			
[Style = extratensive]			

GHR : PHR = 1 : 3

COP = 1   AG = 2   PER = 1

Isolation index = 0.17

2. 해석순서

해석적 접근은 11개의 단계로 이루어져 있다. 처음 10개 단계는 구조적 자료와 COP와 AG 반응의 기호, 마지막 단계에서는 쌍 반응을 포함하고 있는 M과 FM 반응의 언어적 표현을 검토한다.

1단계: CDI

4장에서 언급한 바와 같이 대처결함지표(coping deficit index)는 0~5점까지의 점수를 나타내기 위해 10개의 준거검사에서 사용된 11개 변인을 포함시키고 있다. 이들 중 6개 변인은 대인지각이나 행동과 관련이 있다(COP<2, AG<2, p>a+1, Pure H<2, Food>0, Isolation index>.24). 3개의 다른 변인은 정서(WSumC<2.5, Afr<.46, Sum T>1)와 관련이 있고 나머지 2변인(EA<6.0, AdjD<0)은 가용자원과 통제와 관련이 있다. COP<2 또는 AG<2를 제외한 다른 변인들은 준거에 해당될 경우 바람직하지 못한 경향이 있는 특징을 나타낸다. 한두 가지 준거에 해당되는 것은 흔히 있을 수 있는 일이지만 그러한 결과가 축적되면 사회적 관계에 대한 좋은 징조는 아니다.

CDI 값이 4나 5일 경우 전형적으로 사회적 미성숙이나 사회적 무능함과 관련이 있는 특징이 있다는 것을 시사한다. 이럴 경우 다른 사람과 친밀하고 성숙한 관계를 맺고 유지하는 것이 어려울 가능성은 증가한다. 한 개인의 구조적 자료가 EA=4.5, a:p=1:3, Afr=.40, Sum T=2로 구성되어 있을 경우를 예로 들어 보자. 비록 이 자료에 대한 가정을 검증하기 위해 사용할 수 있는 다른 검사자료나 배경 정보가 없기 때문에 시사적일 수밖에 없지만, 이 자료에 따르면 수검자의 자원은 제한되어 있고 수동적인 경향이 있고 정서적 교류를 회피하고 외로운 사람이라고 할 수 있다. 이런 특징이 혼합되어 있다고 해서 보상적인 대인관계가 완전히 차단되어 있다는 것은 아니지만 그러한 대인관계를 유지시키는 데 방해가 되는 특징이 포함되어 있다고 볼 수 있다.

• **잠정적 결과:** CDI 값이 4나 5일 때 기대되는 것보다 사회적으로 덜 성숙하다는

것을 지적한다. 이런 유형의 사람은 사회적 기술이 제한되어 있고 환경, 특히 대인관계 장면에서 상호작용할 때 자주 어려움을 경험한다. 다른 사람과의 관계가 매우 피상적인 경향이 있고 유지되기 어려울 수 있다. 다른 사람들은 이런 사람을 대인관계에서 거리감이 있고 무능하고 무기력한 사람으로 간주한다. 그리고 이런 사람은 다른 사람의 욕구와 흥미에 덜 민감한 경향이 있다.

CDI 값에 해당되는 사람들은 사회적 혼동과 대인관계 불만족이 뚜렷했던 배경을 가지고 있다. 때때로 이들은 사회적 상호관계를 꺼리고 단지 피상적 관계만 유지하는 고립된 생활유형에 안주한다. 하지만 이들의 사회적 포부는 대부분의 사람들과 크게 다르지 않다. 친밀하고 지속적인 관계를 추구하고 있지만 사회적으로 무능해서 다른 사람들에게 덜 수용되거나 거절에 취약하게 된다. 자신의 생활에 쉽게 불만을 느끼게 되고 자주 사회적 상황에 대한 혼란이나 무기력감을 경험한다. 실제로 이들 중 많은 사람들은 사회적 실패에 대한 반응으로 주기적인 일시적 우울증을 나타낸다.

CDI에 해당되는 값은 자신의 정체감과 또래관계에 대해 고민하고 있는 아동들에게 흔히 나타나지만 9세 이상의 아동에게는 덜 나타난다. 나이 많은 어린이나 청소년의 경우 CDI 값이 해당될 때 기대될 수 있는 것보다 사회적으로 덜 성숙하고 같은 결과를 나타내는 성인과 마찬가지로 다른 사람들과의 관계를 형성하거나 유지하는 데 어려움이 있을 가능성이 있다. 2단계로 진행.

사례 26. 23세 여성의 대인지각 자료

R = 19 CDI = 4	HVI = No	COP & AG RESPONSES	
		Ⅰ 1. WSo FMa Ad 3.5 AG,PHR	
a : p = 5 : 9 SumT = 3	Fd = 0	Ⅱ 5. D+ Ma+ 2 H,Cg P 4.0 COP,GHR	
〔eb = 8 : 9〕		Ⅱ 6. DS+ Ma.FC'o 2 H,Cg,Hh P 4.5 COP,GHR	
Sum Human Contents = 6	H = 4		
〔Style = introversive〕			
GHR : PHR = 5 : 2			
COP = 2 AG = 1	PER = 2		
Isolation index = 0.63			

▐ 사례 26의 자료에 대해 적용한 결과: 이 여자의 CDI 점수는 4이다. 이것은 중요한 관계에서 실패가 있었다는 뚜렷한 생활배경에 비추어 볼 때 놀랄 일은 아니다. 두 명의 남자와 살았고 어느 남자와 살아도 장기간 동안 보상적이지 않았다. 여러 친지들이 있지만 자신의 문제를 논의할 수 있는 유일한 사람은 언니뿐이고 언니와도 단지 전화로만 이야기를 나눈다고 하였다. 자신의 사회생활을 '쓰레기'로 표현했고 이런 인식이 치료적 개입을 계획하는 데 중요한 자산이 될 수도 있을 것이다. ▐

2단계: HVI

과경계지표(Hypervigilance index)는 관념과 자기지각과 관련해서 앞에서 논의하였다. 이미 언급한 바와 같이 과경계적 유형이 나타나면 이 유형은 개인의 심리적 구조의 핵심요소가 된다. 과잉경계적인 사람은 환경에 대해 부정적이거나 신뢰하지 못하는 태도를 가지기 때문에 지속적인 준비상태를 유지하기 위해 상당한 에너지를 사용한다.

• 잠정적 결과: HVI에 체크되면 다른 사람과의 관계에서 매우 조심스럽고 보수적인 경향을 지적한다. 과잉경계적인 사람은 매우 취약하다고 느끼는 경향이 있고 행동을 매우 조심스럽게 계획하고 옮긴다. 이들은 개인적 공간에 대해 집착하고 대인관계에서 매우 경계하는 태도를 나타낸다. 전형적으로 이들은 자신이 상호작용을 통제한다고 느끼지 못하면 친근한 관계를 유지하지 않는다. 이들은 또한 친근감을 기대하지도 않고 때로는 다른 사람이 친근감을 나타내는 제스처에 대해서도 매우 의심하게 된다. 이런 특징이 반드시 병리적인 것은 아니지만 이런 특징이 악화될 경우 때로는 편집증적인 양상이 나타난다. 3단계로 진행.

사례 27. 26세 남성의 대인지각 자료

R = 18	CDI = 3	HVI = Yes	COP & AG RESPONSES

a : p = 8 : 2 SumT = 0   Fd = 1   Ⅰ 1. WSo FMa.FCo Ad 3.5 AG,ALOG,PHR

       (eb = 7 : 8)   Ⅹ 17. D+ FMa− 2 A,Id 4.0 AG,COP,FAB,PHR

Sum Human Contents = 2   H = 1

 (Style = extratensive)

GHR : PHR = 1 : 3

COP = 1   AG = 2   PER = 1

Isolation index = 0.17

▌ 사례 27의 자료에 대해 적용한 결과: 의심이 많은 사람이고 아마도 다른 사람을 통제할 수 있다고 믿지 못하면 대인관계를 형성할 때 매우 조심스러워할 것이다. 그는 자신의 내적 통합성을 보호하는 데 집착하고 실패를 경험하면 다른 사람의 탓으로 돌리기 쉽다. 이런 점은 개인력에서 확인할 수 있다. 개인력 정보에 따르면 선생님을 공정하지 못하다고 믿고, 전부인은 그가 행복하게 되는 것을 원하지 않고, 최근에 관심을 가지고 있는 여자는 자신에 대해 거짓말을 하고 있다고 보고하고 있다. ▌

3단계: a : p 비율

a : p 비율은 관념과 관련해서 논의하였고 태도와 가치의 융통성과 관련해서 정보를 제공해 준다. 이 군집에서는 개인이 대인관계에서 수동적인 역할을 하는지를 결정하기 위해 다시 검토할 것이다. 8장에서 지적한 바와 같이 운동반응은 전형적으로 개인에 대한 정보를 제공해 주는 투사된 자료를 포함하고 있다. 능동적 운동반응 자체가 가지는 행동적 의미는 아직 밝혀지지 않았다. 아마도 대부분의 운동반응이 능동적이기 때문이다. 일반적으로 능동적 운동반응은 수동적 운동반응보다 2~3배 더 자주 나타난다. 보통 수동적 운동반응은 전체 운동반응의 1/3을 넘지 않는다. 따라서 p 빈도가 a보다 유의미하게 많을 경우 수동적 대인관계 유형을 반영한다고 가정하는 것은 매우 합리적이다.

사례 26. 23세 여성의 대인지각 자료

			COP & AG RESPONSES
R = 19	CDI = 4	HVI = No	
			Ⅰ 1. WSo FMa Ad 3.5 AG,PHR
a : p = 5 : 9	SumT = 3	Fd = 0	Ⅱ 5. D+ Ma+ 2 H,Cg P 4.0 COP,GHR
	〔eb = 8 : 9〕		Ⅱ 6. DS+ Ma.FC'o 2 H,Cg,Hh P 4.5 COP,GHR
Sum Human Contents = 6	H = 4		
〔Style = introversive〕			
GHR : PHR = 5 : 2			
COP = 2	AG = 1	PER = 2	
Isolation index = 0.63			

- **잠정적 결과:** 수동적 운동반응의 값이 능동적 운동반응의 값보다 1점 이상 많을 때는 반드시 순종적인 것은 아니라고 하더라도 대인관계에서 수동적인 역할을 할 것이라고 가정할 수 있다. 이런 사람들은 보통 의사결정에 대한 책임을 회피하고 새로운 문제해결 방법을 탐색하거나 새로운 행동유형을 주도하기는 어려울 것이다. 4단계로 진행.

▌**사례 26의 자료에 대해 적용한 결과:** a : p 비율이 5 : 9인데 이는 수검자가 대인관계에서 수동적 역할을 더 선호한다는 가설을 지지하는 것이다. 수동적 운동반응의 빈도는 자기지각에 관한 자료를 검토할 때 언급하였다. 이러한 결과들을 요약하면 수검자가 나타내는 수동성은 책임을 피하기 위한 한 가지 방법으로 볼 수 있으나, 자기중심성이 매우 높다는 점을 같이 고려해 보면 다른 사람을 조종하기 위한 전략일 수 있다고 지적할 수 있다. ▌

4단계: 음식반응

음식반응(Food responses, Fd)은 전형적으로 대인관계에 영향을 줄 수 있는 의존적인 성향이 있다는 것을 의미한다. 아동의 기록을 제외하면 Fd 값은 0일 것이라고 기대된다. 아동의 기록에서 1개 정도의 음식반응은 흔히 나타날 수 있다.

- **잠정적 결과:** Fd 값이 청소년이나 성인의 기록에서 0보다 크거나 또는 아동의 기록에서 1보다 클 때 보통 기대되는 것보다 더 많은 의존적인 행동이 나타날 수 있다. 이런 사람들은 행동의 방향과 사회적 지지를 추구하기 위해 다른 사람에게 의지하는 경향이 있고 대인관계에 관한 기대도 역시 매우 순진한 경향이 있다. 이들은 보통 다른 사람들이 자신의 욕구와 요구에 대해 더 참아 주고 자신의 욕구와 요구에 맞춰서 행동해 주기를 기대한다. 수동적 행동유형을 가지고 있는 사람들의 Fd 값이 정적일 때는 수동-의존적 특징이 개인의 성격구조에서 중요한 핵심적 요소라는 결론을 내리는 것이 합리적이다. 5단계로 진행.

사례 27. 26세 남성의 대인지각 자료

R = 18	CDI = 3	HVI = Yes	COP & AG RESPONSES
a : p = 8 : 2	SumT = 0	Fd = 1	I 1. WSo FMa.FC'o Ad 3.5 AG,ALOG,PHR
	[eb = 7 : 8]		X 17. D+ FMa- 2 A,Id 4.0 AG,COP,FAB,PHR
Sum Human Contents = 2	H = 1		
[Style = extratensive]			
GHR : PHR = 1 : 3			
COP = 1 AG = 2		PER = 1	
Isolation index = 0.17			

▌**사례 27의 자료에 대해 적용한 결과:** 대부분의 성인보다 더 의존적인 행동을 나타낼 수 있다는 것을 지적하는 1개의 Fd 반응이 있다. 이는 대인관계에서 경계하고 무관심하게 되기 쉬운 과경계적인 사람에게는 흔치 않은 결과이다. 자기지각을 다룬 결과에서 음식과 관련 있는 컵을 포함하고 있었는데 이는 성과 의존욕구를 결합시키고 있다는 가정을 할 수 있었다. 그리고 개인력에서도 수검자의 성에 대한 집착이 잘 나타나 있다. 이미 언급한 바와 같이 과경계적인 사람은 대인관계 상황에서 통제되는 것에 대해 걱정을 많이 한다. 이 사례의 경우 수검자의 의존욕구는 개인적 통합에 대한 확신욕구를 나타내 준다고 가정할 수 있다. 이 가정이 맞다면

수검자는 성적 행동을 자신의 의존욕구를 통제해서 충족시키기 위한 한
가지 방법으로 지각할 수 있다. ▌

5단계: SumT

재질반응은 친한 정서적 관계에 필요한 친밀욕구, 개방욕구와 관련이 있다.
SumT가 기대된 값보다 높을 때의 의미는 통제, 스트레스, 감정을 다룬 장에서
이미 언급하였지만, 재질반응과 대인관계 경험 및 행동 간에 뚜렷한 관계가 있기
때문에 여기서 좀 더 살펴볼 필요가 있다.

촉각적 상호작용은 일상적 관계에서 중요한 요소이다. 촉각은 기본적 감각 중
하나이고 학습과 의사소통하는 데 기본적으로 중요하다. 촉각은 유아가 환경적
측면을 식별하는 수단이고 촉각의 중요성은 발달하는 동안 계속된다. 발달과정
에서 유아가 사람과 대상을 만져 보는 것은 사람과 대상을 변별하고 이해하는
데 도움이 된다. 아동은 자주 껴안거나 다독거려 주는 행동을 통해 보상받거나
보호나 위로를 받는다. 물론 처벌도 접촉이나 접촉의 보류를 포함할 수 있다.
발달하는 동안 학습되고 사용된 촉감은 탐색하고 의사소통하는 데 필요한 방식
이 된다. 대상은 공통적으로 미끄러운, 부드러운, 딱딱한, 거친 등등과 같은 촉각
적 용어를 통해 기술된다. 악수와 포옹은 인사나 축하하는 방식이다. 어루만지거
나 다독거리거나 애무하는 것은 흥미나 관심을 나타내는 전형적인 비언어적 방
식이고 사랑의 표현은 예외 없이 다양한 종류의 촉각적 교환을 포함한다.

사람들의 촉각 범위와 촉각을 사용하는 빈도는 재질반응을 이해하고 해석하는
데 필요한 개념적 근거가 된다. 즉, 일상생활의 사물을 촉각을 통해 경험하고
해석하는 것은 매우 일상적인 일이므로 개인이 촉각적 방식으로 전환시킬 수
있는 자극 장면에 노출될 경우 촉각을 사용할 것이라고 가정하는 것은 논리적으
로 타당하다.

재질반응에 관한 로르샤하 자료에서 이 가정을 지지하는 경험적 증거가 있다.
재질반응은 잉크반점의 모든 영역에서 나타날 수 있지만 카드 Ⅳ와 Ⅵ에서 일반
적으로 평범반응과 관련해서 가장 많이 나타난다. 이들 반점의 음영 특징은 털이
나 머리카락으로 전환될 수 있는 강력한 원위적 특징을 포함하고 있다. 이러한

원위적 특징의 잠정적 효과는 회피적 유형인 사람을 제외하고는 다양한 비환자 집단의 60~80% 정도가 적어도 한 개의 재질반응을 한다는 사실에서 잘 설명되고 있다. 대부분의 사람들은 한 개의 재질반응을 하고 대부분 카드 IV와 VI에서 나타난다.

그래서 SumT의 기대값은 보통 1이다. 해석적으로는 SumT=0, SumT=1, SumT >1로 구분해야 한다.

- **잠정적 결과 1:** T 값은 대부분의 경우 1일 것으로 기대된다. 하나의 T 반응이 나타나면 개인이 대부분의 사람들과 동일한 방식으로 친밀욕구를 인정하고 표현한다는 것을 시사한다. 이런 사람들은 보통 친밀한 관계를 맺으려고 하고 친밀한 관계를 맺고 유지하기 위한 한 가지 방식으로 촉각적 상호작용에 대해 개방적이다.

- **잠정적 결과 2:** T 값이 0일 때 대부분의 사람들과 다른 방식으로 친밀욕구를 인정하고 표현하는 경향이 있다는 것을 시사한다. 그렇다고 해서 친밀욕구가 없다는 의미는 아니다. 오히려 이들은 친밀한 대인관계 상황에서, 특히 촉각적 교환이 포함되는 상황에서 예상되는 것보다 더 보수적일 수 있다. T 반응을 나타내지 않는 사람은 개인적 공간에 뚜렷한 관심을 나타내고 다른 사람과의 친밀한 정서적 유대를 맺거나 유지하는 데 매우 조심스러운 경향이 있다.

이 가정도 예외가 있다. T 반응이 없으면 '오류긍정' 결과를 나타낼 수 있는 프로토콜과 관련이 있다. 이러한 프로토콜은 회색-검정 또는 음영반응이 전혀 없는 기록이다. 예컨대, 이런 경우는 반응을 하거나 설명할 때 음영을 설명하지 못하는 9세 이하의 아동에게서 흔히 나타난다. 마찬가지로 회피적 유형을 가지고 있는 사람의 약 25%는(특히 Lambda 값이 1.2보다 크고 반응 수가 20개 이하일 경우) 회색-검정반응이나 음영반응이 전혀 나타나지 않을 수 있다. 회색-검정 또는 음영반응이 없는 기록을 해석할 때 T 반응이 없다는 것이 타당한 결과를 나타내 주는지는 확인하기 매우 어렵다. 따라서 해석자는 결과 요약에서 T 반응에 대한 가정을 포함시킬 때 매우 주의해야 한다. 회색-검정이나 음영반응이 나타나지 않은 기록을 해석할 때 T 반응이 없는 결과가 타당한지를 알기 위해서는 개인력 정보가 도움이 될 수도 있지만 이 문제와 관련해서 주의를 기울이는 편이 틀리는 것보다는 낫다.

 T 반응은 과경계지표를 계산하는 데 중요하기 때문에 T 반응이 없을 때는 과경계지표의 계산에 대해서도 의문을 제기하는 것이 논리적이다. 그러나 반드시 그렇지는 않다. 왜냐하면 HVI를 구성하는 요소들은 T=0일 경우를 제외하면 대부분 어느 정도 복잡한 프로토콜에서만 나타나기 때문이다. 전형적으로 회색-검정 또는 음영반응이 없는 프로토콜은 반응의 복잡성과 다른 결정인의 빈도도 저하시키는데 이것은 방어적 수검 태도나 허약한 성격 구조를 반영하는 것일 수 있다. 6단계로 진행.

사례 27. 26세 남성의 대인지각 자료

R = 18   CDI = 3   HVI = Yes   COP & AG RESPONSES

a : p = 8 : 2 SumT = 0   Fd = 1   I 1. WSo FMa.FC'o Ad 3.5 AG,ALOG,PHR
             (eb = 7 : 8)   X 17. D+ FMa- 2 A,Id 4.0 AG,COP,FAB,PHR
Sum Human Contents = 2   H = 1
 (Style = extratensive)

GHR : PHR = 1 : 3
COP = 1   AG = 2   PER = 1
Isolation index = 0.17

 사례 27의 자료에 대해 적용한 결과: 8개의 회색-검정이나 음영결정인을 포함하고 있음에도 불구하고 재질반응은 없다. 수검자가 과경계적이라는 것은 이미 확인되었고 T 반응이 없는 것이 과경계지표의 핵심을 이루고 있다. 대인관계에 대해 매우 조심스럽고 대부분의 성인에서 기대할 수 있는 것보다 개인적 공간의 문제에 더 집착하고 있다. ▌

• **잠정적 결과 3:** T 값이 1보다 클 경우 충족되지 않은 매우 강한 친밀욕구가 있다는 것을 지적한다. 대부분의 경우 친밀욕구가 증가된 정도는 반응적, 즉 최근의 정서적 상실 때문에 촉발된 것이다. 어떤 경우 이러한 T 값은 정서적

상실이나 한 번도 적절하게 보상받지 못해서 생긴 실망 때문에 촉발된, 보다 지속적인 상태를 나타낼 수도 있다. 어떤 경우에 해당하건 간에 개인은 일반적으로 대인관계적 욕구나 고독 때문에 초조감을 나타낼 것이다. 이런 초조감을 경험하는 사람은 전형적으로 다른 사람과 친밀한 정서적 관계를 원하지만 그런 관계를 맺기 위해 어떻게 하는 것이 최선인지 모르고 있다. 때로는 강한 친밀욕구 때문에 판단력이 저하되고 다른 사람의 조종에 취약하게 된다. 이럴 가능성은 수동적이거나 의존적인 사람일 경우 특히 더 높아진다. 6단계로 진행.

사례 25. 35세 남성의 대인지각 자료

			COP & AG RESPONSES
R = 26	CDI = 1	HVI = No	
			II 4. D+ FMa 2 Ad P 3.0 COP,GHR
a : p = 10 : 4	SumT = 2	Fd = 0	III 6. D+ Mao 2 H,Id P 3.0 COP,GHR
	(eb = 6 : 5)		VII 14. W+ Mao 2 H,Ls P 2.5 COP,GHR
Sum Human Contents = 9		H = 6	VIII 15. W+ Mao 2 H 3.0 COP,GHR
(Style = introversive)			IX 19. D+ Ma.FCo 2 (H),Id P 2.5 COP,GHR
			X 21. D+ Mau 2 (H),Bt 4.0 COP,GHR
GHR : PHR = 10 : 0			
COP = 5 AG = 0		PER = 1	
Isolation index = 0.19			

사례 25의 자료에 대해 적용한 결과: 프로토콜에는 2개의 T 반응이 포함되어 있다. 최근에 의미 있는 상실은 없었으므로 T가 최근의 법적 문제와 관련이 있는 것으로는 보이지 않는다. 30개월 전에 이혼하였고 아들과의 관계에서 실질적인 변화는 없다. 따라서 수검자는 부부 사이를 화해하거나 만족할 수 없는 소망이나 고독감을 비교적 상당 기간 경험한 것으로 생각된다. 재혼하고 싶지만 현재 데이트하고 있는 사람 중에 적당한 후보자는 없다고 하였다. 자기지각에 관한 결과는 기대될 수 있는 것보다 자기 자신에 대해 덜 호의적이고 더 회의적인 것으로 나타났다. 이러한 점 때문에 새로운 정서적 관여에 매우 주저하게 되고 그 결과 초조감이 나타나는 것으로 생각된다. ▌

사례 26. 23세 여성의 대인지각 자료

R = 19	CDI = 4	HVI = No	COP & AG RESPONSES

R = 19   CDI = 4   HVI = No   COP & AG RESPONSES

                          Ⅰ 1. WSo FMa Ad 3.5 AG,PHR

a : p = 5 : 9 SumT = 3   Fd = 0   Ⅱ 5. D+ Ma+ 2 H,Cg P 4.0 COP,GHR

      〔eb = 8 : 9〕   Ⅱ 6. DS+ Ma.FC'o 2 H,Cg,Hh P 4.5 COP,GHR

Sum Human Contents = 6 H = 4

  〔Style = introversive〕

GHR : PHR = 5 : 2

COP = 2   AG = 1   PER = 2

Isolation index = 0.63

▌ **사례 26의 자료에 대해 적용한 결과:** 비교적 강한 소망감과 고독감을 지적하는 3개의 T 반응이 있다. 개인력 정보에 따르면 배반당하고 버림받은 에피소드가 있다. 아마도 이러한 경험은 매우 자기중심적인 수검자에게는 견디기 어려운 모욕이었을 것이고, 특히 대인관계 상황에서의 수동성을 유발시켰을 것이다. 수검자는 자신의 최근 생활을 기술할 때 혼란스럽다는 말을 자주 하였다. ▌

6단계: 인간내용 반응의 합과 순수 H 반응

인간내용 반응은 보통 자기표상을 나타내지만 전체 인간반응의 수는 다른 사람에 대한 관심을 추정하는 근거를 제공해 준다. 다양한 이유가 있겠지만 다른 사람에 대한 상당한 관심을 가지고 있는 사람은 전형적으로 여러 개의 인간내용 반응을 나타낸다. 반면에 사람에 대한 관심이 적거나 사회적 상호작용에서 철수하기 쉬운 사람은 보통 인간내용 반응이 적다.

다른 사람에 대한 관심을 다룰 때 해석자는 사람에 대한 인상이 현실에 근거하고 있는지에 대해서 민감해야 한다. 그래서 순수 H 반응의 빈도를 고려해야 한다. 앞 장에서 언급한 바와 같이 순수 H는 실제 인물에 대한 인간내용 반응을 나타내는 유일한 기호이다. 인간내용 반응에서 순수 H 반응의 비율이 높을 때 다른 사람에 대한 지각은 현실에 근거를 두고 있다고 가정하는 것이 합리적이다.

반대로 순수 H 반응의 비율이 낮으면 다른 사람을 잘 이해하지 못할 가능성이 높다고 볼 수 있다.

앞 장에서 언급한 것처럼 인간내용 반응에 대한 기대치는 전체반응 수(R)와 반응유형에 따라 다르다. 따라서 인간내용 반응의 합과 순수 H 반응의 비율을 해석할 때는 이 두 가지 변인들을 고려해야 한다. 〈표 9〉는 비환자 성인표본에서 계산한 인간내용 반응의 기대범위이다. 전체반응 수와 개인의 반응유형을 모두 고려해서 해석해야 하기 때문에 순수 H 반응의 평균도 포함시켰다. 전체반응 수(R)가 17개 이하일 때와 27개 이상인 프로토콜은 표본 수가 적으므로 제시된 범위를 적용할 때는 신중해야 한다.

〈표 9〉 인간내용 반응의 기대범위와 순수 H 반응의 평균: 500명의 비환자자료를 전체반응 수와 반응유형에 따라 구분하여 제시함.

	R = 14~16				R = 17~27				R = 27~55			
	반응유형과 기대범위				반응유형과 기대범위				반응유형과 기대범위			
	내향	양가	외향	회피	내향	양가	외향	회피	내향	양가	외향	회피
N	18	22	17	16	116	54	129	38	33	16	24	17
모든 인간내용 반응의 기대범위	4~6	2~4	2~4	2~5	5~8	4~7	3~6	4~7	7~11	5~9	4~7	5~9
순수 H의 평균	3.8	1.8	1.6	1.7	4.8	2.5	2.5	1.8	7.1	3.7	2.1	2.9

전체 인간내용에 대한 〈표 9〉의 자료는 8세 이상의 아동에게 적용할 수 있고 13세 이하인 아동의 경우 순수 H의 평균은 일반적으로 더 낮다. 어린 아동은 가끔 (H)나 (Hd)인 인간내용 반응을 한다. 어린 아동은 사람을 잘 이해하지 못하고 가공적인 인물을 동일시하는 경향이 있다. 따라서 어린 아동의 프로토콜을 해석할 때 순수 H 반응의 비율에 대한 기대와 관련된 가정은 적절하게 수정해야 한다.

• **잠정적 결과 1:** R과 반응유형을 고려하고 전체 인간내용 반응의 수가 기대범위 내에 있고 순수 H 반응의 값이 내향적인 사람이 나타내는 값의 1/2 이상이거나 적어도 다른 유형의 사람들이 값의 1/2에 해당될 때, 개인은 대부분의 사람들

처럼 다른 사람에게 많은 관심이 있고 현실에 근거해서 다른 사람들을 개념화한다고 가정하는 것이 합리적이다. 7단계로 진행.

사례 26. 23세 여성의 대인지각 자료

			COP & AG RESPONSES
R = 19	CDI = 4	HVI = No	Ⅰ 1. WSo FMa Ad 3.5 AG,PHR
a : p = 5 : 9	SumT = 3	Fd = 0	Ⅱ 5. D+ Ma+ 2 H,Cg P 4.0 COP,GHR
	〔eb = 8 : 9〕		Ⅱ 6. DS+ Ma.FC'o 2 H,Cg,Hh P 4.5 COP,GHR
Sum Human Contents = 6	H = 4		
〔Style = introversive〕			
GHR : PHR = 5 : 2			
COP = 2 AG = 1		PER = 2	
Isolation index = 0.63			

▌**사례 26의 자료에 대해 적용한 결과:** 내향적인 수검자의 19개 반응 프로토콜은 기대된 범위에 속하는 6개의 인간내용 반응을 포함하고 있다. 6개 중 4개가 순수 H 반응이다. 이런 결과는 대부분의 사람들과 마찬가지로 다른 사람에게 관심이 있고 다른 사람에 대한 지각도 현실에 근거를 두고 있는 경향이 있다는 것을 의미한다. 이는 수검자의 혼란스러운 대인관계적 경험에 비춰 볼 때 흥미로운 결과이다. 수검자의 자기중심성과 수동적 성향은 다른 사람에 대한 인상이 현실에 근거를 두고 있을 때에도 다른 사람과 상호작용하는 방법에 대한 의사결정에 방해가 된다. ▌

• **잠정적 결과 2:** R과 반응유형을 고려하고 전체 인간내용 반응의 수가 기대범위 내에 있으나 순수 H 반응의 값이 내향적인 사람의 1/2과 같거나 적을 경우 또는 다른 반응유형의 인간내용 반응 수의 절반 이하일 때, 개인은 대부분의 사람들과 같이 다른 사람에 대한 관심은 있지만 아마도 다른 사람을 잘 이해하지 못한다고 가정하는 것이 합리적이다. 이런 사람들은 사회적 제스처를 '잘못 읽고' 잘못 해석하는 경향이 있다. 또 이런 사람들은 자신과의 관계에 대해

합리적인 수준보다 더 큰 기대를 가지고 있다. 그리고 때로는 이해가 부족해서 다른 사람을 소외시키는 사회적 실수를 할 수 있다. 7단계로 진행.

사례 27. 26세 남성의 대인지각 자료

R = 18	CDI = 3	HVI = Yes	COP & AG RESPONSES
			I 1. WSo FMa.FC'o Ad 3.5 AG,ALOG,PHR
a : p = 8 : 2	SumT = 0	Fd = 1	X 17. D+ FMa − 2 A,Id 4.0 AG,COP,FAB,PHR
	(eb = 7 : 8)		
Sum Human Contents = 2 H = 1			
(Style = extratensive)			
GHR : PHR = 1 : 3			
COP = 1 AG = 2		PER = 1	
Isolation index = 0.17			

▌**사례 27의 자료에 대해 적용한 결과:** 외향적인 수검자가 나타낸 18개 반응 프로토콜에는 인간내용 반응이 3개뿐이다. 그러나 이 3개는 기대범위에 속한다. 따라서 대부분의 사람들처럼 다른 사람들에 대해 관심을 가질 것이다. 그러나 순수 H 반응이 1개뿐이라는 것은 수검자가 다른 사람을 잘 이해하지 못하고 사회적 상황을 잘못 이해하고 상황에 맞지 않는 행동을 할 수 있다는 것을 시사한다. 이러한 결과는 개인력과 일치하고 이런 문제 때문에 평가를 받게 되었다. ▌

• **잠정적 결과 3:** R과 반응유형을 고려하고 전체 인간내용이 기대된 범위를 초과하고 순수 H 반응의 값이 내향적인 사람의 절반보다 크거나 적어도 다른 반응유형의 절반과 동일할 때, 다른 사람에 대한 상당한 관심이 있고 이러한 관심은 현실에 근거해서 다른 사람을 이해하는 데서 생긴 것이다. 이런 결과가 정적일 경우 일반적으로 다른 사람에 대한 건전한 관심을 시사한다. 그러나 사람을 믿지 못하는 과경계적인 사람에게서 이러한 결과가 나타날 경우 다른 사람에 대한 건전하지 못한 집착을 반영할 수 있다.

사례 25. 35세 남성의 대인지각 자료

R = 26	CDI = 1	HVI = No	COP & AG RESPONSES

R = 26	CDI = 1	HVI = No	COP & AG RESPONSES
			II 4. D+ FMa 2 Ad P 3.0 COP,GHR
a : p = 10 : 4 SumT = 2		Fd = 0	III 6. D+ Mao 2 H,Id P 3.0 COP,GHR
[eb = 6 : 5]			VII 14. W+ Mao 2 H,Ls P 2.5 COP,GHR
Sum Human Contents = 9		H = 6	VII 15. W+ Mao 2 H 3.0 COP,GHR
[Style = introversive]			IX 19. D+ Ma.FCo 2 (H),Id P 2.5 COP,GHR
			X 21. D+ Mau 2 (H),Bt 4.0 COP,GHR
GHR : PHR = 10 : 0			
COP = 5 AG = 0		PER = 1	
Isolation index = 0.19			

▌**사례 25의 자료에 대해 적용한 결과:** 26개의 반응 프로토콜은 기대된 범위보다 약간 높은 9개의 인간내용 반응을 포함하고 있다. 그중 6개 반응이 순수 H 반응이다. 이러한 수치는 수검자가 다른 사람에 대한 상당한 관심을 가지고 있고 전반적으로 다른 사람들을 매우 현실적으로 이해하고 있다는 것을 시사한다. ▌

• **잠정적 결과 4:** R과 반응유형을 고려하고 전체 인간내용 반응이 기대된 범위를 초과하지만 순수 H 값이 내향적인 사람의 절반과 같거나 적고 또는 다른 반응유형의 절반보다 적을 때, 사람에 대한 상당한 관심을 나타내지만 다른 사람들을 잘 이해하지 못한다는 것을 시사한다. 다른 사람에 대한 관심은 긍정적인 징후이지만, 어떤 경우에는 다른 사람을 경계하고 불신하는 사람과 마찬가지로 건전하지 못한 집착을 반영할 수도 있다. 어떤 경우든 간에 사람에 대한 이해가 부족하면 인간관계에서 비현실적인 기대를 하게 되고 다른 사람을 소외시키는 사회적 실수를 하게 된다.

• **잠정적 결과 5:** R과 반응유형을 고려하고 전체 인간내용 반응이 기대된 범위이하일 때 대부분의 사람들만큼 다른 사람에 대한 관심은 없다고 가정해야한다. 이런 결과는 자신의 환경에서 정서적으로 철수되어 있거나 사회적으로 고립되어 있는 사람들에게 자주 나타난다. 이러한 기준에 해당될 때 17개 미만

의 프로토콜에서는 순수 H 값에 대한 해석을 적용하지 않는다. 그러나 반응이 17개 이상이면 앞의 잠정적 결과에서 언급한 것과 같은 원리를 적용한다. 즉, 내향적인 사람일 때는 순수 H 값이 전체 인간내용 반응 수의 절반보다 크거나 전체 다른 반응유형의 절반 이상일 때 개인은 현실에 근거해서 다른 사람을 지각한다고 가정할 수 있다. 때때로 순수 H와 관련 있는 결과는 수검자가 사회적 상황에서 위축되거나 고립되는 이유를 이해하는 데도 유용할 수 있다. 7단계로 진행.

7단계: GHR과 PHR

좋은 인간표상 반응(GHR)과 나쁜 인간표상 반응(PHR)에 부여하는 특수점수는 대인관계 행동과 대인관계 행동의 효율성을 탐색할 때 중요한 근거가 된다. 반응을 좋고 나쁜 것으로 분류하기 위해 사용하는 방식(algorithm)은 〈표 10〉에 제시되어 있다. 이 표에는 결정인, 형태질, 내용, 특수점수와 같은 기호화 범주가 포함되어 있고 인간내용 반응과 인간과 유사한 활동을 하는 동물이 들어 있는 반응에 대한 평가도 포함되어 있다.

GHR과 PHR 변인은 이분법적이다. GHR 반응은 일반적으로 효율적이고 적응적인 대인관계적 개인력과 관련이 있다. GHR 반응을 많이 하는 사람은 다른 사람들로부터 좋은 사람이라는 평가를 받고 대인관계 활동은 합리적이다. 예상할 수 있듯이 GHR 반응빈도는 보통 비환자 프로토콜에서 가장 높다. 그러나 대인관계 영역에까지 문제가 확대되지 않은 환자들의 경우에도 GHR 반응이 많이 나타날 수 있다. 그러나 심각한 병리적 장애를 가지고 있는 환자들은 전형적으로 GHR의 빈도가 낮다.

이와는 대조적인 PHR 반응은 비효율적이고 부적응적인 대인관계 행동유형과 관련이 있다. PHR 반응이 많은 사람들은 보통 갈등과 실패가 뚜렷한 대인관계 개인력이 있다. 다른 사람들로부터 회피당하거나 거절당하게 만드는 일종의 사회적 무능력을 나타낼 수 있다. 때로는 사회적 인식이 부족해서 부적절한 사회적 행동을 하고 자신이 원하지 않는 갈등을 경험하기도 한다. PHR 반응은 일반적으로 심각한 정신병리 때문에 고통받고 있는 사람들의 프로토콜에서 높은 빈도로 나타난다. 대부분의 환자집단의 기록에서는 낮은 빈도에서 중간 정도의 빈도로 나타나고 비환자집단의 경우에는 빈도가 낮게 나타난다.

〈표 10〉 인간표상 반응을 GHR과 PHR로 분류하는 방식

인간표상 반응은 다음과 같이 정의한다.

1. 인간내용으로 기호화하는 모든 반응: H, (H), Hd, (Hd), (Hx)
2. M 결정인을 포함하는 모든 반응
3. 특수점수 COP 또는 AG가 부여되는 모든 FM 반응

반응에 GHR 또는 PHR을 부여하기 위해서는 다음과 같은 단계를 밟는다.
1. 순수 인간반응이고 아래의 조건에 모두 일치할 때 GHR을 기호화한다.
   (a) 형태질이 FQ+, FQo 혹은 FQu일 것
   (b) DV를 제외한 인지적 특수점수가 없을 것
   (c) AG 혹은 MOR 같은 특수점수가 없을 것
2. PHR은 다음의 경우에 채점된다.
   (a) FQ 마이너스 또는 FQ가 없는 반응(형태가 없는 반응)
   (b) FQ+, FQo, FQu 반응이면서 ALOG, CONTAM 혹은 수준 2의 인지적 특수점수를 가지고 있는 경우
3. GHR은 인간표상 반응 중 특수점수 COP를 채점한 모든 반응에 채점된다. 하지만 AG가 있는 경우는 채점하지 않는다.
4. 다음의 인간표상 반응에는 PHR을 채점한다.
   (a) 특수점수가 FABCOM이거나 MOR인 경우
   (b) 내용 채점이 An인 경우
5. 카드 III, IV, VII, IX에서 평범반응으로 채점되는 인간표상 반응이 있는 경우 GHR로 채점한다.
6. 다음에 해당할 경우 모두 PHR로 채점한다.
   (a) AG, INCOM, DR과 같은 특수점수에 해당하는 경우
   (b) Hd 채점을 하는 경우(주의할 점은 (Hd)는 해당되지 않음)
7. 그 외의 인간표상 반응에는 모두 GHR를 채점하게 된다.

• **잠정적 결과 1:** 인간표상 반응이 적어도 3개는 있고 GHR 값이 PHR 값보다 클 때 일반적으로 개인은 상황에 적응적인 대인관계 행동을 한다고 가정할 수 있다. GHR과 PHR 값은 별개이므로 GHR 값이 증가함에 따라 대인관계 행동은 효율적이고 다른 사람들의 호의적 평가를 받을 것이다. 8단계로 진행.

사례 25. 35세 남성의 대인지각 자료

R = 26	CDI = 1	HVI = No	COP & AG RESPONSES
			Ⅱ 4. D+ FMa 2 Ad P 3.0 COP,GHR
a : p = 10 : 4	SumT = 2	Fd = 0	Ⅲ 6. D+ Mao 2 H,Id P 3.0 COP,GHR
	[eb = 6 : 5]		Ⅶ 14. W+ Mao 2 H,Ls P 2.5 COP,GHR
Sum Human Contents = 9	H = 6		Ⅷ 15. W+ Mao 2 H 3.0 COP,GHR
[Style = introversive]			Ⅸ 19. D+ Ma.FCo 2 (H), I d P 2.5 COP,GHR
			Ⅹ 21. D+ Mau 2 (H),Bt 4.0 COP,GHR
GHR : PHR = 10 : 0			
COP = 5	AG = 0	PER = 1	
Isolation index = 0.19			

▌ **사례 25의 자료에 대해 적용한 결과:** 모두 GHR로 채점된 10개의 인간표상 반응이 있다. 이것은 매우 긍정적인 결과이고 수검자의 대인관계 활동이 적응적이고 다른 사람들에게 호의적으로 받아들여지고 있다는 것을 시사한다. ▌

사례 26. 23세 여성의 대인지각 자료

R = 19	CDI = 4	HVI = No	COP & AG RESPONSES
			Ⅰ 1. WSo FMa Ad 3.5 AG,PHR
a : p = 5 : 9	SumT = 3	Fd = 0	Ⅱ 5. D+ Ma+ 2 H,Cg P 4.0 COP,GHR
	[eb = 8 : 9]		Ⅱ 6. DS+ Ma.FCo 2 H,Cg,Hh P 4.5 COP,GHR
Sum Human Contents = 6	H = 4		
[Style = introversive]			
GHR : PHR = 5 : 2			
COP = 2	AG = 1	PER = 2	
Isolation index = 0.63			

▌ **사례 26의 자료에 대해 적용한 결과:** 7개의 인간표상 반응이 있고 이 중 5개 반응이 GHR이다. 이는 수검자가 적응적인 대인관계 행동을 하고 다른 사람들에게 호의적으로 받아들여지고 있다는 것을 시사한다. 이런 결

과는 해당되는 CDI 값이 지적하는 결과와는 상반되는 결과이고 수검자의 혼란스러운 사회적 배경과도 일치하지 않는다. 수검자가 매우 자기중심적이고 대인관계에서 수동적으로 행동하기 쉬운 경향이 있다는 사실이 중요하다. 수검자는 다른 사람과의 상호작용이 피상적일 때는 다른 사람에게 긍정적으로 받아들여지는 대인관계 행동유형을 나타낼 수 있지만, 개인적 욕구를 충족시키기 위해 의존하는 사람과 상호작용할 때는 그렇게 행동하지 않을 수 있다.

• **잠정적 결과 2:** 인간표상 반응의 수가 적어도 3개는 있고 PHR 값이 GHR 값과 같거나 클 때 상황에 적응하는 데 비효율적인 대인관계 행동을 한다고 가정할 수 있다. PHR과 GHR 값은 별개이므로 개인의 대인관계 행동은 많은 상황에서 덜 효율적이고 때때로 다른 사람에게 비호의적으로 받아들여질 가능성은 증가한다. 8단계로 진행.

사례 27. 26세 남성의 대인지각 자료

R = 18	CDI = 3	HVI = Yes	COP & AG RESPONSES
a : p = 8 : 2	SumT = 0	Fd = 1	I 1. WSo FMa.FC'o Ad 3.5 AG,ALOG,PHR
	(eb = 7 : 8)		X 17. D+ FMa − 2 A,Id 4.0 AG,COP,FAB,PHR
Sum Human Contents = 2	H = 1		
(Style = extratensive)			
GHR : PHR = 1 : 3			
COP = 1	AG = 2	PER = 1	
Isolation index = 0.17			

사례 27의 자료에 대해 적용한 결과: 4개의 인간표상 반응이 있고 이 중 3개가 PHR이다. 이 결과는 앞 단계에서 내린 결론 및 수검자의 개인력과 일치하는 결과이고 이를 같이 고려해 보면 수검자의 대인관계에 많은 문제가 있다는 것을 알 수 있다. 그리고 현재의 결과는 수검자가 대인관계에

서 현저하게 비효율적이고 때로는 다른 사람들에게 비호의적으로 받아들여지는 부적절한 행동을 나타낼 수 있다는 가정을 재확인시켜 준다. ▌

8단계: COP와 AG

협동적 운동반응(COP)과 공격적 운동반응(AG)에는 투사된 요소가 포함되어 있다. 자기표상에서와 마찬가지로 이러한 반응은 다른 사람들과의 상호작용에 관련이 있을 수 있는 내적 태세에 대한 유용한 정보를 제공해 준다.

COP 반응은 대인관계 상호작용이 긍정적일 것을 나타내는 반면에 AG 반응은 대인관계 상호작용에서 공격적이거나 경쟁적이라는 것을 시사한다. 언뜻 보기에 이들 반응은 상반된 상태를 나타내는 것으로 보이기 때문에 해석이 쉬운 것처럼 보일 수 있으나, COP와 AG는 자주 같은 프로토콜에서 나타나기 때문에 그렇게 간단한 것은 아니다. 비환자 프로토콜의 약 50%는 적어도 1개의 COP와 AG 반응을 포함하고 있다. 대부분의 COP 반응은 카드 II, III, VII에 대한 반응이다. M으로 전환시키는 반점의 원위적 특징은 긍정적 상호작용을 하게 만든다. 그러나 이러한 원위적 특징은 마찬가지로 공격적 운동특징을 나타내기도 한다. 이런 이유 때문에 COP와 AG 반응의 기저선이나 기대되는 빈도는 동일하다.

흥미롭게도 환자의 프로토콜에서 COP와 AG 반응이 모두 나타나는 빈도는 약 25% 정도에 불과하다. 이는 환자들이 대인관계 상호작용에 대한 태세가 고정되어 있는 경향이 있기 때문이다. 어떻든 간에 COP와 AG 반응을 모두 검토한 후에 이들 특수점수에 대한 해석적 가정을 설정해야 한다.

회피적 유형이 아닌 비환자의 약 80%는 적어도 1개의 COP 반응을 나타내고 약 40%는 2개 이상의 COP 반응을 나타낸다. 회피적 유형인 비환자의 COP 반응 빈도는 상당히 다르다. 이들은 R과 관계없이 약 30%만 적어도 1개의 COP 반응을 나타내고 2개 이상의 COP 반응을 나타내는 비율은 10% 미만이다. 약 50%의 환자들은 적어도 1개의 COP 반응을 하였으나 2개 이상인 경우는 약 20%에 불과했다.

다중적 COP 반응, 특히 2개 이상의 반응을 나타내는 사람들은 행동화하기 쉬운 경향이 있고 대인관계에서 낙관적 접근을 할 것으로 보인다. 내향적인 사람은 다른 행동유형의 소유자들보다 더 많은 M 반응을 하기 때문에 다른 사람들보다 더 많은 다중적 COP 반응을 나타낼 것이라고 기대할 수 있으나 그렇지는 않다. 다중적 COP 반응을 하는 사람의 비율은 양가적 사람과 외향적 사람 모두 내향적인 사람과 거의 동일하다.

회피적인 유형인 사람을 포함한 비환자의 약 70%는 적어도 1개의 AG 반응을 하고 약 20%만 2개 이상의 반응을 한다. 환자들은 약 50%가 적어도 1개의 AG 반응을 하고 약 35%가 2개 이상의 반응을 한다. 다중적 AG 반응을 하는 사람은 대인관계를 경쟁이나 공격성을 표현하는 것으로 보는 경향이 있다. 그렇다고 해서 공격성은 반드시 비사회적이거나 반회적인 것으로 지각된다는 의미는 아니다. 많은 사람들은 공격성을 일상적인 행동에서 사회적으로 수용될 수 있는 형태 (지배적인, 괴롭히는, 논쟁적인 등)로 본다. 이런 사람들도 프로토콜에 COP 반응을 나타낸다. 반면에 COP 반응이 없는 기록에서 다중적 AG 반응, 특히 3개 이상 나타나면 공격성 때문에 다른 사람과 소원해질 수 있고 어떤 경우 비사회적이거나 반사회적인 특징이 나타날 수 있다는 것을 지적한다.

COP와 AG로 채점된 반응의 기호를 검토하는 것이 매우 중요하다. 때때로 이 기호는 S, 나쁜 형태질, 결정인의 비일상적 결합 또는 다른 특수점수와 같은 부정적인 특징을 포함할 수 있다. 이럴 경우 COP 반응의 긍정적인 의미를 다르게 수정하거나 AG 반응의 부정적 의미를 잠정적으로 더 높여서 해석할 수 있다.

예컨대, 마이너스 형태질과 INCOM2 특수점수를 포함하는 COP 반응은 긍정적인 것으로 볼 수 없다. 마찬가지로 어떤 COP 반응은 AG 특수점수를 포함할 수 있고 이런 반응은 대인관계 상호작용에 대한 개인의 개념과 관련지어 볼 때 좋은 반응이 아니다.

• **잠정적 결과 1:** COP 값이 0이고 AG 값이 0이거나 1일 때 일상적인 관계에서 다른 사람들과의 긍정적 상호작용을 기대할 수 없다. 이런 점수를 나타내는 사람들은 대인관계 상황에서 덜 편안하게 느끼는 경향이 있고 다른 사람들은 이들을 거리감이 있거나 냉담한 것으로 받아들일 수 있다. 이런 특징이 다른 사람과의 성숙하고 깊은 관계를 방해하지는 않겠지만 일반적으로 다른 사람들은 이들을 사교적인 사람으로 지각하지 않을 것이다. 그리고 이들은 집단적

상호작용에서 주변을 맴도는 경우가 많다. 9단계로 진행.

- **잠정적 결과 2**: COP 값이 0이나 1이고 AG 값이 2 이상이거나 또는 COP 값이 2이고 AG 값이 2 이상일 때 공격성을 대인관계의 자연적인 한 부분으로 지각하기 쉽다. 이런 사람들은 일상적 행동에서 강압적이거나 공격적인 행동을 자주 나타낸다. 때때로 이런 행동은 대인관계 상황에서 불안정감을 이겨내기 위한 방어적 전략일 수도 있지만, 다른 사람과 상호작용하는 학습된 방식이 반영된 것일 수 있다. 주장성이나 공격성의 표현은 다른 성격변인과 상황의 성격에 따라 상당히 다를 것이다. 9단계로 진행.

사례 27. 26세 남성의 대인지각 자료

R = 18	CDI = 3	HVI = Yes	COP & AG RESPONSES
a : p = 8 : 2	SumT = 0	Fd = 1	I 1. WSo FMa.FC'o Ad 3.5 AG,ALOG,PHR
	[eb = 7 : 8]		X 17. D+ FMa− 2 A,Id 4.0 AG,COP,FAB,PHR
Sum Human Contents = 2	H = 1		
[Style = extratensive]			
GHR : PHR = 1 : 3			
COP = 1	AG = 2	PER = 1	
Isolation index = 0.17			

┃ **사례 27의 자료에 대해 적용한 결과**: 1개의 COP와 2개의 AG가 포함되어 있다. 이 결과는 수검자가 다른 사람들보다 더 강요적이거나 공격적이고 이런 행동을 대인관계 활동의 자연스럽고 수용될 수 있는 부분으로 지각하고 있다는 것을 시사한다. 두 가지 반응에 대해서만 이 반응기호들이 포함되어 있다. 카드 I에 대한 첫 번째 반응에 1개의 AG 점수가 채점되어 있고 S와 ALOG가 포함되어 있다. 카드 X에 나타난 두 번째 반응은 마이너스 형태질과 FABCOM, COP와 AG를 포함하고 있다. 이러한 부정적 특징이 조합된 것은 수검자가 자신의 공격성에 대해 순진하고(naive) 상황에 부적절하게 나타나기 쉽다는 것을 시사한다. 성희롱에 대한 개인력을 살펴보면 이러한 가정을 확인할 수 있다. ┃

• 잠정적 결과 3: COP 값이 0이나 2이고 AG 값이 0이거나 1일 때 다른 사람들과의 긍정적인 상호작용이 예상되고 긍정적 상호작용에 참여하는 데 관심이 있다고 가정하는 것은 합리적이다. 상호작용의 유형은 개인의 다른 특징, 특히 대처유형과 자기 이미지에 따라 결정된다. 9단계로 진행.

사례 26. 23세 여성의 대인지각 자료

R = 19   CDI = 4   HVI = No   COP & AG RESPONSES

a : p = 5 : 9 SumT = 3   Fd = 0   I 1. WSo FMa Ad 3.5 AG,PHR

[eb = 8 : 9]   II 5. D+ Ma+ 2 H,Cg P 4.0 COP,GHR

Sum Human Contents = 6 H = 4   II 6. DS+ Ma.FC'o 2 H,Cg,Hh P 4.5 COP,GHR

[Style = introversive]

GHR : PHR = 5 : 2

COP = 2   AG = 1   PER = 2

Isolation index = 0.63

▎**사례 26의 자료에 대해 적용한 결과**: 이 프로토콜에는 2개의 COP와 1개의 AG가 포함되어 있다. 이 결과는 수검자가 대인관계 상호작용에 개방적이고 일반적으로 대인관계적 상호작용이 긍정적일 수 있다는 것을 지적한다. 두 반응이 S를 포함하고 있다는 것을 제외하면 관련 있는 세 반응의 기호에는 특별히 비일상적인 것은 없다. 이는 수검자의 정서적 관계에 대한 실망과 관련이 있을 수도 있지만 다른 사람들이 자신의 기대를 들어주지 않는다고 생각해서 발전시킨 상당히 지속적인 부정적 태도를 반영하는 것일 수도 있다. ▎

• 잠정적 결과 4: COP 값이 2나 3이고 AG 값이 2일 때 긍정적 상호작용에 대해 개방적이고 관심은 있으나 사회적 상호작용에서 매우 강요적이거나 공격적인 행동이 뚜렷하게 나타날 수 있다는 것을 시사한다. 공격적인 행동을 사회적 상호작용의 자연적인 한 부분으로 지각하지만 사회적 상호작용은 긍정적일 것으로 예상된다. 9단계로 진행.

- 잠정적 결과 5: COP 값이 3 이상이고 AG 값이 0이나 1일 때 또는 COP 값이 3 이상이고 AG 값이 2 이하이면 호감이 가고 외향적인 사람으로 간주될 수 있다. 전형적으로 이런 사람들은 대인관계를 일상적 생활의 매우 중요한 부분으로 보고 있고 주변 사람들은 이러한 사람들을 집단적 상호작용에서 매우 사교적인 사람으로 보는 경향이 있다. 이들은 일상적으로 다른 사람들과 조화로운 상호작용을 예상하고 추구한다. 9단계로 진행.

사례 25. 35세 남성의 대인지각 자료

R = 26	CDI = 1	HVI = No	COP & AG RESPONSES
			II 4. D+ FMa 2 Ad P 3.0 COP,GHR
a : p = 10 : 4	SumT = 2	Fd = 0	III 6. D+ Mao 2 H,Id P 3.0 COP,GHR
	[eb = 6 : 5]		VII 14. W+ Mao 2 H,Ls P 2.5 COP,GHR
Sum Human Contents = 9	H = 6		VIII 15. W+ Mao 2 H 3.0 COP,GHR
[Style = introversive]			IX 19. D+ Ma.FCo 2 (H),Id P 2.5 COP,GHR
			X 21. D+ Mau 2 (H),Bt 4.0 COP,GHR
GHR : PHR = 10 : 0			
COP = 5	AG = 0	PER = 1	
Isolation index = 0.19			

▎**사례 25의 자료에 대해 적용한 결과:** 5개의 COP 반응이 있고 이 반응들의 기호를 검토해 보면 부정적 특징은 없다. 이 결과는 수검자가 적극적으로 대인관계적 상호작용을 추구하고 조화로운 대인관계를 예상하는 매우 개방적인 사람이라는 것을 시사한다. 다른 사람들에게 사교적인 사람으로 받아들여질 가능성이 높고 아마도 다른 사람의 호감을 사고 있을 것이다. ▎

- 잠정적 결과 6: COP 값이 3 이상이고 AG 값이 2 이상이면 매우 비일상적인 결과이다. 이 결과는 적절한 대인관계 행동양상에 심각한 갈등이나 혼란이 있을 가능성이 매우 높다는 것을 지적한다. 이런 사람들은 다른 사람을 잘 이해하지 못하고 일상적 대인관계에서 일관성과 예측 가능성이 떨어질 것이다. 9단계로 진행.

9단계: PER

개인적 반응(PER)은 흔히 나타난다. 비환자 성인 프로토콜의 절반 이상이 적어도 하나의 개인적 반응을 포함하고 있고 약 20%는 2개의 개인적 반응을 포함한다. 아동은 성인보다 더 많은 PER 반응을 한다. 개인적 반응을 포함시키는 방식으로 반응을 하면 자기 자신을 안심시키려는 것(reassuring)을 나타내고 동시에 검사자로부터 받는 도전을 방어하려는 것이다. 이러한 방식은 사람이 자연스럽게 사용하는 방식이고 대부분의 사람들은 이러한 전략을 사용한다. 자신의 지식에 대해 확신해야 안심이 된다. 그러나 어떤 사람들은 너무 지나치게 확신감을 가지려고 하고 이럴 경우 개인적 반응은 단순히 안심이 아닐 수 있다. 이 경우에는 오히려 자신의 약점을 다른 사람이 지각하지 못하도록 방어하고, 때로는 다른 사람을 지배하기 위해 사용하는 일종의 지적 권위주의를 의미한다. 이런 특징을 가지고 있는 사람은 자신의 지식과 견해를 나타내는 빈도와 강제성 때문에 다른 사람과 소외되는 경향이 있다. 이들은 때때로 편협하거나 '모든 것을 아는' 체하는 사람으로 간주된다.

• **잠정적 결과 1:** PER 값이 2나 3이면 대인관계 상황에서 대부분의 사람들보다 다소 더 방어적이고 때로는 특정 상황에서 안정감을 유지하기 위해 정보(지식)를 전시하는 경향이 있다는 것을 시사한다. 이 때문에 반드시 대인관계가 손상되는 것은 아니다. 이는 개인이 선호하는 상황보다 도전적인 상황에서 덜 안정감을 느낄 수 있다는 것을 의미한다. 10단계로 진행.

사례 26. 23세 여성의 대인지각 자료

R = 19	CDI = 4	HVI = No	COP & AG RESPONSES
			I 1. WSo FMa Ad 3.5 AG,PHR
a : p = 5 : 9	SumT = 3	Fd = 0	II 5. D+ Ma+ 2 H,Cg P 4.0 COP,GHR
	[eb = 8 : 9]		II 6. DS+ Ma.FC'o 2 H,Cg,Hh P 4.5 COP,GHR
Sum Human Contents = 6		H = 4	
[Style = introversive]			
GHR : PHR = 5 : 2			
COP = 2	AG = 1	PER = 2	
Isolation index = 0.63			

▐ **사례 26의 자료에 대해 적용한 결과:** 2개의 PER 반응이 있다. 이것은 수검자가 대인관계 상황에서 방어적이기 쉽고 때로는 자신을 안심시키고 다른 사람들의 도전을 회피하거나 맞서기 위한 방법으로 지식을 전시한다는 것을 시사한다. ▐

• 잠정적 결과 2: PER 값이 3을 초과하면 대인관계 상황에서 자신의 개인적 통합을 확신하지 못하고, 이러한 상황에서 나타나는 자신에 대한 지각된 도전을 방어하기 위해 권위주의를 내세울 수 있다고 가정하는 것은 합리적이다. 이런 사람은 보통 다른 사람에게 경직되어 있거나 편협한 사람으로 보인다. 그래서 이들은 때때로 친밀한 관계, 특히 자신에게 복종하지 않는 사람들과 관계를 유지하는 데 어려움이 있다. 10단계로 진행.

10단계: 고립지표

고립지표(isolation index: Bt+2CL+Ge+Ls+2Na/R)는 나타나는 기저선 비율이 낮은 변인들로 구성되어 있다. 5개 변인 중 식물과 풍경은 많은 기록에 나타나지만 빈도는 낮다. 나머지 구름, 지도, 자연도 나타나는 빈도는 더 낮고 기저선 비율은 0에 가깝다. 빈도의 합을 구하거나 자주 나타나지 않는 세 반응 중 두 반응의 값을 2배로 하여 조정했을 때 나타나는 결과값은 반응 수와 비교해 볼 때 적절한 수준을 나타낸다. 조정된 값이 적어도 R의 4분의 1을 초과할 때 흥미로운 대인관계가 나타난다.

• 잠정적 결과 1: 고립지표가 .26~.32 사이일 때 사회적 상호작용에서 기대되는 것보다 덜 적극적이라는 것을 지적한다. 이것은 드물지 않은 결과이다. 이런 결과는 환자와 비환자 모두 15% 이상 나타난다. 이런 결과는 사회적 부적응이나 사회적 갈등을 반영하는 것은 아니다. 오히려 일상적인 사회적 상호작용에 대한 관심이 덜하거나 관여되는 것을 더 꺼린다는 것을 나타낸다. 후자가 맞을 때 인간내용 반응은 적어도 평균은 될 것이고 전형적으로 COP 값은 1은 될 것이다. 이 결과는 사회적 상호작용에 관심은 있으나 참여는 제한적이라는 것을 나타낸다. 11단계로 진행.

- **잠정적 결과 2:** 고립지표가 .33 이상일 때 개인은 사회적으로 더 고립되어 있기 쉽다. 이러한 값을 나타내는 사람은 인간내용 반응이 평균보다 낮고 드물게 2개 이상의 COP 반응을 나타낸다. 이런 사람들은 원만하거나 의미가 있는 대인관계를 맺고 유지하는 것이 어려울 것으로 보인다. 이런 결과가 사회적 상호작용으로로 병리적 위축을 지적하는 것은 아니다. 이것은 개인이 다양한 이유 때문에 다른 사람들과 관계를 잘 맺지 못하고 자주 혼자 있거나 스스로 보상적 대인관계를 차단하고 있다는 것을 나타내 주는 징후로 볼 수 있다. 11 단계로 진행.

사례 26. 23세 된 한 여성의 대인지각 자료

R = 19	CDI = 4	HVI = No	COP & AG RESPONSES
a:p = 5:9	SumT = 3	Fd = 0	I 1. WSo FMa Ad 3.5 AG,PHR
	(eb = 8:9)		II 5. D+ Ma+ 2 H,Cg P 4.0 COP,GHR
Sum Human Contents = 6	H = 4		II 6. DS+ Ma.FC'o 2 H,Cg,Hh P 4.5 COP,GHR
(Style = introversive)			

GHR : PHR = 5 : 2
COP = 2   AG = 1   PER = 2
Isolation index = 0.63

ᛁ 사례 26의 자료에 대해 적용한 결과: 고립지표 .63은 수검자의 사회적 존재감이 매우 황폐화되어 있다는 것을 나타낸다. 다른 사람에 대한 관심이 높다는 것은 앞에서 언급하였으나, 다른 결과와 개인력을 고려할 때 수검자의 대인관계는 매우 피상적이고 보상적이지 않다는 것을 시사한다. ᛁ

11단계: 쌍으로 된 M과 FM 반응

이 군집의 마지막 단계에서는 쌍 반응으로 기호화된 인간운동 반응과 동물운동 반응을 평가하는 것이다. 이런 반응들은 자기지각에 관한 자료를 검토할 때 자주 언급하였다. 여기서 다시 검토하는 것은 다른 목적이 있다. 여기서는 상호작용이 기술되는 방식에 어떤 일관성이나 유형이 있는지를 밝히고 상호작용을 의미하는 비일상적 용어나 용어 사용이 있는지를 검토하기 위한 것이다. 이를 검토한다고 해서 새로운 가정을 도출할 수 있는 것은 아니고 어떤 경우에는 사회적 상호작용에 대해 이미 발전시킨 가정을 확대하거나 명료화시키는 데 도움이 된다.

사례 25의 반응

II 4: "이 어두운 부분은 두 마리 개, 코를 비비고. 마치 장난을 칠 때 하는 것처럼." [질문] "저, 전체를 볼 수는 없고 머리만, 여기와 여기(D1), 여기 코가 서로 닿아 있고. 어떤 개 같은 것이 장난을 칠 때처럼 사이좋게 코를 킁킁거리는 것 같아요. 여기는 귀로 보이고(지적) 여기는 목이고."

III 6: "저것은 드럼이나 어떤 것 주위에서 춤을 추고 있는 두 사람일 것 같아요." [질문] "그들은 어떤 춤을 추고 있는 것처럼 구부리고 있어요. 여기는 머리와 팔로 보이고, 실제로 드럼을 두드리고 있는 것처럼 보이고, 여기는 다리, 아마 원주민 춤처럼." (E: 원주민 춤이라고요?) "아, 잘 모르겠어요. 원주민 춤인지 현대 춤인지, 어쨌든 드럼을 포함하는 어떤 것이고 그 주위에서 춤추는 것 같아요."

VII 14: "두 명의 작은 소녀가 생각나고, 큰 바위에 앉아 있는 것 같고, 여자애들이 놀고 있고." [질문] "머리에 깃털이 있네요. 여기 위에(D5). 이마, 턱, 코도 보이고, 여기 뻗어 있는 이것은 팔일 것 같고, 여기 아래는 바위이고, 게임이나 어떤 것을 하고 있는 것 같아요."

VII 15: "두 명의 여자가 춤을 추는 것 같고, 등을 맞대고, 머리는 뒤로 젖히고, 거의 닿을 듯이." [질문] "양쪽에 한 사람씩, 큰 머리장식을 하고, 이것이 팔, 다리고 어떤 춤을 추고 있는 것처럼." (E: 큰 머리장식을 하고 있다고 했죠?) "여기(Dd23)를 머리로 보기에는 너무 크고, 그래서 큰 머리장식을 생각했고, 모자로 생각할 수도 있을 것 같아요."

IX 19: "오렌지색만 보면 마녀 같은 것이 큰 솥에서 무언가를 만드는 것으로 볼 수 있을 것 같아요." [질문] "뾰족한 모자를 쓰고 팔을 여기 커다란 솥에 뻗고 여기가 무엇이 끓어오르는 것처럼 보이고, 모두 오렌지색 옷을 입었고, 어떤 독약이나 무엇을 만드는 것." (E: 큰 솥을 잘 모르겠군요.) "이 가운데 부분, 이것이 큰 통이나 큰 솥(D8의 윤곽)이에요."

X 21: "여기 이 꼭대기는 막대나 지팡이를 끌어올리는 마귀로 볼 수 있겠어요."
[질문] "무섭게 보이고, 그래서 마귀라고 했어요. 다리는 작고, 머리나 모자에는 촉수나 무엇이 나와 있고, 막대나 지팡이를 끌어올리고 있어요."

▌**사례 25에 대한 재검토**: 7, 8단계에서 언급한 바와 같이 반응들은 모두 좋은 인간표상 반응이고 모두 COP 반응이다. 이 반응들은 긍정적 특징이 있기 때문에 일관성이 있고 다른 사람들에게 매우 관심이 있고 외향적이고 다른 사람들이 사교적이라고 말할 수 있다는 가정을 더 명료화하거나 부가시킬 수 있는 비일상적인 언어 사용은 없다. ▌

사례 26의 반응

III 5: "춤을 추거나 에어로빅을 하는 두 사람." [질문] "여기와 여기(D9) 머리, 목, 재킷의 옷깃이나 블라우스의 삐져나온 부분, 팔과 다리이고, 서로 기대고 있고, 둘 다 하이힐을 신고 있네요."

III 6: "혹은 테이블을 닦고 있는 두 명의 웨이터." [질문] "여기가 몸, 흰 앞치마를 하고 검은 옷을 입고 몸을 숙이고 테이블을 닦고 있어요."

IV 8: "수풀 속에서 서로 반대쪽을 내다보고 있는 두 마리 오리." [질문] "검고 흰 오리의 머리고 서로 반대쪽을 보고 있어요." (E: 수풀?) "여기, 어두운 음영이 짙게 보이고, 수풀처럼 둥그렇고, 그 속에 숨어서 내다보는 것 같아요."

X 17 "이 부분은 두 요정이고, 잠 잘 때 쓰는 모자를 쓰고 서로 바라보고 있군요."
[질문] "여기 분홍색 꼭대기, 머리는 진짜 같지 않지만 동화에 나오는 요정의 머리 같고. 뾰족한 모자를 쓴 것 같고 코도 있고 턱도 있고 여기는 모자 꼭대기고."

▌**사례 26에 대한 재검토**: 4개의 반응 중 3개는 수동적이고 복종적인 특징

을 지니고 있고 이는 3단계에서 이미 언급하였다. 상당히 소극적이거나 피상적인 사람으로 10단계에서 다룬 내용과 마찬가지로 사회적으로 더욱 고립되려는 경향이 있는 것 같다. ▮

사례 27 반응

III 5: "춤을 추거나 에어로빅을 하고 있는 두 사람." [질문] "춤을 추고 있고, 에어로빅을 하고 있는 것 같기도 하고. 배경도 역시 어떤 장식이 되어 있고, 이 빨간색은 파티를 위해 색칠해 놓은 것 같아요." (E: 두 사람이라고요?) "바로 여기요. 두 여자, 젖꼭지 같고, 나체일 수 있고, 긴 다리, 높은 구두, 못 생긴 코, 너무 커 보이지만 멋진 젖꼭지."

X 17: "파이프를 부수고 있는 한 쌍의 도마뱀." [질문] "여기 하나, 여기(D8), 파이프를 부수고 있는 것 같아요." (E: 왜 어떻게 해서 도마뱀으로 봤는지 모르겠네요.) "꼭 그렇게 생겼어요. 여기는 다리고 여기는 얼굴이고."

▮ **사례 27에 대한 재검토:** 이들 두 반응은 뚜렷한 일관성이 없다. ▮

3. 결과 요약

다양한 단계에서 도출한 가정들을 통합하고 요약하여야 한다. 다른 군집도 그렇지만 부정적 특징과 마찬가지로 긍정적 특징을 포함시키려고 할 때 주의해야 하고 가능하면 상반된 가정도 검토하거나 설명해야 한다.

사례 25: 35세 된 이 남자에 대한 결과는 대체로 상당히 긍정적이다. 다른 사람들에게 관심이 많고 현실에 근거를 두고 다른 사람들을 이해하는 것으로 생각된다(6단계). 적극적으로 대인관계 상호작용을 추구하고 원만한 관계를 기대하는 개방적인 사람이기 때문에 대인관계적 활동이 대부분 적응적일 것으로 생각된다(6, 7단계). 다른 사람들에게 사교적인 사람으로 받아들여질 가능성이 높고 다른 사람들은 그를 좋아할 것이다(8단계). 다양한 결과들 중 한 가지 부정적인 측면은 상당히 오래 지속된 고독감이고 수검자는 고독감을 해소하거나 충족시키지 못할 것으로 보인다(5단계). 그렇게 할 수 없는 것은 자기지각에서 내린 결과와 관련이 있을 수 있다. 수검자는 자신감이 부족하고 자신에 대해 다소 부정적인 경향이 있다. 이는 실패한 결혼의 결과일 수 있으나 그 근원이 무엇이든 간에 다시 깊은 관계를 맺기가 어려울 수 있다. 결과적으로 수검자는 이와 관련된 초조감을 가지고 있다. 그러나 수검자의 고독감은 대인관계적 적응에 근본적인 영향을 주는 것 같지는 않다.

사례 26: 23세 된 이 여성의 결과는 성숙한 인간관계를 맺고 유지하는 데 필요한 중요한 사회적 기술이 매우 부족할 수 있다는 것을 시사한다(1단계). 다른 사람들과의 관계에서 수동적인 역할을 더 좋아한다(3단계). 수동적 역할은 책임감을 회피하는 방식일 수도 있지만 다른 사람을 조종하기 위해 사용하는 전략일 수도 있다. 상당히 강한 소망과 고독감을 가지고 있고 이는 배반당하고 버림받은 에피소드 경험이 있는 수검자의 개인력에 비춰 볼 때 놀랄 만한 일은 아니다(5단계). 이러한 에피소드는 수검자의 자존감에 상처를 주고 수검자가 언급한 최근의 혼란에 중요한 영향을 주었을 것이다. 다른 사람에게 관심이 있는 것으로 보이고 다른 사람에 대한 지각은 현실에 근거를 두는 경향이 있지만, 수검자의 자기관여와 수동성은 자주 다른 사람들과의 상호작용에서 잘못된 의사결정을 유발하는 것으로 보인다(6단계, 자기지각 결과와 개인력). 일반적으로 수검자는 적응적이고 다른 사람을 좋게 보는 대인관계 행동을 하는 경향이 있으나 이런 행동은 단순히 피상적인 수준에 그칠 수 있다. 개인적 욕구를 충족시키기 위해 의존하는 사람들과 상호작용할 때 나타내는 수검자의 행동적 특징은 덜 호의적으로 지각되는 경향이 있다(6, 7단계와 자기지각에 대한 결과).

수검자는 대인관계 상호작용에 개방적이고 보통 대인관계 상호작용에서 긍정적일 것으로 기대되지만, 대인관계에서 다른 사람이 자신의 기대를 들어주지 않는다고 생각해서 유발된 분노를 감추고 있을 수 있다(8단계). 대인관계에서 상당히 방어적인 경향이 있고 때로는 자신을 안심시키고 다른 사람의 도전을 회피하거나 대처하기 위한 방식으로 지식을 과시하는 행동에 의존하는 경향이 있다(9단계). 실제로 수검자는 다른 사람에게 관심이 있는데도 불구하고 사회생활은 피상적이고 덜 보상적이고 다소 빈곤해져 있는 것으로 생각된다(6, 7, 10단계). 이러한 점은 중요한 대인관계에서 실패한 개인력에 비춰 볼 때 그리 놀라운 것은 아니다. 여러 친지들이 있음에도 불구하고 자신의 문제를 의논할 수 있는 유일한 사람은 언니뿐이고 언니와도 오직 전화로만 의사소통한다고 했다. 수검자는 자신의 사회적 생활을 '쓰레기'라고 표현하였고 이러한 인식은 치료계획을 수립하는 데 중요한 자산이 될 수 있을 것이다.

사례 27: 다른 사람을 믿지 못하고 상대방을 통제할 수 있다고 믿지 못하면 대인관계를 형성하는 데 매우 경계할 것이다. 개인적 통합을 유지하는 데 집착하고 있고 실패와 관련해서 다른 사람을 비난하는 경향이 있다(2단계). 흥미롭게도 다른 사람들보다 더 의존적인 행동을 나타낼 수 있다(4단계). 이는 경계적이고 냉담하고 대인관계 상황에서 통제되는 것에 대해 관심이 많은 사람에게 비일상적인 결과이다. 성을 자신의 의존욕구와 관련짓고 있고 성적인 행동을 통해 개인적 통합에 대한 확신을 얻고 자신의 의존욕구를 충족시키기 위한 방식으로 사용할 수도 있다(자기지각 결과). 그러나 대인관계에서 매우 경계적이고 개인적 공간에 관한 문제에 대해서는 대부분의 성인보다 더 집착하고 있다고 생각된다(5단계).

사람들에 대한 관심은 있지만 다른 사람들을 잘 이해하지는 못할 것이다. 다른 사람들의 의사를 잘 읽지 못하고 사회적 상황에서 적절하지 못한 방식으로 행동할 것이다(6단계). 실제로 대인관계에 문제가 많고 다른 사람들이 좋지 않게 생각하는 행동을 하는 경향이 있을 것이다(7단계). 아마도 다른 사람들보다 더 강요적이거나 공격적일 것이다(8단계). 불행하게도 수검자는 자신의 공격성을 단순하게 생각하고 상황에 적합하지 않은 방식으로 공격성을 나타내는 경향이 있다.

연·습·문·제

사례 29: 25세 된 여자로 외래환자를 위한 약물남용 프로그램에 참여하는 것이 적합한지 여부를 알기 위해 평가가 의뢰되었다. 친구들과 저녁에 코카인을 자주 흡입하였고 그중 두 명은 코카인 중독으로 장애인이 되었다. 코카인이 있을 때 "하기 싫어요."라고 말할 수 없기 때문에 치료를 받기 원했고 직장을 잃는 것이 두렵기 때문에 입원은 하고 싶지 않다고 하였다. 일주일에 두 번씩 외래치료 프로그램에 참여해야 하고 그중 한 번은 개인치료 또 한 번은 집단치료를 받아야 하고 12주에 걸쳐 치료를 받아야 한다.

9세에 부모가 이혼했는데 자식은 수검자뿐이었다. 직장을 갖기 전까지 어머니와 함께 생활하였다. 어머니는 49세로 옷가게에서 부 매니저로 일하고 있다. 아버지는 53세로 지난 5년간 가끔 편지를 하거나 카드를 주고받는 외에는 접촉이 없는 상태이다. 아버지는 수검자가 고등학교를 졸업한 직후 재혼하여 먼 주로 이사를 하였다. 그때까지는 일 년에 6번 정도, 대개는 특별한 날(크리스마스, 생일 등)에 아버지를 방문하였다. 현재 아버지는 제조회사에서 관리자로 일하고 있다.

알레르기 때문에 호흡문제가 있었고 이로 인해 1~2학년 때는 학교를 자주 결석하였으나 3학년 때는 깨끗해졌다. 하지만 알레르기 치료를 위한 주사는 14세까지 맞았다. 고등학교를 졸업한 후 약국에서 일 년간 일했고 물리치료사 훈련을 받기 시작하였다. A.A.학위를 받았고 21세에 자격증 시험에 통과하였고 병원의 재활센터에서 현재의 직업을 얻게 되었다. 수검자는 자신의 일을 좋아하고 현재의 위치에 계속 있기를 원하고 있었다. 현재 27세의 비서, 35세의 항공사 직원인 다른 두 명의 여성들과 같은 아파트를 사용하고 있다.

초등학교 때에는 친구가 많지 않았으나 고등학교 2학년 때 같은 반 친구 두 명과 함께 파티에 참석하고 춤을 추러 다니기 시작하면서 변하였다. 한 파티에서 한 남학생이 그녀에게 키스를 하고 애무를 하였고 약 4개월 후 첫 성관계를 가졌다. 성관계가 즐겁지 않았기 때문에 고등학교를 졸업할 때까지 성관계를 갖지 않았다. 고등학교 졸업 후 8~10명의 남자와 성관계를 가졌으나 현재의 남자

친구를 10개월 전에 만나기 전까지는 성적 흥분을 경험하지 못했다고 하였다. 수검자는 "나는 그를 사랑하고 그도 나를 사랑한다."라고 하였다.

남자 친구도 코카인을 사용하였지만 "내가 중단한다면 자신도 그렇게 하겠다고 약속하였다."라고 하였다. "코카인을 사용하지 않는다면 우리는 잘 지낼 것 같다. 하지만 때때로 우리는 둘 다 올바르게 생각하지도 못하고 매사가 제대로 돌아가지도 않는 것 같다."라고 회상하였다. 우울증은 부인하였고 '정말 혼란스러웠던 때'는 없었다고 하였다. 현재의 관계에 대해 상당히 걱정하고 있다고 하였고 "그와 결혼하고 싶기는 하지만 모든 일이 제대로 돌아가기 전까지는 그럴 수 없다."라고 하였다. 평가목적은 다음과 같다: (1) 분명한 정신과적인 문제가 있는가? (2) 치료에 대한 동기와 치료 프로그램에 대한 예후는? (3) 구체적인 치료목표.

사례 29. 25세 여성의 대인지각 자료

R = 19	CDI = 4	HVI = No	COP & AG RESPONSES

a : p = 3 : 7   SumT = 0   Fd = 1   Ⅶ 12. Dd+ Mp.FYu 2 H,Cg 1.0 COP,GHR

　　　　　　　[eb = 6 : 6]　　　　Ⅹ 16. D+ FMa.FC'o 2 A,Bt 4.0 COP,GHR

Sum Human Contents = 7 H = 3   Ⅹ 19. Dd+ Mp.FCo 2 (Hd),Fd 4.0DV,COP,GHR

　[Style = introversive]

GHR : PHR = 6 : 2

COP = 3   AG = 0   PER = 1

Isolation index = 0.11

1. 다음 중 6, 7단계의 결과를 가장 잘 기술한 것은?

(1) 다른 사람보다 사람에 대한 관심이 적은 것 같고 사람을 잘 이해하지도 못하는 것 같다. 그럼에도 불구하고 대인관계 행동은 일반적으로 합리적이고 적응적이다.

(2) 사람에 대하여 관심이 있기는 하지만 사람들을 잘 이해하지는 못하는 것 같다. 그럼에도 불구하고 대인관계적 행동은 상황에서 적응적이고 합리적이다.

(3) 근본적으로 사람에 대한 관심이 많고 사람에 대한 이해는 매우 현실적이

다. 따라서 대인관계적 행동은 매우 적응적일 것이다.

(4) 사람에 대하여 별로 관심이 없는 것 같지만 사람에 대한 이해는 상당히 현실적이다. 그럼에도 불구하고 대인관계적 행동은 상황에 적응적이지 않다.

2. 수검자의 일상적인 대인관계적 행동을 가장 잘 나타내 주는 것은?

(1) 공격적임

(2) 경계심이 가득함

(3) 수동적임

(4) 위축되어 있음

3. 다음 중 4, 5, 6단계의 결과를 가장 잘 통합한 것은?

(1) 의사결정을 할 때 다른 사람에게 의존하는 경향이 있고 상당히 의존적인 태도를 취하기도 하지만, 다른 사람들이 친밀한 정서적 교류를 하려고 할 때는 심리적 불편감을 경험하기도 한다.

(2) 다른 사람과 친밀하고 의존적인 관계를 맺고 싶어 하는 매우 외로운 사람이다.

(3) 매우 수동적이고 의존적인 사람이어서 자신이 내려야 할 결정을 다른 사람들이 책임져 주기를 기대하면서 동시에 다른 사람들과 정서적으로 친밀한 관계를 맺으려고 한다.

(4) 수동적이지만 독립적인 사람으로 개인적 공간에 대해 상당히 신경을 쓰고 친밀한 정서적 교류에 다소 거부적일 수 있다.

4. 다음 중 1단계와 8단계의 결과를 가장 잘 통합한 것은?

(1) 대인관계를 맺는 것에 개방적인 것 같고 깊고 성숙한 대인관계를 맺는 데 익숙한 것 같다.

(2) 대인관계를 긍정적으로 기대하고 있지만 깊고 성숙한 관계를 만드는 데 필요한 사회적 기술 중 일부가 부족한 것으로 보인다.

(3) 피상적인 관계를 좋아하고 다른 사람들은 수검자가 사회적으로 미성숙하기 때문에 수검자와 가까워지는 것을 피하는 경향이 있을 것이다.

(4) 사회적으로 매우 단순한 사람이어서 대부분의 사람들이 받아들여 줄 수

있는 수준보다 더 불안해하고 또 대인관계에서 지나치게 자기주장이 강하다.

5. 수검자가 외래환자를 위한 약물남용 프로그램에 참여하기로 했다고 가정할 때 가장 중요한 치료목표는?
(1) 사회적 기술의 개발
(2) 의존욕구의 감소
(3) 대인관계에서 주장성을 발달시키는 것
(4) 대인관계적 경계심을 없애는 것

해 답

사례 29.

1. (2) 내향적인 사람으로 7개의 인간내용 반응은 평균 수준이지만 H의 빈도는 낮다. 그럼에도 불구하고 GHR : PHR은 6 : 2이다.

2. (3) a : p는 3 : 7이다.

3. (1) 수동적이고 1개의 음식반응을 나타내고 있으나 T 반응은 전혀 없고 회색 −검정 그리고 음영반응은 6개다.

4. (2) CDI 값은 정적이지만 3개의 COP 반응이 있다. (3)이 정답일수도 있지만 자료에서 나타난 이상의 것을 시사하고 정확히 알려면 개인력에 대한 세부적인 정보가 더 필요하다.

5. (1) 3개월 동안의 개인 및 집단치료를 통해 유용한 사회적 기술을 많이 발전시킬 수 있고, 이를 통해 수검자의 수동성과 의존성을 감소시킬 수 있을 것이다.

제 **10** 장

통합적 기술

제10장
통합적 기술

2장부터 9장까지는 로르샤하의 각 부분에 초점을 맞추었다. 각 군집은 개인의 특징에 대한 정보를 제공해 주지만 개인에 대한 전반적 기술을 제공해 주지는 않는다. 로르샤하 용어로 표현하면 각 군집들은 로르샤하의 D를 나타내는 것으로 생각할 수 있다. 해석자가 궁극적으로 해야 할 과제는 군집들에서 얻은 결과를 W+로 조직화해서 개인을 독특한 존재로 통합적으로 기술하는 것이다.

통합적 기술은 그렇게 어렵지 않다. 각 해석자는 나름대로 글을 쓰는 방식이 있겠지만, 다양한 군집에서 나온 결과를 통합할 때는 항상 개념적으로 논리적이어야 한다. 때로는 군집을 검토하는 계열에 따라 결과를 통합하는 것이 편리할 수 있다. 1장의 〈표 3〉에 나열된 핵심변인을 사용하는 계열이다. 전형적으로 계열은 초기 해석순서에서 가장 중요한 결과에 초점을 두도록 하는 것이고 때로는 가장 좋은 출발점을 나타낸다. 그러나 초기의 정적인 핵심변인에서 도출한 결과는 흔히 부정적이다. 따라서 통합적 기술을 할 때는 정적인 결과와 부적인 결과 간에 적절한 균형을 유지하는 것이 매우 중요하다.

어떤 해석자는 가볍게 군집요약에서부터 시작해서 하나씩 검토하여 완벽한 보고서를 쓰려고 한다. 이것은 좋은 방법은 아니고 통합된 기술을 보장해 주는 것도 아니다. 군집요약은 독립적인 경향이 있다. 군집요약은 한 가지 이상 군집에 대한 결과를 포함한다고 하더라도 인지 3요인에 대한 요약처럼 초점이 좁다. 또한 군집요약은 중복된 정보를 포함하는 경우가 많다. 왜냐하면 Lambda, EB,

Sum V, HVI 등과 같은 여러 변인은 한 가지 이상의 군집에 대한 해석과 관련 있기 때문이다. 실제로 각각의 군집에서 도출한 결과를 단순히 나열하는 것은 개인을 전체적으로 기술하는 데는 부족하다.

또한 결과를 통합할 때는 의뢰된 문제를 해결할 수 있도록 개인의 심리적 조직과 기능에 초점을 두고 독특하게 기술해야 한다. 그래서 해석자는 각 군집에 대한 결과를 다른 군집에서 나타난 결과와 관련지어 검토해야 한다. 1장에서 다룬 인간에 대한 지식, 성격, 정신병리, 부적응 등과 같은 해석하는 데 필요한 사전지식이 이 단계에서는 매우 중요하다.

사전지식은 내적 갈등과 외적 행동과의 관계를 이해하는 데 도움이 된다. 또한 사전지식은 한 특성이 장면에 따라 어떻게 장점 또는 단점이 되는지를 이해하는 데 필요한 근거를 제공해 준다. 사전지식은 해석자가 특징들 간의 상호관계를 이해하고, 우세한 특징과 덜 우세한 특징을 찾아내고, 이들을 통합하여 개인의 개별성을 파악하는 데 도움이 된다.

결과를 통합하고 조직화시키는 절차를 설명하기 전에 앞에서 다루지 않은 두 가지 변인에 대해 먼저 살펴볼 필요가 있다.

1. S-CON

S-CON은 이질적인 12개의 변인의 배열로 이루어져 있고 각 변인은 결과가 정적 또는 부적인지를 결정하기 위한 기준이 있다. S-CON은 로르샤하를 받은 뒤 60일 이내에 자살한 59명의 프로토콜을 사용해서 1970년대 중반에 개발되었다. 그 후 여러 해 동안 자살하기 전 60일 이내에 실시된 프로토콜이 Rorschach Research Foundation에 축적되었다. 1980년대 중반에 수집된 새 표본은 101명의 기록을 포함하고 있다. 원래의 표본에 대해서 실시한 분석방법들을 새 표본에 다시 적용했다. 다양한 환자 및 비환자 비교표본에서 로르샤하의 어떤 변인이나 변인의 조합을 통해 성공적으로 자살한 사람을 가려낼 수 있는지를 밝히기 위해 분석하였다.

59명의 집단을 대상으로 한 원래의 분석에서 11개 변인들이 나타났다. 11개의 변인 중 적어도 8개가 정적이어야 한다는 준거를 적용할 때, 자살한 프로토콜에서 약 75%를 정확하게 밝힐 수 있었다. 반면에 환자 비교 프로토콜에서 약 10% 내지 20%가 이 준거를 충족시켰고 비환자 비교 프로토콜에서 준거를 충족시킨 기록은 하나도 없었다. 교차타당도 표본에서도 매우 유사한 결과가 나타났고 그래서 한 개의 변인을 더 추가하였다.

12개의 S-CON 변인 중에서 8개 이상의 변인이 해당(체크)되어야 한다는 기준을 적용한 결과 교차타당화 자살표본에서 프로토콜의 약 80%를 정확하게 밝힐 수 있는 것으로 나타났다. 반면 환자 비교집단의 6~12%가 8개 이상의 변인이 체크되었고 비교를 위해 사용된 비환자 프로토콜에서 이 기준에 해당되는 프로토콜은 하나도 없었다. 분할점수를 7로 낮추었을 때 자살한 기록을 정확하게 밝혀낼 수 있는 비율은 약 90%나 되었으나, 다양한 비교집단에서 오류긍정의 비율은 30% 이상 상승하였고 비환자 기록에서도 6%나 되었다.

• S-CON의 해석: 해석자는 S-CON을 가장 먼저 검토해야 한다. S-CON 값이 8개 이상일 때 로르샤하 검사를 받은 후 비교적 짧은 기간 내에 자살한 사람들에게서 흔히 나타난 많은 특징들을 나타내 주는 적색경보로 간주해야 한다. 이럴 경우 자기파괴에 대한 집착이 있을 가능성이 높으므로 보다 자세히 검토해야 한다. 개인에 대한 심도 있는 면접을 통해서 자살 가능성이나 그와 관련된 특징을 검토할 수 있고 어떤 경우 개인력 청취를 잘하면 이러한 문제를 해결하는 데 필요한 정보를 얻을 수 있다.

S-CON은 성인의 프로토콜을 사용해서 개발되었다. 자살한 아동의 기록에서도 S-CON이 나타날 가능성이 연구되었는데 표본이 작았다. 연구결과들은 일치하지 않았고 아동을 대상으로 한 실험적 연구결과 S-CON은 오류긍정 사례가 많이 나타났다. 그럼에도 불구하고 연구결과를 분석해 보면 성인에게서 도출한 S-CON은 15~17세에 속하는 청소년에게도 유용하고 성인과 동일한 기준을 적용해서 사용할 수 있는 것으로 나타났다.

S-CON 값이 8보다 작다고 해서 자기파괴적 집착이 없다는 것으로 해석해서는 안 된다. 자살한 표본에서 20~25% 정도의 오류부정 사례가 있었다. 유사한 맥락에서 어떤 해석자는 S-CON 값이 7인 프로토콜에 대해서도 우려하는

경향이 있다. 이러한 우려는 논리적으로 정당한 것 같다. 따라서 반응 기호화에 대해 신중하게 검토할 필요가 있다. 비록 기호화가 정확하다고 하더라도 개인에게 수집한 모든 자료에 근거해서 죽음에 대한 집착을 자세하게 탐색할 필요가 있다.

2. PTI

PTI(Perceptual-Thinking Index)는 SCZI(Schizophrenia Index)를 개정한 것이다. 원래의 SCZI는 1970년대 지각이나 사고와 관련된 변인들을 사용해서 개발되었다. 이 지표는 5개 준거검사로 구성되어 있었으나 1980년대에 6개의 준거검사를 포함하는 것으로 개정되었다. SCZI도 S-CON의 분할점수를 찾아내는 데 사용된 것과 유사한 방법을 통해 도출한 분할점수를 사용해서 해석한다. 분석결과 SCZI 값이 4 이상일 경우 정신분열병과 유사한 문제가 있을 가능성을 지적하는 것으로 나타났다.

SCZI는 연구하는 집단에 따라 다르기는 하지만 분할점수 4를 적용할 때 정신분열병으로 진단된 사람의 65~80%를 밝혀낼 수 있다. 그러나 비교적 심각한 문제를 가지고 있는 사람의 10~20% 정도가 SCZ 값이 4 이상이었다. 주요정동장애로 입원한 환자가 가장 많았으나 정신병과 유사한 장애를 가지고 있는 사람들에서는 오류긍정이 뚜렷하게 나타났다.

사실 이 지표에 포함된 변인들을 살펴보면, 정신분열병 환자가 아니면서 SCZI 값이 정적으로 나온 것을 꼭 틀린 것이라고 말할 수는 없다. 이 지표에 포함되어 있는 변인들은 중재 및 관념과 관련이 있고 사람들은 자주 이러한 기능이 손상된다. 그러나 '정신분열병 지표'라는 명칭은 개인이 정신분열병이라는 생각을 거부할 때 정적인 결과를 설명하는 데 방해가 된다.

특히 청년전기와 청년기에 행동이 뚜렷하게 변덕스러운 사람들에게서 오류긍정 비율이 높게 나타난다. 일반적으로 이런 사람들은 상당한 거부증이나 분노를 감추고 있고 이런 경향이 수검행동에도 의미 있는 영향을 미친다. 이런 특징 때문에 반점에서 뚜렷한 원위적 특징들을 무시하거나 왜곡하는 경향이 있는 반응을 자주 선택하게 된다. 이런 반응은 지표에 사용되는 변인들의 맥락에서 볼 때 실제로는 오류긍정이 아닐 뿐만 아니라 정신분열병을 의미하는 것도 아니다.

SCZI를 사용하는 데 있어서 또 다른 문제는 정신분열병을 진단하는 데 사용되는 임상적 및 행동적 기준이 점점 변화한다는 것이다. 어떤 측면에서 보면 이러한 진단기준은 매우 한정적이지만 다른 측면에서 보면 상당히 범위가 넓다. 정신분열병 스펙트럼이라는 개념은 새로운 측면에서 조명되고 있고 이 스펙트럼에서 나온 명칭은 한때 정신분열병으로 진단되었을 수도 있는 사람에게도 자주 적용된다.

SCZI의 타당성을 향상시키기 위한 연구, 즉 SCZI 지표를 사용해서 중재와 사고의 심각한 문제가 있는 사람들을 찾아내기 위한 일련의 연구들이 진행되었다. 그 결과는 매우 고무적이었고, 부분적으로 지각적 또는 중재적 문제를 찾아내는 데 유용한 새로운 두 변인이 도출되었다. 이 두 변인은 WA%와 WDA%로 중재에 관한 장에서 이미 언급하였다. 이러한 연구결과에 근거해서 관련 있는 변인들의 특성을 더 정확하게 반영하는 PTI로 명칭을 바꾸게 되었다. PTI를 구성하는 변인과 기준은 〈표 11〉과 같다.

〈표 11〉 PTI를 구성하는 변인과 준거

1. XA%<.70 and WDA%<.75
2. X-%>.29
3. LVL2>2 and FAB2>0
*4. R<17 and WSUM6>12 or R>16 and WSUM6>17
5. M->1 or X-%>.40

*13세 이하의 아동은 다음과 같은 교정점수를 적용
R>16이면 5~7세=20, 8~10세=19, 11~13세=18
R<17이면 5~7세=16, 8~10세=15, 11~13세=14

PTI는 두 집단의 오류긍정 사례를 검토하여 개발되었다. 첫 번째 집단은 SCZI 값이 4 이상이나 정신분열병적 또는 정신병적 특징을 나타내지 않는 150개 프로토콜이다. 이들 프로토콜은 '타당한' 오류긍정으로 생각된다. 두 번째 집단은

SCZI 값이 5 또는 6이고 정신분열병은 아니지만 정신병과 유사한 증상을 나타내는 사람들로부터 수집된 50개의 기록으로 구성되어 있다. 이들은 '참긍정(true positive)으로 생각된다. 150개 오류긍정 사례 중 127개 사례는 PTI 값이 4보다 작았고 이들 중 거의 3분의 2가 3보다 작았다. 50개 참긍정 사례 중 31개 사례는 PTI 값이 4 또는 5였고 11개 사례는 PTI 값이 3이었다.

PTI는 중재나 사고의 문제를 밝히는 데는 SCZI보다 더 보수적이지만, 정신분열병 환자에 대한 PTI 점수분포는 SCZI 점수분포와 현저한 차이가 나타나지 않았다. 예컨대, DSM에 따라 정신분열병으로 진단된 110명으로 구성된 한 집단에서 84명은 SCZI 값이 4 이상이었다. 이들 84명 중 62명은 SCZI 값이 5이거나 6이었다. 110명에 대한 PTI의 점수분포에서 61명은 PTI 값이 4이거나 5이고 22명은 3인 것으로 나타났다.

- PTI의 해석: 이 지표는 진단적 의사결정을 위한 일차적 근거로 사용해서는 안 된다. 이 지표는 결정적 분할점수가 없다. 오히려 점수가 낮을 때보다 높을 때는 별로 좋지 않은 연속성이 있는 점수척도로 보아야 한다. 이 지표는 해석자로 하여금 중재적, 관념적 문제가 있을 가능성을 민감하게 검토하도록 하는 데 목적이 있다. 논리적으로 볼 때 PTI 점수가 4이거나 5이면 0이나 1 또는 2일 때보다 상당히 더 많은 중재적, 관념적 문제를 지적하는 것이지만, 이러한 문제를 찾아내기 위한 한 가지 지표에 불과하다. 실제로 중재적 또는 관념적 문제가 어느 정도 있는지는 이러한 특징과 관련 있는 자료군집을 철저하게 검토할 때 제대로 알 수 있다.

PTI는 SCZI를 대체한 것으로, 다양한 자료군집의 검토 순서를 결정하기 위해 사용하는 핵심변인 중 첫 번째 변인이다(1장의 〈표 3〉). PTI 값이 높다는 것은 검사의 다른 자료를 해석하기 전에 인지에 관한 자료를 검토하는 것이 중요하다는 것을 지적하는 것이므로 핵심변인 목록에서 첫 번째 항목으로 표시되어 있다.

사례 30: 종합적 기술

자료 세트에서 도출된 결과들을 어떻게 통합하여 기술하는지 설명하기 위해 32세의 여자 기록을 제시하였다. 이 수검 여성은 한 성직자가 정신과 의사에게 의뢰하였고 정신과 의사의 요청에 따라 평가하게 되었다. 신부는 늦은 밤에 성당에서 울면서 앉아 있는 수검자를 발견하였다. 신부는 성당의 신자인지는 알지 못했고 도움이 필요하냐고 물었을 때 말에 조리가 없었다고 하였다. 신부가 물었을 때 자신의 이름과 주소도 혼동하고 있었고 약물에 중독된 상태라고 믿었다. 수검자의 허락을 얻어서 지갑을 살펴보니 신분증이 있었고 약 32km 떨어진 교외가 주소지로 되어 있었다. 수검자를 성당과 연계되어 있는 여성 보호시설에 머물면서 밤을 지내도록 하고 다음 날 아침 다시 이야기를 하였는데 그때는 정신이 맑아져 있었고 자신의 이름과 주소도 기억했다. 약물복용은 부인했으나 전날 있었던 일에 대해 전혀 기억이 없다고 하였다. 남편에게 연락하는 것에 대해서는 주저하였으나 보호시설과 연계되어 있는 정신과 의사와 면담하는 것에는 동의하였다.

면담하는 동안 여러 가지 기억나지 않는 것이 있다는 것을 인정했다. 대부분 몇 시간씩 기억이 나지 않았으나 약 이틀 정도 지속된 최근의 사건에 대해서도 기억하지 못하였다. 이런 사실을 남편에게는 숨긴 채 가까운 이웃 마을에 살고 있는 사촌 집을 자주 방문한다고 했다. "일종의 다중인격이 아닌지 두려워요. 그것은 누군가가 내 몸을 가져가는 것이잖아요. 책에서 읽은 적이 있어요."라고 말하였다. '반드시 필요하지 않다면' 남편에게는 비밀로 한다는 조건으로 신경학적, 정신과적 평가를 받는 데 동의하였다.

대학에서 정치학과를 졸업한 직후 10년 전에 결혼하였다. 35세 된 남편은 회계사로 기업의 회계감사를 전문적으로 해 주는 회사의 공동 소유자였다. 결혼 뒤 수검자는 법률적인 자문을 해 주었다. 수검자는 그 일을 좋아했지만 시간을 너무 많이 빼앗겨서 가정 일에 방해가 되었다고 하였다. 3년 동안 일을 하다가 그만둔 후 아직까지 직업을 가지지 않고 있다. 수검자는 남매 중 둘째였다. 오빠는 변호사이지만 거의 교류가 없었다. 아버지는 66세로 우체국장으로 은퇴하였다. 어머니는 64세로 가정주부이다. 이들은 먼 도시에서 살고 있었고 명절 이외에는 거의 왕래가 없었다.

결혼생활은 지난 5, 6년 동안 몇 번의 심한 위기가 있었다. 결혼 초 몇 년은 행복하였으나 직장을 그만둔 직후 임신하게 되면서 문제가 시작되었다고 하였다. 남편은 '우리는 아직 아이를 가질 준비가 되어 있지 않다.'고 하면서 당황했고 그래서 인공유산을 했다고 하였다. 남편의 요구를 따랐던 것에 대하여 후회하고 있었고 "남편은 많은 돈을 벌었고 그가 가족을 원하고 있고 나는 두려워요." 하고 말했다. 이런 점 때문에 더 혼란스럽다고 하였다. 자신이 느끼는 두려움은 부분적으로는 12세 때 16세 된 오빠의 두 친구들에게 강간을 당한 사실 때문이라고 하였다. 이 사실을 부모는 물론 어느 누구에게도 말하지 않았으나 항상 이 기억 때문에 괴롭다고 하였다. 대학 때 두세 명의 친한 친구가 있었으나 현재는 만나지 않는다고 하였다. 지난 수년 동안 많은 사람을 사귀었으나 '이야기하고 싶은 정말 가까운 사람은 한 명도 없었다.'고 하였다. 대학을 다닐 때는 약물을 많이 사용하였으나 최근에는 약물이나 알코올을 사용하지 않는다고 하였다. 남편이 이 점 때문에 자신을 자주 비난하였다고 하였다.

기억상실 때문에 혼란스럽다고 하였다. 매번 낯선 곳에서 자신을 발견하곤 하였다. 최근 기억상실 에피소드가 있기 전에는 아침에 눈을 떠 보니 모텔이었고 또 어떤 경우에는 집에서 약 40km 떨어져 있는 호숫가의 차 속에 있었다. 기억상실 기간 동안 성행위를 했을 수도 있었으나 이 일에 대한 기억은 없다고 하였다.

종합적인 신경학적 검사에서는 아무 이상이 없었다. 정신과 의사는 해리반응이 적절한 진단인지 그리고 기억상실을 설명할 수 있는 측면이 있는지를 알고 싶어 했다. 또한 정신분열병 스펙트럼상의 문제를 의심할 만한 근거가 있는지를 알고 싶어 했고 즉각적 및 장기적 치료목표에 대한 조언을 요청하였다. 정신과 의사는 남편도 최근에 환자의 문제와 평가에 대해 알게 되었고 현 시점에서 남편을 치료에 포함시켜야 할지에 대한 조언도 요청하였다.

사례 30. 32세 여성

카드	반응	질문
I	1. 나비 볼 수 있겠다.	검: 반응 반복 수: 전체적으로 봐서 날개와 몸통 그리고 위쪽으로는 더듬이가 있어요.
	2. 한 마리의 거대한 딱정벌레를 양쪽에서 잡고 있는 두 개의 조각상	검: 반응 반복 수: 이것 역시 전체적으로 봤고, 조각상이 양쪽에 있고, 보세요. 날개가 확실히 있고, 다리가 있고, 가운데 부분은 딱정벌레가 있고, 이것을 잡으려 하고 있네요. 검: 조각상이라고 하셨어요? 수: 그런 것 같아요. 어느 것도 진짜는 아니니까. 그래서 예술작품으로 생각했어요.
	>3. 귀를 세우고 있는 코끼리 한 마리가 연못가에 서서 자신의 그림자를 들여다보고 있는 것	검: 반응 반복 수: 여기가 물이고, 이것들은 나무들이고, 이것은 코끼리이고, 이것은 여기 반사된 것이에요.
	∨4. 뭔가 죽은 것, 박쥐, 검은 박쥐, 박쥐는 이렇게 검은 색이지만 안에 이런 구멍은 없다.	검: 반응 반복 수: 꼬리, 날개, 그런데 여기 구멍이 있다. 그래서 죽은 것으로 생각했어요. 박쥐들이 잘 때 거꾸로 매달려 있으므로 자고 있는 것처럼 보였으나, 구멍이 있어 죽은 것으로 생각했어요.
II	5. 벽에 손가락으로 그림을 그리고 있는 두 마리 곰	검: 반응 반복 수: 곰이 양쪽에 있어요. 머리, 몸, 발, 그리고 위에는 손으로 그림을 그리고 있는 거예요. 페인트를 마루에 쏟았네요. 빨간 것은 페인트예요.
	6. 나쁜 주술의식 같아요. 앞의 두 사람이 하얀 복장 앞에서 피를 바치고 있어요.	검: 반응 반복 수: 두 사람이 검은 외투를 입고 붉은 모자를 쓰고 손을 마주 잡고 있어요. 하얀 복장 앞에서 무릎을 꿇고 피는 여기에 있어요. 검: 의식을 하고 있다고 했나요? 수: 가운데 하얀 복장이 있고, 피가 있는 것 보면 나쁜 주술 같아요.

(사례 30. 계속)

카드	반응	질문
III	7. 두 명의 원주민이 드럼을 치고 있고 뒤에는 죽은 원숭이가 매 달려 있어요.	검: 반응 반복 수: 자연주의자, 여자 자연주의자 같아요. 가슴을 그대로 내놓고 있는 것이 보이네요. 이것은 죽은 원숭이예요. 거꾸로 매달려 있어요. 긴 꼬리 그리고 여기는 작은 머리. 검: 자연주의자라고요? 수: 네, 벌거벗고 있어요. 나체족처럼, 스스로를 자연주의자라고 하는 것 같아요.
	8. 가운데 한 쌍의 폐가 있네요.	검: 반응 반복 수: 가운데가 연결되어 있고 두 영역으로 나뉘어 있어요. 폐처럼 붉은색이네요.
IV	9. 등을 대고 누워 있는 커다란 개미핥기	검: 반응 반복 수: 코와 팔 그리고 커다란 발과 꼬리가 보이네요. 검: 등을 대고 누워 있다고 하였는데. 수: 등을 대고 누워 있어서 배는 볼 수가 있지만 얼굴은 볼 수가 없네요. 마치 당신이 위에서 내려다보는 것 같아요.
	10. 잎사귀 사이로 보이는 한 그루의 나무 같아요.	검: 반응 반복 수: 바닥이 풀이라면 당신이 풀 아래서 올려다보는 것 같아요. 이렇게 올려다보는 것 같아요. 나무 몸통(지적) 그리고 바깥쪽은 가지와 잎사귀들이에요.
V	11. 이쪽은 자궁 내 피임기구 같아요.	검: 반응 반복 수: 작은 머리, 들쭉날쭉한 가장자리, 그런 모양이네요.
	12. 껍질을 벗긴 동물의 모피	검: 반응 반복 수: 촉감이, 색깔과 그리고 모양이 그런 것 같아요.
V	13. 한 마리 나비	검: 반응 반복 수: 여기가 몸통이고 여기가 날개 같아요.

(사례 30. 계속)

카드	반응	질문
	14. 머리를 박고 있는 두 마리의 동물	검: 반응 반복 수: 양이나 사슴인 것 같아요. 이것이 뒷다리고 이건 앞다리, 여기서 맞부딪치고 있고 옆에서 본 것 같아요.
VI	15. 여성 성기, 위는 아니지만	검: 반응 반복 수: 여기서 양쪽으로 펼쳐져 있고, 당기는 것처럼 벌려져 있으며, 가운데 선에서부터 점점 색의 농도가 달라지고 있네요.
	∨16. 벽에 걸린 것처럼 숨어 있는 동물	검: 반응 반복 수: 다리, 아래는 꼬리, 서로 다른 색을 하고 있는 모두 털처럼 보이네요.
VII	17. 뭔가 부서진 것	검: 반응 반복 수: 조각들이 없어진 것을 보면 뭔가 부서진 것 같아요. 꽃병인지 뭔가 같으나 뭔지 말할 수는 없네요. 무언가의 조각 같은데 여기 놓여 있네요.
	∨18. 게인데 가운데가 비어 있네요.	검: 반응 반복 수: 게의 뒤쪽인데 가운데는 아무것도 없어요. 게 껍질인데 가운데는 없어졌어요. 망가진 것 같아요.
	∨19. 원주민 흑인 여성 두 명이 머리를 맞대고 뒤돌아서 춤을 추고 있어요.	검: 반응 반복 수: 이게 다리고 옷이고 그리고 머리를 맞대고 이국적인 춤을 추고 있어요.
VIII	20. 풍뎅이 한 마리	검: 반응 반복 수: 핀처럼 매우 색깔이 화려한 벌레네요. 보석의 한 종류 같아요.
	>21. 한 발은 돌 위에 올려놓고 또 한 발은 나무 그루터기에 얹은 채 물에 비친 자신의 모습을 보는 분홍색 고양이	검: 반응 반복 수: 분홍색 고양이예요. 여기 눈과 코를 보세요. 물은 푸른색이고 여기 아래 반사되어 있어요.

(사례 30. 계속)

카드	반응	질문
	22. 위 속 같아요. 의학 교과서에 나오는 그림 같아요.	검: 반응 반복 수: 창자고 차트 같아요. Time-Life 책에서 신체 내부를 보여 주는 그림 같아요. 분홍색은 위장 같고 나머지는 창자와 분비물 같아요. 담즙 같고 기타 여러 것들 같아요.
IX	>23. 뚱뚱한 난쟁이 요정이 물가의 분홍색 돌 위에 앉아서 파이프를 피고 있어요.	검: 반응 반복 수: 난쟁이 요정이 구부리고 앉아 파이프를 피고 있고 거기서 연기가 나오고 있어요. 난쟁이는 물가에 앉아 있고 모두 물에 반사되고 있네요. 여기 파이프(지적함)가 있고 여기 오렌지색은 모두 연기예요.
	∨24. 폭탄 폭풍 같아요.	검: 반응 반복 수: 밑의 버섯구름에서부터 폭발의 힘이 나오고 있어요. 오렌지색 불과 바닥의 연기가 버섯구름을 밀어 올리고 있어요.
X	25. mardi gras mask(사순절 마지막 날에 쓰는 마스크), 매우 화려한 색이에요.	검: 반응 반복 수: 모두 매우 사나운 가면으로, 사납고 화려한 색깔의 가면은 위를 가리키고 있고, 녹색의 처진 수염도 있고, 양쪽에 매우 다양한 색들이 있어요. 사순절에 볼 수 있는 것들 같아요.
	26. 색깔이 화려한 바다 속 생물들이 돌아다니고 있어요.	검: 반응 반복 수: 푸른색, 녹색, 갈색은 모두 게인 것 같아요. 녹색은 뱀장어 같고 분홍색은 산호 같네요. 산호 덩어리들은 이렇게 분홍색이에요. TV에서 본 적이 있어요. 이것들은 모두 움직이고 있고 이것은 산호예요.

사례 30. 점수계열

카드 번호	반응 번호	영역과 발달질	영역 번호	결정인과 형태질	(2)	내용	평범 반응	Z점수	특수점수
I	1	Wo	1	Fo		A	P	1.0	
	2	W+	1	FMpo	2	Art,(A)		4.0	
	3	W+	1	FMp.Fro		A,Na		4.0	
	4	WSo	1	FC'o		A	P	3.5	MOR
II	5	W+	1	Ma.CFo	2	A,Art	P	4.5	FAB,PHR
	6	WS+	1	Mp.FD.FC'.CFo	2	H,Bl,Cg,Id		4.5	AB,ALOG,COP,PHR
III	7	D+	1	Ma.mp.FDo	2	H,Id,A,Sx		4.0	DV2,MOR,PHR
	8	Do	3	FCo		An			
IV	9	Wo	1	FMp.FDo		A		2.0	INC
	10	Wo	1	FDo		Bt		2.0	
	11	Wo	1	F−		Sc,Sx		2.0	
	12	Wv	1	TFo		Ad			
V	13	Wo	1	Fo		A	P	1.0	
	14	W+	1	FMao	2	A		2.5	DV,AG,PHR
VI	15	Do	1	FVu		Hd,Sx			PHR
	16	Wo	1	mp.FTo		Ad	P	2.5	
VII	17	Wv	1	F−		Hh			MOR
	18	WSo	1	F−		Ad		4.0	MOR
	19	W+	1	FC'.Mao	2	H,Cg		2.5	COP,GHR
VIII	20	Wo	1	CFu		Art,(A)		4.5	
	21	W+	1	FMp.Fr.CFo		A,Na	P	4.5	INC
	22	Wo	1	CF−		Art,An		4.5	
IX	23	W+	1	Mp.FC.Fr.mpu		(H),Fi,Ls		5.5	INC,PHR
	24	Wo	1	ma.CFo		Ex,Fi		5.5	
X	25	WSo	1	CF.mp−		(Hd)		5.5	PHR
	26	W+	1	CF.FMao	2	A,Bt	P	5.5	PER

사례 30. 구조적 요약

반응영역		결정인		반응 내용	접근	
		혼합	단일		카드: 영역	
Zf	= 22	FM.Fr	M = 0	H = 3,0	I: W.W.W.WS	
Zsum	= 79.5	M.CF	FM = 2	(H) = 1,0	II: W.WS	
ZEst	= 73.5	M.FD.FC'.CF	m = 0	Hd = 1,0	III: D.D	
		M.m.FD	FC = 1	(Hd) = 1,0	IV: W.W.W.W	
W	= 23	FM.FD	CF = 2	Hx = 0,0	V: W.W	
D	= 3	m.FT	C = 0	A = 9,1	VI: D.W	
W+D	= 26	FC'.M	Cn = 0	(A) = 0,2	VII: W.WS.W	
Dd	= 0	FM.Fr.CF	FC' = 1	Ad = 3,0	VIII: W.W.W	
S	= 4	M.FC.Fr.m	C'F = 0	(Ad) = 0,0	IX: W.W	
		m.CF	C' = 0	An = 1,1	X: WS.W	
		CF.m	FT = 0	Art = 3,1		
DQ		CF.FM	TF = 1	Ay = 0,0	특수점수	
발달질			T = 0	Bl = 0,1		
+	= 10		FV = 1	Bt = 1,1		Lvl	Lv2
o	= 14		VF = 0	Cg = 0,2	DV =	1x1	1x2
v/+	= 0		V = 0	Cl = 0,0	INC =	3x2	0x4
v	= 2		FY = 0	Ex = 1,0	DR =	0x3	0x6
			YF = 0	Fd = 0,0	FAB =	1x4	0x7
			Y = 0	Fi = 0,2	ALOG =	1x5	
			Fr = 0	Ge = 0,0	CON =	0x7	
형태질			rF = 0	Hh = 1,0	Raw Sum6 = 7	
			FD = 1	Ls = 0,1	Wgtd Sum6 = 18	
	FQx	MQual	W+D	F = 5	Na = 0,2	
+	= 0	0	0		Sc = 1,0	AB = 1	GHR = 1
o	= 18	4	18		Sx = 0,3	AG = 1	PHR = 7
u	= 3	1	3		Xy = 0,0	COP = 2	MOR = 4
–	= 5	0	5	(2) =7	Id = 0,2	CP = 0	PER = 1
none	= 0	0	0				PSV = 0

비율, 백분율 및 산출점수

R = 26	L = 0.24			FC : CF+ C = 2 : 8		COP = 2	AG = 1	
EB = 5 : 9.0	EA = 14.0	EBPer = 1.8		Pure C = 0		GHR : PHR = 1 : 7		
eb = 11 : 6	es = 17	D = −1		SumC' : WSumC = 3 : 9.0		a : p = 6 : 10		
	Adj es = 13	Adj d = 0		Afr = 0.37		Food = 0		
				S = 4		SumT = 2		
				Blends : R = 12 : 26		Human Cont = 6		
FM = 6	SumC' = 3	SumT = 2		CP = 0		Pure H = 3		
m = 5	SumV = 1	SumY = 0				PER = 1		
						Isol Index = 0.27		

a : p = 6 : 10	Sum6 = 7	XA% = 0.81	Zf = 22	3r+(2)/R = 0.62			
Ma : Mp = 3 : 2	Lv2 = 1	WDA% = 0.81	W : D : Dd = 23 : 3 : 0	Fr+rF = 3			
2AB+Art+Ay = 6	Wsum6 = 18	X−% = 0.19	W : M = 23 : 5	SumV = 1			
MOR = 4	M− = 0	S− = 2	Zd = +6.0	FD = 4			
	Mnone = 0	P = 7	PSV = 0	An+Xy = 2			
		X+% = .69	DQ+ = 10	MOR = 4			
		Xu% = .12	DQv = 2	H : (H)+Hd+(Hd) = 3 : 3			

PTI=1	DEPI=6*	CDI=3	S−CON=9*	HVI=No	OBS=No

결과를 전반적으로 기술하기 전에 일련의 정보로 구성되어 있는 군집요약을 도출해야 한다. 먼저 S-CON을 검토하고, 다음 1장의 〈표 3〉에 제시되어 있는 첫 번째 정적 핵심변인부터 찾아내서 군집에 대한 검토를 진행한다. 이 사례는 〈표 3〉의 세 번째에 해당된다. DEPI 값이 5보다 크다.

따라서 군집을 해석하는 순서는 정서에 관한 자료부터 시작해서 검토한다. 그 다음으로 통제, 자기지각, 대인지각에 관한 자료를 평가하고 마지막으로 인지적 3요소에 대한 군집을 평가하게 될 것이다. 또한 상황적인 스트레스에 관한 결과는 D 점수가 AdjD 점수보다 낮기 때문에 통제에 관한 자료와 함께 검토하게 될 것이다.

• S-CON: S-CON 값은 9이다. 다른 결과에 관계없이 보고서에 이 결과를 강조해야 할 뿐만 아니라 의뢰한 정신과 의사와 접촉하여 이 결과에 대해 논의하는 것이 중요하다. 종합적 기술을 할 때 어떤 자료가 자살한 사람들에게 나타나는 것과 매우 유사하다는 사실에 주의를 환기시켜야 한다. 비록 생활사 정보에서 자살에 대한 집착을 찾아볼 수 없지만 가용할 수 있는 정보가 거의 없는 많은 기억상실 에피소드가 있다. 한번은 호숫가에 세워 둔 자동차에 앉아 있었던 적도 있었다. 가장 최근에는 성당에서 발견되었다. 자살을 시도하려는 사람들은 보통 실제적인 행동으로 나타내려는 것에 대해 매우 양가적이다. 이들은 가끔 도움을 요청하지만 매우 간접적으로 요청한다. 혼미한 상태로 성당에서 발견되었다는 것은 자살 제스처를 나타낼 가능성도 있다. 현재는 사람들이 수검자에게 관심을 기울이고 있기 때문에 수검자는 자신의 의도를 감추고 있을 수 있으므로 자살에 대한 집착을 주의 깊게 탐색해야 하고 철저하게 평가해야 한다.

• 정동: 결과는 수검자가 자주 상당한 정서적 혼란을 경험할 가능성을 나타내고 있다. 이 정서적 혼란은 쉽게 해결할 수 없는 우울증으로 나타날 가능성이 가장 높다(1단계). 문제를 해결하거나 의사결정을 해야 할 때 감정에 의존하는 사람이다(2단계). 융통성 없는 습관은 아니지만 감정이 사고에 뚜렷한 영향을 미친다고 생각할 경우 자신의 감정을 잠시 보류할 때도 있다(3단계). 실제로 수검자는 자신의 부정적 감정을 감추는 경향이 있고 부정적 감정에는 자기의

심, 후회 및 고독감이 포함되어 있다(4단계). 감정을 직접 다루는 것이 매우 편안하지 않기 때문에 숨기는 것으로 보인다(6단계).

때로는 감정을 더 지적인 수준에서 처리함으로써 자기정서의 참된 특성을 부인하거나 왜곡하는 경향이 있다(7단계). 이런 처리는 감정이 격렬할 때 감정을 억제하는 데 도움이 된다. 반면에 감정을 노출할 때 대부분의 성인들처럼 감정을 조절하지 못하기 때문에 다른 사람들이 쉽게 알아차릴 수 있다. 수검자를 잘 아는 사람들은 아마도 수검자를 감정적인 사람으로 받아들일 것이다(9단계). 현재 화가 나 있는 것으로 보이고(11단계) 화난 감정은 부분적으로는 불행한 결혼생활에서 비롯되었을 수 있다. 매우 복잡한 사람이고 복잡성은 최근에 경험하고 있는 스트레스 때문에 더 증가되어 있다(12, 13, 14단계).

• **통제와 상황적 스트레스:** 통제능력과 스트레스에 대한 내성의 정확성을 보장할 수 있을 정도로 자원은 충분하다(통제의 1, 2단계). 그러나 때로는 수검자 자신이 쉽게 처리할 수 있는 것보다 더 많은 스트레스를 경험한다. 스트레스를 많이 경험하면 더 혼란스러워하거나 심지어 충동적으로 행동할 수 있다(스트레스의 2단계). 비록 스트레스가 없다고 하더라도 일상적인 수준보다 더 아무런 관련이 없거나 연결이 되지 않는 사고유형을 나타내기 쉽다. 부정적인 것이라고 지각하는 개인적 특징을 반추하는 경향이 있기 때문에 매우 절박할 수 있다(통제의 5단계).

수검자의 사고는 최근에 경험한 심리적 부담 때문에 사고가 더 복잡하게 되었다. 이로 인해 쉽게 주의가 산만해지고 주의나 주의집중에 어려움을 경험하고 있다(스트레스의 3단계). 최근의 스트레스 때문에 복잡성이 더 증가되었다는 것은 이미 정서에 관한 결과에서 언급하였다. 그 결과 관념적 활동이 상당히 증가한 것으로 보인다(12개 혼합반응은 모두 운동결정인을 포함하고 있다.).

• **자기지각:** 수검자는 매우 자기중심적인 사람이다. 자신에 대해 깊이 관여하고 주변 세상에 대한 지각과 다른 사람에 대한 판단에 영향을 주는 자기애적인 자기가치감을 감추고 있다. 실패나 불운에 대한 탓을 외부로 돌리는 경향이 있고 일반적으로 원치 않은 스트레스가 있다는 것을 부인한다(1, 2단계). 흥미롭게도 수검자는 더 내성적인 행동을 하고 이런 행동의 일부는 수검자 자신이 부정적인 것으로 지각한 특징에 대해 반복적으로 생각하는 것을 포함한다(3단

계). 이러한 특징은 자기애적인 사람과 일치하는 것이 아니고 심각한 내적 갈등을 지적하는 것으로 보인다. 또한 이 특징은 과장된 자기가치감을 유지하면서 자신의 결점을 인정하려는 것일 수 있다. 부정적인 특징에 초점을 두는 경향은 강간, 유산, 결혼생활 동안 지배를 받았다고 느끼는 것 또는 이러한 모든 경험과 관련이 있을 수 있다. 어떻든 간에 이런 사건들은 앞에서 시사된 우울 경험을 야기하고 자기파괴에 대한 집착의 근거가 되었을 것이다.

비일상적인 신체적 관심을 가지고 있는 것으로 보이고 자신을 더 취약하다고 보는 경향이 있다(5단계). 상처받았다는 느낌을 포함해서 자신에 대한 비관적인 생각을 가지고 있다(6단계). 실제로 자신에 대한 이미지는 주로 사회적 관계에 대한 지각에 근거하고 있지만 그렇다고 해서 자신에 대한 이미지가 정확하거나 현실적이라는 의미는 아니다(7단계). 분명한 성적 집착도 자신에 대한 비관적인 생각 속에 자리 잡고 있지만(8a, 8b, 8e단계), 아마 자신이 상처받았다는 인상은 자기상의 여러 가지 특징에까지 더 넓게 확대되어 있다(8b, 8c, 8d단계). 전형적으로 긍정적인 모습을 나타냄으로써 부정적인 측면을 감추려고 시도하지만 항상 성공적인 것은 아니다(8c, 8d단계).

- **대인지각**: 전형적으로 수검자는 대인관계에서 수동적인 역할을 취한다. 다른 사람들이 결정해 주기를 좋아하고 일이 잘못되었을 경우 이 방법을 통해 자신의 책임을 회피하려고 든다(3단계). 이 특징을 정서에 대한 자료에서 언급한 분노와 관련지어 볼 때 수검자의 어떤 행동은 수동-공격적인 특징이 있을 것으로 생각된다. 수검자는 외로운 사람이다(5단계). 분명히 결혼생활에서 친밀한 정서적 욕구가 충족되지 못하였다. 사람들에 대한 관심이 많고 다른 사람에 대한 인상은 대부분 현실에 근거를 두고 있다(6단계). 그러나 원만하고 지속적인 관계를 맺는 방식으로 자신을 나타내지 못하고 있다. 실제로 수검자의 사회적 활동은 상황에 덜 적응적인 경향이 있고, 심지어는 다른 사람들에게 비호의적인 것으로 받아들여질 수 있는 피상적인 역할을 하는 경향이 있다(7단계). 아마도 수검자는 다른 사람들과 긍정적 상호작용을 예견하는 경향이 있어서 피상적인 역할을 하였을 것이다(8단계). 이런 순진성은 자기 자신에게 지나치게 관여하고 다른 사람들의 욕구와 다른 사람이 전달하는 단서에 덜 민감하기 때문에 생겨났을 것이다. 다른 사람들에게 관심이 있음에도 불구하고 사회적

으로 덜 적극적인 경향이 있다(10단계).

• **처리**: 수검자는 자신이 처한 새로운 상황을 조직화하기 위해 많은 노력을 하고 경제성은 고려하지 않는 것 같다(1, 2단계). 이러한 점은 사용 가능한 상당한 자원(통제)을 가지고 있다고 하더라도 대인관계에서 수동적인 사람과는 맞지 않는 것이다. 새로운 경험을 처리할 때도 어떤 것도 놓치지 않았다는 것을 확신하기 위한 방어적 방법을 사용한다(4, 5단계). 이러한 점은 수검자 자신의 의사결정에 영향을 주는 감정 때문이거나(정동), 장기간 집중하기 어렵다는 사실을 인색했기 때문일 수 있다(통제). 수검자의 노력은 대체로 성공적이고(3단계) 새로운 정보를 신뢰하고 적응적인 방식으로 조직화시키지만, 분노나 성에 대한 관심과 같은 내적인 집착 때문에 그러한 노력이 아무런 도움이 되지 않을 수 있다(7, 8단계).

• **중재**: 일반적으로 새로운 입력자극에 대한 해석은 그 상황에 적절하지만(1단계) 기대되는 것보다 더 자주 현실을 왜곡하기 쉬운 것으로 나타났다(3단계). 현실 왜곡은 수검자가 자기 이미지와 성에 대한 감정이나 집착의 영향을 받을 때 나타나는 경향이 있다(3a단계). 성에 대한 집착이 더 강력한 영향을 주는 것 같다(3b단계, 11번 반응). 그렇지만 성과 관련된 단서들이 분명할 때 해석 방식은 매우 보수적일 것이다(4단계). 실제로 사건에 대한 대부분의 해석은 비교적 보수적이다(6단계).

• **관념**: 일반적으로 수검자의 사고는 감정의 영향을 많이 받는다. 의사결정할 때 직관을 사용하고, 따라서 비교적 덜 정확한 논리적 체계를 수용하는 경향이 있을 수 있고, 확신을 얻기 위해 지나치게 외적 피드백에 의존할 수 있다(1단계). 융통성이 결여되지 않고 사고가 정서나 잘못된 판단에 의해 흐려지지 않는다면 수검자의 직관적 접근은 매우 효과적일 수 있다. 의사결정할 때 직관을 사용하는 데 융통성이 없는 것으로 보이지 않지만(2단계), 사고가 항상 명료하거나 일관성이 있는 것도 아니라는 것을 지적하는 특징도 있다. 매우 비관적인 태도를 가지고 있는데 이 때문에 주변 세상과의 관계에서 의심하고 자신이 노력해도 부정적인 결과가 나타날 것이라고 예상하게 되는 것 같다(4단계). 또한 내적 욕구와 상황과 관련된 스트레스가 의식적인 사고의 흐름을 자주 방해하는 주변적 정신활동을 증가시키기 때문에 조직화된 사고를 유지하는 데 어

려움을 경험하고 있다(5단계). 뿐만 아니라 수검자는 잘못된 논리에도 취약한데 왜냐하면 혼란스럽거나 고통스러운 정서를 주지화를 통해 부인하기 때문이다(7단계). 그 결과 일관성과 명료성이 결여된 사고를 자주 나타내게 되고 잘못된 추리와 좋지 못한 판단을 하게 된다(8, 9단계). 사고는 기이하지는 않지만(9단계) 개념화하는 방식은 잘 교육받은 사람에게 기대할 수 있는 것보다 더 단순하고 덜 세련된 경향이 뚜렷하다(11단계).

3. 종합적 기술과 건의

이 수검자는 정서적 혼란이 심하고 때로는 자기파괴적인 사고에 빠져들 수 있다. 최근 들어 자신이 처한 상황과 관련 있는 상황적 스트레스를 경험하고 있다. 어떤 혼란을 느끼고 있고 이 혼란이 전형적으로 정확한 통제능력을 저하시키고 있다. 그 결과 심리적 기능은 중간 정도로 해체되어 있다. 그러나 더 중요한 것은 최근의 상태로 인해 관념적 또는 행동적 충동성에 더 취약해져 있다는 것이다. 특히 복잡하거나 생소한 상황에 직면할 경우 이런 취약성은 더 뚜렷하게 나타날 것이다.

해리상태에서 일어나는 것처럼 기억상실은 과도한 억압 에피소드 때문일 수 있고 고통스럽고 행복하지 못한 자신의 존재에 대한 안도감을 얻기 위한 방법일 수 있다. 따라서 기억장애에 대한 수검자의 보고를 의심할 이유는 없다. 수검자는 오랜 기간 동안 부정적이거나 혼란스러운 정서와 투쟁하였으나 성공적이지 않은 것으로 보인다. 그리고 이로 인해 자주 고통이나 우울을 경험하고 있다. 이런 상황을 가져오게 된 원인은 매우 다양하고 복잡한 것으로 생각된다.

일반적으로 감정에 좌우되는 그런 사람이고 감정이 사고와 행동에 큰 영향을 준다. 수검자가 일상생활에서 사용하는 직관적 접근은 많은 사람들이 나타내는 방식은 아니다. 그리고 이러한 직관적 방식은 정서가 합리적으로 잘 통제되고 현실 상황의 방해를 받지 않으면 효과적일 수 있다. 수검자는 자신의 정서를 잘 조절하지 못하고 자신의 감정을 표출하는 정도 때문에 자주 자신에게 주의를 기울이는 경향이 있다. 감정을 억제하지 못하면 다른 사람들에게 매우 감정적이라는 인상을 심어 줄 수 있고 어떤 상황에서는 수용될 수 있지만 다른 사람들이 수검자에게서 멀어지게 된다.

그렇다고 해서 수검자가 자신의 감정을 통제하는 데 만성적인 문제가 있다는 의미는 아니다. 최근의 통제능력은 평소보다 더 제한되어 있다고 하더라도 의사결정을 하고 감정을 표현할 때 통제하는 데 필요한 심리적 자원은 적절하다. 감정표현을 덜 억제하는 경향은 아마 어릴 적부터 있었던 습관적 유형인 것 같다. 이런 습관을 바꾸지 않았다는 사실은 자신이 다른 사람에게 주는 이미지에 대해 더 순진했다는 것을 의미한다. 이런 점은 수검자가 자신의 부적 감정을 감추려고 노력하고 때로는 확연히 불쾌한 감정을 부인하기 위해 허위주지화적인 기제에 의지했다는 사실 때문에 더 복잡하게 된다. 이런 피상적인 방법은 다른 사람들에게 쉽게 감지될 수 있고 수검자와의 친밀한 관계에서 철수하도록 만들 수 있다.

또한 수검자는 과도한 자기가치감을 가지고 있는 매우 자기중심적인 사람이다. 이런 특성은 어린아이들에게는 흔하게 나타나지만 보통 다른 사람과의 관계에서 자신을 더 현실적으로 평가하게 됨으로써 점점 감소하는 경향이 있다. 이러한 변화는 수검자에게 일어나지 않았다. 그리고 수검자는 성인이 되어서도 다른 사람들이 자신의 높은 자기가치감을 공유해 주길 기대했고 그러한 자기가치감을 확인하기 위한 방식으로 행동하고 있다. 실제로 다른 사람과의 관계에서 수동적 역할을 발전시켰고, 대부분의 의사결정에서 다른 사람들이 책임져 줄 것을 기대하고 있고, 다른 사람이 대신해 주는 의사결정이 자신에게 유리할 것이라고 가정하고 있다. 이러한 수동적 역할을 해서 어떤 사건에 대한 비난을 다른 사람에게 전가시키고 자신의 내적 통합을 보호하려고 한다.

분명히 사람들에게 관심은 있지만 친밀하고 지속적인 관계를 맺고 유지하는 데 필요한 민감성과 기술은 부족한 것으로 보인다. 자기중심성, 수동성, 강렬한 정서 때문에 다른 사람과 거리를 두게 될 가능성이 매우 높다. 제한적인 대인관계에 대해 실망하고 있었고 보상적이지 않은 결혼 때문에 실망감이 더 커졌다. 그 결과 수검자는 인정욕구와 친밀욕구가 충족되지 않은 고독한 사람이 되었고 주변에 대한 뚜렷한 분노를 감추고 있는 것으로 생각된다.

이러한 상황 때문에 자신을 많이 되돌아보게 되었고 자신의 결점을 인정하고 반복적으로 생각하게 되었던 것 같다. 자기 자신을 연약하고 상처받은 사람으로 지각하고 있고 성적 능력에 대해서도 의문시할 수 있다. 자신에게 높은 가치를 부여하는 경향이 있었기 때문에 이러한 점은 수검자를 더 힘들게 만들었을 것이다. 자기중심적인 사람은 전형적으로 어떤 문제의 원인을 외부 요인에 귀인시키는 경향이 있고, 자신이 가지고 있는 문제(약점)에 대한 책임을 수용하게 되면 확장된 자기 이미지와 갈등이 생겨난다. 어린 시절에 강간을 당했고 남편이 유산을 조장했다는 수검자의 보고는 흥미롭다. 이런 보고는 사실 여부를 떠나서 자신의 문제에 대한 책임을 회피하기 위한 것일 수 있다. 그러나 좀 더 깊은 수준에서 보면 수검자는 자신을 비하하는 경향이 있고 자신이 경험한 사건에 대한 죄책감과 후회를 감추고 있을 수 있다.

긍정적인 측면에서 보면 새로운 정보를 처리하는 데 있어서 매우 적극적인 사람이다. 중요할 수 있는 정보는 하나도 놓치지 않았다는 것을 확인하기를 원하고 보통 새로운 정보를 매우 효율적으로 조직화시킨다. 보수적인 사람이 되려고 노력하고 수용받을 수 있는 행동을 나타내는 단서를 찾고 있지만, 때로는 자신의 부정적 특징에 대한 분노나 반복적인 생각 때문에 현실을 왜곡하거나 무시할 수도 있다. 그러나 이런 일은 자주 일어나는 일은 아니며 수검자의 현실검증 능력은 상당히 완전하다.

반면에 사고는 덜 세련된 경향이 있고 항상 일관성이 있거나 분명한 것은 아니다. 앞서 언급한 것처럼 감정의 영향을 많이 받고 감정이 부정적이거나 혼란해질 경우 사고도 영향을 받는다. 뿐만 아니라 많은 수검자의 주변 세상을 의심하고 미래에 대한 부정적 예상을 하도록 만드는 비관적 태세가 뚜렷하다. 욕구와 감정이 모두 강하고 이런 욕구와 감정 때문에 집중하지 못할 수 있다. 그 결과 어떤 사고는 논리적이지 못하고 판단력이 약할 수 있다.

전반적으로 수검자는 매우 복잡한 사람이다. 무기력감을 느끼고 있고 심각한 우울과 슬픔 에피소드 때문에 고통을 경험하고 있다. 과장된 자기가치가 타당하다고 믿기 위해 안간힘을 쓰고 있는 동시에 불쾌한 환경에 대해 현실적으로 대처하려고 노력하고 있다. 여러 가지 장점도 가지고 있다. 새로운 정보를 잘 받아들이고 현실적으로 처리하려고 노력하고 있다. 가끔 사고가 혼탁해지기는 하지만 장애수준은 아니다. 그리고 실제로 사람들에게 관심을 가지고 있다. 자기중심성, 자신의 감정에 대한 순진성, 수동성은 더 적응적이고 보상적인 생활에 가장 큰 방해물이다.

해리반응의 진단이 적절한지에 대한 질문이 있었다. 기분부전장애, 자기애적 성격, 히스테리성 장애, 수동-공격적 성격이라는 용어도 사용할 수 있겠지만 나타난 결과에서 해리반응을 배제할 증거는 없다. 정신분열병 스펙트럼상의 문제가 있다는 것을 시사하는 증거도 없다. 아마 가장 중요한 의문은 무기력감이 무망감으로 발전되었는지 여부와 무망감이 자살 사고를 유발시켰는지 여부일 것이다.

단기적인 치료목표는 수검자가 최근에 경험한 정신적 혼란을 감소시키기 위해 지지하고 안심시키는 것이다. 자살 가능성을 고려하면 짧은 기간 동안은 매일 만나는 것이 합리적일 것이다. 그리고 어떤 문제는 분명히 결혼 상황과 관련이 있기 때문에 치료계획을 설정할 때 남편을 포함시키는 것도 필요할 것이다. 결혼 생활에 초점을 두면 문제를 해결할 수 있다고 생각하는 것은 비현실적이다. 수검자의 문제는 그 수준을 넘어 더 확대되어 있고 아마 광범위한 개입이 필요할 것이다.

최근에 지각된 스트레스가 감소되면 내적인 문제보다 외적인 문제에 더 초점을 두고 치료해야 할 것이다. 그렇게 하면 수검자의 내적 통합에 위협이 되지 않을 수 있기 때문이다. 수검자의 내적 통합을 위협하게 되면 치료가 조기에 종결될 수 있다. 수검자는 남편을 포함한 다른 사람과 친밀한 관계를 유지하는 것에 대해 관심을 두고 있으므로 이를 일차적인 단기적 치료목표로 선정할 수 있을 것이다. 정서성과 수동성에 관한 문제도 이 단계에서 다루어야 할 것이다. 궁극적으로 보다 기본적인 자기상에 대한 문제로 치료의 초점을 전환시켜야 할 것이다.

4. 최종 의견

사례 30에 대한 기술은 성격과 행동의 다양한 이론적 모형의 맥락에서 결과를 해석하여 더 다양하게 쓸 수도 있다. 이런 방식도 필요하지만 항상 필요한 것은 아니다. 해석자는 대부분의 지적인 사람들이 이해할 수 있도록 기술하려고 노력해야 한다. 전문적 용어를 사용하면 이런 목적에 맞지 않을 수 있다.

또한 기술은 가능하면 짧아야 한다. 더 압축해서 기술하기 위해서는 수검자가 경험하고 있는 혼란을 밝히고 그러한 혼란과 혼란을 가져다 준 성격적 특징을 관련지어 설명하는 것이다. 마찬가지로 보다 구체적인 개입전략에 초점을 두고 치료에 대한 건의도 확장시킬 수 있다. 개입전략을 제안할 경우 제안한 개입방법의 적절성과 어떤 시점에서 개입해야 하는지도 기술하여야 한다. 그러나 이러한 건의는 해석자가 보고서를 받아보는 사람의 성향과 기술을 잘 알고 있을 경우 가장 적합할 것이다.

　마지막으로 해석자는 나타난 결과를 압축시켜서 개인에 대한 짧은 기술을 하는 것으로 보고서를 끝내기를 원한다. 사례 30의 경우에는 수검자의 성격적 특징과 환경 사이의 복잡한 상호관계 때문에 그렇게 요약하는 것은 쉽지 않다. 그리고 사례가 덜 복잡했다고 하더라도 간단한 요약은 바람직하지 않을 수 있다. 아마도 대부분의 사례에서도 마찬가지일 것이다. 모든 사람들은 나름대로 복잡하고 고통을 유발한 선행요인들이 그렇게 단순하고 명료하지도 않다. 간단한 요약이 필요하면 해석자는 구체적인 진단적 결론은 피해야 하고 결과들을 충분히 나타내 주는 개요(sketch)를 제공해 주어야 한다. 이렇게 하면 치료자가 처음부터 개인에 대한 기본적 이해가 가능하다.

저자 소개

John E. Exner, Jr.

존 엑스너는 현재 Long Island University 심리학과 명예교수로 있다. 그는 지난 30년 동안 Bowling Green State University와 Long Island University의 박사과정 프로그램을 주도하였고, 로르샤하 검사에 대한 기존의 여러 채점체계를 통합하여 새로운 로르샤하 종합체계를 수립하였다. Cornell 대학에서 박사학위를 취득한 후, 1968년에는 Rorschach Research Foundation을 설립하여 로르샤하 종합체계를 발전시켰으며 많은 연구자들과 함께 지금도 꾸준히 연구를 거듭하고 있다. 로르샤하 종합체계는 오늘날 임상가들이 연구와 임상실제에 가장 많이 사용하는 방법이 되었다. 주요 저서로는 『로르샤하 종합체계』1, 2, 3권이 있고 이외에도 로르샤하를 다룬 수많은 책들을 저술하였다.

역자 소개

김영환 경북대학교 심리학과 교수
김지혜 성균관대학교 의과대학 정신과 연구 교수
박은영 법무부 대구보호관찰소 조사팀 책임관
홍상황 진주교육대학교 교육학과 교수

로르샤하 해석 입문
A Primer for Rorschach Interpretation

2008년 6월 26일 1판 1쇄 발행
2023년 1월 20일 1판 8쇄 발행

지은이 • John E. Exner, Jr.
옮긴이 • 김영환 · 김지혜 · 박은영 · 홍상황
펴낸이 • 김 진 환
펴낸곳 • (주) **학지사**
　　　　04031 서울특별시 마포구 양화로 15길 20 마인드월드빌딩 5층
대표전화 • 02) 330-5114　　팩스 • 02) 324-2345
등록번호 • 제313-2006-000265호
홈페이지 • http://www.hakjisa.co.kr
페이스북 • https://www.facebook.com/hakjisabook

ISBN 978-89-5891-714-4 93180

정가 20,000원

■ 출판미디어기업 **학지사**

　간호보건의학출판 **학지사메디컬** www.hakjisamd.co.kr
　심리검사연구소 **인싸이트** www.inpsyt.co.kr
　학술논문서비스 **뉴논문** www.newnonmun.com
　원격교육연수원 **카운피아** www.counpia.com